Wortschätze und Sprachwelten

SPRACH- UND KULTURKONTAKTE
IN EUROPAS MITTE
STUDIEN ZUR SLAWISTIK
UND GERMANISTIK

Herausgegeben von
Andrzej Kątny und Stefan Michael Newerkla

Band 10

PETER LANG

Michail L. Kotin (Hrsg.)

Wortschätze und Sprachwelten

Beiträge zu Sprachtypologie,
kontrastiver Wort- bzw. Wortschatzforschung und Pragmatik

PETER LANG

Bibliografische Information der Deutschen Nationalbibliothek
Die Deutsche Nationalbibliothek verzeichnet diese Publikation
in der Deutschen Nationalbibliografie; detaillierte bibliografische
Daten sind im Internet über http://dnb.d-nb.de abrufbar.

Die Publikation erfolgt mit finanzieller Unterstützung
der Universität in Zielona Góra (Polen).

Gedruckt auf alterungsbeständigem, säurefreiem Papier.
Druck und Bindung: CPI books GmbH, Leck

ISSN 2192-7170
ISBN 978-3-631-79215-5 (Print)
E-ISBN 978-3-631-79275-9 (E-PDF)
E-ISBN 978-3-631-79276-6 (EPUB)
E-ISBN 978-3-631-79277-3 (MOBI)
DOI 10.3726/b15749

© Peter Lang GmbH
Internationaler Verlag der Wissenschaften
Berlin 2019
Alle Rechte vorbehalten.
Peter Lang – Berlin · Bern · Bruxelles ·
New York · Oxford · Warszawa · Wien

Diese Publikation wurde begutachtet.

www.peterlang.com

Prof. Dr. habil. Elizaveta G. Kotorova

Inhaltsverzeichnis

Tabula gratulatoria

Anna Averina (Moskau, Russland)

Piotr Bartelik (Zielona Góra, Polen)

Zofia Berdychowska (Kraków, Polen)

Marek Biszczanik (Zielona Góra, Polen)

Wolfgang Brylla (Zielona Góra, Polen)

Bernard Comrie (Santa Barbara, USA)

Jarochna Dąbrowska-Burkhardt (Zielona Góra, Polen)

Marek Dolatowski (Zielona Góra, Polen)

Agnieszka Dylewska (Zielona Góra, Polen)

Wolfgang Gladrow (Berlin, Deutschland)

Bogumiła Husak (Zielona Góra, Polen)

Andrzej Kątny (Gdańsk, Polen)

Aleksander Kiklewicz (Olsztyn, Polen)

Jekaterina Klopotova (Tomsk, Russland)

Jurij Kobenko (Tomsk, Russland)

Agata Kochanowska (Zielona Góra, Polen)

Olga A. Kostrova (Samara, Russland)

Elena Krjukova (Tomsk, Russland)

Piotr Krycki (Zielona Góra, Polen)

Andrey M. Kotin (Zielona Góra, Polen)

Michail L. Kotin (Zielona Góra, Polen)

Frank Liedtke (Leipzig, Deutschland)

Ryszard Lipczuk (Szczecin, Polen)

Cezary Lipiński (Zielona Góra, Polen)

Swetlana Mengel (Halle, Deutschland)

Beata Mikołajczyk (Poznań, Polen)

Andrey Nefedov (Hamburg, Deutschland)

Gerda Nogal (Zielona Góra, Polen)

Irina Novickaja (Tomsk, Russland)
Vladimir Plungian (Moskau, Russland)
Marta Ratajczak (Zielona Góra, Polen)
Irina Schipova (Moskau, Russland)
Monika Schönherr (Zielona Góra, Polen)
Mariola Smolińska (Słupsk, Polen)
Arletta Szmorhun (Zielona Góra, Polen)
Janusz Taborek (Poznań, Polen)
Edward Vajda (Bellingham, USA)
Raoul Zamponi (Macerata, Italien)
Paweł Zimniak (Zielona Góra, Polen)
Tadeusz Zuchewicz (Zielona Góra, Polen)
Nina Žukowa (Tomsk, Russland)

Verzeichnis der wissenschaftlichen Publikationen von Elizaveta G. Kotorova

Monographien und Wörterbücher

1. Sprachhandlungsmuster im Russischen und Deutschen: Eine kontrastive Darstellung. Wolfgang Gladrow, Elizaveta Kotorova. Berlin: Peter Lang GmbH, 2018. 401 S. (= Sprach- und Kulturkontakte in Europas Mitte. Studien zur Slawistik und Germanistik 9).
2. Comprehensive Dictionary of Ket = Bol'šoj slovar' ketskogo jazyka [1] / A.V. Nefedov, E. A. Klopotova, Elizaveta Kotorova, E. A. Kryukova, N. M. Grishina, M. A. Zinn; ed. by Elizaveta Kotorova, Andrey Nefedov. Vol. 1–430 S., Vol. 2–512 S. (=Languages of the World / Dictionaries 57).
3. Novyj bol'šoj nemecko-russkij slovar' / pod obšim rukovodstvom D.O. Dobrovol'skogo; pri učastii: O.K. Vinokurovoj, R.A. Salahova, G. Klimonov, V. Klimonova, H. Bergmanna, E.G. Kotorovoj, O.A. Radčenko, K. Pabst / Elizaveta Kotorova, O.K. Vinokurova, R.A. Salahov, V. Klimonov. Moskva: Izdatel'stvo AST, 2008. 1023 S.
4. Äquivalenzbeziehungen: Wort, Wortgruppe, Wortsystem. Marburg: Tectum Verlag, 2007. 197 S.
5. Sistema, struktura i soderžanie sertifikacii znanij po nemeckomu azyku v Germanii i vozmožnosti ee primenenia v Tomskom politechničeskom universitete: metodičeskoe posobie / E.G. Kotorova, T. I. Timofeeva, N.S. Žukova. Tomsk: Tomskij politechničeskij universitet, 1999. 75 S.
6. Mežjazykovaja ekvivalentnost' v leksičeskoj semantike: sopostavitel'noje issledovanije russkogo i nemeckogo jazykov. Frankfurt am Main: Peter Lang, 1998. 297 S. (=Berliner Slawistische Arbeiten).
7. Ponjatie mežjazykovoj ekvivalentnosti v semantičeskich teorijach. Tomsk: Tomskij gosudarstvennyj pedagogičeskij universitet, 1997. 93 S.
8. Problema mežazykovoj ekvivalentnosti v leksičeskoj semantike (na osnove analiza russkogo i nemeckogo jazykov). Avtoreferat dissertacii na soiskanie učenoj stepeni doktora filologičeskich Moskva: Izdatel'stvo moskovskogo universiteta, 1997. 40 S.
9. Metaforika v slovare i v tekste: sopostavitel'nyj analiz perenosnych značenij v nemeckom i russkom azykach: avtoreferat dissertacii na soiskanie učenoj stepeni doktora filologičeskich nauk. Moskva: Izdatel'stvo moskovskogo universiteta, 1982. 24 S.

Beiträge in wissenschaftlichen Sammelbänden

1. Pragmatika priglašeniâ: osobennosti russkoj i nemeckoj socio- i lingvokul'tur. In: Język i tekst w ujęciu strukturalnym i funkcjonalnym / red. nauk. Arkadiusz Dudziak i Joanna Orzechowska. Olsztyn: Centrum Badań Europy Wschodniej, 2017. S. 227–238.
2. Metapher im Werden und Sterben: Struktur- und Funktionswandel. In: Wort – Text – Diskurs Magdalena Duś, Robert Kołodziej, Tomasz Rojek (Hrsg.). Frankfurt am Main: Peter Lang Edition, 2016. S. 75–85.
3. Initiativer und reaktiver Ratschlag im Deutschen und Polnischen: pragmatische, strukturelle und funktionale Aspekte / Elizaveta Kotorova, Tadeusz Zuchewicz: In: Sprache und Meer / und mehr: Linguistische Studien und Anwendungsfelder / Ryszard Lipczuk, Magdalena Lisiecka-Czop, Krzysztof Nerlicki (Hrsg.). Hamburg: Verlag Dr. Kovač, 2015. S. 239–260.
4. Sachgruppe als Strukturelement des Wortschatzes. In: Deutscher Wortschatz – beschreiben, lernen, lehren: Beiträge zur Wortschatzarbeit in Wissenschaft, Sprachunterricht, Gesellschaft / Hrsg. Jörg Kilian, Jan Eckhoff. Frankfurt am Main: Peter Lang Edition, 2015. S. 55–73.
5. Slovoobrazovanie kak interfejsnyj fenomen. In: Slavische Wortbildung im Vergleich: Theoretische und Pragmatische Aspekte / Hg. Swetlana Mengel. Berlin: LIT Verlag, 2014. S. 163–178.
6. Die Wortbildung als Schnittstellenphänomen / In: Sprachkontakte und Lexikon: Festschrift zum 65. Geburtstag von Prof. Ryszard Lipczuk / Jolanta Mazurkiewicz-Sokołowska, Dorota Misiek & Werner Westphal (Hrsg.). Hamburg: Verlag Dr. Kovač, 2013. S. 61–72.
7. Motivation in Synchronie und Diachronie. In: Synchronische und diachronische Aspekte der Sprache: Sprachwandel – Sprachkontakte – Sprachgebrauch / Ryszard Lipczuk & Krzysztof Nerlicki (Hrsg.). Hamburg: Verlag Dr. Kovač, 2013. S. 61–76 (=Stettiner Beiträge zur Sprachwissenschaft 5).
8. Antonymie im Wörterbuch und Text: eine vergleichende Studie Deutsch-Russisch. In: Miscellanea Linguistica: Arbeiten zur Sprachwissenschaft / Wilfried Kürschner (Hrsg.) Frankfurt am Main: Peter Lang, 2011. S. 59–72. (=LITTERA. Studies in Language and Literature. Studien zur Sprache und Literatur 3).
9. Äquivalenz und Adäquatheit im Sprachsystem und in der Kommunikation In: Die Sprache in Aktion. Pragmatik – Sprechakte – Diskurs / Language in Action. Pragmatic – Speech Acts – Discourse / Michail L. Kotin, Elizaveta G. Kotorova (Hrsg.). Heidelberg: Universitätsverlag Winter 2011. S. 85–93.

10. Indirekte Sprechakte als höfliche Äußerungsformen: sprechaktklassenspezifische Unterschiede In: Sprachliche Höflichkeit zwischen Etikette und kommunikativer Kompetenz / Claus Ehrhardt, Eva Neuland, Hitoshi Yamashita (Hrsg.). Frankfurt am Main: Peter lang Internationaler Verlag der Wissenschaften 2011. S. 77–91.

11. Motive des metaphorischen Wandels im Lichte der Zeichenstruktur In: Geschichte und Typologie der Sprachsysteme / History and Typology of Language Systems / Michail L. Kotin, Elizaveta G. Kotorova unter Mitarbeit von Martin Durrell (Hrsg.). Heidelberg: Universitätsverlag Winter 2011. S. 347–354.

12. Vergleichende Analyse des Mehrdeutigkeitsgrads des deutschen und russischen Wortschatzes In: Wort – Bedeutung, Sinn und Wirkung: Festschrift für Prof. Dr. habil. Oleksij Prokopczuk zum 70. Geburtstag / Mariola Smolińska (Hrsg.). Słupsk: Wydawictwo Naukowe Akademii Pomorskiej 2011. S. 105–112.

13. Illokutionäre Indikatoren im deutschen Diskurs: sprechakttypabhängige Besonderheiten. In: Diskurslinguistik – Systemlinguistik: Theorien – Texte – Fallstudien / Ryszard Lipczuk, Dorota Misiek, Jürgen Schiewe & Werner Westphal (Hrsg.). Hamburg: Verlag Dr. Kovač 2010. S. 245–261.

14. The main factors to identify the equivalent relations in langue and parole. In: Ad fontes: księga jubileuszowa ofiarowana Profesor Oldze T. Mołczanowej / pod red. nauk. Ewy Komorowskiej i Patrycji Kamińskiej. Szczecin: Volumina 2010. S. 207–223.

15. Verhaltensmuster und ihre Realisierungsmöglichkeiten: Faktoren der Wahl. In: Germanistik im interdisziplinären Gefüge / Iwona Bartoszewicz, Marek Hałub, Eugeniusz Tomiczek (Hrsg.). Wrocław: Wydawnictwo Uniwersytetu Wrocławskiego 2010 (Acta Universitatis Wratislaviensis No 3226) S. 171–180.

16. Cognitive models in Russian and German cultures: the [RAILWAY TRIP] script. In: Linguistics across culture / red. nauk. Olga Molchanova. Szczecin: Wydawnictwo Naukowe Uniwersytetu Szczecińskiego 2009. S. 59–68.

17. Die sprachwissenschaftliche Ausbildungskomponente am Germanistischen Institut der Universität zu Zielona Góra: prospektive Studiengestaltung / Marek Biszczanik, Mikhail Kotin, Elizaveta Kotorova, Irmtraud Rösler, Tadeusz Zuchewicz. In: Förderung der Lesekompetenz im schulischen und universitären Bereich: Beiträge zur Literatur- und Fremdsprachendidaktik / hrsg. von Edward Białek und Krzysztof Huszcza. Dresden – Wrocław: Neisse Verlag, Oficyna Wydaw. ATUT 2009. S. 241–273.

18. Kognitivnyje modeli v russkoj i nemeckoj kul'turach (skript [poezdka na poezde]). In: Stereotipy i nacional'nye sistemy cennostej v mežkul'turnoj kommunikacii: sbornik naučnyh statej. Olsztyn: Izd. Nevskogo Instituta jazyka i kul'tury 1, 2009. S. 157–163.

19. Performativität im Deutschen: Sprechaktenklassen und Äußerungsformen. In: Germanistische Linguistik extra muros – Aufgaben / hrsg. von Iwona Bartoszewicz, Martine Dalmas, Joanna Szczęk, Artur Tworek. Wrocław – Dresden: Oficyna Wydaw. ATUT, Neisse Verlag 2009 (Linguistische Treffen in Wrocław; vol. 4). S. 57–64.

20. Bukva L – sostavlen / Elizaveta Kotorova, D.O. Dobrovol'skij, A.V. Šarandin. In: Novyj bol'šoj nemecko-russkij slovar' / pod obšim rukovodstvom D.O. Dobrovol'skogo; pri učastii: O.K. Vinokurovoj, R.A. Salahova, G. Klimonov, V. Klimonova, H. Bergmanna, E.G. Kotorovoj, O.A. Radčenko, K. Pabst. 1. Moskva: Izdatel'stvo AST 2008. S. 731–835.

21. Conceptual understanding of space and time relations (with reference to languages of various systems). In: Język poza granicami języka: teoria i metodologia współczesnych nauk o języku / pod red. Aleksandra Kiklewicza i Józefa Dębowskiego. Olsztyn: Uniwersytet Warmińsko-Mazurski 2008. S. 239–252.

22. Kategorie der Animatizität aus kongnitiver und funktionaler Sicht In: Terra grammatica. Ideen – Methoden – Modelle: Festschrift für Józef Darski zum 65. Geburtstag / Hrsg. von Beata Mikołajczyk und Michail Kotin. Frankfurt am Main: Peter Lang 2008. S. 179–186.

23. Kommunikativ-pragmatische Organisation von Äußerungen im Russischen und Deutschen. In: Sprache und Gesellschaft: Festschrift für Wolfgang Gladrow / Herausgegeben von Alicja Nagórko, Sonja Heyl und Elena Graf. Frankfurt am Main: Peter Lang 2009. S. 137–149.

24. Kommunikativ – pragmatisches Feld als Modell des kulturbezogenen Redeverhaltens In: Linguistica et res cotidianae / hrsg. von Iwona Bartoszewicz, Joanna Szczęk, Artur Tworek. Wrocław – Dresden: Neisse Verlag, Oficyna Wydaw. ATUT 2008 – (Linguistische Treffen in Wrocław; vol. 2). S. 113–120.

25. Begriff der „inneren Form" bei der Sprachanalyse: Interpretationsmöglichkeiten In: Wschód – Zachód: dialog kultur / pod red. Doroty Werbińskiej, Barbary Widawskiej. Tom II. Słupsk: Wydaw. Naukowe Akademii Pomorskiej 2007. S. 101–105.

26. Issledovanie jenisejskich jazykov: novye napravlenija i perspektivy. In: Sravnitel'no-istoričeskie issledovania jazyka i kul'tury: problemy i perspektivy: sbornik naučnyh trudov laboratorii jazykov narodov Sibiri. 3. Tomsk: Tomskij gosudarstvennyj pedagogičeskij universitet 2007. S. 28–33.

27. Disskursstrategien im interkulturellen Kontekst. In: Wschód – Zachód: dialog języków i kultur / pod red. Zoi Nowożenowej. Słupsk: Wydaw. Naukowe Akademii Pomorskiej 2006. S. 262–265.

28. Ketskij projekt: sostojanie del, problemy, perspektivy / Elizaveta Kotorova, A.V. Nefedov. In: Sravniteľno-istoričeskije i tipologičeskije issledovanija jazyka i kuľtury: problemy i perspektivy: sbornik naučnych trudov laboratorii jazykov narodov Sibiri. 2. Tomsk: Tomskij gosudarstvennyj pedagogičeskij universitet 2004. S. 19–32.

29. Sprachmodelle des Redeverhaltens: Gruß- und Abschiedsformeln im Dialog (ein russisch-deutscher Sprachvergleich). In: Das Bild der Gesellschaft im Slawischen und Deutschen: typologische Spezifika / Hrsg. Von Wolfgang Gladrow. Frankfurt am Main: Peter Lang 2004. S. 133–145.

30. Technika parsinga i vozmožnosti ejo primenenia v mašinnom perevode / Elizaveta Kotorova, M.V. Čajkovskaja. In: Prikladnaja filologija v sfere inženernogo obrazovanija: metodologija i metodika jazykovogo obučenija v techničeskom vuze / red. E.G. Novikova 1. Northampton-Tomsk: Tomskij politechničeskij universitet 2004. S. 101–108.

31. Kategorial'noje predstavlenije ob oduševlennosti / neoduševlennosti v parnosistemnych jazykach. In: Sravniteľno-istoričeskie i tipologičeskie issledovania azyka i kuľtury: problemy i perspektivy. Sbornik naučnych trudov laboratorii jazykov narodov Sibiri / red. T.B. Galkina 1. Tomsk: Tomskij gosudarstvennyj pedagogičeskij universitet 2002. S. 105–110.

32. Genus und Belebtheit/Unbelebtheit (eine vergleichende Studie Deutsch-Russisch) In: Beiträge zu einer russisch-deutschen konstrastiven Grammatik / Wolfgang Gladrow, Robert Hammel. Frankfurt am Main: Peter Lang 2001. S. 93–104.

33. Interlingual Lexical Equivalence in Machine Translation / Elizaveta Kotorova, Nico Weber. In: Wort und (Kon)text / Hrsg. Piroska Kocsány / Anna Molná. Frankfurt am Main: Peter Lang 2001 (Metalinguistica 7). S. 15–47.

34. Ketskij jazyk v krugu isčezajušich jazykov i zadači jego leksikografičeskogo opisania / Elizaveta Kotorova, T.I. Porotova. In: Meždisciplinarnoe izučenie etnosov Sibiri. Tomsk: Tomskij gosudarstvennyj pedagogičeskij universitet 2001. S. 4–14.

35. Die lexikalische Synonymie im Russischen und Deutschen. In: Der Text in Forschung und Lehre / hrsg. Wolfgang Gladrow, Irene Dehmel. Frankfurt am Main: Peter Lang 1997. S. 45–56.

Beiträge in wissenschaftlichen Zeitschriften

1. Kontrastive Untersuchung von Sprachhandlungsmustern. / Wolfgang Gladrow, Elizaveta Kotorova // Zeitschrift für Slavistik 3/2017. S. 365–386.
2. Liegt die Pragmatik in den Grenzen der Sprachwissenschaft? // Linguistische Treffen in Wrocław: Grenzen der Sprache – Grenzen der Sprachwissenschaft I/13/2017. S. 109–116.
3. „Obeščanije" kak model' rečevogo povedenija: metodika kontrastivnogo analiza (na materiale russkogo i nemeckogo jazykov). // Russian Journal of Linguistics. 21/2/2017. S. 405–423.
4. Das Sprachhandlungsmuster VERSPRECHEN und seine Realisierungsformen aus deutsch-polnischer Perspektive. / Elizaveta Kotorova, Tadeusz Zuchewicz // Thalloris 1/2016. S. 301–317.
5. Model' rečevogo povedenija „pros'ba" v russkom i nemeckom jazykach: sopostavitel'noje issledovanie // Žanry Reči 1/2016. S. 65–77.
6. Problema predstavlenija etnokul'turnyh realij v slovare minoritarnogo jazyka (na primere ketskoj leksiki). // Tomskij žurnal lingvističeskich i antropologičeskich issledovanij. 3/2016. S. 24–32.
7. Kontrastivnoje izučenie modelej rečevogo povedenija. / V. Gladrov, Elizaveta Kotorova // Žanry Reči 2/12/2015. S. 27–39.
8. Vyraženije izvinenija v russkom i nemeckom diskurse: pragmatičeskij i lingvostrukturnyj aspekty. // Tomskij žurnal lingvističeskich i antropologičeskich issledovanij 2/8/2015. S. 35–48.
9. Describing Cross-cultural Speech Behavior: A Communicative-pragmatic Field Approach. / Elizaveta Kotorova. Procedia – Social and Behavioral Sciences. 154/2014. S. 184–192.
10. Dankesbezeigung im deutschen und russischen Diskurs: soziokulturelle, pragmatische und sprachlich-strukturelle Aspekte. // Zeitschrift für Slavistik 58/4/2013, Volume 58. S. 417–434.
11. Kommunikativno-pragmatičeskoje pole kak metod kompleksnogo opisanija sposobov realizacii rečevych aktov. // Tomskij žurnal lingvističeskich i antropologičeskich issledovanij 1/2013. S. 58–67.
12. Tipologičeskije charakteristiki ketskogo jazyka: veršinnoje ili zavisimostnoje markirovanije? / Elizaveta Kotorova, A.V. Nefedov // Voprosy Jazykoznanija 5/2006. S. 43–56.
13. Kommunikativnyj modus vyskazyvania i ego osnovnye charakteristiki v nemeckom azyke (v sopostavlenii s russkim). // Vestnik NGU (Seria: Lingvistika i mežkul'turnaa kommunikacia) 2/2004. S. 14–19.

14. Ket lexical peculiarities and their presentation in a bilingual dictionary. // Sprachtypologie und Universelienforschung 56/1–2/2003. S. 137–144.
15. Äquivalenz im Wörterbuch und mit Text. / Elizaveta Kotorova // Zeitschrift für Slavistik 42/4/1997. S. 450–465.
16. Deutsch im typologischen Vergleich: lexikalisch-semantische Aspekte. // Zeitschrift des Verbandes Polnischer Germanisten = Czasopismo Stowarzyszenia Germanistów Polskich 4/2015. S. 91–104.
17. Traditional Economy and Folk Beliefs as Reflected in the Vocabulary of the Ket Language. // Eurasian Studies Yearbook 73/2001. S. 35–42.

Tagungsbeiträge

1. Dictionary for a Minority Language: the Case of Ket. In: Proceedings of the XVII EURALEX International Congress: Lexicography and Linguistic Diversity. Tbilisi, Georgien 2016. Tbilisi: Ivane Javakhishvili Tbilisi State University 2016. S. 129–137.
2. Expressing REQUEST in German and Russian: A Communicative-pragmatic Field Analysis. In: XVth International Conference "Linguistic and Cultural Studies: Traditions and Innovations". (Procedia – Social and Behavioral Sciences, Vol. 206). Tomsk, Russland 2015. Elsevier Ltd. 2015. S. 36–45.
3. Iniciativnyj i reaktivnyj sovet v nemeckom i russkom diskurse: pragmatičeskij i lingvo-strukturnyj aspekty. In: Jazyk i reč' v sinhronii i diahronii: Materialy pjatoj Meždunarodnoj naučnoj konferencii, posvjaščennoj pamjati professora P. V. Česnokova. Taganrog, Russland, 2014. Taganrog: Izdatel'stvo Taganrogskogo Instituta imeni A. P. Čehova 2014. S. 353–363.
4. Die kommissiven Sprechakte im deutschen und russischen Diskurs. In: Dynamik der Sprache(n) und der Disziplinen. 21. internationale Linguistiktage der Gesellschaft für Sprache und Sprachen in Budapest. Budapest, Ungarn, 2012. Budapest: ELTE Germanistisches Institut 2013. S. 347–354.
5. Vyraženije blagodarnosti v nemeckom i russkom diskurse: sociokul'turnyj, pragmatičeskij i lingvo-strukturnyj aspekty. In: Rossija i Germanija: vzaimodejstvije jazykov i kul'tur. Čerepovec, Russland 2013. Čerepovec [ohne Verlagsangabe] 2013. S. 114–121.
6. Höflichkeit und Indirektheit. In: Akten des XII. Internationalen Germanistenkongresses „Vielheit und Einheit der Germanistik weltweit", Warschau, 2010. Band 12. Frankfurt am Main: Peter Lang 2012. S. 313–318.
7. Das Konzept von Höflichkeit im Spiegel des deutschen Wortschatzes. In: Akten des XI. Internationalen Germanistenkongresses. Paris, 2005: Empirische Grundlagen moderner Grammatikforschung – Integrative Zugriffe auf

Phänomene des Sprachwandels – Lexik und Lexikologie: sprachpolitische Einstellungen und Konflikte – Sprache und Diskurs in den neuen Medien. Bd. 4. Bern: Peter Lang 2008. S. 225–228.

8. Leksiko-semantičeskaja tipologija: problemy i podchody. In: Sravnitel'no-istoričeskoe i tipologičeskoje izučenije jazykov i kul'tur: Materialy meždunarodnoj naučnoj konferencii XXV-e Dul'zonovskie čtenia. Tomsk, Russland, 2008. Tomsk [ohne Verlagsangabe] 2008 Bd. 4. S. 80–94.

9. Vremja i prostranstvo: specifika konceptual'nogo osmyslenia i jazykovoj reprezentacji. In: Prostranstvo i vremja v jazykach raznoj tipologii: sbornik naučnyh trudov po materialam meždunarodnoj konferencii „Dul'zonovskie čtenia". Tomsk, Russland, 2008. Tomsk [ohne Verlagsangabe] 2008. S. 23–30.

10. Funktional-semantische Kategorien des Deutschen im Vergleich zum Russischen: Genus und Belebtheit/Unbelebtheit. In: Das Deutsche als Forschungsobjekt und als Studienfach: Synchronie – Diachronie – Sprachkontrast – Glottodidaktik: Akten der Internationalen Fachtagung anlässlich des 30 jähringen Bestehens der Germanistik in Zielona Góra. Zielona Góra, Polen, 2004. Frankfurt am Main: Peter Lang 2006. S. 191–199.

11. Sostavlenie slovarja isčezauščego jazyka: osnovnye problemy (na materiale ketskogo jazyka). In: Sravnitel'no-istoričeskoje i tipologičeskoje izučenije jazykov i kul'tur. XXIV Dul'zonovskije čtenija. Tomsk, Polen 2005. Tomsk: Tomskij gosudarstvennyj pedagogičeskij universitet 2005. S. 48–53.

12. Typologie der Übrsetzung (eine vergleichende Studie von spracharspezifischen Translatvarianten) / Elizaveta Kotorova, S. Veledinskaa, A. Ševčuk. In: Translationskompetenz. Tagungsberichte der LICTRA (Leipzig International Conference on Translation Studies) 4.–6.10. 2001, Leipzig, Deutschland, 2001. Tübingen: Stauffenburg Verlag 2004. S. 399–406.

13. Äußerungsstruktur unter dem makropragmatischen Aspekt (eine verleichende Studie deutsch-russisch). In: Kommunikativnyje aspekty jazyka i kul'tury. III Vserossijskaja naučno-praktičeskaja konferencija studentov, aspirantov i molodych učenych. Tomsk, Russland, 2003. Tomsk: Izdatel'stvo Tomskogo politechničeskogo universiteta 2003. S. 3–7.

14. Das Problem der Äquivalenz bei der lexikographischen Darstellung des deutschen Wortschatzes in zweisprachigen Wörterbüchern. In: Akten des X. Internationalen Germanistenkongresses Wien 2000: Zeitwende – Die Germanistik auf dem Weg vom 20. ins 21. Jahrhundert. Wien, Österreich, 2000. Bd. 2: Entwicklungstendenzen der deutschen Gegenwartssprache. Bern: Peter Lang 2003. S. 243–249.

15. Die Äquivalenzbeziehungen in der analytischen und synthetischen Sprach-forschung In: Linguistik jenseits des Strukturalismus: Akten des II. Ost – West – Kolloquiums. Berlin, Deutschland, 1998. Tübingen: Gunther Narr Verlag 2002. S. 283–291.

16. Koncepty „prostranstvo" i „vremja" i nekotoryje osobennosti ich prezentacii v ketskom jazyke In: Sravnitel'no-istoričeskoje i tipologičeskoje izučenie jazykov i kul'tur. XXIII Dul'zonovskije čtenija. Tomsk, Russland 2002. Bd. 1. Tomsk: Tomskij gosudarstvennyj pedagogičeskij universitet 2002. S. 183–191.

17. Častotnosť polisemii kak odna iz važnejšich tipologičeskich čert leksiko-semantičeskoj sistemy jazyka. In: Sravnitel'no-istoričeskoje i tipologičeskoje izučenije jazykov i kul'tur. XXII Dul'zonovskije čtenija. Tomsk, Russland, 2000. Bd. 1. Tomsk: Tomskij gosudarstvennyj pedagogičeskij universitet 2000. S. 34–42.

18. Mežkul'turnaja pragmatika: nekotorye osobennosti rečevogo povedenija russkich i nemcev. In: Jazyk i kul'tura: sbornik naučnych statej XIII meždunarodnoj naučno-metodičeskoj konferencii, posvjaščennoj 120-letiju Tomskogo Gosudarstvennogo Universiteta. Tomsk, Russland, 1997. Tomsk: Tomskij Gosudarstvennyj Universitet 1999. S. 193–199.

19. Der qualitative und der quantitative Aspekt vergleichend-typologischer For-schungen im Bereich der lexikalischen Semantik. In: Sprachwissenschafts-geschichte und Sprachforschung: Ost-West-Kolloquium. Sprachform und Sprachformen: Humbold, Gabelentz, Sekiguchi. Berlin, Deutschland, 1995. Berlin: Niemeyer 1995. S. 173–181.

Herausgebertätigkeit

1. Comprehensive Dictionary of Ket = Bol'šoj slovar' ketskogo jazyka. 2 Bde. (Languages of the World / Dictionaries, 58) / Elizaveta Kotorova, Andrey V. Nefedov (Hrsg.). München: LINCOM GmbH 2015.

2. Die Sprache in Aktion. Pragmatik – Sprechakte – Diskurs = Language in Action. Pragmatics – Speech Acts – Discourse. Michail Kotin, Elizaveta Kotoro-va unter Mitarbeit von Martin Durrell (Hrsg.). Heidelberg: Universitätsverlag Winter 2011. Geschichte und Typologie der Sprachsysteme = History and Typology of Language Systems / Mikhail Kotin, Elizaveta Kotorova (Hrsg.). Heidelberg: Universitätsverlag Winter 2011.

3. Novyj bol'šoj nemecko-russkij slovar' / pod obščim rukovodstvom D.O. Dobrovol'skogo; pri učastii: O.K. Vinokurovoj, R.A. Salahova, G. Klimonov,

V. Klimonova, H. Bergmanna, E.G. Kotorovoj, O.A. Radčenko, K. Pabst / (Red.) Moskva: Izdatel'stvo AST 2008.

4. Sravnitel'no-istoričeskie i tipologičeskie issledovania azyka i kul'tury: problemy i perspektivy. Bd. 2 / Elizaveta Kotorova, Olga A. Osipova, Nina S. Žukova. Tomsk: Centr učebno-metodičeskoj literatury Tomskogo gosudarstvennogo pedagogičeskogo universiteta 2004.

5. Ketskie fol'klornyje i bytovyje teksty / Elizaveta Kotorova, T.I. Porotova (Hrsg.). Tomsk: Tomskij gosudarstvennyj pedagogičeskij universitet 2001.

Rezensionen und Berichte

1. Moderne Pragmatik. Grundbegriffe und Methoden / Frank Liedtke. Tübingen: Narr Francke Attempto 2016. (Rez.) Elizaveta Kotorova // Thalloris 2/2017. S. 330–333.

2. Morfologičeskij slovar' ketskogo glagola (na osnove užno-ketskogo dialekta) / Edward Vajda, M.A. Zinn. Tomsk: Tomskij gosudarstvennyj pedagogičeskij universitet 2004 (Rez.) Elizaveta Kotorova // Voprosy Jazykoznanija 2004.

3. Metatekst kak forma eksplikacii metajazykovogo soznanija: (na materiale russkich govorov Sibiri) / Rostova, Alevtina N. Tomsk. 2000. (Rez.) Elizaveta Kotorova // Zeitschrift für Slavistik 46/2001. S. 243–246.

Michail L. Kotin (Zielona Góra)

Paradigmen und Syntagmen: Einsichten einer Grenzgängerin zum Thema *Sprache*

Abstract: "**Paradigms and syntagmata: insights of a border crosser in language**". The paper is an introduction to the volume in honour of professor Elizaveta Kotorova, who is celebrating her jubilee. The volume devoted to this event contains papers on various aspects of language research related to the research fields of the celebrated distinguished scholar. It deals with selected aspects of biography and scientific work of Professor Kotorova and includes – beside a short description of each article published in this book – a brief information concerning the cooperation of professor Kotorova with their authors. The book consists of three chapters, according to the contribution to Elizaveta Kotorova's three main research areas, namely language typology with a special stress on small and rare languages; studies on lexicology and lexicography, especially from the perspective of language contrast; and studies in the field of linguistics pragmatics and the theory of communication, among others, of cross-lingual and cross-cultural connections. In all above-mentioned spheres Elizaveta Kotorova has unquestionable achievements. Thus, her colleagues and disciples wanted to celebrate her contribution to these research areas by devoting to her papers containing the recent results of their own research. As volume editor, I am trying to overview in my introductory paper the most important achievements of professor Kotorova throughout her career as researcher and university teacher.

Keywords: language typology, rare languages, lexicology, lexicography, pragmatics, theory of communication, speech acts

Sprachen sind wie Menschen: ähnlich und verschieden zugleich. Durch ihre scheinbar unendliche Vielfalt kommt ein gemeinsames Modell zum Vorschein (vgl. Ярцева 1968: 72, Chomsky 1973: 126). Dieses lässt sich allerdings erst festhalten, wenn frau[1] sie miteinander vergleicht. Doch das Stichwort „Vergleich" ist gerade in Bezug auf Sprachen alles andere als eindeutig und einleuchtend. Vergleicht frau zwei Sprachen, können gewisse Affinitäten bzw. Divergenzen in deren Lautsystem, Wortschatz, Grammatik etc. ermittelt werden. Kommt eine dritte Sprache hinzu, wird das Bild einerseits komplizierter, andererseits aber plausibler. Das Heranziehen weiterer Sprachen führt zu wesentlich tieferen

---

1 Im Beitrag werden durchweg feminine Sprachformen als neutral (unmarkiert) verwendet, was keineswegs als Zugeständnis des Verfassers an radikale Vertreterinnen feministischer Linguistik zu verstehen, sondern einzig und allein auf die Referenz auf die Geehrte zurückzuführen ist.

Einsichten, insbesondere wenn es sich um sowohl genealogisch verwandte als auch um nicht verwandte Sprachen handelt. Eine Linguistin ist daher immer Grenzgängerin: Sie passiert Grenzen zwischen Sprachen und somit zwischen Kulturen und Weltansichten (vgl. Humboldt 1903–1936 (5): 9, Trabant 2003: 27). Gemeinsamkeiten und Unterschiede, welche auf den ersten Blick chaotisch erscheinen mögen, werden dabei systematisiert und erklärt. Es wird Ordnung gebracht in etwas, was davor ein unendliches Kontinuum von Zufall und Willkür zu sein schien. Ist es nicht eine Arbeit im Auftrag des Höchsten?

Für Linguistinnen ist die menschliche Sprache Gegenstand und Instrument der Untersuchung zugleich. Ihr Bewusstsein forscht über sich selbst. Es reflektiert über Reflexionen, welche in Zeichenform materialisiert werden und nichtsdestoweniger nach wie vor Teil des Bewusstseins sind. Was nun aber uns so nahe steht, entzieht sich weitgehend unserer intellektuellen Erfassung (vgl. Wittgenstein 1953: §129, Chomsky 1973: 41, Бибихин 2015: 131). Linguistinnen schlüsseln daher Phänomene auf, zu denen sie nicht so einfach auf Distanz gehen können (vgl. Мамардашвили / Пятигорский 2011: 24–39). Der Sprachvergleich ist dabei behilflich, aber er erfordert Sprachkenntnisse und analytisches Denken über das, was nicht einfach in unserer Nähe ist, sondern sich im wahrsten Sinn *in uns* befindet. Der Erwerb einer Fremdsprache, aber auch jede wissenschaftliche Auseinandersetzung damit bedingt eine neue Sicht auf das Wesen der Sprache schlechthin. Frau fängt an, über Gleiches, Ähnliches, Vergleichbares, Abweichendes, Unterschiedliches und schließlich Gegensätzliches zu reflektieren. Diese Reflexionen werden nun ihrerseits in den persönlich akzentuierten Kontext des eigenen Lebens notgedrungen eingebettet, sofern die Forscherin – wie dies auf die Geehrte voll zutrifft – zur Grenzgängerin wird und sich in unterschiedlicher sprachlicher und kultureller Umgebung bewegt. Elizaveta G. Kotorova ist in Russland geboren und aufgewachsen. Doch ihre Vorfahren sind deutscher, polnischer, ukrainischer und georgischer Herkunft. Ihre Kinder- und Jugendjahre verbrachte sie in der sibirischen Stadt Tomsk, woraufhin sie zum weiteren Studium nach Moskau ging und an der Lomonossow-Universität zunächst promoviert und später sich habilitiert hat. Sie lehrte und forschte in Tomsk und wurde dort Universitätsprofessorin. Dank einem Forschungsstipendium der Alexander von Humboldt-Stiftung kam sie zu längeren Forschungsaufenthalten nach Deutschland, an die Humboldt-Universität zu Berlin. Es folgte ein Großprojekt des Max-Planck-Instituts für Evolutionäre Anthropologie in Leipzig, das sie wieder nach Sibirien führte, wo sie mit Kollegen aus Russland und den USA in der tiefen Taiga am Jenissej die verschwindende Sprache des Volkes der Keten untersuchte. Die Ergebnisse ihrer Feldforschungen wurden später in mehreren Publikationen der Geehrten zusammengefasst, allen voran dem zweibändigen Wörterbuch der ketischen Sprache (vgl. Kotorova / Nefedov (eds.) 2015), deren Herkunft und Genealogie bis heute ein ungelöstes Rätsel bleibt.

Ein weiterer Schwerpunkt ihrer Forschung, wo Elizaveta Kotorova Beachtliches geleistet hat, ist Lexikologie und Lexikographie. Sie verfasste dutzende Artikel und drei Bücher (vgl. Kotorova 1997; 1998; 2007), in denen essentielle Fragen der Wort- und Wortschatzforschung in deutsch-russischem Kontrast unter Anwendung innovativer Forschungsmethoden behandelt werden. Den Kernpunkt bildet dabei das Problem der zwischensprachlichen Äquivalenz im Bereich der Semantik diverser lexikalischer Entitäten. Darüber hinaus hat sie am Großen deutsch-russischen Wörterbuch (vgl. НБНРС 2008) mitgewirkt, wobei sie ihre theoretischen Kenntnisse in die lexikographische Praxis umsetzen konnte.

Der weitere Forschungsschwerpunkt der Geehrten sind Sprachpragmatik und weit verstandene Kommunikationsforschung unter besonderer Berücksichtigung der Sprechakttheorie. Und dies wiederum im Sprachkontrast. In Kooperation mit dem Berliner Professor für Slawistik Wolfgang Gladrow hat sie kürzlich eine Monographie über Sprachhandlungen im Russischen und Deutschen verfasst (vgl. Gladrow / Kotorova 2018). Die Konzeption des Buchs beruht auf der originellen, von E. Kotorova erarbeiteten Theorie funktionalpragmatischer Felder – in partieller Analogie zu den gängigen Konzepten funktionalsemantischer bzw. grammatisch-semantischer Felder, wobei sie den in der Linguistik seit Jost Trier, Leo Weisgerber, Walter Porzig u.a. eingebürgerten und u.a. in der russischen Sprachwissenschaft (von Aleksandr V. Bondarko, Jevgenia I. Schendels u.a.) weiter entwickelten Feldbegriff mutatis mutandis auf die pragmatische Forschung angewandt und somit wesentlich bereichert hat. Dieser theoretische Ansatz ist eine solide Grundlage für die pragmatisch ausgerichtete Forschung zu diversen Fragen einer Modellbildung im Bereich kulturell determinierter Konzepte der Kommunikation (solcher wie Bitte, Entschuldigung, Begrüßung und Abschied etc.). Formelhaftes wird dabei auf der Folie des Sprachspezifischen ergründet. Andererseits kommt jedoch auch das Universelle an der Sprache keineswegs zu kurz.

Seit 2005 lehrt und forscht die Geehrte an der Universität in Zielona Góra (Polen). Sie ist Ordentliche Professorin und Inhaberin des von ihr gegründeten Lehrstuhls für Lexikologie und Pragmalinguistik am Institut für Germanistik.

Jahrzehntelang hat sie Vorlesungen und Seminare im Studienfach Sprachwissenschaft gehalten, Nachwuchswissenschaftler betreut und internationale Fachtagungen organisiert bzw. weltweit daran mit großem Erfolg teilgenommen. Sie ist Mitglied mehrerer wissenschaftlicher Gesellschaften und universitärer bzw. außeruniversitärer Gremien. Die wissenschaftlichen Aufsätze der Geehrten werden in renommierten Fachzeitschriften, Monographien und Sammelbänden zitiert. Heute kann unsere Kollegin Elizaveta Kotorova auf gediegene Leistungen in Forschung, Lehre und organisatorischer Tätigkeit zurückblicken.

Der vorliegende Ehrenband bestätigt dies auf eine besondere Art und Weise. Aufsätze, die darin zu finden sind, behandeln Themen, welche zu den wichtigsten Forschungsschwerpunkten von Frau Professor Kotorova gehören: eine typologisch ausgerichtete Forschung zu Kleinsprachen; Lexikologie und Lexikographie aus kontrastiver Sicht und Sprachpragmatik bzw. die Untersuchung interkulturell determinierter Kommunikation.

Dies sind Paradigmen und Syntagmen der Forschung der Geehrten: Taxonomie und Systematik einer mereologisch konzipierten Langue gehen darin mit Offenheit und Linearität der Parole einher. Diese Paradigmen und Syntagmen, ihre Modelle und ihre Funktionsgeltung werden in den im vorliegenden Buch abgedruckten Beiträgen behandelt. Die Gliederung der vorliegenden Festgabe entspricht der thematischen Einteilung der Beiträge gemäß den drei oben genannten wichtigsten Forschungsschwerpunkten der Geehrten.

Der erste Hauptteil trägt den Titel „**Sprache und Sprachen**" und enthält sprachtypologisch konzipierte Beiträge zu Klein-, Insel- und Diaspora-Sprachen sowie zur Sprachkontaktforschung.

Die Festschrift wird vom Artikel von **Bernard Comrie** aus Santa Barbara (USA), einem langjährigen Leiter des „linguistischen" Schwerpunkts am Max Planck-Institut für Evolutionäre Anthropologie in Leipzig und somit der sprachtypologischen Dachprojekte, an denen die Geehrte aktiv teilgenommen hat, eröffnet. Sein Coautor **Raoul Zamponi** aus Macerata (Italien) ist ebenfalls Sprachtypologe und Forscher auf dem Gebiet der anthropologisch orientierten Linguistik. Der Titel des Artikels lautet: „**Subgrouping and lexical distance in the Great Andamanese family**". Der Beitrag schlägt eine neue Interpretation der inneren genealogischen Einteilung andamanischer Inselsprachen auf der Basis des Vergleichs lexikalischer Entitäten vor.

Der Beitrag von **Edward Vajda** aus Bellingham, Washington (USA), unter dem Titel „**Ket lexical typology**" befasst sich mit ausgewählten Fragen typologisch relevanter Merkmale des Wortschatzes des Ketischen. Sein Autor arbeitete vor einigen Jahren zusammen mit E. Kotorova am Leipziger Projekt der Erforschung der ketischen Sprache, darunter vor Ort, in Siedlungsgebieten der Keten am Jenissej. Die ketischen Wortarten sind recht spezifisch aus der Sicht ihrer morphologischen Differenzierung und unterscheiden sich darin essentiell von der Formenbildung der Wortklassen der nicht genealogisch verwandten Nachbarsprachen. Speziell wird der Unterschied zwischen der präfixalen polysynthetischen Verbal- und der suffixal zentrierten Nominalflexion thematisiert.

Die jüngeren Ketisch-Forscher **Andrey Nefedov** aus Hamburg („**Prohibitive constructions in Ket**") und **Jelena Krjukova** aus Tomsk („**Кетские загадки: семантический и структурно-функциональный анализ [Ketische Rätsel: semantische und strukturell-funktionale Analyse]**"), die unter wissenschaftlicher Betreuung der Geehrten, darunter bei Feldexpeditionen, längere Jahre forschten, liefern hier Ergebnisse ihrer Analysen von Grammatikbau und Wortschatz dieser unikalen Sprache. Im Beitrag von A. Nefedov wird die Negation in prohibitiven analytischen Imperativkonstruktionen auf der Folie von anderen Modellen der Negation und im gemeintypologischen Diskurs behandelt. J. Krjukova untersucht metaphorische Verschiebungen in der ketischen Folklore, in erster Linie die gängigen Tertia Comparationis bei üblichen metaphorischen Kodierungen von Naturerscheinungen, Artefakten und Körperteilen.

Eine mitteleuropäische Inselsprache deutscher Ansiedler, die gegenwärtig einige wenige Träger im Osten des heutigen Polens hat, das Alznerische, welches genealogisch zur mitteldeutschen Dialektgruppe, dem Schlesischen, gehört, aber unter ständigem Einfluss des Polnischen gestanden hat, wird im Beitrag von **Marek Dolatowski** unter dem Titel „**Nominale Marker und syntaktische Exponenten im Alznerischen – eine diachrone Analyse**" behandelt. Der Verfasser ist Mitarbeiter am von Frau Prof. Kotorova geleiteten Lehrstuhl für Lexikologie und Pragmalinguistik. Im Mittelpunkt seiner Analyse stehen ausgewählte Fragen der substantivischen Deklination, welche unter Anwendung des Linguistischen Analysemodells des bekannten polnischen Grammatikforschers Józef Darski erörtert werden.

Eine westslawische Kleinsprache, das Kaschubische, welche unter einem langjährigen Einfluss des Deutschen gestanden hat, wird vom wissenschaftlichen Mitarbeiter des Lehrstuhls für Lexikologie und Pragmalinguistik der Universität in Zielona Góra **Piotr Bartelik** „**Zmiany językowe i kontakty językowe a system i norma (na przykładzie języka kaszubskiego) [Sprachwandel und Sprachkontakte aus der Sicht von System und Norm (am Beispiel des Kaschubischen)]**" untersucht. Dem Verfasser geht es um System- und Normwandel in dieser Sprache, welcher durch Sprachkontakte gefördert wurde. Am Beispiel des grammatischen Wandels wird gezeigt, dass fremde Einflüsse keine einschneidenden Systemänderungen verursachen, welche gegen eigene Entwicklungstendenzen laufen, sondern vielmehr Wandelprozesse beschleunigen, die als Tendenz im System des Kaschubischen bereits vor den gegebenen Sprachkontakten vorhanden waren.

Die Kollegin von Elizaveta Kotorova aus Halle **Swetlana Mengel** hat die Jubilarin mit dem Beitrag unter dem Titel „**Russisch in der Diaspora: Eine besondere Sprachvarietät?**" geehrt. Es handelt sich darin um interne (innersprachliche) und externe (außersprachlich-soziale) Parameter, die den Status einer großen

Kultursprache bestimmen, sofern sie zum Kommunikationsmittel unter beson-
deren Bedingungen in fremdsprachiger Umgebung wird. Untersucht werden im
Einzelnen sowohl intern-russische regionale Interferenzen von Sprechern, die
Einwanderer aus verschiedenen Gebieten der ehemaligen UdSSR sind, als auch
mannigfache Einflüsse der deutschen Binnenvarietät und der Dialekte auf das
Diaspora-Russische.

Der erste Beitrag im „lexikologisch-lexikographischen" Teil der Kotorova-
Festgabe unter dem Titel „**Wort und Wortschatz**" befasst sich mit allgemeinen
theoretischen Fragen der Wortschatzstruktur und -einteilung. Er trägt den Titel
„**Einteilungsmöglichkeiten eines Sprachbestandes aus der Perspektive des
umfeldbedingten Ansatzes**". Sein Autor, **Jurij Kobenko**, aus der Heimatstadt
der Geehrten Tomsk vertritt den Ansatz eines umweltdominierten Sprachbestandes, d.h. die These, dass der Ursprung einer natürlichen Sprache in der
Beschaffenheit der Umwelt ihrer Sprecher wurzelt, wodurch die Existenz einer
gegebenen Sprache außerhalb der Grenzen ihrer Umwelt unmöglich sei. Der
Fremd- und Lehnwortschatz sind vor diesem theoretischen Hintergrund „trotz
ihrer geschichtlich-hierarchischen Schichtung im deutschen Sprachsystem [...]
als Einzel- bzw. Teilwortschätze mit einschlägigen Sprachregistern zu behandeln".

Der Artikel des Wort- und Wortschatzforschers aus Szczecin (Polen) **Ryszard
Lipczuk** unter dem Titel „**Geflügelte Worte als Untersuchungsgegenstand in
der polnischen Linguistik**" präsentiert eine kritisch abgefasste Übersicht über
die Behandlung eines Teilbereichs der Phraseologieforschung. Im Mittelpunkt
stehen Fragen der Übersetzung geflügelter Worte und ihres Vorhandenseins in
zweisprachigen Wörterbüchern, also theoretische und praktische Probleme der
Translation und der Lexikographie auf dem Gebiet fester Wendungen, die ihren
Ursprung im Zitieren der Aussagen bekannter Persönlichkeiten haben. Mit der
Geehrten verbindet den Verfasser dieses Beitrags eine langjährige Kooperation,
unter anderem bei den in Pobierowo bei Szczecin organisierten lexikologischen
und lexikographischen Tagungen.

Der Beitrag der Sprachwissenschaftlerin aus Moskau **Anna Averina** unter dem
Titel „**Betonte Partikeln *ja*, *doch*, *schon* und *eh* im Deutschen und ihre Äquivalente im Russischen**" ist eine Untersuchung, die sich eindeutig in die von Elizaveta
Kotorova intensiv bearbeitete Forschungsrichtung zwischensprachlicher Äquivalenz am Beispiel der kontrastiven Untersuchung der deutschen und der russischen
Sprache einfügt. Die Abhandlung liegt an der Grenze von Lexikologie und Grammatik. Darin werden – unter expliziter Bezugnahme auf das Feldkonzept der Geehrten als Grundlage für die Deskription von Äquivalenzbeziehungen – die Semantik
und Funktionsgeltung der Diskurspartikeln in Sätzen verschiedenen Typs eruiert.

Der Artikel von **Olga Kostrova** aus Samara (Russland) „**Ressourcequellen und Semantik der Konditionalität im Russischen und im Deutschen**" liegt an der Grenze von Wortforschung und Grammatik. Die Verfasserin untersucht darin die Funktionsleistung konditionaler Signale verschiedener Sprachebenen im deutsch-russischen Sprachkontrast und vor dem Hintergrund ihrer Herkunft. Dies erlaubt es ihr, die Quellen einer konditionalen Anreicherung verschiedener sprachlicher Entitäten durch Verbindung ihrer synchronen und diachronen Erforschung zu ergründen. Sowohl – z.T. auch typologisch relevante – kontrastive Analysen als auch Schnittstellenforschung von Lexikologie, Grammatik und Pragmatik berühren sich unmittelbar mit den Forschungsschwerpunkten der Jubilarin.

Der „sprachpragmatische" Teil der Festschrift unter dem Titel „**Form und Sinn**" wird mit dem Beitrag eines langjährigen Kollegen der Geehrten, des deutschen Slawisten aus Berlin **Wolfgang Gladrow** eröffnet. Der Beitragstitel „**Ein Prosit auf die Jubilarin: Das Sprachhandlungsmuster *Toast* im Russischen und Deutschen**" enthält, wie daraus ersichtlich ist, eine Laudatio auf die Jubilarin, welche in Form einer von ihr mitentwickelten Analysetechnik funktionalpragmatischer Felder gestaltet ist. W. Gladrow war wissenschaftlicher Gastgeber von Frau Kotorova während ihrer Forschungsaufenthalte in Berlin. Zusammen mit ihr hat er das Buch über die Sprachhandlungsmuster im Russischen und Deutschen verfasst, das oben bereits erwähnt wurde (Gladrow / Kotorova 2018).

Frank Liedtke, Pragmatikforscher aus Leipzig, befasst sich in seinem Artikel „**Sprechakte als kulturelle Ressource – eine kultur-anthropologische Studie**" mit kulturanthropologischen Hintergründen der Etablierung von Sprechakten aus evolutionsbiologsicher Sicht. Die Herausbildung der Hauptklassen von Sprechakten (direktive, assertive und kommissive) wird dabei jeweils auf zwei Typen sprecher- bzw. adressatenseitiger Entlastung, die praktische resp. epistemische Entlastung, zurückgeführt. F. Liedtke hat die Universität Zielona Góra oft als Gast besucht. Er hat an der von Frau Kotorova mitorganisierten internationalen Fachtagung „Die Sprache in Aktion" (2011) als eingeladener Plenarreferent teilgenommen sowie bei uns auf Einladung der Geehrten Gastvorträge gehalten.

Alexander K. Kiklewicz aus der Universität Olsztyn (Polen) behandelt in seinem Beitrag „**Прагматическая маркированность фразеологизмов: гендерный аспект [Pragmatische Markiertheit von Phraseologismen: der Gender-Aspekt]**" phraseologische Wendungen der russischen Sprache auf Grund von Prämissen einer sog. nichtintentionalen (dispositiven) Pragmatik. Speziell werden genderspezifische Faktoren der in diesen stehenden Wendungen verwendeten Sprachformen an Korpusbelegen untersucht, woraus sich die Erstellung einer Matrix von entsprechenden Redesituationen ergibt, bei denen

Sender, Adressat und Referent berücksichtigt werden. A. Kiklewicz hat die Jubilarin mehrfach zu den von ihm organisierten Fachtagungen eingeladen und hat
auch unsere Universität mit Referaten auf Tagungen besucht. Sein Forschungsfeld
liegt den von der Geehrten bearbeiteten Schwerpunkten, vor allem im Bereich
der Pragmatik, sehr nahe.

Im Artikel von **Monika Schönherr** aus Zielona Góra unter dem Titel „**Wort-
bildungspragmatik: Morphologische Strukturen im Kontext**" wird für eine
pragmatisch dominierte Komposition und Derivation plädiert. Die Verfasserin
unternimmt den Versuch einer theoretisch haltbaren Verlinkung von Wortbil-
dungsstrategien und den Grice'schen Konversationsmaximen. M. Schönherr ist
am Lehrstuhl für Grammatik und Geschichte der deutschen Sprache unserer
Universität tätig und befasst sich u.a. mit Fragen des Sprachwandels in Wortschatz
und Grammatik. Ihr Beitrag behandelt Probleme, die zu den Hauptrichtungen der
Erforschung des Wortbestandes in seiner Dynamik zählen. Damit überschneidet
sich das Beitragsthema sowohl mit Sprachpragmatik als auch mit Lexikologie bzw.
Wortbildung, was zu den Domänen der Sprachforschung der Jubilarin gehört.

Ein weiterer Beitrag einer Mitarbeiterin des Lehrstuhls für Grammatik und
Geschichte der deutschen Sprache an der Universität Zielona Góra, der Dis-
kursforscherin **Jarochna Dąbrowska-Burkhardt**, unter dem Titel „*Brexit* **in
der „taz"-Berichterstattung des Sommers 2016**" widmet sich der politolingu-
istisch motivierten und diskurslinguistisch konzipierten Analyse der deutschen
Berichterstattung über das britische EU-Referendum. Untersucht wird der deutsche Diskurs über den sog. *Brexit* im öffentlichen politischen Sprachgebrauch
Deutschlands. Als Grundlage dienen Pressetexte aus der Berliner „tageszeitung"
(taz), die vom 23.06 bis zum 2./3.07.2016 erschienen sind. Die vorliegende Analyse fügt sich in den weiteren Forschungskontext der Jubilarin ein, indem hier
Fragen aufgeworfen werden, die im engen Zusammenhang mit der Problematik
diskursorientierter Sprachpragmatik stehen.

Piotr Krycki, ein Kollege von Frau Professor Kotorova aus der Universität
in Zielona Góra, hat den Beitrag unter dem Titel „**Populärwissenschaftlicher
Zeitungsartikel als Textsorte der strukturellen Kopplung**" beigesteuert. Der
Verfasser untersucht darin die Möglichkeiten der Anwendung der Ansätze der
Systemtheorie von Niklas Luhmann auf die Textlinguistik und andererseits das
Potential der Forschungsmethoden der Textlinguistik für die Weiterentwick-
lung der Grundgedanken der Theorie sozialer Systeme. Die empirische Grund-
lage hierfür bieten populärwissenschaftliche Texte aus der Tageszeitung „Die
Welt", die eine spezifische Ressource für Wissenstransfer zwischen Systemen im
Luhmann'schen Sinn darstellen. Der Autor zeigt, dass die Systeme zwar in einer

Umwelt, dabei aber geschlossen operieren, sodass ihre Operationen nicht über die Systemgrenzen hinausgehen können. Eine Übersetzung der systemeigenen Operationen wird daher erst im Rahmen einer Kopplung an ein angeschlossenes System ermöglicht.

Die Autorinnen und Autoren dieses Bandes sind sowohl bekannte, angesehene Sprachforscher und renommierte Professoren als auch Nachwuchswissenschaftler, was wiederum als deutliches Indiz dafür gelten kann, dass die von der Geehrten bearbeiteten Probleme von großer, bleibender Relevanz für verschiedene Generationen von Linguisten sind.

Wir wünschen der Jubilarin Gesundheit, Lebensfreude und Freude am Forschen und Lehren, neue Ideen und Inspirationen.

Ad multos et faustissimos annos!

Zitierte Literatur

Chomsky, Noam. 1973. *Sprache und Geist*. [Originaltitel: *Language and Mind*]. Frankfurt a.M.: Suhrkamp.

Gladrow, Wolfgang / Kotorova, Elizaveta. 2018. *Sprachhandlungsmuster im Russischen und Deutschen: Eine kontrastive Darstellung*. Berlin: Peter Lang.

Humboldt von, Wilhelm. 1903–1936. Nachdruck 1968. *Gesammelte Schriften*. Hg. von Albert Leitzmann et al. Berlin: Preußische Akademie der Wissenschaften.

Kotorova, Elizaveta. 2007. *Äquivalenzbeziehungen: Wort, Wortgruppe, Wortsystem*. Marburg: Tectum Verlag.

Kotorova, Elizaveta / Nefedov, Andrey (eds.). 2015. *Comprehensive Dictionary of Ket. – Большой словарь кетского языка*. Vol. 1–2. München: LINCOM.

Trabant, Jürgen. 2003. *Mithridates im Paradies – kleine Geschichte des Sprachdenkens*. München: Beck.

Wittgenstein, Ludwig. 1953. *Philosophische Untersuchungen*. Oxford: Oxford University Press.

Бибихин, Владимир В. 2015. *Мир. Язык философии*. С.-Пб.: Азбука.

Которова, Елизавета Г. 1997. *Понятие межъязыковой эквивалентности в семантических теориях*. Томск: Томский государственный педагогический университет.

Которова, Елизавета Г. 1998. *Межъязыковая эквивалентность в лексической семантике: сопоставительное исследование русского и немецкого языков*. Frankfurt a.M.: Peter Lang.

Мамардашвили, Мераб К. / Пятигорский, Александр М. 2011. *Символ и сознание*. Санкт-Петербург: Азбука.

НБНРС – *Новый большой немецко-руский словарь*. 2008. Под общим руководством Дмитрия О. Добровольского. Москва: Издательство АСТ.

Ярцева, Виктория Н. 1968. Научно-техническая революция и развитие языка. В: *Вопросы философии* 11, 71–77.

Teil I
Sprache und Sprachen

Bernard Comrie (Santa Barbara) / Raoul Zamponi (Macerata)

Subgrouping and lexical distance in the Great Andamanese family

Abstract: We develop a comparative Swadesh 200-word list for the varieties within the Great Andamanese language family, using all available documentation, and calculate pairwise percentages of lexical similarity. We acknowledge the limitations of the methodology, but our results nonetheless point to three well-defined subgroups: North Andamanese-Akakede, Middle Andamanese, and South Andamanese. The precise relation among these three subgroups remains enigmatic; further work may resolve this issue. Our results suggest further that some of the Great Andamanese varieties are dialects rather than separate languages.

Keywords: Great Andamanese languages; Swadesh 200-word list; lexical similarity; quantitative methods in linguistics

1. Introduction

The Andaman Islands, located in the Bay of Bengal between the mainlands of India and Myanmar (Burma), are home to two quite distinct indigenous language families, with no demonstrable genealogical link between them. Little Andaman, the interior of South Andaman, and North Sentinel, in the southern sector of the archipelago, are populated by three groups, Önge, Jarawa, and Sentinelese, speaking as many related languages that constitute the Ongan (Angan, Little Andamanese) family.[1] When, in 1858, a British penal settlement (Port Blair) was established on South Andaman, the indigenous inhabitants of the Great Andaman Group — i.e. the central and northern sectors of the archipelago, excluding the Jarawa of the interior of South Andaman — were divided into ten groups, each with its own distinctive speech variety (language or dialect), and with a name:[2] Akachari, Akakhora, Akabo, Akajeru, Akakede, Okojuwoi, Okol, Opuchikwar,

---

1   The classification of Sentinelese among the Ongan languages is, however, at best plausible speculation, as no linguistic studies have been carried out on the language of its virtually uncontacted speakers. The close genealogical relationship between Önge and Jarawa was first highlighted by Portman (1899: 76–78).

2   The names of these groups are prototypically glottonyms, all formed with a reflex of the somatic prefix *aka- 'mouth' (and by extension 'language'; see note 5): aka-, o-, ɔkɔ-, and akar-.

Akarbale, and Akabea (proceeding from north to south). The speech varieties of these ten groups constitute the Great Andamanese family; see the first two columns of Table 1, where the first column gives the name we use (corresponding to the self-designation), our abbreviation in upper case and in parentheses, and the ISO 693–3 code in lower case and in square brackets.

What remains today of the entire Great Andamanese family is five semi-fluent speakers of forms of Akajeru containing elements from other varieties once spoken on North Andaman Island (Manoharan 1989: 140; Choudhary 2006: 15; Narang 2008: 316; Abbi 2013: 10; Zamponi / Comrie in prep. b: ch. 7) termed Present-day Great Andamanese (PGA) or, simply, Great Andamanese. As a consequence, mainly, of diseases introduced with the establishment of the penal colony, and to which the indigenous populations of Great Andaman had no immunity, the history of all the Great Andamanese varieties after 1858 is marked by a steady decline in the speaker population. It is estimated that the indigenous population of Great Andaman, excluding the Jarawa, amounted to 3,500 people in the early part of the nineteenth century (Local Gazetteer 1908: 5). For the demise of the languages see the column "Status" in Table 1. In 1970, the 23 surviving Great Andamanese, mostly from North Andaman Island or of North Andamanese descent, were relocated to small Strait Island, off the east coast of Middle Andaman, in an attempt to protect them from diseases and other threats (Chattopadhyay 2003: 61). The number of Great Andamanese has slowly increased since then to 56 in 2013 (Abbi 2013: 19–20).

The material of the ten traditional Great Andamanese varieties that has reached us varies significantly in both quantity and quality, ranging from nine near-phonetically transcribed common nouns and some toponyms for Akakhora[3] to, in the case of Akabea, a corpus including collections of grammatical notes, a phrasebook, some (short) texts, a dictionary, and some vocabularies and word lists; see the last column of Table 1.

---

3   Zamponi / Comrie (in prep. b: section 1.1.2.3) note that the scanty available Akakhora material does not contain unique elements not found in Akajeru.

Table 1. The Great Andamanese varieties and their documentation[a]

Variety	Location	Status	Documentation
Akabea (AKB) [abj]	Coast of Rutland Island; coast and part of the interior of South Andaman and surrounding smaller islands; west coast of Middle Andaman up to Flat Island.	The last speaker died between 1921 and 1931.	Haughton (1862) (*WL*), Man (1877) (*T*), Man (1878) (*G*), Man (1883) (*LM, LA, T*), Man (1885) (*LM, T*), Man (1919–1923) (*D*), Man / Temple (1878) (*GN* from Man 1878), Portman (1887) (*V, LM, PB*), Portman (1888) (*T*), Portman (1898) (*GN, LM, LA, T, V*), de Röepstorff (1870) (*WL*), de Röepstorff (1875) (*V*), Temple (1901) (*some toponyms*), Tickell (1864) (*WL*).
Akabo [akm]	Central-eastern North Andaman.	There were some speakers in 1970.	Radcliffe-Brown (1933) (*LM*).
Akachari (AKC) [aci]	Coast of the northern half of North Andaman and the adjacent islands.	At least one speaker remained in 1952.	Portman (1887) (*V, LM, PB*), Radcliffe-Brown (1933) (*LM, T*), Temple (1903) (*some toponyms*).
Akajeru (AKJ) [akj]	Interior and the southern half of the coast of North Andaman and the northern extremity of Middle Andaman.	Five people can partially speak forms of Akajeru, with input from other varieties of North Andamanese that they heard during their childhood (Present-day Great Andamanese).	1. *Traditional Akajeru:* Radcliffe-Brown (1914) (*LM*), Radcliffe-Brown (1933) (*LM, a few short sentences*), Man (1919–1923) (*LM*), Temple (1903) (*some toponyms*). 2. *Present-day Great Andamanese* [gac]: Abbi (2006) (*GN, WL*), Abbi (2012) (*D*), Abbi (2013) (*G, T*), Avtans (2006) (*GN*), Awasthi (1991) (*LM*), Basu (1952) (*GN*), Choudhary (2006) (*GN*), Kumar (2001) (*LM*), Manoharan (1989) (*GN, V*), Manoharan / Gnanasundaram (2007) (*LM*), Narang (n.d) (*WL*), Pande / Abbi (2011) (*LM*), Rajasingh / Ranganatha (1995) (*V*), Som (2006) (*LM*), Yadav (1985) (*WL, sentences*).

Variety	Location	Status	Documentation
Akakede (AKK) [akx]	Northern half of Middle Andaman and Interview Island.	Extinct before 1970; two speakers remained in 1952.	Portman (1887) (*V, LM, PB*), Temple (1903) (*some toponyms*).
Akakhora [ack]	Central-western North Andaman.	There were at least four speakers in 1952.	Radcliffe-Brown (1933) (*LM*), Temple (1903) (*some toponyms*).
Akarbale (AKR) [acl]	Ritchie's Archipelago.	Its two last speakers lived in the 1930s.	Portman (1888) (*T*), Portman (1898) (*LM, LA, T, V*), Man (1919–1923) (*LM*), Temple (1903) (*some toponyms*).
Okojuwoi (OKJ) [okj]	Interior of the southern half of Middle Andaman.	Extinct between 1921 and 1931.	Portman (1888) (*T*), Portman (1898) (*LM, LA, T, V*), Man (1919–1923) (*LM*).
Okol (OKL) [aky]	Coast, adjacent islands, and part of the interior of Middle Andaman.	Extinct between 1911 and 1921.	Portman (1888) (*T*), Portman (1898) (*LM, LA, T, V*), Man (1919–1923) (LM), Temple (1903) (*some toponyms*).
Opuchikwar (OPC) [apq]	Between Middle Strait and Homfray Strait, including Colebrooke and Passage islands and the northern bank of Homfray Strait for a short distance inland.	Extinct before 1970; one speaker remained in 1952.	Portman (1887) (V, LM, PB), Portman (1888) (T), Portman (1898) (*LM, LA*, T, *V*), Man (1919–1923) (*LM*), Temple (1903) (*some toponyms*).

[a]The following abbreviations are used: *D* – dictionary; *G* – grammar; *GN* – grammar notes; *LA* – list(s) of affixes; *LM* – lexical material; *PB* – phrase-book; *T* – text(s); *V* – vocabulary; *WL* – word list.

2. Subgrouping

While the genealogical unity of the Great Andamanese family has been evident since the last quarter of the nineteenth century (Temple 1877: 1–2, 1903: 107–108, 116; Man 1885: xxviii, 51; Portman 1898: 26–27; Radcliffe-Brown 1933: 41), the internal subgrouping of the family has not yet been adequately examined. We are aware of only two attempts: The first is Manoharan (1983; reprinted in Manoharan 1989: 164–173), which, on the basis of lexical comparisons of limited extension, proposes the internal structure represented in Figure 1; note that we use our names for the languages, but Manoharan's for the numbered subgroups.

Figure 1. Classification of Great Andamanese varieties proposed by Manoharan (1983: 92): 1 – South Andaman; 2 – Non-South Andaman; 3 – Middle Andaman; 4 – North Andaman; 5 – Juwoi-Kol; 6 – Bo-Cari; 7 – Jeru-Kora

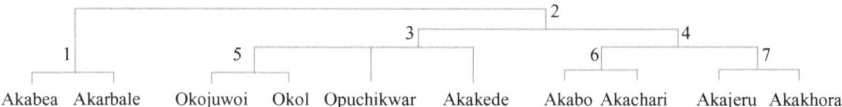

The second is Comrie / Zamponi (2017: 57), which differs from Manoharan (1983) primarily in two respects: Akakede is grouped with North Andamanese rather than with Middle Andamanese — for justification of this, see section 6; Middle Andamanese is grouped with South Andamanese rather than with North Andamanese — this hypothesis predated our detailed work on the Akajeru and Akachari lexical materials, and section 6 will suggest that neither subgrouping is currently justified.

The present article aims to move this discussion forward by examining a comparative word list in order to identify "look-alikes" across the varieties and thus arrive at an index of lexical similarity between each pair of varieties. We emphasize the preliminary nature of our study. It is based on look-alikes, not on cognates as established by the Comparative Method, for the simple reason that the present state of our knowledge of Great Andamanese does not allow us to progress to the establishment of true lexical cognates and to base the subgrouping specifically on shared innovations rather than on any shared similarities. Nonetheless, we feel that it is useful to take stock of what can be achieved so far.

3. The comparative word list

In compiling the comparative word list (Table 3) at the end of this article, based on the Swadesh 200-word list as published in Gudschinsky (1956), an attempt was made to collect data from the sources listed in the last column of Table 1 as exhaustively as possible. This resulted in a corpus of nine different word lists covering all the traditional Great Andamanese varieties, with the exception of the poorly documented Akabo and Akakhora, plus PGA, with each word list containing a different set of items.[4] It was decided to include in Table 3 the relevant items from all of the nine word lists, although some of the data they contain appear to conflict with other data presented. This is the case, in particular, with various items of PGA, which are (unexpectedly) completely different from the corresponding Akajeru translations (see, for example, the terms for 'to fly', 'to know', 'root', 'to sew', 'tail', 'thin', and 'white'). It is possible that some of the PGA items reported in Table 3 are terms that express a meaning close, but not identical, to that of the Akajeru forms we indicate as their equivalents. It is also possible that some PGA items may reflect undocumented Akabo or Akakhora items. We are perhaps also witness to the difference between the fact that the traditional varieties were documented by non-linguists, while the documentation of PGA reflects contemporary professional standards. The choice of including such terms in the PGA word list is based on the consideration that, in the sources we consulted, they are reported as exact translations of items of Swadesh's 200-word list and that their semantic content cannot be further specified. Another somewhat problematic variety is Akajeru, for which we have far fewer entries (62) than for the other varieties (154–189), which creates problems for comparability.

The transcription we use for all Great Andamanese varieties, except PGA, is a tentative semi-phonemic one, given that the old sources fail to distinguish (at least systematically) a number of segments (see Comrie / Zamponi 2017: 60–61). In this transcription the IPA symbol p may also represent p^h; t may also represent t^h, $ʈ$, and $ʈ^h$; d may also represent $ɖ$; r (in Akabea) may also represent $ɽ$; e (except in Akajeru) is the common notation for close-mid e and open-mid $ɛ$; o is the usual common notation for post-tonic close-mid o and open-mid $ɔ$; and vowel length is not indicated. We retain Portman's orthographic symbols $ò$ and $ö$ (in Opuchikwar, Okol, and Okojuwoi), which represent two phonemically contrasting vowels whose phonetic quality is unclear. The forms of PGA are given in a phonemic transcription that, as in Abbi (2012, 2013), also distinguishes three common allophones of the voiceless palatal affricate that freely vary among the last semi-speakers of this variety. In words probably recorded by Portman without the somatic prefix, the occurrence of the missing prefix is indicated by the addition of the abbreviation SP to the stem.[5]

---

4   Missing translations are signalled by a dash. The order in which the nine word lists appear in Table 3 reflects the geographical location of the respective varieties, proceeding from north to south.

5   Somatic prefixes are derivational morphemes which commonly occur attached to nouns, adjectives, verbs, and occasionally adverbs. They are sometimes used literally, referring to a particular anatomical region, e.g. the somatic prefix *-aka 'mouth' for

4. Look-alikes in the comparative word list

All the Great Andamanese items in Table 3 were coded by assigning items with similar form to a common set. For our survey, a criterion of non-strict similarity was chosen, i.e. words are considered look-alikes if they contain similar stems, regardless of the derivational affixes they may include. This is the case, for example, with the Akachari, Akajeru, PGA, and Akakede words for 'to dig' (#28) and 'fruit' (#59), which include different somatic prefixes. For each meaning in Table 3 we assigned a letter (A, B, C, …) to each set of similar forms found in this meaning across the varieties. The letter A in the meaning 'to dig' (#28) for Akachari, PGA, and Akakede, for instance, implies that these three varieties have similar words for 'to dig', while the letter B for Opuchikwar, Okojuwoi, and Okol implies there these other varieties have similar words for this meaning which are dissimilar in form to A.

For some meanings, the translation in Table 3 consists not of a single word, but of a multi-word expression (see 'bird' [#12], 'cloud' [#21], 'leftside' [#87], 'near' [#102], 'rightside' [118], and 'sing' [135]). Two translations are judged alike if they show one or more similar lexical components. However, to preserve the consistency of our methodology of identifying look-alikes, we have only done this where there are clearly distinct words involved. We have therefore not attempted to identify similar bound parts of personal pronouns (items #67 'he', #78 'I', #163 'they', #168 'thou', #182 'we', #198 'ye'), of demonstratives (#161 'that', #162 'there', #167 'this'), or of interrogative pronouns / adverbs (#184 'what?', #186 'where?', #188 'who?'), but only considered each of these words as a whole. While most entries are or include at least one lexical morpheme, those for 'at' (#5), 'if' (#80), and 'in' (#81) are grammatical morphemes, but were nonetheless included as they are the appropriate translation equivalents. More generally, we adhere strictly to the principle that the unit of measurement is the numbered item in the Swadesh list, so that different items in the Swadesh list that receive the same translation in one or more, or even all, languages are treated as distinct entries.

No attempt was made to distinguish among different degrees of resemblance. Some degree of subjectivity in identifying look-alikes is inevitable, but our

---

body parts connected with the mouth (cf. *aka-boaŋ* 'mouth' and *aka-atal* 'tongue' in Akarbale) and for actions involving the mouth (e.g. *aka-tewi* 'open the mouth' and *aka-muʤur* 'smile' in Akabea). However, they also have extended meanings, e.g. with *-aka* extended to other orifices (cf. *aka-ʤag* 'hole' in Akabea), as well as uses that have become lexicalized to the point of opacity.

intersubjective agreement was high, and initial disagreements were discussed to our joint satisfaction.

5. Similarity matrix and network

The lexical distance for each pair of varieties in the sample is shown as a matrix in Table 2. The cells in the upper right half of the table show, for that pair of languages, the number of look-alikes (before the slash) in relation to the total number of items in the Swadesh list for which both varieties have entries. The cells in the bottom left half of the table express this figure as a percentage, rounded to the nearest whole percentage. These percentages can thus be read as lexical similarity indices.

Table 2. Number of look-alikes among pairs of Great Andamanese varieties and pairwise percentage similarity matrix

	AKC	AKJ	PGA	AKK	OKJ	OKL	OPC	AKB	AKR
AKC	-	54/58	114/149	120/153	54/147	49/149	51/150	34/154	32/149
AKJ	93%	-	59/62	48/59	21/59	19/61	20/62	15/62	14/61
PGA	77%	95%	-	97/150	52/173	48/175	47/177	28/182	29/175
AKK	78%	81%	65%	-	59/147	52/149	55/150	37/154	36/149
OKJ	38%	36%	30%	40%	-	150/178	150/178	64/178	68/178
OKL	33%	31%	27%	35%	84%	-	170/180	67/180	71/180
OPC	34%	32%	27%	37%	84%	94%	-	70/181	71/180
AKB	22%	24%	15%	24%	36%	37%	39%	-	144/180
AKR	21%	23%	17%	24%	38%	39%	39%	80%	-

The similarity matrix in Table 2 corresponds to the network in Figure 2, which provides a visualization of the degrees of similarity among the varieties.[6]

Figure 2. NeighborNet visualization of lexical distances across Great Andamanese varieties

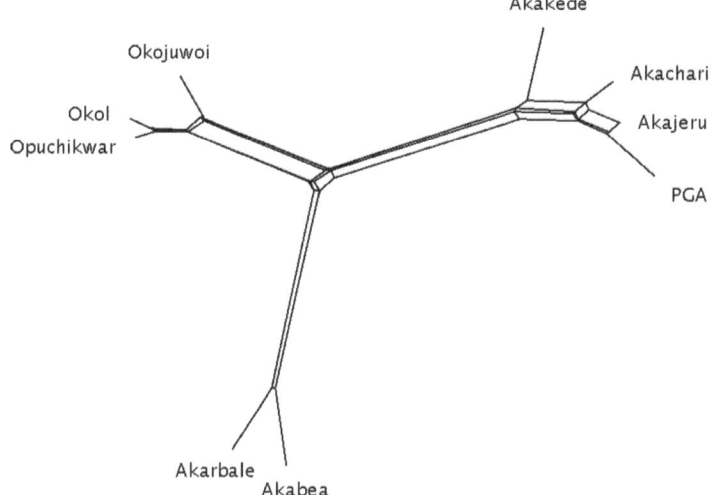

6. Discussion

Both Table 2 and Figure 2 suggest a tripartite division of the Great Andamanese language family. Indeed, this structure is so clear that, even given the caveats expressed in section 3, it provides a plausible working hypothesis. The three subgroups are: North Andamanese-Akakede (comprising Akajeru, Akachari — and Akabo and Akakhora — and PGA, plus Akakede); Middle Andamanese (Opuchikwar, Okol, and Okujuwoi); South Andamanese (Akabea and Akarbale). We will discuss each of these in turn.

The clarity of the grouping of Akakede with North Andamanese renders surprising Manoharan (1983)'s grouping of Akakede with Middle Andamanese (see Figure 1). The similarity indices between Akakede and North Andamanese languages range from 81% to 65%, or to 78% if one excludes PGA. Akakede's highest similarity index with a Middle Andamanese language is 40% (with Okojuwoi). An observation by Portman (1896: 365) may throw light on the issue:

---

6   Figure 2 was produced using SplitsTree4 (version 4.14.6) (Huson / Bryant 2006).

"The Kédé tribe, though generally at feud with its neighbors of the South Andaman group, shows in names and some customs a resemblance to the tribes of
that group, and the fusion between the groups, which is slight, has taken place
between the Kédé and Okko-Juwai [sic] tribes on the west side."

This suggests that the Akakede had recently assimilated culturally and perhaps
linguistically (e.g. through loanwords) to their Middle Andamanese neighbors,[7]
although Akakede remains only slightly closer to Okojuwoi (similarity index 40%)
than are Akajeru (36%) and Akachari (38%). Such linguistic and cultural assimila-
tion may have fueled Manoharan's impression.

The other languages within North Andamanese, albeit with reservations given
the virtual lack of documentation of Akabo and Akakhora and the problems with
Akajeru and PGA noted in section 3, are very close to one another, and the question therefore arises whether they (or some of them) might constitute dialects of a
single language rather than distinct languages. It is difficult to answer this question
for living varieties for which we have extensive documentation, given the sometimes conflicting criteria of lexical similarity, structural similarity, mutual intelligibility, and social perception, so it is even less likely that we will be able to answer
the question definitively for varieties that we cannot observe directly. Nonetheless,
it is worth considering the first-hand observations of Radcliffe-Brown (1933). In
fact, he varies between calling the varieties dialects (p. viii), languages (p. 45), and
more specifically "languages of the North Andaman, which are closely related"
(p. 495), suggesting perhaps a border-line category. Perhaps more telling is his
comment on mutual intelligibility (p. 25):

"[a] man of the *Aka-Jeru* tribe could understand without any great difficulty
a man speaking *Aka-Bo*."

This suggests that the four traditional varieties may well have been dialects of
a single North Andamanese language, grouped with the distinct Akakede language into North Andamanese-Akakede. Note that the similarity index between
Akajeru and Akachari, 93%, is one of the two highest indices for traditional Great
Andamanese varieties.

The position of PGA is somewhat anomalous. As expected, given that it is
largely a descendant of Akajeru, they show 95% similarity, the highest index for
any pair. However, its similarity index with Akachari is only 77%. So Akachari is
very close to Akajeru, Akajeru very close to PGA, but Akachari not particularly

---

7   Note that Portman's term "South Andaman" here includes our Middle Andamanese
     and South Andamanese.

close to PGA! This may reflect the comparability problems with PGA mentioned in section 3.

The range of similarity indices within North Andamanese-Akakede (95%-65%, or 95%-78% without PGA) are well above the highest indices for a pair consisting of a North Andamanese-Akakede and a Middle Andamanese language (40%) or a South Andamanese language (24%).

Within Middle Andamanese, similarity indices vary between 94% and 84%, well above the highest index for any pair combining Middle Andamanese with North Andamanese-Akakede (40%) or South Andamanese (39%). The similarity index between Opuchikwar and Okol is again so high (94%) that the possibility arises of these being dialects of a single language. Portman (1898: 26) presents a relevant observation:

"The *Púchikwár* and *Kol* languages differ from those mentioned above, but resemble each other in many ways. Those *Púchikwár* living at the eastern end of Homfray Strait speak a mixed dialect of *Púchikwár* and *Kol*."

One interpretation of this would be that there was a dialect continuum from Opuchikwar to Okol. Portman goes on say:

"The *Āūkāū-Júwōī* language is very different from any of the others in the group, the nearest being *Kol*."

The distinctiveness of Okojuwoi fits in with our results, although we show Okojuwoi equidistant from each of Opuchikwari and Okol (84%), rather than closer to Okol; future work will hopefully clarify this. Overall, this suggests two languages: Opuchikwar-Okol and Okojuwoi.

The two South Andamanese varieties have a similarity index of 80%, suggesting clearly that they are within the same group, but distinct languages.

Finally, how do the three main groups relate to one another? If there were three primary branches, then we would expect, *ceteris paribus*, each group to be equidistant from each of the other two; however, Middle Andamanese stands in between the other two groups. The closest similarity pair index between a North Andamanese-Akakede and a Middle Andamanese variety is 40%, with almost the same figure between Middle Andamanese and South Andamanese (39%); the comparable figure for North Andamanese-Akakede and South Andamanese is only 24%. If the original branching was tripartite, then there must have been considerable language contact, in particular lexical borrowing, to reach the situation we have described. There is no evidence to group Middle Andamanese with one rather than the other of the other two groups (despite Manoharan (1983)'s "Non-South Andaman" and Comrie / Zamponi (2017)'s grouping of Middle Andamanese with South Andamanese), and if there was originally such a bipartite primary branching followed by a further bifurcation within one of those primary branches, then again borrowing must have obscured the picture. A third possibility would be that the original pattern was rather a dialect continuum, with Middle Andamanese linguistically as well as geographically intermediate between the other two groups; this would then have been followed by a period of consolidation of certain varieties and extinction of transitional varieties, leading to the current situation of three well-defined groups one of which is intermediate between the other two. But further work will be needed to elucidate this issue.

7. Conclusion

Lexical similarities on the Swadesh 200-item word list suggest strongly the division of the Great Andamanese varieties into three groups — North Andamanese-Akakede, Middle Andamanese, and South Andamanese — but with subgrouping of Akakede with North Andamanese rather than with Middle Andamanese and without the grouping together of Middle and North Andamanese against South Andamanese (*pace* Manoharan 1983) or of Middle and South Andamanese against North Andamanese (*pace* Comrie / Zamponi 2017). Some of the varieties are so close that they may well have been dialects of a single language (North Andamanese varieties; Opuchikwar-Okol), despite the near-unbroken tradition of considering all to be separate languages, as reflected in the ISO 693–3 codes. No consistent family tree of the Great Andamanese languages can be derived from our statistics, with the most likely reason being the effects of language contact. In future work we hope to extend our database beyond the Swadesh 200-item word list and to apply the Comparative Method in order to try and resolve the remaining questions.

References

Abbi, Anvita. 2006. *Endangered languages of the Andaman Islands*. Munich: Lincom Europa.

—. 2012. *Dictionary of the Great Andamanese language: English-Great Andamanese-Hindi*. Delhi: Ratna Sagar.

—. 2013. *A grammar of the Great Andamanese language: an ethnolinguistic study*. Leiden / Boston: Brill.

Avtans, Abhishek. 2006. Deictic categories in Great Andamanese. New Delhi: Jawaharlal Nehru University. MA thesis.

Awasthi, A. K. 1991. Ethnobotanical studies of the Negrito Islanders of Andaman Islands, India – The Great Andamanese. *Economic Botany* 45, 274–280.

Basu, Dwijendra N. 1952. A linguistic introduction to Andamanese. *Department of Anthropology Bulletin* (Delhi) 1/2, 55–70.

Chattopadhyay, Madhumala. 2003. Quest for survival of the Negrito tribes of Andaman - the Great Andamanese, the Onge, the Jarawa, and the Sentinelese. In: Sharma, A. N. (ed.). *Tribal development in Andaman Islands*. New Delhi: Sarup & Sons, pp. 59–80.

Choudhary, Narayan K. 2006. Developing a computational framework for the verb morphology of Great Andamanese. New Delhi: Jawaharlal Nehru University. MA thesis.

Comrie, Bernard / Zamponi, Raoul. 2017. Typological profile of the Great Andamanese family. *Journal of South Asian Languages and Linguistics* 4, 55–83.

de Röepstorff, Frederik A. 1870. A short list of Andamanese test words. *Proceedings of the Asiatic Social of Bengal for June 1870*, pp. 178–180.

—. 1875. *Vocabulary of dialects spoken in the Nicobar and Andaman isles*, 2nd ed. Calcutta: Office of the Superintendent of Government Printing.

Gudschinsky, Sarah C. 1956. The ABC's of lexicostatistics. *Word* 12, 175–210.

Haughton, John C. 1862. *Andamanese vocabulary and phraseology*. Calcutta: Rome Secretariat Press.

Huson, Daniel H. / Bryant, David. 2006. Application of phylogenetic networks in evolutionary studies. *Molecular Biology and Evolution* 23, 254–267.

Kumar, Chandan. 2001. Speech sounds in Andamanese: a descriptive study. New Delhi: Jawaharlal Nehru University. MA thesis.

Local Gazetteer. 1908. *The Andaman and Nicobar Islands*. Calcutta: Superintendent Government Printing.

Man, Edward H. 1877. *The Lord's prayer translated into the Bôjingîjida, or South Andaman (Elâkâbêäda) language; with preface, introduction and notes by R. C. Temple*. Calcutta: Thacker, Spink and Co.; London / Strasburg: Trübner and Co.

—. 1878. Andamanese grammar, annotated by Sir Richard T. Temple. Manuscript (no. 111) in Edward H. Man "collection", Royal Anthropological Institute of Great Britain and Ireland, London.

—. 1883. On the Aboriginal inhabitants of the Andaman Islands. *The Journal of the Anthropological Institute of Great Britain and Ireland* 12, 69–116, 117–175, 327–434.

—. 1885. *On the aboriginal inhabitants of the Andaman Islands*. London: Royal Anthropological Institute of Great Britain and Ireland.

—. 1919–1923. Dictionary of the South Andaman language. *Indian Antiquary* 48 (1919) Supp. 1–84, 49 (1920) Supp. 85–136, 50 (1921) Supp. 137–164, 51 (1922) Supp. 165–188, 52 (1923) Supp. 189–203.

Man, Edward H. / Temple, Richard T. 1878. *A grammar of the Bôjingîjîda or South Andaman language*. Calcutta: Thacker, Spink and Co.

Manoharan, S. 1983. Subgrouping Andamanese group of languages. *International Journal of Dravidian Linguistics* 12, 82–95.

—. 1989. *A descriptive and comparative study of the Andamanese language*. Calcutta: Anthropological Survey of India.

Manoharan, Subramaniam / Gnanasundaram, V. (2007) *Linguistic identity of an endangered tribe: present Great Andamanese (Andaman and Nicobar Islands – India)*. Mysore: Central Institute of Indian Languages.

Narang, Vaishna. 2008. Jero time: the Great Andamanese tribe and its perception of time. *Omertaa (Journal of Applied Anthropology)* 2008, 315–322.

Narang, Vaishna, n.d., [Jero words]. Ms.

Pande, Satish / Abbi, Anvita. 2011. *Ethno-ornithology. Birds of the Great Andamanese. Names, classification and culture*. Pune: Ela Foundation with Bombay Natural History Society and Oxford University Press.

Portman, Maurice V. 1887. *Manual of the Andamanese languages*. London: W. H. Allen.

—. 1888. Andamanese music, with notes on Oriental music and musical instruments. *Journal of the Royal Asiatic Society of Great Britain and Ireland*, new series, 20, 181–218.

—. 1896. Notes on the Andamanese. *Journal of the Royal Anthropological Institute* 15, 362–371.

—. 1898. *Notes on the languages of the South Andaman group of tribes*. Calcutta: Office of the Superintendent of Government Printing.

—. 1899. *A history of our relations with the Andamanese*. Calcutta: Office of the Superintendent of Government Printing (2 vols.).

Radcliffe-Brown, Alfred R. 1914. Notes on the languages of the Andaman Islands. *Anthropos* 9, 36–52.

—. 1933. *The Andaman islanders*, 2nd ed. Cambridge: The University Press.

Rajasingh, V. R. / Ranganatha, M. R. 1995. *Andamanese-Hindi-English pictorial glossary*. Mysore: Central Institute of Indian Languages; Port Blair: Tribal Welfare Department, Andaman and Nicobar Administration.

Som, Bidisha. 2006. A lexico-semantic study of the Great Andamanese: a thematic approach. New Delhi: Jawaharlal Nehru University. PhD dissertation.

Temple, Richard C. 1877. Introduction. In: Man, Edward H. *The Lord's prayer translated into the Bôjingîjîda, or South Andaman (Elâkâbêäda) language; with preface, introduction and notes by R. C. Temple*. Calcutta: Thacker, Spink and Co.; London / Strasburg: Trübner and Co.

—. 1903. *Census of India, 1901.* Vol. 3: *Andaman and Nicobar Islands: report on the census.* Calcutta: Office of the Superintendent of Government Printing.

Tickell, Samuel R. 1864. Memoranda relative to three Andamanese in the charge of Major Tickell, when Deputy Commissioner of Amherst, Tenasserim, in 1861. *Journal of the Asiatic Society of Bengal* 2, 162–172.

Yadav, Yogendra. 1985. Great Andamanese. In: Bradley, David (ed.). *Papers in South-East Asian linguistics no. 9: Language policy, language planning and sociolinguistics in South-East Asia.* Canberra: Pacific Linguistics, pp. 185–214.

Zamponi, Raoul / Comrie, Bernard. in prep. a. A grammar of Akabea. Ms.

—. in prep. b. Akajeru: fragments of a traditional North Andamanese dialect. Ms.

Figure 3. Comparative word list of Great Andamanese varieties

NO.	ENGLISH	AKC	AKJ	PGA	AKK	OKJ	OKL	OPC	AKB	AKR	AKC	AKJ	PGA	AKK	OKJ	OKL	OPC	AKB	AKR
1.	all[1]	ʃope	-	-	-	a-ʃapar	a-diri	ar-dire	ar-duru	ar-diri	A	-	-	-	A	B	B	B	B
2.	and	-	-	bo	-	lekɔiɲe	lekɔiɲe	bɔiɲe	bedig	bedigam[2]	-	-	A	-	B	B	B	C	C
3.	animal	-	-	tʃi ccoula	-	-	-	-	totnau	totnau	-	-	A	-	-	-	-	B	-
4.	ashes[3]	=il ~ =l	=il	=il ~ =el ~ =l	=il ~ =l	=an	=an	=an	ig-bug	id-buk	A	A	A	A	B	B	B	B	B
5.	at[4]	-	-	-	-	re-peak	er-beak	ir-be	=len	=len	A	-	A	-	B	B	B	C	C
6.	back	ot-bo	ot-bo	ot-bo	e-belaket	sp-kiter	a-kitar	ab-kitar	ab-gudur	ab-gudur	-	A	A	-	B	B	B	B	B
7.	bad	e-beketeŋ	e-ʃʃai	cae	e-belaket	kadak	kadak	kada	dʒabag	dʒabog	C	B	A	-	D	D	D	E	E
8.	bark	ot-kɔbɔ	ot-kɔbɔ	ot-kɔbo	ot-kɔpo	ɔtɔ-kaiɲ	ɔte-kaiɲ	ɔte-kaiɲ	ot-aidʒ	ɔt-kaiɲ	A	A	A	C	B	B	B	B	B
9.	because	-	-	kʰudi	-	-	-	-	-	-	-	-	A	A	-	-	-	-	-
10.	belly	pet	it-pet[5]	e-pʰilu	e-pilu	a-fute	o-fute	ab-fute	ab-dʒodo	ab-dʒodo	A	-	B	B	C	C	C	C	C
11.	big	er-kuro	er-kuro	er-kʰuro	ir-kuro	ʃaki	durɲa	durɲa	doga	koʃu	A	A	A	A	B	-	-	D	E
12.	bird	dʒitoba	-	tajio t=ot-bec[6]	dʒoetupa	tɔmatap	ʃula	ʃola	ʃula	ʃula	A	-	B	C	C	B	B	B	D
13.	to bite	e-bio	tɔi	e-bio	e-pio	peaka	peaka	pe	ʃapi	koarop	A	A	A	A	B	B	C	C	D
14.	black	er-dirim	-	e-dʒirim	ir-dirim	dirak	dirak	dirak	putuɲaidʒ	putuɲaidʒ	A	-	A	A	B	B	B	C	C
15.	blood	tei	tei	e-tei	tei	tewa	tewa	tewa	tei	te	A	A	A	A	B	B	B	A	A
16.	to blow[7]	-	-	e-bora	-	pote	pate	pate	wul	poat	A	-	A	-	A	A	A	C	A
17.	bone	tɔi	tɔi	tɔi	tue	tɔ	tɔ	tɔ	ta	toa	A	A	A	B	A	A	A	A	A
18.	to breathe	aka-ʃiɲi	-	ot-ʃiɲe	ʃiɲe	ʃelet	ʃlet	ʃelet	ɔna	ɔna	A	-	A	A	B	B	B	C	C
19.	to burn[8]	ʃue	-	e-sue	ʃue	ʃu	ʃu	ʃu	dʒoi	dʒoi	A	-	A	A	B	B	B	A	A
20.	child	ot-tire	ot-tire	ut-tʰire	e-tire	a-tre	o-tre	ab-tire	ab-liga	ab-liga	A	-	A	A	A	A	A	B	B
21.	cloud	tau	-	tajo t=er-bec[9]	tau	tɔwiya	tɔwia	tɔwia	towia	tɔwia	A	-	A	A	B	B	B	B	B
22.	cold[10]	ot-dʒulu	ot-dʒulu	julu	dʒulum	dʒelum	trem	terem	ʃoki	yelam	A	A	A	A	B	B	B	C	A
23.	to come	uni	-	uni	uni	one	une	une	ɔn	ɔn	A	-	A	A	A	A	A	A	A
24.	to count[11]	ara-lup	-	e-lob	ara-lup	ra-lop	a-lop	ar-lop	ar-lap	ar-loap	A	-	A	A	B	B	B	A	A
25.	to cut[12]	e-beliŋ	-	i-beliŋ	e-ɲol	tɔkɔ	tɔkɔ	pɔt	kop	kop	-	-	B	A	C	C	D	D	D
26.	day	-	-	dʒu[13]	-	poat	poot	pɔt	arla	koarlo	A	-	B	-	B	B	B	C	C
27.	to die	e-m-pil	e-m-pil	e-m-pʰil	e-m-pil	a-m-pil	o-m-pil	e-m-pil	ɔkɔ-li	ɔkɔ-li	A	A	A	A	B	B	A	B	B
28.	to dig	ara-poŋ	-	ir-pʰoŋ	ot-poŋ	tɔkɔ	tɔkak	tɔ	kop	kop	A	-	B	A	B	B	A	C	C
29.	dirty	ot-ɲete	-	e-cai	ot-ɲeto	loto	loti	loti	ladeɲa	ladeɲa	A	-	B	B	C	C	C	D	D
30.	dog[14]	bibi	bibi	cao	bibi	loto	loti	bibi	bibi	-	A	A	A	A	-	-	A	A	-

No.	Gloss																			
31.	to drink	ku	-	kʰu	ku	pɔi	pai	pai	welidʒ	welidʒ	A	-	A	B	B	B	C	C
32.	dry[15]	-	-	ɛt-pʰaya	-	-	-	-	i-kola	-	-	-	-	A	B	B	B	B
33.	dull[16]	-	-	e-kokʰela	-	re-lako	re-lako	-	-	id-lakma	-	-	B	B	B	B	C	B
34.	dust	-	ɛr-buo	bip	ir-bu	ɔtɔ-bibal	ɔtɔ-bibal	ir-leu	ig-letewa	ɔt-bubut	A	A	A	B	B	B	C	C
35.	ear	er-buo	-	er-buo	-	re-bokɔ	er-leakɔ	ir-bo	ot-bubut	id-poku	A	-	A	B	B	B	B	B
36.	earth[17]	bua	-	bua	ʤo	pakar	peakar	ɔte-bibal	ik-poko	goara	A	A	A	B	B	B	C	B
37.	to eat	ʤo	-	ʤi	ʤo	tame	tamak	ir-bo	gara	me	A	-	A	B	B	B	C	C
38.	egg	muhu	-	(i-)muhu	mulⱽ[18]	mule	mule	per	mek	mɔlaiʃ	A	-	A	A	A	A	C	A
39.	eye	er-ulu	ɛr-ulu	ɛr-ulu	ir-tol	re-kɔdak	er-kɔdak	tame	mɔlo	i(d)-dal	A	A	B	C	C	C	B	B
40.	to fall	boto	boto	boto	boto	bote	boten	mule	i-dal	poato	A	A	A	A	A	A	A	A
41.	far	era-lobuŋ	-	karac-pʰo	ra-lau	ra-wike	a-wike	ir-kɔdak	pa	ar-pilakmo	A	-	B	D	D	D	E	A
42.	fat-grease	ɟiro	-	e-ʃiro	ʃiru	lone	lone	bodo	ar-pala	dʒiri	A	-	B	B	B	B	C	B
43.	father	aka-mai	aka-mai	aka-mai	aka-ma	te	tō	ar-wike	alaʃir	(ab-)maya	A	A	A	B	B	B	A	A
44.	to fear	e-m-lat	-	ɛ-m-lat	e-m-yat	ra-m-lɔt	aka-m-lɔt	lone	da	oar-o-loat	A	-	A	A	A	A	A	A
45.	feather	er-et	-	er-aʈ	ir-wat	sp-paiʃ	sp-paiʃ	ta	ar-a-lat	ɔt-piʃ	A	-	B	B	B	B	B	B
46.	few[19]	on-ɟinkɔ	-	ɛ-m-boʃu	ir-ɟanko	a-m-puʃe	a-m-poʃe	ar-lɔt	ot-piʃ	-	A	A	-	-	-	-	B	-
47.	to fight	aka-n-tara-toŋ	-	-	ara-m-toŋ	-	-	sp-paiʃ	on-kalak	a-d-le	A	-	B	-	C	-	D	D
48.	fire	at	-	aʈ	at	at	at	o-m-poʃe	a-d-le	ʃoapo	A	-	A	A	A	A	B	B
49.	fish	tadʒeo	-	ʈəjio	tadʒeo	takadʒeu	tiye	at	ʃapa	yoakat	A	-	A	B	B	B	C	C
50.	five[20]	-	-	-	-	-	-	taiye	yat	oŋ-poag	A	-	-	-	-	-	-	-
51.	to float	-	-	pʰoʈa	-	odat	odat	odat	odat	odad	A	-	B	B	B	B	B	B
52.	to flow[21]	-	-	tara-cɔr	-	ʃar	ʃar	ʃar	ʃar	ʃoar	A	-	A	A	A	A	A	A
53.	flower	aka-orɔ	-	ɔrɔ	aka-woro	sp-ware	sp-ware	o-wara	aka-kɔl	sp-kɔl	A	-	A	B	B	B	B	B
54.	to fly	er-et	-	jubu	ir-wɔt	re-m-tɔiʃa	er-am-tɔiʃak	ir-tɔiʃak	ig-aiʃata	id-aiʃata	B	A	B	A	A	A	D	D
55.	fog	bitu	-	biliʈe	bite	pulie	polia	pulia	pulia	pulia	A	-	B	C	C	C	B	B
56.	foot	o-matɔ	oŋ-matɔ	o-maʈʈɔ	o-mtɔ	sp-tɔk	sp-tɔl	oŋ-tɔ	on-pag	oŋ-poag	A	A	A	B	B	B	C	C
57.	four	-	-	-	-	-	-	-	-	-	-	-	-	-	-	-	-	-
58.	to freeze	ot-ɟo	ot-ʃo	et-co	ot-ʃu	sp-tɔ	er-ta	ɔte-ta	ot-ʃeta	ɔt-ʃeŋka	A	-	A	A	B	C	C	C
59.	fruit	e-taiʃi	e-taiʃi	e-teʃe	taiʃi	a	lak	da	a	oa	A	-	A	A	A	B	B	B
60.	to give[22]	nɔl	e-nol	e-nɔl	e-nale	dem	dem	dem	berina	dem	A	A	A	A	B	C	C	C
61.	good	ɟahu	-	ca:b	dem	ɟemal	ɟemal	ɟemal	yukala	yukula	A	-	B	B	B	B	C	C
62.	grass	e-puŋ	-	cerel[23]	ɟemil	lapiʃ	alapiʃ	elepiʃ	elepaiʃ	alepaiʃ	A	-	A	B	C	B	C	C
63.	green	-	-	e-sudu	e-puŋ	a-fute	o-fute	ab-ʃute	ab-ʤodo	ab-ʤodo	A	A	B	C	C	C	C	A
64.	guts	-	-	-	-	-	-	-	-	-	-	-	-	-	-	-	-	-
65.	hair[24]	ot-baiʃ	-	ot-bec	sp-paiʃ	sp-paiʃ	sp-paiʃ	ɔt-piʃ	ɔt-piʃ	ɔt-piʃ	A	A	A	A	A	A	A	A

		oŋ-kora	oŋ-kɔra	oŋ-kɔrɔ	oŋ-koro	re-kɔri	er-kari	ir-kɔri	on-kɔro	oŋ-koro										
66.	*hand*	-	io	o	-	ule	ule	ule	ol(a)	ol	A	A	A	A	A	A	A	A	A	A
67.	*he*[25]	er-ɟo	io	er-co	er-ɟu	ɔtɔ-tɔ	ote-tɔ	ɔte-ta	ot-ɟeta	ɔt-ɟetka	A	A	B	B	B	B	B	B	B	B
68.	*head*	aka-biɲe	er-ɟo	biɲo	ot-bo	ak-biɲe	e-biɲe	e-biɲe	i-dai	i-dai	A	A	B	B	B	B	C	C	C	C
69.	*to hear*	-	-	ot-bo	aka-biɲe	ɔtɔ-pɔktɔ	ɔte-pɔktɔi	ɔte-kapɔñe	ɔt-kuktabana	ɔt-kuktabana	-	-	-	B	-	-	-	-	B	D
70.	*heart*	ot-tile	-	a-tʰile	ot-tile	tiler	imi	imi	imma	nimma	A	-	A	A	A	A	B	B	C	C
71.	*heavy*	kilele	-	kʰiel	kile	en	in	in	karin	kamara	A	-	A	B	B	B	C	C	C	D
72.	*here*	er-en-kole	-	er-serep	er-ban	re-tɔi	er-tɔi	ir-tɔi	i-takalpi	it-padgi	A	-	A	B	B	B	C	C	D	D
73.	*to hit*[26]	tef~taiʃ	-	er-ban	-	paiʃa	paiʃa	paiʃe	puʃu	puʃu	-	-	-	B	B	B	B	B	B	B
74.	*to hold*	aidʒitite	-	ʃitane	ʃatita	tadʒo	taiʃemi	taiʃemi	biʃfikaʃa	kinakug	A	-	B	D	D	E	E	F	F	G
75.	*how?*	ter-taku	-	ʃi:d	ʃit	tele	dele	tele	dele	arloi	A	-	B	C	C	C	C	C	C	D
76.	*to hunt*	e-taru	e-bui	e-boe	e-ta(i)ru	a-tɔrok	sɔ-karak	ab-kara	ab-bula	ab-bula	A	B	B	A	A	C	B	B	D	B
77.	*husband*	tio	tio	tʰio	tui	tule	tule	tule	dol(a)	dol	A	A	A	A	A	B	B	B	D	B
78.	*I*	-amo~kamo~mo	-	-amo[27]	-amo~kamo~mo	-	-	-	bedig	-	-	-	-	-	-	-	-	-	-	-
79.	*ice*																			
80.	*if*	=il~=l	=il	=il~=el~=l	=il~=l	=an	=an	=am	=len	=len	A	-	A	B	B	B	C	B	C	C
81.	*in*[28]	ot-kot	-	e-tʰud	-	ɔtɔ-m-pil	ɔte-ɔm-pil	ɔte-ɔm-pil	gad	odʒɔ-oko-li	-	-	A	B	B	B	C	C	C	C
82.	*to kill*	po	ʃope	bɔbiŋ	e-kot	kot	kod	kot	gad	gat	A	-	A	A	A	A	A	A	A	A
83.	*to know*	er-en-kole	-	pʰole	ir-im-kein	wuke	wuke	wuke	yeɲek	yeɲe	A	-	B	B	B	C	B	C	D	D
84.	*lake*	tef~taiʃ	tef	tec	taiʃ	re-tɔŋ	er-tɔŋ	ir-tɔŋ	on-tɔŋ	i-toaŋ	A	-	A	B	B	B	B	B	B	B
85.	*to laugh*	-	-	kʰeb	-	kupel-a-broɲa	kupel-broɲa	kupila-bɔrɔŋa	kame=tek parita	koabar=te poaramto	-	-	-	B	-	A	A	C	C	D
86.	*leaf*[29]	e-bɔiʃɔ	-	e-bucɔk	ara-bɔiʃɔ	ra-ɟok	a-ɟok	a-ɟok	ar-ɟag	ar-ɟag	A	-	A	B	B	B	B	B	B	B
87.	*leftside*	arat-bolto	-	pʰin	om-bɔlto	ra-m-poat	a-m-pɔt	ar-am-pɔt	ar-a-balagi	car-o-balegi	B	B	C	C	C	C	C	C	D	D
88.	*leg*	po	-	ut-po	po	re-kɔtɔ	er-katɔ	ir-katu	ig-ati[31]	id-koato	A	-	A	B	B	B	B	B	B	B
89.	*to lie*[30]	-	-	e-meca	-	sp-mik	sp-mik	sp-mik	ab-mug	ab-mug	A	-	A	C	C	C	C	D	D	D
90.	*to live*	e-lobuŋ	e-lobuŋ	i-lobuŋ	lau	lobak	bti	bti	lapana	pilakmo	A	A	A	C	C	B	D	E	E	F
91.	*liver*	e-taru	e-taru	ɛ-tʰaro	e-ta(i)ru	a-tɔrok	a-karok	ab-kɔro	ab-bula	ab-bula	A	A	A	B	B	B	B	B	B	B
92.	*long*	ʃope	ʃope	cɔpʰe	ʃope	a-ʃapar	a-diri	ar-dire	ar-duru	ar-pulia	A	B	A	C	C	B	D	D	B	B
93.	*louse*			te:la																
94.	*man-male*	e-tomo	e-tomo	e-tʰomo	tomo	tome	tome	toma	dama	doamo	A	A	A	B	B	A	A	A	A	A
95.	*many*	aka-mimi	aka-mimi	aka-mimi	aka-mimi	nɔ	in	in	(ab-)ʃana	in	A	A	A	B	B	C	C	B	C	C
96.	*meat-flesh*																			
97.	*mother*																			

#	gloss																					
98	mountain	burain			buruin	burin	bruin	burin	burin	burin	bɔrɔin	bɔrɔin	bɔroin	A	A	A	A	A	A	A	A	A
99	mouth	aka-poŋ	aka-poŋ	aka-poŋ	aka-pʰoŋ	aka-poŋ	sp-poŋ	sp-poŋ	sp-poŋ	sp-poŋ	aka-baŋ	aka-baŋ	aka-boaŋ	A	A	A	A	A	A	A	A	A
100	name	e-liu			bɔcaŋ		kɔdolak	fɔdome	kɔdaŋ	ɔte-yɔ	ot-teŋ	ot-teŋ	sp-teŋ	–	–	B	B	B	C	B	C	C
101	narrow[32]										kinab	kinab	kinap	A	–	B	–	B	–	B	C	C
102	near	betopo			betopʰa	pedike puye	fɔdome	fote	fote	fote	lagia	lagia	lagia	–	A	A	B	C	A	D	D	E
103	neck	ot-loŋo	ot-loŋo		ot-lonɔ	ot-yoŋo	sp-loŋo	sp-loŋe	sp-loŋo	sp-loŋo	ot-lɔŋota	ot-lɔŋota	ot-loaŋatoa	A	A	A	B	A	A	A	A	A
104	new	kui			kʰui	kui	kui	kui	kui	kui	goi	kui	koalot	A	A	A	A	A	B	A	B	B
105	night	bat	bat		bat	pat	dirak	pɔti	dirik	dirik	gurug	gurug	gurug	A	A	A	A	B	C	B	D	D
106	nose	er-kɔto	er-kɔto		er-kɔtʰo	ir-kɔto	re-kɔte	ɟetok	er-kɔte	ir-kɔte	ik-ɟɔroŋa	ik-ɟɔroŋa	id-ɟɔrŋa	A	A	A	A	C	A	B	A	B
107	not	pu	pu		pʰu ~ pʰo	puye	poye	poyi	poye	poye	yaba	yaba	yabo	A	A	A	A	A	A	A	B	B
108	old[33]	ara-tɔm	ara-tɔm		ara-tɔm	ara-tɔm	ra-tɔm	a-tɔm	ar-tam	ar-tam	ar-tam	ar-tam	ar-toam	–	A	A	A	A	A	A	A	A
109	one[34]	on-tɔlbɔ			on-tɔplo	haamo	lujui	luji	lutuba	lutuba	ubatul	ubatul	ubatul	A	–	A	B	C	C	D	E	E
110	other				ɔt-tɔk		ɔkɔ-tɔrokbuwe	o-tarabuwe	o-tɔrɔbu		ɔkɔ-tɔrobuya	ɔkɔ-tɔrobuya	aka-tedibil(a)	A	A	A	B	B	B	B	B	C
111	person	ekɔtɟera	ekɔtɟera			ektɟera						ab-darlaŋ		–	–	–	–	–	–	B	B	–
112	to play	er-en-kole	er-en-kole		er-eŋ-kʰol	ir-im-ke	re-m-kole	re-m-kole	ir-əm-kole	ir-əm-kole	idy-adʒ	idy-adʒ	id-i-koaiʃ	A	A	A	A	A	A	C	C	D
113	to pull	e-tetepir	e-tetepir		ek-teno	ir-teno	tene	re-terak	fiufak	fiufak	dɔkra	dɔkra	dɔkra	A	B	B	B	B	C	D	D	D
114	to push				ek-tero		re-terak	er-terak	ir-tera	ir-tera	ig-udauti	ig-udauti	id-udauto	–	B	B	–	B	B	B	B	B
115	rain	ɟɔʄɛr	ɟɔʄɛr	ɟɔʄɛr	ɟicer	toyera	leke	leke	leke	leke	yum	yum	yum	A	A	B	A	B	B	B	D	D
116	red	ot-boraŋ	ot-boraŋ		ut-biraŋ	ot-beraŋ	ɟetak	ɟetok	ɟeta	ɟeta	ɟerama	ɟerama	ɟerama	A	A	A	B	B	B	B	C	C
117	right-correct[35]				ɔt-cɔ		dem	dem	dem	dem	beriŋa	beriŋa	dem	A	A	–	–	–	B	B	C	B
118	rightside						epel a-broŋa	ipel broŋa	ipila broŋa	ipla broŋa	kare-tek parita	kare-tek parita	kar=te poaramto	–	–	A	A	A	A	A	B	B
119	river				betɔko		dina	dina	dina	dina	dʒig	dʒig	dʒig	–	–	A	B	B	B	C	C	C
120	road	uŋatɔ			ɳɔto	woɳatɔ	tayeŋ	tayeŋ	tayeŋ	tayeŋ	tiŋa	tiŋa	teŋa	A	A	A	A	B	B	B	C	C
121	root	ara-ʄaŋ	ara-ʄaŋ		ara-buco	ara-ʄaŋ	ra-ʄok	a-ʄok	ar-ʄok	ar-ʄok	ar-ʄag	ar-ʄag	ar-ʄag	B	B	A	A	B	B	C	C	C
122	rope	luremo	luremo	luremo	luremo	betmo	betmo	betmo	betmo	betmo	betmo	betmo	betma	A	A	A	A	B	B	B	B	B
123	rotten[36]				e-rop									–	–	–	–	–	–	–	–	–
124	to rub	er-ʄetɔ	er-ʄetɔ		i-sitɔ	i-sitɔ	lraiʄe	lraiʄe	a-laraiʄe	lereʄe	luraiʄa	luraiʄa	luraiʄa	A	A	A	A	B	B	B	B	B
125	salt	ʄari	ʄari		sare	ʄari					erepaiʄ	erepaiʄ		A	A	A	A	A	–	B	B	–
126	sand	tɔrɔ	tɔrɔ		tɔrɔ	tɔrɔ	tɔwer	tɔwer	tɔwer	tɔwer	tara	tara	tɔswar	A	B	B	C	D	C	C	E	E
127	to say	er-em-er	er-em-er		ak-arkʰa	ir-war	yar	war	war	war	yab	yab	yoab	B	A	A	C	C	C	C	E	E
128	to scratch	e-ɳɔit	e-ɳɔit	ak-arka	ɛ-pɔc	e-ɳɔt	ɳɔt	ɳɔt	ɳɔt	ɳɔt	ɳɔtowa	ɳɔtowa	ɳɔtowa	A	A	A	A	A	A	A	A	A
129	sea	ʄiro	ʄiro	ʄiro	siro	ʄiro	ʄire	ʄire	ʄira	ʄira	dʒuru	dʒuru	dʒuru	A	A	A	B	A	A	B	C	C
130	to see	er-tede	er-tede		ir-tirɖe	ir-tede	re-tiu	er-tihu	er-tihu	ir-tihu	ig-badig	ig-badig	id-badi	A	A	A	B	B	B	B	C	C
131	seed	er-uhu	er-uhu		e-ultu	ir-tol	sp-ule	sp-ule	ir-ule	ir-ule	ig-ban	ig-ban	sp-ban	A	A	B	A	B	A	B	C	C

No.	Gloss																		
132.	to sew	e-ʃok	—	e-ʃok	e-nɔe	e-ʃok	ʃlok	ʃot	ʃot	dʒat	dʒoat	A	—	B	A	A	A	A	A
133.	sharp	er-roku	—	er-roku	e-kɔrapʼo	ir-reta	re-ratak	er-retak	ir-reta	ig-renima	id-reta	A	—	B	C	C	C	D	C
134.	short	oko-ket[37]	—	oko-ket[37]	a-kaʈa	ot-delo	totak	dedeba	yɔ ʃɔre	dʒodama	dʒodokma	A	—	A	B	D	D	E	D
135.	to sing	dʒɔ-bi e-ur	dʒo-bi e-ur	dʒɔ-bi e-ur	dʒo ʃoro	dʒo ʃoro	dʒok-le ʃorɔ	yok-ki ʃare	yɔ ʃɔre	ramit toyu	roab dʒoaro	A	A	A	B	B	B	C	D
136.	to sit	aka-uno	—	aka-uno	aka-uno	aka-wono	ɔkɔ-kirak	ɔte-liti	ɔte-liti	aka-doi	aka-doi	A	—	A	A	B	B	B	D
137.	skin[38]	ot-kɔbo	—	ot-kɔbo	ot-kɔbo	ot-kɔpo	ɔtɔ-kaiʃ	ɔte-kaiʃ	ɔte-kaiʃ	ʃfin[39]	ot-kaiʃ	A	—	A	A	B	B	B	B
138.	sky	tau	tau	ʈɔ	tau	lemar	lemar	lemar	lemar	mɔrɔ	mɔrɔ	A	—	B	B	B	B	C	C
139.	to sleep	beno	beno	beno	ir-beno	ʃote	—	moli	moli	mami	mami	A	—	A	—	B	B	C	C
140.	small	lau	e-leo	lau	lau	—	ɔkɔ-m-treaka	ketawa	ketawa	ketia	ketama	A	—	A	B	—	B	C	C
141.	to smell	leb	—	et-teɲ	—	teɲ	teɲ	teɲ	teɲ	tum	tɔŋ	A	—	A	A	A	A	B	A
142.	smoke	leb	—	lep	yep	lep	lep	lep	lep	mɔla	mɔlaiʃ	A	—	A	A	A	A	B	B
143.	smooth	ot-leɲre	—	et-pʰelekmo	ot-leɲri	liɲri	liɲri	liɲri	liɲri	liɲriya	liɲriya	A	B	B	A	A	A	A	A
144.	snake	ʃubi	ʃubi	ʃubi	ʃupe	ʃupe	ʃupe	ʃupe	ʃupe	dʒobo	dʒobo	A	—	A	A	A	A	A	A
145.	snow	—	—	—	—	—	—	—	—	—	—	—	—	—	—	—	—	—	—
146.	some	er-pol	—	—	ir-pol	re-por	er-por	er-por	ir-por	ik-por	id-porotot	A	—	—	A	A	A	—	A
147.	to spit	aka-toba	—	ek-tʰoba	ʃein	ʃen	ʃen	o-ʃin	ʃin	ʃfin[39]	ʃin	A	—	B	B	B	B	B	A
148.	to split[40]	okɔ-tor[41]	—	eka-n-[ɔr[42]	aka-m-koto	ɔkɔ-m-treaka	o-m-tar	o-m-tar	o-tare	aka-tarali	aka-toarlo	A	A	B	A	C	A	A	A
149.	to squeeze	ot-om-bet	—	e-bin	ot-om-bat	bat	bteaka	bat	bat	petemi	pate	A	—	B	B	C	C	C	C
150.	to stab-pierce	pire	—	tʰud	tut	ʃet	ʃet	ʃet	ʃet	dʒarali	ʃɔrpo	A	—	B	B	C	D	D	E
151.	to stand	roito	—	roeto	toya	ʃeaka	ʃeaka	ʃeaka	ʃe	kapi	kapi	A	—	A	B	C	C	D	D
152.	star	katain	kataɲ	kataɲ	kataɲ	kaiʃan	kaiʃan	kaiʃan	kaiʃan	ʃatɔ	ʃfalami	A	A	A	A	A	A	B	C
153.	stick	tɔku	—	ʈɔko	tɔku	tɔkal	tɔkal	tɔkal	tɔkal	puttu	puttu	A	A	A	A	A	B	B	B
154.	stone	meo	meo	meo	mio	maka	meaka	me	me	taili	taili	A	A	A	A	A	B	B	B
155.	straight	ot-olɔ	—	e-mikʰu	totem	lati	lati	lati	lati	luyutma	luyutma	A	—	B	B	C	D	E	E
156.	to suck	oku	—	e-leʃo	oku	wlet	pai	pai	pai	welidʒ	welidʒ	A	C	B	A	D	D	E	E
157.	sun	diu	diu	dʒu	die	pute	pute	pute	pute	bodo	bodo	A	A	A	A	A	B	B	B
158.	to swell	nenea	—	e-nenɔe	nenema	peatan	er-peatan	er-peatan	peten	butuk	butuk	A	—	A	B	B	B	C	B
159.	to swim	ŋɔtɔ	—	ŋɔtɔ	ŋɔtɔ	ŋɔtɔ	o-ŋate	o-ŋate	ŋate	pit	pit	A	—	A	A	A	A	B	B
160.	tail	ara-kudʒu	—	ara-uli	(a)ra-kuʃo	sp-piʃɔkam	o-ʃalam	o-ʃalam	sp-paiʃam	ar-piʃam	sp-piʃam	A	B	A	A	C	D	C	C
161.	that	kudi	—	kʰudi	kute	ku(i)ɲ	ku(i)ɲ	ku(i)ɲ	ku(i)ɲ	kato	koabo	A	—	A	C	B	B	B	D
162.	there	kulol	kutel	kʰuol	kule	kui	kui	kui	kui	katik	kobale	A	—	A	B	B	B	B	B
163.	they[?]	nio	nio	nio	nui	—	nule	nule	nule	ɔbɔiʃik	ɔbɔiʃti	A	—	A	A	A	B	C	C
164.	thick[43]	ot-ʃɔŋ	—	—	ot-ʃɔŋ	ʃɔjnik	ʃɔjnik	ʃɔjnik	ʃɔjnik	tɔbo	tɔba	A	—	B	B	B	B	C	C
165.	thin	e-butu	—	ekka:dum	e-butu	btu	o-butu	o-butu	budu	maijia	pɔda	A	—	B	A	A	B	C	D

166.	*to think*	-[44]	kidi		e-biɲe	-	ete	petek	yote	lua	doi	-	-	A	-	B	C	B	D	E
167.	*this*	kidi	kidi	kidi	kʰidi	kite	ete	iite	ite	ka	koa	A	A	A	A	B	B	B	B	C
168.	*thou*	ŋio	ŋio	ŋio	ɲio	ɲui	ŋule	ŋule	ŋule	ŋol(a)	ŋol	A	A	A	A	B	B	B	B	B
169.	*three*	-	-	-	-	-	-	-	-	-	-	-	-	-	-	-	-	-	-	-
170.	*to throw*	e-pil	e-pil		e-pʰil	ot-ʃup	pil	pil	pil	depi	arwaɲforo	A	-	A	-	A	A	A	B	C
171.	*to tie*	ot-ʃop	ot-ʃop		ɔ-cop	aka-tat	lrɔpɔ	ebe-ʃɔ	ʃɔ	rɔmi	rɔno	A	-	A	B	B	A	A	C	C
172.	*tongue*	aka-tat	aka-tat		a-ʃat	ir-pile	ɔkɔ-tatal	sɔ-tatal	sɔ-tatal	aka-etal	aka-atal	A	A	A	A	B	A	A	A	A
173.	*tooth*	er-pile	er-pile		er-pʰile	aka-toŋ	sɔ-pelok	sɔ-pelok	sɔ-pela	i-tog	i-tog	A	A	A	B	B	B	C	C	C
174.	*tree*	aka-tɔŋ	-		[ɔɲ]	aka-toŋ	ɔkɔ-tɔŋ	o-taŋ	o-tɔŋ	aka-taŋ	aka-toaŋ	A	A	A	A	A	A	A	A	A
175.	*to turn[45]*	-			e-m-pʰorol	(ɔl-am-tirtak)	re-m-prole	ir-am-katak	ir-am-kait	idʒ-i-geal	id-i-gealo	-	-	A	B	A	C	C	E	E
176.	*two[46]*	er-pol			taterbui	ir-pol	re-por	er-por	ir-por	ik-por	id-porotot	A	-	B	A	B	A	A	A	A
177.	*to vomit*	aka-e			ei	ot-am-waeme	a-m-kuwe	o-m-kuwe	o-m-kuwe	a-d-we	a-d-wakia	A	-	B	C	B	D	D	E	E
178.	*to walk*	ʃolo			solo	ʃo	ʃole	ʃole	ʃole	nau	noau	A	A	A	A	A	A	A	B	B
179.	*warm*	ot-diriye			kʰimil	wiriwa	wriwak	wiriwak	wirawak	uya	uya	A	B	B	C	B	C	C	D	D
180.	*to wash[47]*	ot-on-ʃɔt		ino	i-ʃire	e-m-ʃɔt	a-ʃɔt	ʃir	ab-ʃɔt	ab-ʃat	ab-ʃat	A	B	A	B	B	A	B	A	A
181.	*water*	ino	ino	ino	ino	ine	enok	enak	ena	ina	ina	A	A	A	A	A	A	A	A	A
182.	*we*	mio	mio	mio	mio	mio	mule	mule	mule	mɔbiɟfik	mɔbiɟfit	A	A	A	A	B	B	B	C	C
183.	*wet*	ot-ino	ot-ino		et-ino	ot-ino	ɔtɔ-enok	ɔte-enak	ɔte-ena	ɔt-ina	ɔt-ina	A	A	A	A	B	C	A	C	A
184.	*what?*	aidʒi			cai	ʃade	miak	meak	matayu	miʃiba	miakat	A	-	B	C	B	D	E	F	D
185.	*when?[48]*	-	-	-	-	-	-	-	-	-	-	-	-	-	-	-	-	-	-	-
186.	*where?[49]*	ʃia			cia:l	atia	miak tiwe	meak tiwe	matiye	tekariʃa	kinagɔra	A	A	A	B	C	C	D	E	F
187.	*white*	oluyɔ			ʃlɔlmo	oloya	pomer	pomer	pomer	olowia	alepaiʃ	A	A	B	A	C	C	C	A	D
188.	*who?*	aʃu	aʃu		aʃiu	ʃa	meʃi	meʃe	meʃi	midʒa	miad	A	A	B	A	C	A	C	A	D
189.	*wide*	-	-		ut-belo	-	pakatɔ	pakatɔ	pakatɔ	peketo	pakata	-	-	-	B	B	C	B	B	B
190.	*wife*	e-buku	e-bui		e-boe	e-buku	a-ɔp	e-ɔp	ab-ɔp	a-pail	a-pal	A	B	B	A	C	C	C	B	D
191.	*wind*	boto	boto		bar[50]	pɔto	ɔtɔ-kot	ɔte-kut	ɔte-kut	wul-ŋa	poat-ŋa	A	A	B	B	A	C	A	D	D
192.	*wing*	-			e-raʃ	re-raʃ	re-wat	er-tɔʃak	ir-tɔiʃɔ	ig-aiʃata	id-kɔarmo	-	-	A	A	B	-	B	D	E
193.	*to wipe*	ot-ʃir			ɛ-ʃir	ʃɔt	re-m-rar	er-am-rar	ir-am-rar	idʒ-i-rar	id-i-roar	A	-	A	A	B	C	C	D	E
194.	*with[51]*	-			=kɔc	-	-	-	-	=lik	-	A	-	A	-	A	-	-	B	C
195.	*woman*	e-buku	e-buku		e-bukʰu	e-buku	a-ɔp	e-ɔp	ab-ɔp	a-pail	a-pal	A	A	A	B	B	B	B	A	C
196.	*woods[52]*	timiku			tʰimikʰu	-	tiwetokal	aram	aram	erem	arem	A	A	B	B	C	B	C	C	A
197.	*worm*	-	-		-	-	walitam	wiildam	wiletam	wiildim	wiildim	-	-	B	B	B	A	A	A	A
198.	*ye[53]*	-	ɲilio		ɲilio	-	ŋuwal	ŋuwel	ŋuwel	ŋɔbiɟfik	ŋɔbiɟfik	A	-	B	B	B	A	A	C	C
199.	*year*	-	-	ɲilio	taŋto	-	-	-	-	talik	-	-	-	A	-	-	-	B	B	-
200.	*yellow*	-	-		er-ce-ʃa	-	ʃetak	ʃetak	ʃeta	terawa	taraulo	B	B	A	A	A	A	A	B	B

Notes to Table 3: [1] Also: 'many', except in AKR; cf. 95. [2] An AKR text in PN (p. 99) indicates that this language also has another way of expressing 'and': *ka*. [3] The AKC and AKK translations of 'ashes' in PM (p. 13) seem to correspond to the verb 'extinguish' (intr.). [4] Locative postposition. [5] Man records AKJ *e-pilu* as the term for 'abdominal walls' (M: 169). [6] The PGA form literally means 'the winged fish'; cf. 49. [7] Of wind. [8] Intr. [9] The PGA form literally means 'hair of the sky'; cf. 65 and 138. [10] Of weather. [11] The existence of a verb 'to count' in a language without numerals is puzzling; the root is the same as that of 'to pick'. [12] With an adze or knife. [13] Also: sun; cf. 157. [14] Man (1919–1923: 50) indicates the word *bibi* "has been adopted since they [the Great Andamanese] became acquainted with dogs, about 1858". Abbi (2012: 333) records for PGA *bibicao* 'bitch', and the same word is recorded by Manoharan (1989: 120) as the general term for 'dog'. PGA *cao* is from the North Andamanese term for the 'wild cat' (*Paradoxurus Andamanensis*) recorded by Portman for AKC as <chāō> (PM: 21, 197). [15] The AKB form means 'that has not been wet' (MD: 51). Its equivalents in the other languages are unknown and it is unclear whether the PGA form is used to express exactly the same meaning. [16] 'Blunt'. [17] 'Soil'. [18] In the four occurrences of this word, the final vowel is different: <a>, <e>, <o>, <ó>. [19] *Few* is translated with forms meaning 'small' in PN-V (p. 58). [20] Great Andamanese languages lack conventionalized numeral expressions. [21] Of water. [22] The *ai* of the AKC and AKK forms is as given in Portman (1887)'s original transcription; it should be borne in mind, however, that Portman's <ai> can also represent a single mid front vowel, as in AKC <tainjíwu> 'dance' (*t=e-n-ʤiu* 'I dance', cf. <eng jíwu> (*e-n-ʤiu*) 'earthquake') and <érain chék> 'make noise' (*er-en-ʧek*, with the same prefixal sequence as <éren teko> (*er-en-teko*) 'hum'). [23] PGA *pʰuŋ* is recorded with the meaning 'ripe' by Abbi (2012: 216). [24] See note 22. [25] All personal pronouns reported in this table are emphatic, as these forms are the most widely attested across GA varieties and therefore provide the best basis for comparison. In the available AKC and AKK material only the 3sg non-emphatic personal pronoun is attested. [26] With a stone. [27] PGA *-amo* is a verbal suffix (Abbi 2013: 262), and the same seems to be true of AKC and AKK *-amo* ~ *-kamo* ~ *-mo*. The OPC, OKJ, OKL, AKB, and AKR translations of *if* in PN-V (p. 80) correspond to a contrastive marker (cf. PN-V: 165). [28] Locative postposition. [29] See note 22. [30] 'Lie down'. [31] Root-initial *k tends to drop in AKB, as can also be seen in 137. [32] The AKC and AKK translations of *narrow* in PM (p. 53) mean 'small place'. [33] Inanimate referents. [34] Lit. 'single'. [35] The OKJ, OKL, OPC, AKB, and AKR words also mean 'good'; cf. 61. [36] OPC, OKJ, OKL, AKB, and AKR have a verb 'rot', but no adjective 'rotten' is attested. The AKC and AKK translations of 'rotten' supplied by PM (p. 64) seem to be verbs cognate with the verb 'rot' of OPC, OKJ, OKL, AKB, and AKR. [37] The rare prefix *oko-*, which in North Andamanese relates to burning and ritual restrictions concerned with foods, is unexpected here; perhaps this is an error for *aka-*. [38] Of person. [39] Portman indicates that the AKB properly means 'jerk the spittle between the teeth' (PN: 352). [40] The forms with the reflexive prefix *n-* or *m-* are probably intransitive. [41] See note 37. [42] The prefix form *eka-*, rather than *aka-*, is also unexpected. [43] As of jungle. In Abbi (2013: 135) we may note *e-ʈɛlɛ* 'thick' referring to a tree, but it is unclear whether it can also be used to describe a forest. [44] The AKC translation of *think* in PM (p. 82) seems to correspond to the sentence 'I remember'. [45] Intransitive. The AKC translation in PM (p. 85) is given as <okéletrá>. It is unclear whether this form is intransitive. [46] Lit. 'some'. [47] The AKC and AKK forms contain the reflexive prefix *m-* and likely mean 'wash oneself'. [48] The Great Andamanese languages seem not to have an interrogative word 'when'. It is probable that for expressing the time of day, the position of the sun was used as the reference point (see Zamponi / Comrie in prep. a: sec. 4.1.2.4). [49] The OKJ and OKL translations literally mean 'what place'; cf. 184. [50] PGA *bɔtɔ* is recorded as the term for 'storm' by Abbi (2012: 253). [51] Comitative postposition. [52] 'Forest'. [53] See note 25. In the available AKC and AKK material only the 2pl non-emphatic personal pronoun is attested.

Edward Vajda (Bellingham, Washington, USA)

Ket lexical typology

Abstract: This article analyzes how form classes (parts of speech) are morphologically differentiated in Ket, a language of central Siberia unrelated to its neighbors. It also examines how lexical semantic patterns are colored by Ket hunter-gatherer traditions, which contrast with the pastoral lifestyle of other Siberian peoples. Although nouns as well as verbs take inflections in this head-marking language, the prefixing polysynthetic verb is structurally distinct from the suffixing noun. Overall, the language has few form-class changing affixes, though a few are highly productive, and lexical stems rarely contain more than one. Several unproductive affixes are described to help clarify Yeniseian lexical typology.

Keywords: Ket, Yeniseian, lexical semantics, head marking, part of speech, form class

1. Introduction

Among the languages of northern Asia, Ket is of particular interest to lexicographers and typologists. Genealogically isolated from other living languages of Siberia, Ket differs fundamentally from its neighbors with respect to its core morphological structure (Vajda 2009). The study of Ket has been greatly enriched by the scholarship of Elizaveta G. Kotorova, who spent much of the past two decades performing fieldwork with the last generation of fluent speakers from the three surviving dialects (Southern, Central, and Northern Ket). Her theoretical and practical skills as a lexicographer are evident on every page of the two-volume *Comprehensive Dictionary of Ket* (Kotorova & Nefedov 2015), which provides examples in context to illustrate the meanings of every documented Ket lexical item. These words and sentences were gleaned from the author's own fieldwork or from careful analysis of the vast linguistic documentation of Ket archived in the Siberian Languages Laboratory of Tomsk State Pedagogical University, founded by Andreas P. Dulson in the 1950s and continually augmented by his collaborators and students over the past half century.

Lexical typology investigates which semantic distinctions are expressed in particular languages, as well as how the parts of speech are formally distinguished. It relates to classic morphological typology, with its attention to how inflectional and derivational categories are constructed. Section 2 provides an overview of Ket morphology, describing the language as polysynthetic and strongly head marking, with a sharp contrast between noun and verb structure. Section 3 discusses the means of deriving form classes, identifying which roots belong inherently to a specific part of speech, and the affixes that change a stem's form class. Section 4 analyzes submerged, unproductive morphological techniques of form class derivation that shed light on lexical typology in ancient Yeniseian. Section 5 considers two interesting facets of semantic typology in the Ket lexicon. The conclusion summarizes these observations in light of E. G. Kotorova's contributions to Ket linguistics and to lexicography in general.

2. Polysynthesis and head marking

Ket displays a striking morphological disparity between finite verbs and other parts of speech. This can readily be seen from the following example adapted from Kotorova & Nefedov (2015: 563):

(1) Ket sentence illustrating the difference between nominal and verbal morphology
tīp[1] āt   t=kub-ba-y-a-tet
dog 1SINGULAR 3MASCULINE.SUBJECT=beak-1SINGULAR.OBJECT-area-PRESENT-hit
'A dog nudges me with his muzzle.'

Nouns or pronouns corresponding to the verb's subject and direct object arguments are formally unmarked; instead, these functions are expressed by verb-internal agreement inflections. The sentence in (1) would still be grammatical with only the verb t=kub-ba-y-a-tet 'He nudges me with his muzzle'. The Ket verb conforms to one of the classic types of polysynthesis. A template of position classes expresses agreement with both subject and object (holophrasis). Agreement and tense-mood markers are interdigitated among the lexical position classes, creating a discontinuous stem. Certain stems incorporate secondary heavy lexical material such as the instrument or object noun in singular or plural form, as well as certain types of predicate nominals (Vajda 2017). An adequate description of Ket verb morphology requires dozens of pages (Nefedov & Vajda 2015: 35–62). Word forms belonging to other parts of speech are morphologically much simpler. When an outsider is just beginning to understand spoken Ket, sentences often seem to consist of easily comprehensible monosyllabic nouns, pronouns,

---

1   Monosyllabic Ket words are transcribed with the following tonal diacritics, used also in Werner (1997b), Vajda (2004), Georg (2007), as well as in Kotorova & Nefedov (2015): macron for high-even tone (sūl 'blood'), apostrophe for rising laryngealized tone (su'l 'white salmon'), colon for rising-falling tone on a long vowel (su:l 'snow sled'), and grave accent for falling tone (sùl 'cradle hook'). Polysyllables usually have an accent-like pitch on the first syllable, which is left unmarked.

adverbs and adjectives combined with a stretch of multisyllabic gibberish that is the finite verb form.[2]

Inflectional suffixes attach to the head noun but not to its modifiers. Bound relational morphemes on nouns include possessive proclitics, plural suffixes, and several case forms: dative, ablative, adessive, locative, instrumental-comitative, prolative, and caritive. Nouns modified by the caritive (abessive) suffix -an, such as qim-an 'without a wife' or sul-an 'bloodless', express lack or absence of the item named by the noun, while prolative (prosecutive) -bes expresses motion through, across, or along: ses-bes 'along the river'. Possessive clitics also appear between nouns and dative, ablative and adessive suffixes (examples 2a, 2b, 2c), but not the remaining case suffixes (example 2d):

(2) Ket nouns inflected with case suffixes

a. ses-di-ŋte
   river-INANIMATE.POSSESSIVE-ADESSIVE
   'at the river'

b. deŋ-na-ŋa
   people-PLURAL.POSSESSIVE-DATIVE
   'to the people'

c. hissij-di-ŋal
   river-INANIMATE.POSSESSIVE-ABLATIVE
   'from the forest'

d. v=qim-as
   wife-INSTRUMENTAL
   'with my wife'

A few dozen postpositions also modify nouns. Most require possessive connectors and must be followed word-finally by a locative, ablative, prolative, or dative case suffix, as shown in (3):

(3) Ket postpositional constructions

a. lam-d-iːd-ka
   table-INANIMATE.POSSESSIVE-atop-LOCATIVE
   '(located) on (top of) the table'

b. lam-d-iːd-bes
   table-INANIMATE.POSSESSIVE-atop-PROLATIVE
   'movement along, across or past table top'

c. lam-d-iːn-di-ŋal
   table-INANIMATE.POSSESSIVE-atop-INANIMATE.POSSESSIVE-ABLATIVE
   'movement out from beneath the table'

d. lam-d-iːn-di-ŋa
   table-INANIMATE.POSSESSIVE-under-INANIMATE.POSSESSIVE-DATIVE
   'movement toward the area under the table'

Most if not all Ket postpositions arose through grammaticalization of possessed nouns, such as -iːd- 'on top of' < *əqad ~ *qobad 'back', and -iːn- 'under' < *kiʼn 'belly'. The same is probably true of case markers. Adessive, ablative (3c), and

---

2   E. G. Kotorova herself remarked on this at the start of our collaboration in 2005.

dative suffixes (3d) still require possessive morphology; however, locative (3a), instrumental-comitative (2d), prolative (3b), and caritive suffixes have no possessive connector, though the reason for this is unclear.

In clauses without a conjugated verb form, predication is instead expressed in one of the following three ways. Existential and possessive clauses require the uninflected copula *usaŋ* 'is' or *bənsaŋ* 'is not':

(4) Uninflected copula in simple Ket clauses without a finite verb form

    a. *deŋ-na-ŋa*   *lovet*   *usaŋ*
        people-POSSESSIVE.PLURAL-DATIVE   work   COPULA
        'The people have work.'

    b. *av-əŋa*   *ōp*   *bənsaŋ*
        1SINGULAR-DATIVE   father   NEGATIVE.COPULA
        'I have no father.'

The words *usaŋ* 'is' and *bənsaŋ* 'is not' may be fossilized verb forms containing the root *sə 'be, exist' followed by the change-of-state suffix **-ŋ*. The syllable *bən* is widely used in Ket as a negative particle but the element *u-* is unanalyzable.

Second, equative sentences with predicate nouns have a zero copula (5a). Nominalizations made from other parts of speech require this strategy too (5b).[3]

(5) Zero copula in equative sentences with noun predicates

    a. *ū*   *aqta*   *kəj-ket*
        2SINGULAR.PRONOUN   good   hunting-person
        'You are a good hunter.'

    b. *ū*   *aqta-s*
        2SINGULAR.PRONOUN   good-NOMINALIZER
        'You are good.'

The third strategy appears in equative sentences with an adjective (6a) or adverb (6b) in predicate position. Non-nouns used predicatively in equative sentences normally require a concord suffix that agrees with the clausal subject in person and number.

---

3   The universal nominalizing suffix *-s* normally cannot be added to nouns, though in rare cases a noun used widely as an initial combining form in compounds, such as *ik-* 'male (animal)', has been "re-nominalized" with *-s: iks* 'bull'. Earlier Ket dictionaries contain two apparent exceptions, where the suffix appears to derive an adjective from a noun: *qim-s* 'feminine' (Werner 2002, Vol II: 88), based on *qīm* 'woman', and *hiyən-s* 'masculine' (Donner 1955: 47, cited also in Werner 2002, Vol I: 319), based on *hiyən*, the plural form of *hīy* 'man'. These are probably re-nominalizations too: 'one that is female', 'one that is male'. In any event, neither form could be re-elicited during our 2005 to 2008 fieldwork.

(6) Predicate concord suffixes on adjectives and adverbs in equative sentences
    a. *ū*   *aqta-γu*
        2SINGULAR.PRONOUN   good-2SINGULAR.SUBJECT
        'You are good.'
    b. *ū*   *biseŋ-gu?*
        2SINGULAR.PRONOUN   where-2SINGULAR.SUBJECT
        'Where are you?'

Concord suffixes also attach to certain predicate adverbs, such as *kiseŋ* 'here', *tuseŋ* 'there', *qaseŋ* 'way over there': *kiseŋ-di* 'I am here', *tuseŋ-gu* 'you are there', etc.

As already shown above in (5), noun forms, including nominalizations derived by adding *-s* to other parts of speech, function as predicates in equative sentences without a concord suffix. In Modern Ket, predicate concord is only possible on noun stems that have been converted to adverbial or adjectival modifiers by adding an adessive, locative, or caritive case suffix (Werner 1997: 305–310).

(7) Ket noun with complex bound relational morphology used as a predicate head
     v=deŋ-na-ŋte-ru
     my=people-POSSESSIVE.PLURAL-ADESSIVE-3MASCULINE.SINGULAR.PREDICATE
     'He is at my people's (place).' / 'He is with my people.'

Dative-, prolative-, and ablative-marked nouns do not take concord suffixes because they normally occur in predicates with motion verbs rather than in equative sentences. Dative-marked nouns also occur in existential clauses with the uninflected forms *usaŋ* 'is' or *bənsaŋ* 'is not', shown earlier in (4a) and (4b).

Although nouns cannot take predicate concord in Modern Ket, field recordings of Ket made in the mid-19th century by Finnish linguist M.A. Castrén (Castrén 1858: 100–103; Werner 1997: 306) include examples of concord suffixes used on bare noun roots: *uob-di* 'I am a father', *uob-gu* 'you are a father', *uob-du* 'he is a father', etc. This suggests that all form classes used predicatively in Ket equative sentences once followed a single strategy for expressing predication, a topic revisited in Section 4 below.

3. Ket form classes and their derivation

Krjukova & Grishina (2004) were the first to argue that Ket has only three major lexical classes: finite verbs, nouns, and modifying words. Basic content roots normally belong inherently to only one of these three classes. Finite verb roots are relatively few in number and include *ted* 'hit endwise with a long object', *kit* 'smear, rub', *bed* 'make', *qan* 'become, start', *tij* 'grow', and about 70 others (Georg 2007: 215–217). In addition to its root morpheme, a finite verb form normally must include at least one tense-mood-aspect affix, and most verbs require agreement

morphology, as well. Finite verb forms are usually more elaborate and can include
up to eight prefixes and one suffix, in addition to the verb root itself. The second
volume of the *Comprehensive dictionary of Ket* is devoted to the finite verb lexicon
of complex formulaic stems.

In contrast to verb roots, noun roots may serve as monomorphemic word
forms, and this is especially common in basic vocabulary: *sēs* 'river', *tǝ'q* 'finger', *suul*
'sled', *it* 'tooth'. Noun roots also appear in a wide variety of compounds. Nominal
compounds can be divided into those built with a possessive connector, such as
des-t-iŋolt 'eye lid' (< *dēs* 'eye' + *di* 'possessive' + *iŋolt* 'skin'), and what Georg (2007:
125) calls contact compounds, in which the roots are joined without any interven-
ing connector: *bultǝq* 'toe' (< *būl* 'foot' + *tǝ'q* 'finger'), *baŋŋus* 'dugout (winter dwell-
ing)' (< *ba'ŋ* 'earth' + *qu's* 'tent'), and *kǝndeŋ* 'Ket people' (< *kǝ'n* 'light [possibly
referring to the sunlit world in contrast to the supernatural realm]' + *de'ŋ* 'people').
Contact compounds are the most common type of compound noun. The second
root of certain noun + noun compounds has evolved into what Werner (1997b:
51–54) called *Halbaffixe* ('semi-affixes'). These resemble derivational elements in
that they appear in many combinations (for extensive examples, see Georg 2007:
128–134). Semi-suffixes include: *-ol* 'cover' in nouns denoting cavity-like containers (*baŋol* 'grave' < *ba'ŋ* 'earth'), *-aj* 'sack' in nouns denoting bag-like containers
(*tǝŋaj* '(bird) crop' < *tǝ'ŋ* 'stones'), *-kid* 'offspring' in nouns denoting the young of
animals (*qojgit* 'bear cub' < *qòj* 'bear')[4], and many others. Semi-affixes also include
two prefixes: *ik-* denoting 'male' and *haŋ-* 'female (said of animals)': *iktip* 'male
dog', *haŋtip* 'female' (usually of animals). These prefixes originated as nouns, and
the root *haŋ-* 'female' still takes a plural suffix even when compounded with another noun: *haŋ-rit ~ haŋe-dit* 'female spruce grouse' → *haŋen-dekŋ* 'female spruce
grouses'. The status of these morphemes as roots or semi-affixes is less important
than the fact that in such contact compounds they combine with another noun
root rather than a root belonging to another part of speech.

Although Georg (2007: 134) correctly observed that a bare noun root cannot
modify another noun in a free phrase, clipping and other types of phonological

---

4   The morpheme *-kid* has been described as a diminutive suffix (Werner 1997b: 51),
     but its true function is to express immature mammals, birds, fish or trees, rather than
     small size, per se. Etymologically related to the Modern Ket word *kǝ'd* 'children of the
     same mother', it resembles the unrelated semi-affix *-ked*, derived from *ke'd* 'man' found
     in agentive nouns such as *qɨyet* 'merchant' (< *qɨ* 'selling' + *ke'd* 'man'). Nouns ending
     in a syllable [*kit ~ git ~ yit*] can also have other origins, such as *qayit* 'expensive' (< *qà*
     'big' + *kit* 'price'), or *lamejgit* 'roach', a fish that swims on its side (< *lamga* 'sideways' +
     kit 'swimming', with elision of the original head noun *īs* 'fish').

deformation have sometimes obscured the original structure of compounds. For example, nouns meaning the times of day or seasons of the year consist of a modifier preposed to the phonologically eroded noun *i'* meaning 'day' or 'time': *kān* 'dawn' (< *kə'n* 'bright' + *i'* 'day, time'). Their structure becomes clearer when they are pluralized with the irregular plural form *ekŋ* 'days': *sīl* 'summer' (< *sil* 'hot' + *i'* 'day, time') → *silekŋ* 'summers'. The noun *intip* 'puppy' derives from **hən* 'little' + **tīb* 'dog', though *hən-* → *in* is not a regular sound change. Another example of irregular phonological reduction is the frequent noun *dīl* 'child', often used in place of the synonymous *dilgit* 'child'. Deriving from **dɨl* 'small' + **kid* 'offspring', the clipped word *dīl* 'child' in Modern Ket represents a rare example of a bare adjective root used as a noun.

One subtype of contact compound consists of an attributive adjective followed by a noun. Examples in Georg (2007: 134) include *holhut* 'short-tailed' (< *ho'l* 'short in length' + *huud* 'tail'). While the corresponding free phrase *ho'l huud* 'a short tail' is a free phrase headed by the noun *huud* 'tail', the lexical compound is adjectival rather than nominal. Such compounds often furnish words for use by Ket hunters as euphemisms for names of animals that cannot be pronounced during a hunt. Their adjectival nature is proven by the fact that they can be nominalized with *-s*: *loŋga-bulaŋ-s* 'bandy-legged one' (taboo replacement for *èr* 'sable'), *imlaŋ-bulaŋ-s* 'small-legged one' (taboo replacement for *saʾq* 'squirrel'), and *ugdeŋ-koniŋ-s-in*, 'long-shanks' (taboo replacement for *qàj* 'elk' or *sèl* 'reindeer' < *ugdeŋ* 'long' + *koniŋ* 'joints' + *s* 'nominalizer' + *in* 'plural suffix').

The class of attributive modifiers in Ket overlaps in function with finite verbs, which can be used as preposed modifiers similar to participles in European languages (Nefedov 2015: 220–228). Also, indicative verbs, just like adjectives, can be converted into nouns by adding the universal nominalizing suffix *-s* or its plural form *-s-in*. The resulting nominalizations are headless relative clauses that faithfully preserve the original tense (past or present) of the underlying indicative verb, as well as its argument noun class and number:

(8) Nominalizations of finite verb forms meaning 'live, reside'

du yaraq 'he lives'	→	*du yaraq-s* 'the one (masculine-class) who lives'
də yaraq 'she lives'	→	*də yaraq-s* 'the one (feminine-class) who lives'
du yín 'they live'	→	*du yín-s-in* 'the ones who live' / 'those who live'
dolaq 'he lived'	→	*dolaq-s* 'the one (masculine-class) who lived'
daolaq 'she lived'	→	*daolaq-s* 'the one (feminine-class) who lived'
dolín 'they lived'	→	*dolín-s-in* 'the ones who lived' / 'those who lived'

Once a stem has been modified by a form-class changing affix such as the nominalizer *-s*, it cannot be changed secondarily into another part of speech, except in the sense that the addition of a case suffix or postposition effectively converts it into a modifying word. This distinguishes Ket typologically from languages such as English or Yupik that permit cyclical form-class changing derivations such as: *nation* → *national* → *nationalize* → *nationalization*. It is important to an understanding of Ket lexical morphology to bear in mind that content words belonging to other parts of speech cannot function syntactically as nouns without being formally modified by a nominalizing suffix. Conversely, in order for a noun stem to be used as an adjunct in a verb phrase, it must be modified by either a postposition or a case ending. Suffixes are also normally required to convert a noun into an adjectival modifier, the two most common being -*tu* 'possessing' and -*an* 'lacking', e.g.: *sul-tu* 'bloody', *sul-an* 'bloodless', both derived from the basic noun root *sūl* 'blood'.

Stems belonging to form classes other than nouns or finite verbs generally do not take inflectional morphology in Modern Ket, unless they have first been nominalized, in which case they can take all of the bound relational morphology associated with nouns. Minor exceptions to the language's overarching head-marking profile can be found in the morphology of demonstrative pronouns, which have evolved to agree with their head noun in class and number: *kīr ke't* 'this man', *kire qīm* 'this woman', *kine de'ŋ* 'these people'. Vajda (2013b) argues that the class and number markers in these demonstratives arose through reanalysis of vestigial possessive morphology. Also, a few adjectives seem to add a plural suffix when modifying a plural noun (*qà ōks* 'big tree', *qàŋ aq* 'big trees'), though most adjectives do not (*aqta ke't* 'good man', *aqta de'ŋ* 'good people'). The historical reasons for these exceptional adjective forms are explained in Section 4 below.

The third major lexical class, modifying words (*slova-opredeliteli*), contain several functional subcategories. There is a distinction between words that function only as adjectives and those that function only as degree words in noun phrases (like *qaddəq* 'very') or adverbial modifiers in finite verb phrases. Word forms used as qualitative adjectives normally can serve as adverbs without any formal modification: *dəqta* 'quick', 'quickly'[5]. The same is true of nominal forms that have been converted into modifying words via the addition of certain case suffixes. Caritive forms, for example, can be used as attributive modifiers: *qim-an ke'd* 'unmarried (literally, wife-less) man'. The remaining case forms of nouns, however, cannot be used as attributive modifiers in free noun phrases. This includes prolative *ses-bes* 'along the river', locative *ses-ka* 'at the river', and instrumental-comitative forms like *qim-as* 'with a wife'. Instead, the form *qim-tu*, built with the adjectivizing suffix -*tu*, is used to express 'married (said of a man)' as an attributive modifier

---

5   A few qualitative adjectives function also as degree words: *qà* 'big', 'very'.

or predicate adjective. Adjectives derived from nouns with the highly productive form-class changing suffix *-tu* cannot be used as adverbs. Modifying words in Ket therefore form three subcategories: 1) those like *aqta* 'good', 'well', or *sēl* 'bad', 'badly' that can be used as either adjectives or adverbs; 2) those like *qim-as* 'with a wife', *ses-bes* 'along the river', or *ēn* 'now' that can only be used as adverbs or adjuncts; and 3) those like *qim-an* 'unmarried', *eγ-a* '(made of) iron', and *qim-tu* 'married' that can only be used adjectivally. A fourth subcategory of adverbs denote duration of time and are homonymous with nouns meaning seasons of the year or times of the day: *bīs* 'evening', 'in the evening'; *sīl* 'summer', 'in summer'; because these forms serve primarily as nouns, they cannot be used as adjectival modifiers. Historically, these temporal adverbs were not homonymous with their base nouns. Forms in Kott and Assan, sister languages of Ket that disappeared before the 20th century, show that a case suffix was originally used to convert time-of-day nouns into adverbs: Kott *pičiga* 'in the evening' < *pič* 'dark blue' + *ig* 'time, day' + dative suffix *-a*). Therefore, this small group of noun/adverb homonyms in Modern Ket results from phonological erosion that obscures the original morphological structure. When diachronic reasons for homonymy between form classes are considered, Ket can be said to have three major parts of speech: noun, verb, and modifying word. Modifying words can be further divided into minor subcategories based on their ability to function similar to adjectives, degree words, adverbs, or prepositional phrases in a language such as English.

4. Submerged form-class derivation

Understanding Ket morphological typology requires a diachronic perspective, as a number of other patterns in the modern language only become clear when their origins are revealed. In her cross-linguistic survey of person agreement, Siewierska (2004: 133) discusses Ket subject agreement against the general background of cross-linguistic variation in agreement exhibited by different types of intransitive predicates. She notes that adjectives used predicatively in Ket take subject agreement suffixes, while finite verbs take person agreement prefixes rather than suffixes. There is evidence, however, that predicate concord on modifying words or nouns in older Yeniseian originally consisted of an existential verb root preceded by an agreement prefix. This combination later eroded, leaving a word-final agreement marker. Traces of the original verb root can be seen in the tonal forms of the concord suffixes preserved in Yugh (Sym-Ket), a language that lost its last native speaker in the 1970s but was closely related to the three Ket dialects. The table in (9) compares Ket and Yugh (Werner 1997a: 209) predicate concord suffixes on reflexes of the locational adverb *qāˑp* 'at home', 'in one's tent':

(9) Ket and Yugh predicate concord suffixes

	Southern Ket	Yugh
1 SINGULAR 'I am at home / in the tent.'	qaˑ-ri	χaˑb-di'
2 SINGULAR 'You are …'	qaˑ-γu	χaˑp-ku'
3 MASCULINE SINGULAR 'He is …'	qaˑ-ru	χaˑb-du'
3 FEMININE SINGULAR 'She is …'	qaˑ-də	χaˑb-da'
3 INANIMATE SINGULAR 'It is …'	qaγ-am	χaf-e'
1 PLURAL 'We are …'	qaˑ-rəŋ	χaˑb-dəʰŋ
2 PLURAL 'You (all) are …'	qaˑ-γəŋ	χaˑp-kəʰŋ
3 ANIMATE PLURAL 'They are …'	qaγ-aŋ	χaf-eʰŋ
3 INANIMATE PLURAL 'They are …'	qaγ-am	χaf-e'

The glottal stop ['] and lengthened pharyngealized vowels [ˑʰ] in the phonologically more conservative Yugh forms likely compensate for an eroded final syllable that was the existential verb root BE, though its original form is no longer recoverable. If this interpretation is correct, then all clausal heads in earlier Yeniseian contained finite verb morphology that consisted of person, number and class agreement prefixes. Predicate adjectives and adverbs (as well as, formerly, nouns) simply represented incorporated material prefixed onto the finite verb complex.

Another submerged morphological pattern involves adjective stems. Adjectives in Modern Ket often seem to consist of a single root, such as *ki'* 'new'. However, historical investigation reveals that most roots denoting basic qualities originally required augmentation by a suffix in order to serve as word forms (Vajda 2013a). Some adjectives retain this suffix, while in others it has eroded to a tonal signature except where preserved through reanalysis as a plural marker via coincidental homonymy with the common noun plural suffix *-ŋ*. Examples of the latter type of stem is Southern Ket include *qà ~ qàŋ* 'big'; *sīn ~ sinaŋ* 'old', 'dirty'; *bo'l ~ bolaŋ* 'fat, thick in circumference'; *hōl ~ holaŋ* 'fat (in the sense of portly or containing excessive fatty tissue)' and about a dozen others.[6]

An analogous change affected the morphology of action nominals, a minor form class normally derived from the lexical element(s) of the corresponding finite verb minus any tense and agreement inflections. Modern Ket action nominals made from basic verbs often appear to be monomorphemic, since the original suffix has reduced to falling tone (sometimes to high-even tone), as seen in these

---

6   Why reduction of the suffix *-əŋ* produced different monosyllabic tones is at present
     unclear.

Southern Ket forms: *bə̀ɣ* 'to find, finding, a find', *tàr* 'to hit, hitting', *kīt* 'to rub, rubbing'. However, action nominal forms contain vestiges of a derivational prefix and suffix, as well. A rare Ket form that preserves both elements is *si-bagd-eŋ* 'to pull, pulling', coexisting with the eroded form *bagd-eŋ* and based on the verb root **bəgʷ* 'pull, drag'. This diachronic view underscores once again the fundamental division between noun and verb structure in Ket morphology and also the fact that only inherently "nouny" roots could originally serve as monomorphemic word forms in earlier Yeniseian morphology.

   Like adjectives or finite verb forms, action nominals can only serve as the head of a noun phrase after being nominalized by *-s*: *hil-aŋ-s* 'something sweet', *tàr-s* 'something / someone beaten' or 'instrument used for'. The erosion of the final stem suffix in most adjectives and action nominals has obscured their derived nature. At present it is unclear whether the vestigial action nominal suffix **-əŋ ~ *-ŋ* is etymologically identical to the homonymous adjectival suffix **-əŋ ~ *-ŋ*. Both suffixes may ultimately be verbal in origin, as they are also homonymous with the change-of-state suffix **-ŋ* found vestigially in a few finite verbs, such as the plural forms of verbs of flying (cf. *d-in-doq* 'he flew', *d-in-aŋ-doq-ŋ* 'they flew'). If so, then qualitative adjectives, just like action nominals, may have originally been a morphological subtype of verb, and all clausal predicate heads were originally verb forms as well.

5. Semantic typology

The *Comprehensive dictionary of Ket* identifies the grammatical class of every noun listed. Class interacts with number to create four agreement sub-classes in Ket: 1) inanimate class with no distinction between singular and plural, 2) masculine-animate singular, 3) feminine-animate singular, and 4) animate class plural with no distinction between masculine and feminine gender. Although class membership denoting biologically male or female individuals and inanimate objects usually follows logically, some nouns denoting body parts, tools, or other non-living entities belong to either the masculine-animate or feminine-animate class (Werner 1997b: 88–96) rather than to the inanimate class. Items belonging "illogically" to the masculine class generally represent important cultural objects (*iŋn* 'inner tent pole', *ùs* 'large piece of birch bark', *tāp* 'ring surrounding the tent smoke hole'). Similarly, generic nouns denoting plants and animals are nearly always masculine if large, powerful, or economically valued (*kùn* 'wolverine', *qīt* 'wolf', *qàj* 'moose', *sèl* 'reindeer', *èr* 'sable'). This includes all names of trees, animals or birds hunted for food, and most fish species. Names of insects and smaller animals are feminine-class, and universally so in the case of vermin or culturally unimportant creatures: *sūj* 'mosquito', *ùt* 'mouse', *tuln* 'lizard', *ə'l* 'frog'. Among insects, only *dīnt* 'dragonfly', revered as an important shamanistic symbol, is masculine. From a contemporary Western perspective, Ket noun-class membership could easily be regarded as "sexist". However, ethnographies of the Ket written during Soviet times, notably Alekseenko (1967), portrayed Ket society as egalitarian. Vajda (1994) noted this apparent dissonance between language and culture, contrasting it with the Georgians in the Caucasus region, who follow strongly patriarchal traditions, yet speak a language with no grammatical gender at all.

An accurate record of Ket grammatical gender, coupled with frank interviews with native speakers during our fieldwork in 2005–2008, has provided valuable new insight into Ket social structure. Ket hunting bands were indeed patriarchal. Men occupied the most respected decision-making positions, while women routinely performed the most laborious tasks, such as processing hides and preparing birchbark sheets as tent coverings. The distribution of grammatical noun class in Ket does seem to reflect the society's traditional values and structure in what could be called a straightforward example of linguistic relativity.

Another area of lexical typology where Ket provides an interesting perspective is basic color vocabulary. Ket has five color terms that speakers do not regard as sub-varieties of another term and are not restricted to describing only a specific object or type of phenomenon. The adjectival forms of these terms themselves, however, all appear to be derived: *tūm* 'black' (? < *tu'* 'clay'), *tayǐm* 'white' (< *tīk* 'snow'), *sulem* 'red' (< *sūl* 'blood'), *qǝlaj* 'yellow / light green' (< *qǝːl* 'bile'), and *sǝ'n* 'blue, dark green, brown (generic cool color)' (? < *sī* 'night'). At the very least, the obvious derivative nature of 'white', 'red', and 'yellow' should disqualify them as basic color terms according to a strict interpretation of Berlin & Kay's (1969) analysis. The Ket evidence suggests that a language's system of color terminology should be evaluated using semantic criteria alone, which supports Sampson's (1990: 98–102) criticism of Berlin and Kay's original requirement that basic color terms should not be derived or borrowed.

6. Summary

By considering both productive and submerged patterns of stem creation, this article has argued for the existence of three fundamental principles operating in the Yeniseian lexicon. One is the formal separation between nouns (or nominalizations), which can serve as the head of noun phrases, and forms belonging to all other content classes, which cannot. The second is the paucity of form-class changing affixes in Ket; even when vestigial morphology is considered, there are only about half a dozen clear examples of this type of derivational process.

The third is the polysynthetic structure of the finite verb, with its ability to incorporate nominal elements into an elaborate template of position classes that even simple verb forms must follow. Predicate nouns or modifying words marked with subject agreement suffixes in equative sentences appear to derive historically from phonologically eroded stative verbs as well. If this is true, then only finite verb forms could originally serve as the head of any type of simple clause in early Yeniseian. Also discussed were two of the more interesting lexico-semantic patterns in Ket: 1) the historical connection between grammatical noun gender and traditional social structure, and 2) how the transparent etymologies of certain Ket color terms present an exception to Berlin & Kay's (1969) typology of basic color terms. None of these conclusions could have been reached without a comprehensive lexicographic description of Ket, which fortunately now exists thanks to E. G. Kotorova and her collaborators.

References

Alekseenko, Evgenija A. 1967. *Kety: etnograficheskie ocherki*. Leningrad: Nauka.

Berlin, Brent & Kay, Paul. 1969. *Basic color terms: their universality and evolution*. Berkeley: University of California Press.

Castrén, M. Alexander. 1858. *Versuch einer jenissei-ostjakischen und kottischen Sprachlehre*. St. Petersburg: Imperatorskaja Akademija Nauk.

Donner, Kai. 1955. *Ketica. Materialien aus dem Ketischen oder Jenissei-Ostjakischen*. Helsinki: Finno-Ugric Society.

Kotorova, Elizaveta & Nefedov, Andrey (eds.). 2015. *Comprehensive dictionary of Ket*. (2 vol.) Munich: Lincom Europa.

Krjukova, Elena & Grishina, Natasha. 2004. Novyj podkhod k problemam klassifikatsii chastej rechi v ketskom jazyke: klass slov-opredelitelej. In Osypova, Ol'ga (ed.), *Sravnitel'nye i tipologicheskie issledovanija jazykov i kul'tury: problem i perspektivy. Sbornik nauchnykh trudov Laboratorii jazykov narodov Sibiri*, Vol. 2. Tomsk: Tomsk State Pedagogical University, pp. 33–46.

Nefedov, Andrey. *Clause chaining in Ket*. Utrecht: LOT.

Nefedov, Andrey & Vajda, Edward. 2015. Grammatical sketch of Ket. In Kotorova, Elizaveta & Nefedov, Andrey (eds.), *Comprehensive dictionary of Ket*. Munich: Lincom Europa, pp. 27–68.

Sampson, Geoffrey. 1990. *Schools of linguistics*. Stanford: Stanford University Press.

Siewierska, Anna. 2004. *Person*. Cambridge: Cambridge University Press.

Vajda, Edward. 1994. A Critique of the notion that language imprisons the mind. In Kimball, Linda, McGinnis, Dale & Craig, Shawna (eds.), *Anthropological world: an introduction to cultural anthropology*, 2nd ed. Seattle: Kendal Hunt, pp. 95–103.

Vajda, Edward. 2004. *Ket*. Munich: Lincom Europa.

Vajda, Edward. 2013a. Metathesis and reanalysis in Ket. *Tomsk Journal of Linguistics and Anthropology* 1.1: 14–26.

Vajda, Edward. 2013b. Vestigial possessive morphology in Na-Dene and Yeniseian. In Hargus, Sharon, Vajda, Edward & Hieber, Danny (eds.), *Working papers in Athabaskan (Dene) languages 2012*. Fairbanks: ANLC, pp. 79–91.

Vajda, Edward. 2017. Ket polysynthesis. In Fortescue, Michael, Mithun, Marianne & Evans, Nicholas (eds.), *Handbook of polysynthesis*. Oxford: Oxford University Press, pp. 906–929.

Werner, Heinrich. 1997a. *Das Jugische*. Wiesbaden: Harrassowitz.

Werner, Heinrich. 1997b. *Die ketische Sprache*. Wiesbaden: Harrassowitz.

Werner, Heinrich. 2002. *Vergleichendes Wörterbuch der Jenissej-Sprachen*. Wiesbaden: Harrassowitz.

Andrey Nefedov (Hamburg)

Prohibitive constructions in Ket[1]

Abstract: The present paper provides an overview of negative imperative constructions (prohibitives) in Ket, a highly endangered language spoken in Central Siberia. Ket exhibits three formally distinct types of analytic prohibitive constructions. Each prohibitive construction type is analyzed with respect to the typology of negative imperatives, as well as whether these constructions differ from the standard negation in the language. The results of the study are meant to supplement the ongoing areal and typological research of negative constructions in general.

Keywords: Ket, Yeniseian, negation, prohibitive, imperative, Siberian languages, typology

1. Introduction

It is hard to underestimate the importance of contribution, both scientific and organizational, made by Prof. Elizaveta G. Kotorova to the studies of Ket, the last remaining language of the Yeniseian family. It was she who literally brought back to life all Ket-related fieldwork and scientific activities in Tomsk[2] after they had been kept on hiatus for almost a decade during the 1990s. Her passion for the language inspired many young students (including the present author) to start their journey into this enigmatic language. The present study owes much to the language data collected during the project on compiling "Comprehensive Dictionary of Ket" led by Prof. Kotorova.

The aim of the present article is to describe prohibitive (negative imperative) constructions in the Ket language. It is a part of a larger project aimed at providing

---

1   The present study stems from the research supported by the Fritz Thyssen Foundation within the project on "Negation in Ket and the Yeniseian languages: Typological and areal perspective" (Az. 40.17.0.008SL) as well as from the subsequent research project on "Word order variations and information structure in Ket: A corpus-based study" supported by the German Research Foundation (DFG).
2   The Laboratory (now Department) of Indigenous Peoples of Siberia in Tomsk State Pedagogical University is a prolific center of the Siberian studies founded by Prof. Andrej P. Dul'zon in the 1950s. It houses the invaluable Ket materials collected by Prof. Dul'zon with his colleagues and students from 1955 to 1985. Few know, however, that Elizaveta G. Kotorova (née Oleksienko) was one of the students who contributed to these fieldwork materials during a field trip to the village of Alinskoe in 1972 (her records are presented in Ket fieldwork notebooks 73 and 74).

a comprehensive description of negation in Ket equipped with the modern knowledge of Ket grammar, as well as at analyzing these data in a broader typological and areal perspective. The description is based on the corpus of negative constructions extracted from published Ket sources and collected during fieldwork.[3] The article is structured as follows. Section 2 provides an outline of the grammatical aspects relevant to the present topic. Section 3 describe the standard negation in the language. Section 4 considers both positive and negative imperative constructions. Section 5 summarizes the findings and provides a typological account of the prohibitive constructions in Ket.

2. General aspects of Ket grammar

Ket belongs to polysynthetic languages and has a rather complex verbal morphology. In addition to lexical elements (including incorporants), Ket verbs have multiple personal agreement affixes as well as temporal affixes. Every morphological element occupies a specific position class within a Ket verb form. Table 1 illustrates the position class model of the Ket verb proposed by Edward Vajda.

Table 1. Position classes in Modern Ket *(adjusted from Nefedov and Vajda 2015: 35)*

P8	P7	P6	P5	P4	P3	P2	P1	P0	P-1
AGR or thematic valence reducing affix	incorporant 1) left semantic head or 2) noun/ adj./ adverb root	AGR	thematic consonant (most are semantically opaque)	*tense* or AGR	AGR or thematic non-agreement affix	*past tense*	AGR or thematic valence reducing affix	base 1) right semantic head or 2) aspect/ voice auxiliary)	AGR (in verbs that use P8 for subject)

This position class model consists of ten slots (or positions).[4] The basic lexical stem is formed through a combination of positions P7, P5 and P0. When present in a particular verb form, these positions remain unchanged throughout the whole paradigm, and therefore are responsible for the lexical meaning of the verb. Positions marked as 'AGR' are potential agreement positions reflecting person, number and gender / animacy class[5] of the corresponding subject / object referent. The choice of particular positions is a lexical idiosyncrasy inherent to

---

3　At the time of writing, the corpus contains 202 negative imperative constructions.

4　Note that no verb form can have all the slots filled simultaneously (the maximum is nine).

5　There are three gender classes (masculine, feminine, or neuter) and two animacy classes (animate or inanimate) in Ket. The gender class distinction is restricted to singular

a particular verb stem, not predictable by any grammatical rule. Ket possesses seven productive combinations (called 'configurations') of agreement markers and a couple of unproductive patterns. Each of the agreement configurations uses the various AGR positions for different purposes.[6] Tense distinction is generally marked through a combination of morpheme shapes in positions P4 (*-a-*, *-s-*) and P2 (*-l-*, *-n-*[7]). The P2 affixes *-l-*, *-n-* appear only in the past tense, while *-s-* in P4 is present only in non-past verb forms. The P4 affix *-a-* remains intact in both past and non-past tense forms, but in the former case, it is labialized to *-o-*. In addition to past vs. non-past tense distinction, the majority of Ket verbs are capable of morphologically distinguishing indicative vs. imperative mood. The latter is dealt with in Section 4 below. Other tense and mood-related meanings are conveyed either analytically or contextually.

Examples (1) and (2) illustrate two Ket verb forms, a non-past intransitive one and a past transitive one, respectively.

(1) *āt digbɛsʲavɛt*
 ād d{i}^{8}-ikbɛs^7-a^4-bed^0
 1SG 1SG^8-move.here.ANOM^7-NPST^4-ITER^0
 'I come.'[8]

(2) *āt dɔʔnʲ divingʌk*
 ād dɔʔn di^8-b^3-in^2-kək^0
 1SG knife 1SG^8–3N^3–PST^2–find^0
 'I found a knife.'

---

referents, while plural referents are only capable of distinguishing between animacy/ inanimacy.

6 A detailed description of the possible agreement configurations in Ket can be found in Nefedov and Vajda (2015: 35–62).

7 There also exist two other P2 affix shapes: *-j-* and *-q-*. These tense affixes are, however, quite rare. It should be noted that some verbs do not have P2 affixes and signal past tense by other means (cf. Georg 2007: 284–285).

8 When citing Ket examples, we use a 4-tier representation of the data. The tiers provide the following information: 1) unified phonetic transription based on IPA; 2) phonological representation with morpheme breaks (epenthetic elements are omitted, unless they are important for the analysis); 3) glossing; 4) free English translation. The curly brackets mark phonological elements not present in the phonetic form. The citation form of Ket words follows the convention used in the Comprehensive Dictionary of Ket (Kotorova and Nefedov 2015). Examples without source identification belong to the author's own fieldwork.

The obligatory presence of agreement markers makes it possible for a separate verb form to serve alone as a free-standing utterance (cf. *digbɛsʲavɛt* 'I come' and *divingʌk* 'I found it'), which is the defining feature of polysynthetic languages (Evans and Sasse, 2002: 3). This also allows omitting explicit subject and object referents in sentences, if they can be recovered from the context.

3. Standard negation in Ket

In linguistic typology, standard negation is the basic means employed by a language for negating simple declarative clauses (Payne 1985). In Ket, standard negation is expressed analytically with the help of the negative particle *bǝ̄n*, which is morphologically uninflected. When present, the particle takes a position immediately before the negated verb,[9] as shown in (3) and (4), below.

(3) *āt bǝ̄nʲ digbɛsʲavɛt*
ād bǝ̄n d{i}^{8}-ikbes^7-a^4-bed^0
1SG NEG 1SG^8-move.here.ANOM^7-NPST^4-ITER^0
'I'm not coming.'

(4) *āt dɔ'nʲ bǝ̄nʲ divingʌk*
ād dɔ'n   bǝ̄n di^8-b^3-in^2-kək^0
1SG knife NEG 1SG^8–3N^3-PST^2-find^0
'I didn't find the knife.'

As we can see, the negative clauses in (3) and (4) do not differ structurally from their affirmative counterparts in (1) and (2), respectively. The only difference is the presence of the negative particle. Since there is no difference in the morphosyntactic properties between the verbal predicate in the affirmative and negative clauses, standard negation in Ket can be classified as symmetric in terms of Miestamo (2005).

The standard negator *bǝ̄n* can also be used for negating nouns, attributes, adverbials, as well as certain types of non-verbal predicates (see Nefedov 2018 for a detailed description).

4. Prohibitive constructions

Before proceeding to the analysis of prohibitive constructions in Ket, a few terminological remarks are in order. In most typological works, the term 'imperative' is generally used in connection with constructions, whose prototypical function

---

9   Unless there are any verbal particles expressing tense, aspect, or syntactic/pragmatic nuances.

is to express directive speech acts[10] (cf. Birjulin and Xrakovskij 1992; Aikhenvald 2010; Gusev 2013, among others). These constructions are often considered with respect to subjects of any person. The present article, however, focuses only on imperative constructions that refer to the second person, or 'canonical' imperatives in Aikhenvald's (2010: 3) terms, and their corresponding negative counterparts, respectively. Also, following Birjulin and Xrakovskij (1992: 9–10), we distinguish between dedicated and non-dedicated imperative constructions. To the dedicated ones belong constructions whose main function is to encode the directive speech act (either morphologically or syntactically). If the means encoding an imperative construction is primarily used for other functions (for example, expressing optatives, subjunctives, etc.), such construction is regarded as non-dedicated.

4.1. Imperatives in Ket

In Ket, there are both dedicated and non-dedicated imperative constructions. The dedicated imperative is the only non-indicative mood expressed morphologically by the Ket verb and is restricted to the second person only (singular and plural). There is, however, no specific morphological marker for the imperative (cf. Krejnovič 1968: 267). In the majority of cases, its formation is conveyed through certain combinations of agreement and tense markers which differ across verbal configurations. In what follows, we only outline the main characteristics of morphological imperatives in Ket, while a detailed survey can be found in Georg (2007: 288–296).

4.1.1. Dedicated imperatives

The main characteristic shared in common by the absolute majority of dedicated imperative forms in Ket is the omission of the second person subject agreement marker *ku-* in slot P8[11] alongside the overt subject argument,[12] which is one of the cross-linguistically most common characteristics of imperatives (König and Siemund 2007: 304). In addition to that, when present, the inanimate object marker

---

10 In terms of Searle (1969). Within the communicative-pragmatic framework developed by Elizaveta G. Kotorova that would be directive speech behavior patterns such as REQUEST, ADVICE, PROPOSAL, WARNING, THREAT, etc. (Kotorova 2008, 2013, 2014).

11 However, subject agreement markers in slots other than P8, including coreferential subject markers, as well as the animate subject plural marker in P-1 (in verbs that use P8 for subject) remain intact.

12 As mentioned in Section 2, however, the presence of overt subject / object arguments is not obligatory in Ket in general depending on various discourse-pragmatic factors.

-*b*- in P3 is obligatorily omitted as well.[13] Another important characteristic is that the imperative forms retain the same P2 affix shapes -*l*-[14] and -*n*- (including the rare -*q*- and -*j*- shapes) that are used to mark past tense. However, if present in a verb form, the P4 marker -*a*-, which is obligatorily labialized in the past forms, remains non-labialized in the corresponding imperative forms.[15] Examples below illustrate the general differences between the corresponding non-past, past and imperative forms for an intransitive verb (5) and a transitive one (6).

(5) a) *kigbɛs^{j}avɛtn* (non-past)
    k{u}^{8}-ikbes^{7}-a^{4}-bed^{0}-n^{-1}
    2SG^{8}-move.here.ANOM^{7}-NPST^{4}-ITER^{0}-AN.PL^{-1}
    'You (pl.) (will) come.'

   b) *kigbɛs^{j}ɔl^{j}bɛtn* (past)
    k{u}^{8}-ikbes^{7}-o^{4}-l^{2}-bed^{0}-n^{-1}
    2SG^{8}-move.here.ANOM^{7}-PST^{4}-PST^{2}-ITER^{0}-AN.PL^{-1}
    'You (pl.) came.'

   c) *igbɛs^{j}al^{j}gɛtn*[16] (imperative)
    ikbes^{7}-a^{4}-l^{2}-ked^{0}-n^{-1}
    move.here.ANOM^{7}-NPST^{4}-PST^{2}-ITER^{0}-AN.PL^{-1}
    'Come (pl.)!'

(6) a) *kubbʌk* (non-past)
    ku^{8}-b^{3}-bək^{0}
    2SG^{8}-3N^{3}-find^{0}
    'You (will) find it.'

   b) *kuvingʌk* (past)
    ku^{8}-b^{3}-in^{2}-kək^{0}
    2SG^{8}-3N^{3}-PST^{2}-find^{0}
    'You found it.'

   c) *ingʌk* (imperative)
    in^{2}-kək^{0}
    PST^{2}-find^{0}
    'Find it!'

The imperative form in (5c) is characterized by the presence of the P2 marker -*l*-, the non-labialized P4 -*a*-, and the lack of the subject marker *ku*- in P8 (while its corresponding plural agreement marker in P-1 remains intact). Example (6c)

---

13 The so-called petrified marker -*b*- in P3 (i.e. it appears in all finite forms of a verb without expressing true grammatical agreement) is likewise absent in imperative forms, with a few irregular exceptions. Other object markers, both animate and inanimate, are not affected.

14 In some imperative forms, the -*l*- marker is absent from the surface form (Georg 2007: 292).

15 There is a handful of imperative forms with a labialized P4 -*a*-. In this case, the labialization is most likely caused by the preceding velar labial (Georg 2007: 288).

16 The root *bed*, as well as *bək* in (6), changes its initial consonant /b/ to /k/ in dedicated imperatives as well as some past forms due to the morphotactic rules (Georg 2007: 221–224).

illustrates the lack of the P8 marker *ku-* and the P3 inanimate object marker *-b-* in the transitive imperative form.

In the case of most vowel-initial P0 roots, imperative forms also demonstrate the presence of a morpheme *-d-* between the P2 marker and the root, as illustrated in (7c) below.

(7) a) *kava* (non-past)
    k{u}^{8}-a^4-b^3-a^0
    2SG^8-NPST^4–3N^3-weave^0
    'You weave it.'
  c) *anda* (imperative)
    a^4-n^2-(d)-a^0
    NPST^4-PST^2-EP-weave^0
    'Weave it!'

b) *kɔmna* (past)
    k{u}^{8}-o^4-b^3-n^2-a^0
    2SG^8-PST^4–3N^3-PST^2-weave^0
    'You wove it.'

The function of this morpheme is not entirely clear. Vajda (2004: 46) suggests that it signals valence-decrease in the verb form, whereas Werner (1997: 286) analyzes it straightforwardly as an imperative marker. Georg (2007: 288), on the other hand, considers it as a purely morphotactic element that could have been a dedicated imperative marker at an earlier stage of the Ket language.

Apart from that, imperative forms in Ket are often a subject to various irregularities and suppletion.

(8) a) *kuyɔtn* (non-past)[17]
    ku^6-k^5-a^4-tn^0
    2SG^6-TH^5-NPST^4-go^0
    'You (will) go.'
  c) *kɔɔŋ* (imperative)
    kooŋ
    go.IMP
    'Go!'

b) *kuyɔn* (past)
    ku^6-k^5-o^4-n^2-{tn^0}
    2SG^6-TH^5-PST^4-PST^2-go^0
    'You went.'

The irregular imperative form *kɔɔŋ* in (8c) is hard to parse. Vajda and Zinn (2005: 219) note that it can be an allegro variant of a logically expected imperative form *kuyɔn*[18] [ku^6-k^5-a^4-n^2-tn^0 / 2SG^6-TH^5-NPST^4-PST^2-go^0]. The fact that it fully coincides with the past form *kuyɔn* 'you went' might have played a triggering role in the development and spread of the irregular form. It is also worth noting that

---

17 The *-a-* > *-o-* labialization in P4 in the non-past tense is due to the presence of the labializing *k* in P5 (Nefedov and Vajda 2015: 38).

18 The proposed phonetic form is not *kuyan* because of the labializing *k* in P5.

suppletive imperative forms for the verb 'go' are very frequent cross-linguistically (Aikhenvald 2010: 33ff.).

It should be mentioned that certain verbs in Ket lack a specialized morphological imperative (cf. Georg 2007: 289–290). This mainly concerns reflexive verbs and verbs denoting non-volitional action (Nefedov and Vajda 2015: 43–44). These verbs, however, can form their imperatives by means of a non-dedicated construction (cf. example 11 below).

4.1.2. Non-dedicated imperative constructions

The non-dedicated type of imperative constructions in Ket is formed analytically with the help of the optative particle *qān*.[19] Werner (1997: 225) labels this imperative type as 'exhortative'.[20] In these constructions, the optative particle occurs immediately before the non-past indicative form of a finite verb that does not show any structural modifications, cf. (9) and (10) below.

(9) *il¹guduk*
     il²-ku¹-duk⁰
     PST²–2SG.COREF¹-move⁰
     'Move!' (Werner 2002: 207)

(10) *qān kuɣurɔk, kis¹aŋ sɛˀj us¹aŋ*
     qān   ku⁸-ku¹-duk⁰   kisaŋ   seˀj   usaŋ
     OPT   2⁸–2SG.COREF¹-move⁰   here   place   exist
     '(You should) move, there is a place here.' (Gajer 1973a: 162)

---

19 In the present paper, we follow Georg (2007: 298) in labeling this particle as 'optative'. In general, this correlates with the fact that the grammaticalization of an optative marker to an imperative marker is well-attested cross-linguistically (cf. Mauri and Sansò 2011: 3504–3506). Still, we cannot but mention that the primary function of *qān* is not entirely clear, especially if we take into account its role in forming some subtypes of subordinate clauses (cf. Nefedov 2015: 200, 203). In principle, it is possible to argue that we deal with a multifunctional subjunctive marker. This, however, does not have any impact on defining this construction as 'non-dedicated'.

20 The optative *qān* can also be used to form first and third person imperative constructions (cf. Werner 1997: 225). The only exception known to us is the first person plural past form of the verb *k⁵-a⁴-[n²]-tn⁰* 'smn goes' which is used in this function without the optative particle: *dʌŋɔn* [dən⁶-{k⁵}-o⁴-n²-{tn⁰}] 1PL⁶-TH⁵-PST⁴-PST²-go⁰] 'we went / let's go'. It is highly likely that the said verb form differentiates between these two functions by means of intonation as, for example, the case in Russian (Aikhenvald 2010: 42–43). However, it needs to be checked in the field, as all the relevant examples we have are from the published text sources.

Example in (9) represents the dedicated morphological imperative form of the verb *[l²]-dukᵒ* 'smn moves', whereas in (10) we can see its non-dedicated counterpart with *qān*. The verb in (10) is in its non-past indicative form *kuyurɔk* 'You (will) move'. Like in a prototypical imperative construction, the overt second person pronoun is usually omitted from the *qān*-imperative clause.

Apart from the obvious structural difference, the semantic difference between the morphological imperative and the *qān*-imperative is that the latter expresses a less intensive, less categorical command than the former, showing the speaker's encouragement or urge towards the addressee's bringing about the proposed state of affairs (Dul'zon 1968: 142).

In addition, as mentioned above, the *qān* strategy can be used to form imperatives from verbs that lack a morphological imperative, as in (11).

(11) *qānʲ sʰitku!*
      qānʲ si⁷-t⁵-ku¹-{aᵒ}
      OPT   wake⁷–2SG¹-R⁰
      'Wake up! / You should wake up!' (Werner 1997: 287)

The morphological imperative for *si⁷-t⁵-a⁴-[n²]-aᵒ* 'smn wakes up' is not attested (cf. Werner 2002: 201, Vajda and Zinn 2005: 105).

4.2. Negative imperatives

4.2.1. Negation of dedicated imperatives

Dedicated imperatives in Ket are negated analytically with the help of the prohibitive particle *at* (other variants *atn*, *ak*[21]). It is different from the standard negation strategy in the language (cf. Section 3), which is quite common cross-linguistically (Auwera, Lejeune, and Goussev 2013).

Historically, the prohibitive particle seems to be related to the question particle *atn* (also *at*) that conveys the speaker's "reproach or strong disapproval with the action expressed" (Georg 2007: 171, cf. also Gajer 1973b: 37), cf. (12) below:

(12) *ūk atn ʌtn kʌma kejdaŋondaq?*
      ūk   atn   ʌtn   kʌma   k{u}⁸-ej⁷-daŋ⁶-k⁵-o⁴-n²-daq⁰
      2SG   why   1PL   away   2SG⁸-down⁷–1PL⁶-TH⁵-PST⁴-PST²-throw⁰
      'Why (on earth) did you throw us away on the ground?' (Belimov 1976: 20)

---

21 The form *ak* counts only 11 occurrences in the corpus. Vajda (p.c.) suggests that this form might be the result of merging *at(n)* with the P8 second person subject maker *k-*. Examples in our corpus seem to corroborate this idea as 10 of them contain indicative verb forms without the explicit P8 marker.

However, Dul'zon (1968: 576) claims that it can be a borrowing from Mansi (an Ugric language), where the standard negator has the form *at*. This seems to be a rather far-reaching conclusion, given that there is no documented contact between Kets (and Yughs) and the Mansi people. Moreover, imperatives in Mansi are negated by means of the specialized particle *ul*, the standard negator *at* is not used in this case (cf. Wagner-Nagy 2011: 138, 148).[22]

As our corpus of negative imperative constructions shows, in Modern Ket, there is a strong tendency to use the form *at* instead of *atn* (102 occurrences vs. 43 occurrences, respectively), which indicates the ongoing process of grammaticalization of the original question particle into a dedicated prohibitive marker (cf. Belimov 1979: 135). A high degree of grammaticalization is also corroborated by the fact that the prohibitive particle *at* and its variants always occur in the immediate preverbal position in our corpus (except when negating non-dedicated imperatives, see 4.2.2 below). The question particle, on the contrary, does not have a strictly fixed position: it can either be preverbal, or immediately follow the subject, or assume the clause initial position if used in a rhetoric question (Belimov 1976: 20), cf. (12) in which the question particle *atn* occurs after the subject *ūk* 'you' and is followed by an object pronoun and an adverb.

There are two types of constructions employed to negate dedicated imperatives.[23] In the first one, the prohibitive particle *at(n)* is preposed to a morphological imperative, as in (13).

(13) a) *tal'ga!*
t^5-a^4-l^2-ka^0
TH^5-NPST^4-PST^2-walk^0
'Walk!'

b) *atn tal'ga!*
atn t^5-a^4-l^2-ka^0
PROH TH^5-NPST^4-PST^2-walk^0
'Don't walk!'

As can be seen, the imperative form is structurally identical in both positive (13a) and negative (13b) imperative constructions.

---

22 At the same time, we cannot but mention that in the southern dialects of Khanty, another Ugric language spoken in the relative vicinity of the Ket territory, the particle *at* is used with imperatives only (Wagner-Nagy 2011: 150).

23 Although he does not explicitly state that *at* can be used with past verb forms, Georg (2007: 296) provides a negative imperative construction with a verb form that he glosses as an apparent past form (we preserved the author's glossing): at {ku^8}-qəksn^7-a^4-{i}l^2-ked [PROH 2-hurry-TH-PST-make] 'Don't hurry'. In our opinion, this verb form can be straightforwardly analyzed as a morphological imperative, which is indicated by the absence on the P8 subject marker *ku-* and the non-labialization of the marker *-a-* in P4 (see Section 4.1.1).

The second type involves a non-past indicative verb form preserving the second person subject marker, as in (14b) in which the negated verb form is identical to the non-past verb *kuɣajɛj* [ku^8-a^4-ej^0 2SG^8–3SG.M^4-kill^0] 'You (will) kill him'.

(14) a) *aʙɛj*
       a^4-q^2-ej^0
       3SG.M^4-PST^2-kill^0
       'Kill him!'

     b) *at kuɣajɛj*
       at   ku^8-a^4-ej^0
       PROH 2SG^8–3SG.M^4-kill^0
       'Don't kill him!'

The difference between these two constructions is that the former conveys a more categorical prohibition. According to Gajer (1972: 37), negated imperative constructions with non-past verb forms are more frequent than those with the morphological imperative. In our corpus, however, the number of negative imperatives based on non-past forms is only slightly higher (62 occurrences vs. 55 occurrences, respectively). Cross-linguistically, though, cases when negative imperatives are handled differently from the corresponding positive ones are not infrequent (Aikhenvald 2010: 165ff).

4.2.2. Negation of non-dedicated imperatives

Non-dedicated imperatives formed with the help of the optative particle are likewise negated by the prohibitive particle *at* which is placed immediately before *qān*. In rapid speech, they often fuse together into phonetic variants *atqan/atan/ attan*. The use of the *atn* and *ak* variants of the prohibitive particle with *qān* in negative imperatives is not attested in our corpus.[24]

(15) *at qān kulʲsɛn*
    at   qān   k^8-ul^7-s^4-a^0-n^{-1}
    PROH OPT 2SG^8-water^7-NPST^4-R^0-AN.PL^{-1}
    'Don't get wet (pl.)!'

As can be seen in (15), apart from the presence of the prohibitive particle, non-dedicated negative imperatives remain structurally identical to their positive counterparts, cf. example (11) above.

---

24 Given its possible origin (< *at* + second person subject marker *k*), it is quite clear why *ak* is not found with non-dedicated imperative constructions. At the same time, it seems plausible to assume that the combination *atn qān* is not present in the selection due to the limitations of our corpus, since we managed to find it in a number of negative purpose clauses. (The combination *at qān* in negative purpose clauses is twice as frequent in our examples though).

Semantically, the negative *qān*-imperative in Ket seems to express a non-categorical preventive warning towards actions that usually cannot be controlled by the addressee(s).

5. Conclusion

In the present article, we have provided an overview of constructions that express prohibitives in Ket based on the corpus of negative constructions as well as on the previously published accounts. We have distinguished three different types of negative imperative constructions, two of which are considered dedicated, while the other one is non-dedicated. Every type obligatorily requires the presence of the specialized prohibitive particle *at* (or its phonetic variant):

1) *at* + a non-past indicative verbs form,
2) *at* + a imperative verb form,
3) *at*+ *qān* + a non-past indicative verbs form.

Following the typology of prohibitives presented in Auwera, Lejeune, and Goussev (2013), we can classify Ket as having prohibitive constructions belonging to Type II and Type IV, which are the most common prohibitive types cross-linguistically.

To Type II belongs the prohibitive that "uses the verbal construction of the second singular imperative and a sentential negative strategy not found in (indicative) declaratives". In Ket, this type is represented by two prohibitive constructions, the one based on the dedicated morphological imperative (13b) and the one based on the non-dedicated *qān*-imperative (15).

Type IV involves the prohibitive that "uses a verbal construction other than the second singular imperative and a sentential negative strategy not found in (indicative) declaratives". Here belongs another dedicated prohibitive strategy based on non-past indicative verb forms (14b). This prohibitive construction can be considered the most frequent one (cf. Gajer 1973b: 38).

It should, however, be pointed out that, at the time of writing, WALS classifies the Ket prohibitive as belonging to Type II only, which is not entirely correct, especially, given that the presumably "default" prohibitive construction in Ket belongs to Type IV.

Abbreviations

1 – first person; 2 – second person; 3 – third person; AN – animate; ANOM – action nominal; COREF – coreferential subject marker; F – feminine; IMP – imperative; ITER – iterative; M – masculine; N – neuter; NEG – negative particle; NPST – non-past;

OPT – optative particle; PL – plural; PROH – prohibitive particle; PST – past; SG – singular; R – semantically opaque root element; TH – thematic consonant; VOC – vocative;

References

Aikhenvald, Alexandra. 2010. *Imperatives and Commands*. Oxford: Oxford University Press.

Belimov, Èduard. 1976. Voprositel'nye predloženija v enisejskix jazykax. In: *Jazyki i toponimija Sibiri 6*. Tomsk: Izdatel'stvo Tomskogo universiteta. 17–27.

Belimov, Èduard. 1979. Pobuditel'nye predloženija v ketskom i jugskom jazykax. In: *Voprosy stroja jenisejskix jazykov*. Novosibirsk. 128–138.

Birjulin, Leonid / Xrakovskij, Viktor. 1992. Povelitel'nye predloženija: problem teorii. In: Xrakovskij, Viktor (ed). *Tipologija imperativnyx konstrukcij*. 5–49.

Dul'zon, Andrey. 1968. *Ketskij jazyk*. Tomsk: Izdatel'stvo Tomskogo universiteta.

Evans, Nicholas / Sasse, Hans-Jürgen. 2002. Introduction: problems of polysynthesis. In: Evans, Nicholas / Sasse, Hans-Jürgen (eds.). *Problems of polysynthesis* Berlin: Akademie Verlag. 1-14.

Gajer, Rozalija. 1973a. *Formy imperativa prostyx glagolov ketskogo jazyka (imbatskij dialekt)*. Dissertacija na soiskanie učenoj stepeni kandidata nauk. Tomsk.

Gajer, Rozalija. 1973b. Formy otricatel'no-zapretitel'nogo imperativa v imbatskom dialekte ketskogo jazyka. *Proisxoždenie aborigenov Sibiri i ix jazykov. Materialy vsesojuznoj konferencii 14-16 ijunja 1973 goda*. 36-37.

Gajer, Rozalija. 1980. O značenii vidovremennyx pokazatelej l', n' v glagole ketskogo jazyka. In: *Jazyki i toponimija 7*. Tomsk: Izdatel'stvo Tomskogo gosudarstvennogo pedagogičeskogo instituta. 163-172.

Georg, Stefan. 2007. *A descriptive grammar of Ket (Yenisei-Ostyak): Part 1. Introduction. Phonology. Morphology*. Folkestone, Kent: Global Oriental.

Gusev, Valentin. 2013. *Tipologija imperativa*. Moskva: Jazyki slav'anskoj kul'tury.

Kazakevič, Ol'ga. 2006. Dokumentacija isčezajuščix jazykov Sibiri (na material dvux posëlkov Krasnojarkogo kraja). *Vestnik Rossijskogo gumanitarnogo naučnogo fonda 3 (44)*, 221–231.

König, Ekkehard / Siemund, Peter. 2007. Speech act distinctions in grammar. In: Shopen, Timothy (ed.). *Language Typology and Syntactic Description I*. Cambridge: Cambridge University Press. 276–324.

Kotorova, Elizaveta. 2008. Kommunikativ-pragmatisches Feld als Modell des kulturbezogenen Redeverhaltens. In: Bartoszewicz, Iwona / Szczęk, Joanna / Tworek, Artur (Hrsgg.). *Linguistica et res cotidianae*, Wrocław – Dresden: ATUT und Neisse. 113–120.

Kotorova, Elizaveta. 2013. Kommunikativno-pragmatičeskoe pole kak metod kompleksnogo opisanija sposobov realizacii rečevych aktov. *Tomsk Journal of Linguistics and Anthropology*, 1(1), 58–67.

Kotorova, Elizaveta. 2014. Describing cross-cultural speech behavior: a communicative-pragmatic field approach. *Procedia. Social and Behavioural Sciences*, Vol. 154, 184–192.

Kotorova, Elizaveta / Nefedov, Andrey (eds). 2015. *Comprehensive Dictionary of Ket with Russian, German and English translations*. München: Lincom Europa.

Krejnovič, Eruxim. 1968. *Glagol ketskogo jazyka*. Leningrad: Nauka.

Mauri, Caterina / Sanso, Andrea. 2011. How directive constructions emerge: grammaticalization, constructionalization, cooptation. *Journal of Pragmatics* 43.14, 3489–3521.

Miestamo, Matti. 2005. *Standard Negation: The Negation of Declarative Verbal Main Clauses in a Typological Perspective* (= Empirical Approaches to Language Typology, 31). Berlin: Mouton de Gruyter.

Nefedov, Andrey. 2015. *Clause Linkage in Ket*. Utrecht: LOT.

Nefedov, Andrey. 2018. Otricanie neglagol'nyx predikatov v ketskom jazyke. *Tomsk Journal of Linguistics and Anthropology*, 1(19), 20–40.

Nefedov, Andrey / Vajda, Edward. 2015. Grammatical sketch. In: Kotorova, Elizaveta / Nefedov, Andrey (eds.). *Comprehensive Dictionary of Ket with Russian, German and English translations*. München: Lincom Europa. 27–69.

Payne, Thomas. 1985. Negation. In: Shopen, Timothy (ed.). *Language Typology and Syntactic Description. Volume I: Clause Structure*, 1st edition. Cambridge: CUP. 197–242.

Vajda, Edward. 2004. *Ket*. München: Lincom Europa.

van der Auwera, Johan / Lejeune, Ludo / Goussev, Valentin. 2013. The prohibitive. In Dryer, Matthew / Haspelmath, Martin (eds). *The World Atlas of Language Structures Online*. Leipzig: Max Planck Institute for Evolutionary Anthropology. [Retrieved 2018-08-07 from http://wals.info/chapter/71].

Werner, Heinrich. 1997. *Die ketische Sprache*. Wiesbaden: Harrassowitz Verlag.

Елена Крюкова (Томск)

Кетские загадки: семантический и структурно-функциональный анализ[1]

Abstract: "Ket riddles: semantic, structural and functional analysis." Riddles as a small folklore genre are understudied sphere of Ketology. According to their subject matters, they are divided into four groups: I) artefacts; II) shamanism; III) nature; IV) human body parts. During analysis, some models of metaphoric shift were identified, used for description of an object and event in the riddle text. The biggest number of riddles is formed according to models: {human→item}, {animal →item}, {human → natural phenomenon}, {item→body parts}, {item →animals}. Metaphoric shift is mostly based on similarity of form and appearance. The word order in a riddle is strictly regulated, the basic word order SOV is kept, there is no predicate and its closest actants inversion.

Keywords: *folklore small genre, thematic groups of Ket riddles, metaphoric models, sentence structure and word order in a riddle*

1. Загадки как малый жанр фольклора

Фольклор любого народа является неисчерпаемым источником сведений о конкретном этносе. Поэтому в ситуации, когда ученые располагают достаточным материалом в этой области, возможно использование фольклорных данных для разностороннего анализа образа жизни, культуры, истории, картины мира, языка в его современном состоянии и исторической перспективе. Так и в случае с кетским языком, накопленная коллекция текстов (см. Богораз 1927, Дульзон 1962, 1964, 1965, 1966, 1972, Каргер 1934, Которова / Поротова 2001, Крейнович 1969, Donner 1955, 1958, Findeisen 1941 и др.) позволяет проводить исследования не только по фольклористике (Вернер 1982), но и по этнографии (Алексеенко 1970, 1980), по компаративистике (Иванов 1962, 1982), по этнической истории (Николаев 1985),

---

1 Исследование выполнено при финансовой поддержке РФФИ в рамках научного проекта № 18-012-00775 «Типология простого предложения в языках обско-енисейского языкового ареала: информационная и аргументная структуры». Благодарю Гришину Наталью Михайловну за идею в выборе тематики статьи, Глазунова Павла за перевод аннотации на английский язык и Нефёдова Андрея за ценные советы.

по лексикологии и описанию языковой картины мира кетского этноса (Николаев 1985a, Werner 2006).

Загадка относится к малым жанрам фольклора и характеризуется текстовой двухчатностью, так как состоит из вопроса (или описания) и ответа. Определение загадки как жанра до сих пор остается темой для обсуждения (Солдаева 2018: 43).

В середине прошлого века В. П. Аникин писал, что существующие определения «всякая загадка есть развернутая метафора» и «загадка есть мудреный вопрос, поданный в форме замысловатого краткого, как правило, ритмически организованного описания какого-либо предмета или явления» – слишком узкие, они не отражают специфические характеристики этого народно-поэтического жанра во всем разнообразии изобразительных средств и не подчеркивают особое значение загадок в жизни народа. Другие определения, которые характеризуют загадки как свод знаний народа о внешнем мире, – напротив слишком широко трактуют данное понятие (Аникин 1957: 54).

Спустя полвека С. Я. Сендерович отмечает кажущуюся простоту в определении жанра «загадка» и игнорирование многими исследователями сложность данного фольклорного явления (Сендерович 2008: 14). Ученый исследует прежде всего жанр народной загадки (а не литературной) как «особую речевую культуру», «особую архетипическую деятельность», и результат научных поисков представляет в виде «генетического кода», который не претендует на компактность и изложен на пяти страницах книги (Там же: 186, 190–194). В сжатой форме основные признаки жанра народной загадки по С. Я. Сендеровичу можно изложить так: 1) краткость формы; 2) язык загадки – древний, «темный», предлагает «неясные образы», поэтому и не требует от адресата рационального усилия; 3) решение не зависит от специальных знаний и знаний определенного контекста; 4) загадка – текст, который существует не сам по себе, а в совокупности с другими подобными текстами (Там же: 16–17).

С позиции этнолингвистики и лингвофольклористики рассматриваются загадки в работе А. А. Солдаевой. В качестве основополагающих характеристик при определении жанра загадки предлагаются следующие: 1) строго организованная композиция – дуальная организация загадки (левая и правая часть), предполагается наличие только одного правильного ответа; 2) наличие социальной функции – загадка является средством социализации при приобщении молодого поколения к культуре социума; 3) диалогичная форма; 4) наличие метаязыковой функции – загадка проверяет не знания и не логику, а владение языковым кодом определенного социума; 5) наличие как минимум двух активных исполнителей для реализации: «стимул» (описательная часть) – «реакция» (отгадка) (Солдаева 2018: 37–51).

Во всех процитированных работах исследователи загадок отмечают ритмическую организацию, собственную жанровую фразеологию и частую стихотворную форму русских загадок. Характеристики загадки как фольклорного жанра в общих чертах совпадают: большое внимание уделяется не только структурной организации, но и экстралингвистической составляющей.

Со времен Аристотеля основой для загадки считается метафора, а фоновые знания служат базой для составления описания объекта или явления, которое закодировано в тексте загадки. Универсальными фоновыми знаниями обладают большинство людей, а культурно-маркированные фоновые знания присущи представителям конкретного этноса, которые связаны между собой общей историей, обычаями, традиционным укладом жизни и духовными ценностями.

Метафора – понятие весьма сложное и многогранное, толкование которого зависит от концепции намеченного исследования и области применения данного явления. При изучении лексического состава языка метафора может быть истолкована как «особый тип взаимодействия значений отдельного слова или совокупности слов, при котором переносное значение актуализируется на фоне прямого, наличествующего в языковом сознании общающихся индивидов» (Которова 1982: 4).

В работе теоретического характера, а именно в области «логической грамматики», М. Блэк рассматривает понятие метафоры в трех концепциях: субституциональной, сравнительной и интеракционной. Придерживаясь последней концепции, ученый подчеркивает тот факт, что «метафоры взаимодействия» создают, а не выражают сходство и являются невосполнимыми, в отличие от метафор-субститутов, метафор-сравнений, которые могут быть заменены перифразой. Эффект метафорического использования слова с точки зрения интеракционной теории базируется не на знании его прямого значения, а на актуализации системы «общепринятых ассоциаций», которая может быть частично ошибочной или даже неверной. Однако автор не отрицает право на существование субституциональной и сравнительной теории метафоры, которые при своих недостатках могут быть более убедительными для описания некоторых примеров. Предлагается устранение противоречий «путем классификации метафор на случаи субституции, сравнения и взаимодействия» (Блэк 1990).

При описании народного творчества в настоящей статье будет использовано понимание метафоры, которое базируется «на образно-психологической специфической ассоциации, соединяющей представления и понятия о далеких, раздельно существующих предметах или явлениях» (Аникин 1981: 53).

В рамках данной работы невозможно представить кетские загадки во всем разнообразии подходов к описанию данного жанра и, с точки зрения теории метафоры, в полном объеме. Настоящее исследование претендует только на рассмотрение самых общих характеристик жанра «загадка» в кетском языке: структурно-композиционных особенностей, тематического разнообразия, употребления фигур речи (главным образом метафор) и синтаксической структуры предложения.

2. Кетские загадки: материал исследования

Кетские загадки как предмет исследования освещались в научной литературе только в публикации Е.А. Крейновича. В ней представлены 55 кетских загадок с переводом на русский язык, дана краткая справка или комментарии к отдельным из них. Материал был записан в п. Суломай (южнокетский диалект), информант Т. Г. Толстых (1889 г.р.) (Крейнович 1969).

Кетские загадки существовали только в устной форме; несмотря на наличие орфографии (с 30-х годов прошлого века на основе латиницы и с 80–90-х годов прошлого века на основе кириллицы) сами носители языка не использовали и не используют свой язык в письменном дискурсе. Фиксация загадок производилась исследователями посредством использования принятой на тот момент транскрипции.

Загадки, опубликованные Е. А. Крейновичем, представляют собой небольшой корпус – совокупность подобных друг другу текстов, схожих по формальным и функциональным признакам. Кетские загадки отвечают всем основным требованиям данного фольклорного жанра: язык загадки предлагает «неясные образы», а отгадка не требует от адресата рациональных усилий. Загадка лишь проверяет, владеет ли человек определенным языковым кодом[2]. Кетская загадка в этом отношении практически идеальный типичный представитель народной загадки.

---

2 За время написания статьи не удалось проверить языковой материал на носителях кетского языка, однако при апробации результатов данного исследования на конференции, где присутствовали представители других миноритарных этносов Сибири, угадать ответ на некоторые кетские загадки удалось именно им.

Композиция кетской загадки прототипична: она состоит из двух частей – описания и отгадки. Интересно отметить, что описательная часть загадки представлена исключительно повествовательными, в большинстве случаев простыми предложениями, которые характеризуются краткостью и лаконичностью.

Несмотря на то, что кетским загадкам не присуща ритмичность и стихотворная форма, в их структурной организации наблюдается определенная формульность. Е. А. Крейнович классифицировал загадки в «Кетском сборнике» по принципу зачина[3], под ним понимается первое слово, которое стоит в инициальной позиции в тексте загадки.

Треть исследуемых загадок начинаются с подлежащего, выраженного существительным, две трети – с обстоятельства места, выраженного в большинстве случаев существительным в локативном падеже, несколько загадок по своей структуре являются распространенными атрибутивными группами. Формульность кетских загадок характеризуется частотностью употребления в зачине определенных лексем: *hɨp*[4] 'сын', *hunʲ* 'дочь', *baŋ* 'земля', *itʲaq* 'стоянка', *dʲɛrʲ* 'озеро', *quk* 'Енисей', *lʲit* 'холм', *inʲ* 'два'.

Чуть больше одной четверти загадок имеют в зачине указание на антропоморфизмы, в большинстве случаев термины родства (*hɨp* 'сын', *hunʲ* 'дочь'). Таким образом в кетском фольклоре, а именно в загадках, отражается семья как культурный архетип.

3. Тематика кетских загадок

В древности загадка служила тайным языком, посредством которого шифровалась табуированная лексика[5] (Аникин 1957: 64, Сендерович 2008: 187). Со временем данная функция загадки утратила свою актуальность, однако удобная структура оказалась продуктивной для познания окружающего мира.

Как правило, тематика загадок охватывает реалии жизни и деятельности человека, близкие и привычные явления и предметы, с которыми он

---

3   Е. А. Крейнович использует этот термин, подразумевая первое слово в загадке.

4   Здесь и далее приводятся примеры на кетском языке в транскрипции Е. А. Крейновича, переведенные автором настоящей статьи в IPA.

5   В данной работе – это слой лексики, слова в котором сознательно заменяются условными названиями для умалчивания объектов и явлений, в силу религиозных и мистических установок.

сталкивается повседневно: окружающий мир, бытовые условия, род занятий, образ повседневной и духовной жизни.

В результате анализа кетских загадок было выделено 4 тематические группы: I) артефакты; II) шаманизм; III) природа; IV) части тела и физиологические процессы человека.

Самая большая по численности тематическая группа (26 загадок) – артефакты (группа I), в нее входят продукты деятельности человека, все, что человек создает для своего комфорта в жилище и для удобства при осуществлении своих основных занятий. Группа «артефакты» распадается на 4 подгруппы: 1) охота и рыбалка: *aslʲiŋ* 'лыжи', *sʲulʲaŋ lʲomn* 'поплавки', *sʲulʲdintʲaŋ* 'полозья нарты', *sʲulʲdbulʲtʲet quksin* 'части нарты', *unʲ* 'ножны', *qalʲɛnɛŋ* 'налоги'[6], *bogdom* 'ружье', *kutʲ* 'пояс'; 2) ремесло: *sirʲaŋoksʲ* 'мялка', *sʲuŋt* 'скобель', *'hittin* 'котелок для клея', *qɛdʲdutʲ* 'сверло', *a:j* 'кузнечный мех', *aʙatlʲ* 'наковальня', 'клещи'; 3) жилище: *ɛla* 'дверь', *'baŋGus sʲajɛraq* 'опорные столбы землянки', *qiŋ da'lin* 'швы на берестяных покрышках'[7], *tinʲgɛt* '(русская) печь', *qisʲnim kлtʲpatuj* 'колыбель, сделанная для детей русской женщины', *okosʲk* окошко; 4) утварь: *tin uɣaʙan* 'котел кипящий с одной стороны', *tin 'tлntar* 'ручка котла', *'tindog'dɛn* 'ручки/ушки котла'.

Кетское *kutʲ* 'пояс' вполне правомерно занимает место в первой подгруппе, он представляет собой скорее снаряжение для охоты или рыбалки, чем предмет одежды, так как за поясом носили нож, к поясу крепили мешочки для табака, у женщин за поясом были игольницы. Загадки про жилище (третья подгруппа) можно рассматривать как инновации, в них прослеживаются русские наименования и реалии, которые появились после освоения русскими территории Сибири.

Характерной чертой кетских загадок является наличие тематической группы «шаманизм» (группа II), в нее входят загадки, которые в иносказательной форме описывают шаманскую ритуальную атрибутику, а именно культовые вещи, принадлежащие шаману. Всего таких загадок 10, их тоже можно разделить на 3 небольшие подгруппы: 1) шаман: *'hatbulʲ* 'колотушка шамана', *ha:sʲ* шаманский бубен', *asqɛjaj/ asqajaj* 'сумка шамана'; 2) медведь: *qojda bisʲ* 'часть тела медведя (penis)', *qojda ogdɛn* 'уши медведя', *qojba:t* 'медведь'; 4) божества: *doʙraqim sʲuklʲam* 'задняя дощечка в нарте жены Дога' (1).

---

6   Гнёт для самолова (примечание автора данной статьи).

7   Имеются в виду покрышки чума.

(1) *es⁴'til⁴ tam-'aj 'qəqtaкut (doвraqim s⁴ukl⁴am).*

ēs-diɲal	tam-'aj	qəq-t-a-qut		doʁ-da	qīm	s⁴ukl⁴am
sky-abl.f	Some	stem-th-npst-be.in.position		Doch-3.poss.m	wife	backofasledge
небо-abl.f	что-то	stem-th-npst- показалось [торчит]		Дох-3.poss.m	жена	спинканарты

'С неба что-то показалось' (задняя дощечка в нарте жены Дога) (Крейнович 1969: 230).

В загадке (1) иносказательным является как описание природного явления, так и отгадка, что указывает на ее древнее происхождение. Носитель языка на момент записи не распознал значение, которое зашифровано в загадке. Предположительно речь идет о солнце, на это указывает миф о браке Доха (верховного шамана) и солнца. 'На небе показалась спинка нарты жены Доха' можно интерпретировать как 'солнце показалось', 'лучи солнца', 'заря'.

Тематическая группа природа (группа III) охватывает все наименования связанные с местом обитания человека: географический ландшафт, флора и фауна, всего таких загадок 11: 1) *ar⁴ as⁴in* 'птицы', *s⁴ʌn⁴'tal⁴* 'дятел', *tukol⁴a r⁴a bul⁴iɳ* 'ноги кедровки'; 2) река: *'baɲəs⁴* 'речной порог', *'aːnbakn* 'волны'; 3) осадки: *'bɛr⁴ata* 'снег идет', *tik* 'снег'; 4) дерево: *us⁴* 'береза'; 5) домашние животные: *tip⁴* 'собака'; 6) огонь: *saɳgan⁴iɳ* 'искры'.

Группа IV – части тела и физиологические процессы человека насчитывает всего 8 загадок: *d⁴ɛs⁴taɳ* 'глаза', *og⁴dɛn* 'уши', *'olndquksin / 'oliindquksin* 'ноздри', *itiɳ* 'зубы', *qʌl* 'большой палец', *baɲ dul⁴ɲat* 'плевать', *qassim dajɛtol⁴a* 'роды', *dɛs⁴tinavat* мочиться', *'anus*, *hʌq s⁴is⁴in* 'кучи кала'.

Следует отметить, что в загадках закодированы части тела человека, которые видны из-под одежды. Как и во многих культурах, части тела, скрытые под одеждой, относятся к табуированной лексике.

В целом тематика загадок от этноса к этносу варьируется, но сохраняет ядро основных тематических групп. Так в большинстве культур можно встретить тематические группы «люди и строение их тела», «одежда и украшения», «жилище», «внутреннее убранство», «домашнее хозяйство (утварь и посуда)», «мир животных», «земля и небо», «явления природы» (ср. удмуртские и русские загадки, Аникин 1957: 62–63). Специфическими будут группы загадок, отражающие образ жизни, место проживания, материальную и духовную культуру определенного народа. Для русского языка это будут тематические группы «двор, огород и сад», «на пасеке», «земледельческие работы», «в поле», для кетского языка – «снаряжение для охоты и рыбалки», «шаманизм».

4. Метафорический перенос в кетских загадках

Практически все кетские загадки из анализируемого источника характеризуются использованием метафор, которые можно классифицировать, используя метафорические модели. Определение метафоры, от которого мы отталкиваемся в данной работе (см. п. 1), как нельзя лучше подходит для описания народного творчества, а именно загадки. Сущность метафоры в данном случае базируется на образно-психологических ассоциациях, и, что важно для жанра загадки, они могут соединять представления о далеких и раздельно друг от друга существующих предметах и явлениях. Установление образно-психологических ассоциаций, перенос значения из описательной части загадки в сферу отгадки, создает метафору, которую можно описать, используя модели. Всего в исследуемом корпусе кетских загадок было обнаружено 26 метафорических моделей, ниже приводится описание наиболее продуктивных из них.

Продуктивной моделью в корпусе исследуемых загадок (9 единиц) оказалась следующая: {человек → предмет}: *iˈtaq kilʲqʌvat baːm dassadavat* 'На стоянке горбатая старуха прохаживается' [itˈaq kəˈl-qəbed báàm da-ˈassada-a-bet – стойбище кривой-спина старуха 3.f-хождение.верх.по.реке.(пешком)-prs-делать] → *sirʲaŋoksʲ* 'мялка'; *itaq inʲitiŋ baːm daˈassadavat* 'На стоянке двузубая старуха прохаживается' → *sʲuŋt* 'скобель' (Крейнович 1969: 228 – загадки №13, №14). В тестах загадок представлены разные виды скребков для обработки шкур: *sirʲaŋoksʲ* 'мялка' ассоциируется с горбатой старухой, так как данный скребок выглядит как изогнутая кривая палка. Другой *sʲuŋt* 'скребок' описывается в загадке как двузубая старуха; у этого приспособления имеется два лезвия (Которова / Нефёдов 2015: 358).

В пяти загадках были обнаружены метафорические модели {животное → предмет}: *hipʲtiɣ ˈhalʲoksuʁut.* 'Сын змеей обвит'. [hīb tìk hal-o-k-s-a-qut – сын змея bend-3sg.m.obj-th-npst-3sg.m.sbj-coref-быть.в.состоянии] → *kutʲ* 'пояс' (Крейнович 1969: 228 – загадка №5). Признак формы и внешнего вида служит основанием для метафорического переосмысления и в загадках, образованных по модели {животное → предмет}: пояс сравнивается со змеей, которая обвивается вокруг сына.

Четыре загадки строятся по модели {человек → природное явление}: *hunʲ ˈsitat ta ˈsiɣavi, ˈqontat ta ˈsiɣavi* 'Дочь ночь напролет постель скоблит, день напролет постель (оленью шкуру) скоблит' [huˈn sī-d āt da-siʔ-ɣ-a-b-i, qòŋ-d āt da-siʔ-ɣ-a-b-i – дочь ночь-3.inan.poss за 3.f.sbj-оленья.шкура-th-prs-inan.obj-скоблить, день-3.f.poss за 3.f.sbj-оленья.шкура-th-prs-inan.obj-скоблить] → *ˈbɛrʲata* 'снег идет' [beˈt-a-ta – снег.(хлопьями)-prs-STEM] (Крейнович 1969: 227 – №2). В группе загадок, модель {человек → природное явление}, метафорический перенос базируется на схожести действий, которые описаны в тексте загадки: скобление шкуры (из-под скребка падают остатки –

частички кожи, жир) – подобным образом белыми комьями идет снег. В этих случаях образование метафоры происходит через ассоциацию по сходству между предметно-вещественной сферой (описательная часть загадки) и сферой, переведенной в предметно-вещественную из другой области (отгадка) (см. загадки о явлениях природы в русском языке – Аникин 1981: 58).

Модель {предмет → части тела} реализуется в трех загадках: *taɣimtaŋ kʲɛt* 'Человек с белыми камнями' [takɨm təˀŋ keˀd – белый зубы\pl человек] → *itiŋ* 'зубы' (Крейнович 1969: 228 – загадка №19). Основой для метафорического переноса в группе загадок {предмет → части тела} является признак формы, внешнего облика. Однако в этой загадке метафоризация происходит еще и на основе признака цвета: белые камни – белые зубы. Так же как и в предыдущей группе, метафорический перенос в следующей загадке базируется на признаке формы и внешнего облика {предмет → животное}: *ulʲthʲjga bʲɛnʲ sʲalʲ donʲʲulʲvuʁut* 'В воде обоюдоострый нож мокнет' [ūl-d hɨjka bene saˀl doˀn ūl-b-u-qut – вода-3.inan.poss внутри оба лезвие нож вода-inan.obj-EP-быть.в. состоянии] → *kʲɛsʲ* 'налим' (Крейнович 1969: 229 – загадка №26).

Таким образом, в большинстве кетских загадок метафорический перенос осуществляется на основе схожести по форме и внешнему виду.

5. Структура предложения в загадке

Базовый порядок слов в кетском предложении – SOV. Однако в ситуации общения реализация коммуникативной стратегии нередко приводит к инверсии дополнения по отношению к сказуемому или сказуемого по отношению к дополнению. Реже встречается инверсия сказуемого относительно подлежащего. Изменение базового порядка слов встречается не только в текстах, собранных в начале 2000-х годов, но и в текстах, записанных А.П. Дульзоном и его учениками в середине ХХ века. Это связано с информационной структурой предложения и обусловлено коммуникативными факторами (Крюкова 2012: 57–58).

Структура предложения в кетских загадках не отличается разнообразием в том смысле, что текст загадки строится по определенным типам предложения. Все загадки по их структурной организации можно разделить на 4 группы: 1) распространенные атрибутивные конструкции (5 единиц); 2) простые предложения (39 единиц); 3) простые предложения, осложненные однородными сказуемыми (9 единиц); 4) сложносочиненные предложения (2 единицы).

Атрибутивные конструкции строятся по двум моделям. Первая модель – N_{poss} Adj N_0 (Крейнович 1969: 228, 229 – загадки №16, №34), где N_0 – имя, вершина атрибутивной конструкции, Nposs – имя существительное с притяжательным маркером и Adj – прилагательное (2):

(2) *baŋna ʌˈɣɨnᴶtu kᴶɛt. (ɛla)* 'Человек с земляными вшами. (дверь)' (Крейнович 1969: 228)

baˀŋ-na	ǝk-in-tu	keˀd	ella
земля-3.pl.anim.poss	вошь-pl attr	человек	дверь (чума)
Nposs	Adj	N$_0$	

Вторая модель – Nposs Adj N$_{attr}$ N$_0$ (Крейнович 1969: 228 – загадки №17, №18, №19), где N$_{attr}$ – имя существительное в функции атрибута (3):

(3) *baŋna taɣimtaŋ kᴶɛt. (itiŋ)* 'Человек с белыми земляными камнями. (зубы)' (Крейнович 1969: 228)

baˀŋ-na	takɨm	tǝˀŋ	keˀd	it-eŋ
земля3.pl.anim.poss	белый	камень\pl	человек	зуб-pl
Nposs	Adj	N$_{attr}$	N$_0$	

Подавляющее большинство предложений – 61% – простые: пять предложений с базовым порядком SOV (4) и 34 одноактантных предложений с порядком слов SV (5). В кетских загадках не прослеживается инверсии предиката и его ближайших актантов.

(4) *hɨv ɨnᴶhaˈlᴶisinˈbugbit (ogdɛn).* 'Сын два паруса несет. (уши)' (Крейнович 1969: 228)

hīb	īn	haˈles-n	bu-k-b-i-t	okde-n
сын	два	парус pl	3.m.sbj-TH-inan.obj-EP-нести	ухо-pl
S	O		V	

(5) *qolᴶap dᴶɛsᴶ kᴶɛt qa ˈdᴶɛsᴴij (bogdom).* 'Одноглазый человек очень кричит. (ружье)' (Крейнович 1969: 229)

qoleb	dēs	keˀd	qá	d-esij	bogdom
половина	глаз	человек	сильно	3.m-кричать	ружье
		S		V	

В большинстве одноактантных предложениях (27 единиц) обстоятельства места, выраженные наречиями или послеложными именными группами, выступают в качестве темы и занимают первую позицию в предложении (6):

(6) *dʲɛrʲqɨɣa ʲɛm da doʁun (asʲlʲɨŋ)*. 'На середину озера летяга села. (наклейка на лыжах для ног, изготовляется из бересты)' (Крейнович 1969: 228)

de'-d	kɨka	èm	da-t-o-qon	asl-en
озеро-3.f.poss	посередине	белка-летяга	3.f-TH-pst-кто-либо. приземляется	лыжа-pl
ADJUNCT[8]		S	V	

Простые предложения, осложненные однородными сказуемыми, могут характеризоваться полной редупликацией сказуемого (7):

(7) *hunʲ ʲsitat ʲdərʲen, ʲqontat ʲdərʲen (ʲbaŋasʲ)* Дочь ночь напролет плачет, день напролет плачет. (речной порог) (Крейнович 1969: 227)

hu'n	sī-d	āt	da-den	qòŋ-d	āt	da-den	baŋas
дочь	ночь-3.inan. poss	за	3.f.-плакать	день-3.inan.poss	за	3.f.-плакать	речной порог
S	ADJUNCT		V	ADJUNCT		V	

Как правило, в предложениях, подобных (7), редупликация сказуемого компенсируется за счет употребления однородных обстоятельств с противопоставленными значениями: *sitat* 'днем' – *qontat* 'ночью' (Крейнович 1969: 227), *uta* 'вверх по течению' – *tɨɣa* 'вниз по течению' (Там же: 227, 229), *qonoksʲ* 'утром', *bisʲ* 'вечером' (Там же: 230).

Что касается сложносочиненных предложений (2 единицы), то они состоят из двух простых предложений, порядок слов в которых, как и в исследуемых простых предложениях, не подвергается инверсии (8):

(8) *qaj qag dʲɛŋ ʲsɛnaj bulan, qaɣɨmis digʲdoʁon (qʌl)*. 'С горы пять человек спустились, пятый остался. (большой палец)' (Крейнович 1969: 230)

qa'j	qāk	de'ŋ	sennej-bu-l-a-n	qāk-am-ɨ-s	d-ikda-o-qon
hill	five	men\pl	sliding-3.m-pst-STEM-pl	five-3.inan.EP-nmz	3-down-pst-someone.stay
ADJUNCT	S		V	S	V

qə:l
большой палец

Обстоятельство места в предложении (8) логически выделяется и занимает инициальную позицию как носитель информации.

---

8   Adjunct – обстоятельство.

6. Выводы

Кетские загадки представляют собой ценный материал для исследования языка и культуры кетского этноса. Половина загадок по своей тематике касается предметов быта, ремесла и промысла, данная тематическая группа является самой большой, она охватывает 26 загадок. Отличительная черта кетских загадок – это наличие достаточно большой группы загадок с лексикой шаманизма. Видимо, эти загадки дошли до нас с достаточно древних времен. Метафорический перенос в кетских загадках реализуется в разнообразных моделях. В результате анализа было выявлено 26 таких моделей, загадки по ним распределяются неоднородно. Человек в кетской культуре является мерилом всего. Кеты не противопоставляют себя окружающему миру природы и миру созданных ими вещей. Это можно проследить по выделенным метафорическим моделям {человек → предмет}, {человек → природное явление}, {предмет → части тела}, {человек → части тела человека}, {человек → дерево}, {человек → отходы жизнедеятельности организма}, {внутренние органы → предмет}, {дерево → части тела человека}, {явление природы → физиологический процесс у человека}, {предмет → физиологический процесс у человека}. Синтаксическая структура кетских загадок, в противовес разнообразию метафорических моделей, отличается однотипностью. Базовый порядок слов SOV сохраняется во всех загадках, инверсия предиката и его основных актантов не допускается. 48 предложений являются простыми, 9 из них осложнены однородными сказуемыми (модели SV, V / SOV, V / V, V), пять из них двухактантные предложения (модель SOV), 34 – одноактантные (модель SV). Среди исследуемых загадок встретилось только два сложносочиненных предложения (модели SV, SV / V, V). Кроме того, пять загадок представляют собой распространенные атрибутивные конструкции с вершиной – именем существительным, распространенные прилагательными и существительными в атрибутивной функции.

В цель исследования не входило сравнение общих и специфических характеристик кетских загадок по отношению к загадкам из других языков, но уже на этом этапе можно сопоставить некоторые жанровые характеристики кетских и русских загадок.

Экстралингвистические характеристики в них схожи: народные загадки[9] скорее запутывают адресата, и преподносят своеобразный урок с тем,

---

9 Здесь, как и выше, данный термин используется для противопоставления народной загадки по отношению к литературной, логической и арифметической, т.к. последние имеют совершенно другие метаязыковые и социальные функции.

чтобы представитель определенного социума овладел языковым кодом. Первоначальный ритуал загадывания загадок, к сожалению, утерян как для кетского, так и для русского языка (см. о свидетельстве удмурта, который загадывал загадки, Аникин 1957: 63). Русские загадки бытуют как в устной, так и письменной форме в многочисленных сборниках загадок, которые характеризуются различной временной принадлежностью, тематикой, адресностью по отношению к потенциальному читателю. Кетские загадки, которые всегда хранились в народной памяти кетов в устной форме, в настоящее время не существуют в качестве «живого» фольклорного жанра. Зафиксированные различными исследователями, они представляют собой на настоящий момент, скорее всего, памятник кетского фольклора.

Композиционная структура загадки как в кетском, так и в русском языке достаточно консервативна. Загадки в обоих языках характеризуются двучастностью (описательная часть, с одной стороны, и отгадка – с другой). Описательная часть является по своей функции интеррогативной, а на структурном уровне в языке она может реализоваться в виде вопросительного или повествовательного предложения. В русском языке описательная часть загадки может быть сформулирована и в повествовательном, и в вопросительном предложении. Корпус кетских загадок, записанный Е. А. Крейновичем, содержит загадки, составленными только в форме повествовательного предложения. Кроме того, русская загадка, в отличие от кетской, ритмична, может быть составлена в стихотворной форме. В кетской загадке это компенсируются краткой, лаконичной структурой и определенной формульностью, как в плане содержания – повторяющиеся речевые формулы (например, частотность употребления конкретных лексем), так и в плане выражения – однотипность синтаксических структур.

Список условных обозначений (глоссы): ? – расшифровка глоссы затруднена или вызывает вопросы; 3 = third person, третье лицо; abl = ablative, исходный падеж; attr = attributive, атрибутивный суффикс; dat = dative, дательный падеж; EP = epenthetic vowel/consonant, соединительный гласный/согласный; f = feminine, женский род; inan = inanimate, неодушевленный; loc = locative, местный падеж; m = masculine, мужской род; npst = non-past, непрошедшее; obj = object, объект; part = verbal particle, глагольная частица; pst = past, прошедшее время; prs = present tense, настоящее время; pl = plural, множественное число; poss = possessive, посессивный маркер; sbj = subject, субъект; sg = singular, единственное число; stem = (a part of) lexical stem with opaque semantics, часть составной основы или основа с непрозрачным значением; TH = thematic consonant, тематический согласный (детерменатив).

Список литературы

Алексеенко, Е. А. 1970. Этнографические элементы в кетском фольклоре. В: Путилов, Б. Н. (ред.). Фольклор и этнография. Ленинград: Ленинградское отделение изд-ва «Наука», с. 43–50.

Алексеенко, Е. А. 1980. Кетская проблема. В: Гурвич, А. С. (ред.). Этногенез народов Севера. Москва: Наука, с. 118–140.

Аникин, В. П. 1957. Русские народные пословицы, поговорки, загадки и детский фольклор. Москва: Государственное учебно-педагогическое издательство Министерства просвещения РСФСР.

Аникин, В. П. 1981. Метафора в загадках. В: Аникин, В. П. / Кравцов Н. И. / Селиванов Ф. М. (ред.). Художественные средства русского народного поэтического творчества. Москва: Изд-во Московского университета, с. 53–66.

Блэк, М. 1990. Метафора. В: Артюнова Н. Д. / Журинская М. А. (ред.). Теория метафоры. Москва: Прогресс, с. 153–172.

Богораз, В. Г. 1927. Кастрен – исследователь палеоазиатов. – Памяти М. А. Кастрена. Ленинград: Изд. АН СССР.

Вернер Г.К. / Вернер И. Г. / Николаева Г. С. / Николаев Н. Е. 1982. О песнях современных сымских и имбатских кетов. В: Поротова, Т. И. (ред.). Сказки народов Сибирского Севера. Вып. IV. Томск: Изд-во Томского университета, с. 3–26.

Дульзон, А. П. 1962. Кетские сказки и другие тексты. В: Дульзон, А. П. (ред.). Ученые записки ТГПИ. Т. XX. Вып. 2. Томск: Изд-во Томского университета, с. 144–180.

Дульзон, А. П. 1964. Кетские сказки и другие тексты. В: Дульзон, А. П. (ред.). Сборник статей по вопросам языкознания и методике преподавания иностранных языков. Ученые записки. Т. XXI. Вып. 1. Томск: Изд-во Томского университета, 1964. с. 114–142.

Дульзон, А. П. 1965. Кетские сказки и другие тексты. В: Дульзон, А. П. (ред.). Ученые записки ТГПИ. Т. XXII. Томск: Изд-во Томского университета, с. 95–122.

Дульзон, А. П. 1966. Кетские сказки. Томск: Изд-во Томского университета.

Дульзон, А. П. 1972. Сказки народов Сибирского Севера. Вып. I. Томск: Изд-во Томского университета.

Иванов, Вяч. Вс. / Топоров В. Н. 1962. К вопросу о реконструкции кетского эпоса и его мифологических основ. В: Симпозиум по структурному изучению языковых систем. Москва: Изд-во АН СССР, с. 146–149.

Иванов, Вяч. Вс. 1982. Кетко-америндейские связи в области мифологии. В: Алексеенко, Е. А. (ред.). Кетский сборник. Антропология, этнография, мифология, лингвистика. Ленинград: «Наука» Ленинградское отделение, с. 132–143.

Которова, Е. Г. 1982. Метафорика в словаре и в тексте (сопоставительный анализ переносных значений в немецком и русском языках): автореф. дис. … канд. филол. наук. Москва: Изд-во Московского Университета.

Которова, Е. Г. / Поротова Т. И. 2001. Кетские фольклорные и бытовые тексты. Которова, Е. Г. / Поротова Т. И. (ред.). Томск: Томский государственный педагогический университет.

Которова, Е. Г. / Нефёдов, А. В. 2015. Большой словарь кетского языка. Которова, Е. Г. / Нефёдов, А. В. (ред.). Мюнхен: LINCOM, – Т.1.

Крейнович, Е. А. 1969. Медвежий праздник у кетов. Кетские загадки. Кетское предание об одном из их сражений с юраками. Обряд кормления «дорожной старухи» у кетов. В:

Иванов, Вяч. Вс. / Топоров, В. Н. / Успенский Б. А. (ред). Кетский сборник. Мифология, этнография, тексты. Москва: Главная редакция Восточной литературы, с.6–166, с. 227–230, с. 231–235, с. 236–242.

Крюкова, Е. А. 2012. Коммуникативная организация предложения в кетском языке: сравнительный аспект: на материале кетских фольклорных и бытовых текстов XX и XXI вв. Вестник Томского государственного педагогического университета. Серия: гуманитарные науки (филология). Выпуск 1 (116), с. 56–59.

Николаев, Р. В. 1985. Фольклор и вопросы этнической истории кетов. Красноярск: Красноярский гос. ун-т.

Николаев, Р. В. 1985а. Фольклор как источник по традиционным религиозным воззрениям кетов. В: Львова, Э. Л. (ред). Мировоззрение народов Западной Сибири по археологическим и этнографическим данным. Томск: Томский государственный университет, с. 103–105.

Сендерович, С. Я. 2008. Морфология загадки. Москва: Языки славянской культуры.

Солдаева, А. А. 2018 Интертекстуальность русской традиционной загадки: лингвистический аспект: дис. … канд. филол. наук. Москва.

Donner, K. 1955. Ketica. Materialien aus dem Ketischen oder Jenissei-ostjakischen, bearb. und hrsg. von Aulis J. Joki. vol. 108. Helsinki: Suomalaisen Kirjallisuuden Seuran Kirjapainon Oy.

Donner, K. 1958. Ketica II. Supplement. Bearb. und hrsg. von Aulis J. Joki. vol. 108, 2. Helsinki: Suomalaisen Kirjallisuuden Seuran Kirjapainon Oy.

Findeisen, H. 1941. Zwei ketische (jenisseiostjakische) Erzählungen von der Steinigen Tunguska (Westsibirien). In: Mitteilungen der Anthropologischen Gesellschaft in Wien. Bd. 71. S. 219–229.

Werner, H. 2006. Die Welt der Jenissejer im Lichte des Wortschatzes. Wiesbaden: Harrassowitz Verlag.

Marek Dolatowski (Zielona Góra)

Nominale Marker und syntaktische Exponenten im Alznerischen – eine diachrone Analyse

Abstract: "Nominal markers and syntactic exponents in the Halcnovian lect – a diachronic analysis". The Halcnovian lect, a former dialect of the Bielsko-Biała's language island, is today almost extinct. It has been used in Hałcnów until 1945 as one of the Silesian German dialects. It developed independently for about 500 years so that it has many proper features. In this paper, after a short description of the history of the village and a presentation of the linguistic situation there, the author describes the nominal markers and syntactic exponents (terms taken from the *Linguistisches Analysemodell* of Darski) from the synchronic as well as from the diachronic point of view. The diachronic reference level is the Middle High German as the last known historic state of evolution of the lect. The analysis confirms that there are many features inherited from that system, but the Halcnovian system is simpler than the Middle High German. Some morphological changes apply only to a part of the system. All that shows that the Halcnovian system is a system in change.

Keywords: *Halcnovian lect, German dialectology, nominal markers, nominal syntactic exponents, Linguistisches Analysemodell*

1. Alznerisch

Alznerisch wird im folgenden Beitrag als Lekt bezeichnet. Diese Zuordnung trägt der Tatsache Rechnung, dass die Frage, ob es sich hierbei um eine Sprache oder einen Dialekt handelt, umstritten ist.[1] Die Bezeichnung *Lekt* ist hingegen neutral und wird folgendermaßen verstanden:

> (…) some scholars feel the need for a more open-ended term which signifies any linguistic variety, whether defined by its geographical distribution or by its use by people from different social classes, castes, ages, genders, and so on. Lect is intended to cover all such varieties. (Campbell 2004: 217)

---

[1] Einerseits erfüllte Alznerisch von der Vorkriegszeit alle Bedingungen, die u. a. Patocka (vgl. 2014: 1) oder Bußmann (vgl. 2008: 131) in ihren Definitionen des Dialekts formuliert haben, andererseits wird es heute nicht regional gebraucht (als fast ausgestorben) und hat keinen unmittelbaren Kontakt zum Standarddeutschen.

Der Lekt hat sich in Hałcnów (dt. Alzen) entwickelt. Der heutige ost-nördliche Stadtviertel von Bielsko-Biała, bis 1977 ein selbstständiges Dorf, wurde Ende des 14. Jahrhunderts von deutschen Ansiedlern im Ergebnis der deutschen Ostsiedlung gegründet (vgl. Kominiak 2015: 19–21). Von Anfang an war es ein Teil der sogenannten Bielitz-Bialaer Sprachinsel, die im 13.–14. Jahrhundert entstand, nach der Ankunft neuer, polnischer Ansiedler, durch die sich das Gebiet vom deutsch-schlesischen Dialektkontinuum abtrennte (vgl. Panic 2010: 356–357).[2] Das Gebiet wurde hierdurch zweisprachig, auch in Alzen gab es zwei Bevölkerungsgruppen, eine deutsch- und eine polnischsprachige (z.B. im Jahre 1900 gaben ungefähr 2000 Alzner Deutsch als Muttersprache an, und etwa 600 Polnisch; vgl. Kuhn 1981: 330–336, 396; http://wiki-commons.genealogy.net/images/5/54/Oesterreich-12.djvu?djvuopts&page=19).[3]

Die Sprachinsel hat sich bis zum Jahre 1945 bewahrt, später fiel das Gebiet Polen zu, und seine meisten Bewohner sind nach Deutschland und Österreich ausgewandert (vgl. Kuhn 1981: 400–403, 483; Wurbs 1981: 67–68). In Alzen sind nur wenige Familien geblieben, die Polnisch beherrschten. Da aber Deutsch und seine Dialekte, somit auch Alznerisch (das als ein deutscher Dialekt empfunden wurde), nicht gesprochen werden durften und die ausgewanderten Alzner keinen Kontakt zueinander hatten, ist der Lekt fast ausgestorben (ähnlich war die Lage mit anderen schlesischen Lekten, z.B. dem Wilmesaurischen – vgl. Kryszczuk 1999: 57, 59; Wicherkiewicz 2003: 11–12). In der Klassifizierung der UNESCO wurde er als moribund eingeordnet (vgl. *Language … 2003: 8–16*). Heute sind weniger als zehn Informanten bekannt, die sowohl in Polen als auch in Deutschland leben.

Der Lekt wird seit Kurzem näher erforscht. Vor dem Zweiten Weltkrieg wurde ihm kaum wissenschaftliches Interesse geschenkt, bis auf einige landeskundliche Publikationen und Artikel (vgl. Łepkowski 1857, in: Kominiak 2015; Rzeszowski 1908; wenige alznerische Volkslieder in Bukowski 1860). Nach dem Krieg wurden in Deutschland drei Aufnahmen für DGD und ein Wenkerbogen gesammelt. In Polen hat man sich erst in den 90er Jahren mit dem Lekt zu befassen begonnen (z. B. Dejer 1999), und im Jahre 2012 wurde er in das Projekt *Dziedzictwo językowe Rzeczypospolitej. Baza dokumentacji języków zagrożonych* ("Spracherbe

---

2   Einige Forscher meinen, das Gebiet sei von Anfang an eine Sprachinsel gewesen (vgl. Chorąży/Chorąży/Panic 2010: 207–210, 214).

3   Gemeint sind hier wahrscheinlich keine Standardsprachen, sondern regionale Varianten oder Dialekte.

Polens. Dokumentationsbank bedrohter Sprachen") aufgenommen. In den Jahren 2012–2016 hat man über 50 Stunden Aufnahmen gesammelt, darunter etwa die Hälfte im Lekt. Eine Auswahl der Aufnahmen wurde anschließend linguistisch analysiert. Die Projektergebnisse sind unter der Adresse http://www.inne-jezyki. amu.edu.pl zugänglich.

Man kann mehrere Merkmale feststellen, die dem Alznerischen und der schlesischen Dialektgruppe gemeinsam sind (dazu s. Dolatowski 2015). Die verbale Morphologie war schon mehrmals Thema wissenschaftlicher Artikel (vgl. Dolatowski 2016a, 2016b). Bisher gibt es aber keine Abhandlungen zur nominalen Morphologie des Lekts.

2. Nominale Marker und syntaktische Exponenten im Alznerischen

Im Weiteren werden die Wortklassen des Alznerischen Lekts gemäß der Klassifikation von J. Darski (vgl. Darski 2004) eingeteilt. Von den sieben in Darskis *Linguistischem Analysemodell* genannten Wortklassen werden im folgenden Beitrag nur Substantive (nach Darski die Wortklasse 13), Adjektive (Wortklasse 15) und Artikelwörter (Wortklasse 14) berücksichtigt. Vor allem fokussiere ich nominale Marker und syntaktische Exponenten, da Flexionsstämme kaum Veränderungen erfahren.

2.1. Pluralmarker der Substantive

Im Alznerischen wurden zwei häufige Pluralmerkmale verzeichnet, *-a* und *-er*. Oft tritt auch der Nullpluralmarker auf, der mit und ohne Stammmodifikationen erscheint. Andere festgestellte Marker, d. h. *-e* und *-s*, kommen gelegentlich vor, wobei der letztere nur im Lexem *bonbons* (ein Pluralia tantum) entlehnt worden und nicht produktiv zu sein scheint.

Die Tabelle 1 stellte Singular- und Pluralformen einiger alznerischer Substantive.

Tabelle 1. Pluralmarker der Substantive

Pluralmarker	NOM.SG[4]	NOM.PL	deutsche Übersetzung
-a	fabrik[5]	fabrika	Fabrik
	klop	klopa	Mann, Bauer
	tseit	tseita	Zeit
	vox	voxa	Woche
-er	häus	häuzer	Haus
	klaht	klahder	Kleid
-s	*bonbon[6]	bonbons	Bonbon
-e	tahk	tahge/tahk	Tag
-	faht	faht	Pferd
	iü(h)r	iü(h)r	Jahr
	platsla	platsla	Kuchen, Küchlein (DIM)
- + Stamm-modifikation	füs	fis	Fuß
	hant	hent	Hand
	küh	kih/küh	Kuh
	vohter	vehter/vohter	Vater

Die Stammmodifikation in der letzten Gruppe fußt meistens auf dem früheren Umlaut. Der ihn hervorrufende Laut *i* ist nicht mehr vorhanden.[7] Die ursprünglichen Oppositionen wurden nach alznerischen Lautgesetzen modifiziert (z. B. mhd. SG *uo*: PL *üe* > alz. SG *ü*: PL *i*), wobei einige neutralisiert wurden (z. B. SG *müter*: PL *müter* ‚Mutter'). Nur wenige Oppositionen wurden nicht verändert, z. B. SG *hant*: PL *hent*, SG *apl*: PL *epl* ‚Apfel'.

Der Marker -*a* stammt aus dem früheren Marker -*en*. Diese Lautentwicklung wurde schon in der Verbmorphologie festgestellt und ist nicht nur für Alznerisch, sondern auch für Schlesisch typisch (vgl. Dolatowski 2016b: 30–31).

---

4   Zur Beschreibung grammatischer Kategorien stütze ich mich auf die Leipzig Glossing Rules – vgl. *The Leipzig* … 2008.

5   Die Verschriftung fußt auf dem deutschen Alphabet (im vokalischen Bereich) und auf den IPA-Regeln (im konsonantischen Bereich). Graphisch wiedergegeben wird die Auslautverhärtung, *h* kennzeichnet einen langen Vokal, *x* ist als [χ] zu lesen. Die genauen Regeln können auf der Projektinternetseite gefunden werden: http://inne-jezyki. amu.edu.pl/Editor/files/zapis_halcnowski-c2a07472-d8a3-4de8-b195-1b3a45008cf5. pdf. Beispiele aus den schriftlichen Quellen werden in Originalform wiedergegeben.

6   Der Asterisk deutet auf eine rekonstruierte Form hin.

7   Alle diachronischen Informationen fußen auf drei Quellen: Köbler 2014, Mettke 1983, Schmidt 2004.

Der Marker -e kann interferiert worden sein, da er nur in einem Flexionsparadigma (von *tahk*) vorkommt und es Nebenformen ohne diesen Pluralmarker gibt.

2.2. Kasusexponenten der Substantive

Im alznerischen System sind drei Kasus vorhanden: Nominativ, Dativ und Akkusativ. Überreste des Genitivs wurden nur in wenigen Flexionsparadigmen der Eigennamen verzeichnet, es ist aber nicht sicher, ob es sich dabei nicht um Interferenz mit dem Standarddeutschen handelt, da dieser Kasus nur in den Texten von Karl Olma (z. B. 1963, 1988), also dem in Deutschland lebenden, einzigen alznerischsprachigen Schriftsteller, vorkommt. Sonst wurde er durch Konstruktionen *fu* ‚von‘ + DAT ersetzt.

Die Kasusexponenten im substantivischen Paradigma sind im Lekt sehr selten. Eigentlich kann man sie in zwei Situationen verzeichnen:[8]

A) einige Substantive der alten n-Deklination weisen den aus -*en* entwickelten Exponenten -*a* auf, z. B. *Gro(h)fa* ‚Graf-DAT.SG.M‘, *Mjäza* ‚März-DAT.SG.M‘, (beides bei Olma), *Fjeschta* ‚Fürst-DAT.SG.M‘ (in einem Volkslied) sowie *maia* ‚Mai-DAT.SG.M‘ (der einzige Beleg in Aufnahmen); die meisten ehemaligen *n*-Substantive werden aber nicht gebeugt;

B) in wenigen Wortformen ist der alte DAT.PL-Exponent -*(e)n* als -*a* (seltener -*n*) erhalten geblieben, man vergleiche folgende Paare Nominativ-Dativ (beides im Plural): *alder*: *aldern* ‚Eltern‘, *Däutsch(e)*: *Däutscha* ‚Deutsche‘, *faht*: *fahda* ‚Pferd‘, *iü(h)r*: *iüh(r)n* ‚Jahr‘, *k(e)inder*: *k(e)inde(r)n* ‚Kind‘, *läut*: *läuta* ‚Leute‘ (alle Beispiele von Aufnahmen), *Aier*: *Aien* ‚Ei‘, *Hund*: *Hunda* ‚Hund‘ (beide Beispiele bei Olma); zu beachten ist aber, dass zu fast allen genannten Nomina auch Dativ-Nebenformen gefunden wurden, die den Nominativformen gleich sind.

Daraus ist zu schlussfolgern, dass die Kasusbeugung der Substantive im Schwinden begriffen ist. Paradigmen der Substantive werden vereinfacht, und die Kasus werden nicht mehr am Substantiv selbst markiert. Die Funktion, Kasus zu markieren, übernehmen im Alznerischen andere Wortformen, die mit dem Substantiv paradigmatische potenzielle Minimaläußerungen bilden, also Artikel und Adjektive. Das bedeutet, dass die nominale Morphologie zum analytischen Bau neigt.

---

8   Abgesehen von substantivisch gebrauchten Adjektiven.

2.3. Exponenten der Adjektive

Alznerische Adjektive, die attributiv immer vor dem Nomen stehen, können zwei Exponentensätze annehmen, je nachdem, ob grammatische Kategorien einer paradigmatischen potenziellen Minimaläußerung am Artikelwort abzulesen sind oder nicht. Im ersten Fall werden undeterminierende Exponenten gebraucht, die auch als stark oder pronominal-nominal bezeichnet werden können, im letzteren die determinierenden Exponenten, auch schwach oder nominal genannt. Beide Sätze stellt die Tabelle 2 dar. Der Stamm selbst unterliegt keinen Veränderungen.

Tabelle 2. Syntaktische Exponenten der alznerischen Adjektive

	stark (pronominal-nominal)			schwach (nominal)		
	NOM	DAT	ACC	NOM	DAT	ACC
SG.M	-er	-em	-a	-e	-a	-a
SG.F	-e	-er	-e	-e	-a	-e
SG.N	-es^{9}	-em	-e(s)	-e	-a	-e
PL	-e	-a	-e	-a, -e	-a	-a

Alle Exponenten setzen ihre mittelhochdeutschen Entsprechungen fort, die die Tabelle 3 darstellt.

Tabelle 3. Syntaktische Exponenten der mittelhochdeutschen Adjektive

	stark (pronominal-nominal)				schwach (nominal)			
	NOM	GEN	DAT	ACC	NOM	GEN	DAT	ACC
SG.M	-er, -	-es	-em(e)	-en	-e	-(e)n	-(e)n	-(e)n
SG.F	-iu, -	-er(e)	-er(e)	-e	-e	-(e)n	-(e)n	-(e)n
SG.N	-eʒ, -	-es	-em(e)	-eʒ, -	-e	-(e)n	-(e)n	-e
PL.M	-e	-er(e)	-en	-e	-(e)n	-(e)n	-(e)n	-(e)n
PL.F	-e	-er(e)	-en	-e	-(e)n	-(e)n	-(e)n	-(e)n
PL.N	-iu	-er(e)	-en	-iu	-(e)n	-(e)n	-(e)n	-(e)n

Die zwei wichtigsten Unterschiede sind systemisch – es fehlt der Genitiv, und die Unterscheidung der Genera im Plural wurde neutralisiert. Die Exponenten selbst haben sich gemäß der alznerischen Lautgesetze gering entwickelt, d. h.

---

9   In NOM/ACC.SG.N kann der Exponent ausbleiben, wenn das Adjektiv auf -s ausgeht, z. B. *a schnejwäjß hämdla* ‚ein schneeweißes Hemd (DIM)‘, aber *a sißes go(h)schla* ‚ein süßer Mund (DIM)‘ (beides bei Olma).

mhd. *-en* > alz. *-a*. Das auslautende *-e* im Dativ ist entfallen, aufgegeben wurde der Nullexponent im Nominativ aller Genera und im Akkusativ Neutrum. Sonst sind keine Veränderungen zu verzeichnen.

2.4. Steigerungssuffixe der Adjektive

Zur Bildung der Komparativ- und Superlativformen dienen Suffixe *-er* und *-est*. Sie setzen direkt mittelhochdeutsche Suffixe *-er(e)*, *-(e)ste* fort, die sich aus ahd. *-iro/-isto*, *-ōro/-ōsto* entwickelt haben. Obwohl beide Sätze schon im Mittelhochdeutschen zu einem wurden, können im Alznerischen wenige Spuren der alten Einteilung gefunden werden. Die Suffixe *-iro/-isto* haben den adjektivischen Stammvokal umgelautet, so dass heute die Positiv- einerseits und die Komparativ- und Superlativformen andererseits verschiedene Stammvokale aufweisen können, z. B. (Paare Positiv: Komparativ): *iunk: iünger* ‚jung‘, *gru(h)s: grü(h)ser* ‚groß‘, *alt: elder* (neben *alder*) ‚alt‘, *nah: neier* ‚nah‘, *ho(h)ch: heier* ‚hoch‘. Da aber der Stammvokal im Alznerischen oft auch im Positiv umgelautet wurde (wegen der internen alznerischen Lautgesetze), kann in einigen Stellen der Unterschied nicht festgestellt werden, z. B. *läut: läuter* ‚laut‘. In vielen Fällen wurde die genannte Opposition neutralisiert, z. B. *schtuork: schtuorker* (auch: *schterker*) ‚stark‘, *uo(r)m: uo(r)mer* ‚arm‘, *vuo(r)m: vuo(r)mer* ‚warm‘.

2.5. Artikelwörter – bestimmter und unbestimmter Artikel sowie Possessivum

In einer paradigmatischen potenziellen Äußerung (vgl. Darski, op.cit.) steht vor dem Substantiv und dem eventuellen Adjektiv meist ein Artikelwort – darunter werden u.a. der bestimmte Artikel, der unbestimmte Artikel und das Possessivpronomen verstanden. Sie werden nach Kasus, Numerus und teilweise nach Genus gebeugt, das Possessivum auch nach Person.

Die Beugung des bestimmten Artikels wurde in der Tabelle 4 dargestellt. Als Stamm kann *d-* angesehen werden, daran werden Exponenten angehängt. Zu beachten ist, dass der Artikel mit der vorangehenden Wortform, meistens einer Präposition, kontrahiert werden kann. Nach einigen Präpositionen wird das anlautende *d-* ausgelassen, z.B. nach *met* ‚mit‘, *uf* ‚auf‘, *äus* ‚aus‘.

Diachronisch gesehen lassen sich wenige Veränderungen feststellen. Die wichtigsten sind die Hebung mhd. *a* > alz. *o(:)* im Neutrum sowie die Senkung mhd. *e* > alz. *a* in mehreren Formen. Die Entstehung der Form *a* kann zweifach dargestellt werden: Entweder als *den* > *da* > *a* oder als *den* > *en* > *a*. Wegen fehlender Belege sind beide Vorschläge gleich wahrscheinlich, keiner lässt sich aber verifizieren.[10]

Tabelle 4. Bestimmter Artikel im Alznerischen

	SG.M	SG.F	SG.N	PL
NOM	der, de, dar	de	do(h)s, ,s	de, di
DAT	dam, dem, -(e)m, ,em	der, dar, ,er, -r	dam, dem, -(e)m, ,em	den, -n
ACC	den, a, -(e)n	de	do(h)s, -s, ,s	de, di

Tabelle 5. Bestimmter Artikel (Demonstrativum) im Mittelhochdeutschen

	SG.M	SG.F	SG.N	PL.M	PL.F	PL.N
NOM	dër, dê	die, diu	daʒ	die	die	diu
DAT	dëm(e)	dër(e)	dëm(e)	dën		
ACC	dën	die	daʒ	die	die	diu

Das Paradigma des unbestimmten Artikels (s. Tabelle 6) verfügt zwar über fünf verschiedene Formen, meistens wird aber nur eine gebraucht, und zwar *a*. Alle anderen sind seltener und kommen unregelmäßig vor.

Im Vergleich zum mittelhochdeutschen Paradigma lassen sich weitgehende Vereinfachungen der Wortformen verzeichnen. Der Stamm *ein-* hat sich zu *a(i)* entwickelt. Exponenten im Nominativ wurden aufgegeben, ebenso der Exponent *-eʒ* im ACC.SG.N.

Tabelle 6. Unbestimmter Artikel im Alznerischen

	SG.M	SG.F	SG.N
NOM	a, ai	a, ai	a, ai
DAT	a, am	a, (ar)	a
ACC	a, ain	a, ai	a, ai

---

10 Die Wortform mit *a* wurde schon von Weinhold (1853: 138) im Schlesischen verzeichnet.

Tabelle 7. Unbestimmter Artikel (Kardinalzahl 1) im Mittelhochdeutschen

	SG.M	SG.F	SG.N
NOM	einer	einiu	einez
DAT	einem(e)	einer(e)	einem(e)
ACC	einen	eine	einez

Das Possessivum wird im Alznerischen kaum gebeugt. Die Tabelle 8 stellt Grundformen je nach Person, Numerus und Genus dar. Im Vergleich zum mittelhochdeutschen Stand (Tabelle 9) ist vor allem die Diphthongierung im Singular zu bemerken. In der dritten Person Singular Femininum kommt selten auch die maskuline/neutrale Form *zei* vor, die teilweise mit dem polnischen Einfluss erklärt werden kann: Der Ersatz wurde nämlich nur in den Aufnahmen festgestellt, die bei den in Polen lebenden Alznern eingespielt wurden.

Tabelle 8. Possessivpronomen im Alznerischen – Flexionsstämme

	1SG	2SG	3SG.M	3SG.F	3SG.N	1PL	2PL	3PL
SG	mei, mai	dei	zei	ihr, (zei)	zei	ünzer	äu(e)r	ihr
PL	mei, mai	dei	zei	ihr, (zei)	zei	ünzer(e)	äu(e)r(e)	ihr(e)

Tabelle 9. Possessivpronomen im Mittelhochdeutschen – Flexionsstämme

1SG	2SG	3SG.M	3SG.F	3SG.N	1PL	2PL	3PL
mîn	dîn	sîn	ir	sîn	unser	iuwer	ir

Die syntaktischen Exponenten, die im Paradigma des Possessivums gefunden wurden (s. Tabelle 10), stimmen mit denen im Paradigma des bestimmten Artikels überein. Zu betonen ist aber, dass am häufigsten ungebeugte Formen vorkommen, bis auf DAT.SG.M/N, ACC.SG.M und DAT.PL. Im Nominativ und Akkusativ (sowohl Singular als auch Plural) treten fast ausschließlich die ungebeugten Formen auf. Im Nominativ werden also ungebeugte mittelhochdeutsche Formen fortgesetzt. Im Dativ wird der Flexionsstamm verkürzt (das auslautende *-i-* entfällt), daran werden die vom Mittelhochdeutschen vererbten Exponenten angehängt (es gibt aber auch undeklinierte Nebenformen). Dasselbe betrifft die Form ACC.SG.M.

Tabelle 10. Possessivpronomen im Alznerischen – syntaktische Exponenten

	SG.M	SG.F	SG.N	PL
NOM	mei; ünzer	mei; ünzer	mei; ünzer	mei; ünzer(e)
DAT	mem, mei; ünzem	mei, mer; ünzer	mem, mei; ünzem	me(i)n; ünze(r)n
ACC	men, mei; ünze(r)n	mei; ünzer	mei; ünzer	mei; ünzer(e)

Tabelle 11. Possessivpronomen im Alznerischen – syntaktische Exponenten

	SG.M	SG.F	SG.N	PL.M	PL.F	PL.N
NOM	mîner, mîn[11]	mîniu, mîne, mîn	mîneʒ, mîn	mîne	mîne	mîniu
DAT	mînem(e)	mîner(e)	mînem(e)	mînen		
ACC	mînen	mîne	mîneʒ, mîn	mîne	mîne	mîniu

3. Zusammenfassung

Wenn man die Entwicklung nominaler Marker und Exponenten im Alznerischen analysiert, fallen zwei Tatsachen auf. Einerseits wurden die meisten alten syntaktischen Exponenten beibehalten, vor allem in Deklinationsparadigmen der Adjektive und der Artikelwörter. Andererseits wurden fast alle Pluralmarker der Nomina aufgegeben, was darauf zurückgeführt werden kann, dass die substantivischen Paradigmen fast keine Exponenten vererbt haben. Die Substantive werden also kaum gebeugt, und die Informationen über einzelne grammatische Kategorien werden an Artikel und Adjektive übertragen, also an andere, gemeinsam eine potenzielle paradigmatische Minimaläußerung bildende Wortformen. Daraus ist zu schlussfolgern, dass sich das alznerische System, mindestens im nominalen Bereich, vom synthetischen zum analytischen verwandelt. Zwar ist die Deklination noch vorhanden, aber sie wird auf größere Wortformengruppen übertragen, sodass die jeweiligen Wortformen entweder grammatische oder semantische Informationen enthalten. Der Prozess ist nicht vollendet, deswegen scheinen u.a. Adjektive gleichzeitig beiden Gruppen anzugehören. Da der Lekt nicht mehr aktiv gebraucht wird, ist eine weitere Entwicklung seiner Sprachformen nicht möglich. Der hier untersuchte, in Aufnahmen und schriftlichen Quellen bewahrte Zustand ist also der Endzustand und zugleich ein Zustand im Wandel.

---

11 Im Mittelhochdeutschen werden die Possessivpronomina nach dem sogenannten starken Adjektivmuster gebeugt.

Literaturverzeichnis

Bukowski, Jacob. 1860. *Gedichte in der Mundart der deutschen schlesisch-galizischen Gränzbewohner, resp. von Bielitz-Biala.* Bielitz: Verlag von Ludwig Zamarski.

Bußmann, Hadumod (Hrsg.). 2008. *Lexikon der Sprachwissenschaft.* Stuttgart: Kröner.

Campbell, Lyle. 2004. *Historical linguistics: an introduction.* Edinburgh: Edinburgh University Press.

Chorąży, Bożena / Chorąży, Bogusław / Panic, Idzi. 2010. Zaplecze osadnicze Bielska. In: Panic, Idzi (Hg.). *Bielsko-Biała. Monografia miasta. Tom I: Bielsko od zarania do wybuchu wojen śląskich (1740).* Bielsko-Biała: Wydział Kultury i Sztuki Urzędu Miejskiego w Bielsku-Białej, S. 205–222.

Darski, Józef. 2004. *Linguistisches Analysemodell. Definitionen grundlegender grammatischer Begriffe. 2., völlig neu bearbeitete und ergänzte Auflage.* Poznań: Wydawnictwo Naukowe UAM.

Dejer, Barbara. 1999. *Zur Geschichte und Gegenwart der Sprachinsel Alzen bei Bielitz-Biala.* Opole: Uniwersytet Opolski. Unveröffentlichte Magisterarbeit.

Dolatowski, Marek. 2015. Pochodzenie etnolektu hałcnowskiego w świetle fonetyki i fonologii historycznej. In: Lipiński, Dawid / Witczak, Krzysztof Tomasz (Hg.). *Badania diachroniczne w Polsce. Pamięci Profesora Witolda Stefańskiego (1953–2013).* Łódź: Wydawnictwo Uniwersytetu Łódzkiego, S. 25–40.

Dolatowski, Marek. 2016a. Ablaut w etnolekcie hałcnowskim. In: Bojar, Bożenna (Hg.. *Perfectum. Badania diachroniczne w Polsce III.* Warszawa: Katedra Hungarystyki Uniwersytetu Warszawskiego, S. 105–118.

Dolatowski, Marek. 2016b. Alznerisches Verb aus synchroner Sicht. In: Weigt, Zenon (Hg.). *Die deutsche Sprache in vielfältigen Forschungsparadigmen. Beiträge polnischer Doktoranden anlässlich der 9. Linguistischen Tagung-Łódź.* Łódź: Wydawnictwo Uniwersytetu Łódzkiego, S. 27–41.

Köbler, Gerhard. 2014. *Mittelhochdeutsches Wörterbuch.* Online-Version zugänglich unter: http://www.koeblergerhard.de/mhdwbhin.html.

Kominiak, Wojciech. 2015. *Hałcnów od A do Z. Szkice z historii i współczesności.* Bielsko-Biała: Quest sp. z o.o.

Kryszczuk, Grażyna. 1999. *Świadomość językowa i kompetencja komunikacyjna Niemców na Dolnym Śląsku.* Lublin: Wydawnictwo Uniwersytetu Marii Curie-Skłodowskiej.

Kuhn, Walter. 1981. *Geschichte der deutschen Sprachinsel Bielitz (Schlesien).* Würzburg: Holzner Verlag.

Language Vitality and Endangerment. 2003. Paris. PDF-Version heruntergeladen von: http://www.unesco.org/culture/ich/doc/src/00120-EN.pdf [Zugang: 15.06.2014].

Mettke, Heinz. 1983. *Mittelhochdeutsche Grammatik*. Leipzig: VEB Bibliographisches Institut Leipzig.

Olma, Karl (Pseudonym: Zöllner, Michael). 1963. *Pflüger im Nebel. Das Schicksal eines beskidenländischen Bauerngeschlechts. Roman aus den Jahren 1938 bis 1958*, Augsburg: Oberschlesischer Heimatverlag.

Olma, Karl (Pseudonym: Zöllner, Michael). 1988. *Alza. Wu de Putter wuor gesalza. Gedichte und Lieder einer untergehenden Mundart*, Dülmen: Oberschlesischer Heimatverlag.

Panic, Idzi. 2010. Zaplecze osadnicze Bielska. In: Panic, Idzi (Hg.). *Bielsko-Biała. Monografia miasta. Tom I: Bielsko od zarania do wybuchu wojen śląskich (1740)*. Bielsko-Biała: Wydział Kultury i Sztuki Urzędu Miejskiego w Bielsku-Białej, S. 341–358.

Patocka, Franz. 2014. *Dialektologie des Deutschen – Methoden und Sprachräume*. Wien. PDF-Version heruntergeladen von: http://www.univie.ac.at/iggerm/files/mitschriften/ws14_15/VO%20Dialektologie2-Patocka-WiSe2014.pdf [Zugang: 11.02.2016].

Rzeszowski, Leo. 1908. Die deutschen Kolonien an der Westgrenze Galiziens. In: *Zeitschrift für österreichische Volkskunde. Organ des Vereines für österreichische Volkskunde in Wien*. XIV: Jahrgang 1908. Wien: Verlag des Vereines für österreichische Volkskunde, S. 178–199. PDF-Version heruntergeladen von: http://volkskundemuseum.at/jart/prj3/volkskundemuseum/data/uploads/downloads/OeZV_Volltexte/ZOEV_1908.pdf [Zugang: 19.12.2014].

Schmidt, Wilhelm. 2004. *Geschichte der deutschen Sprache*. Stuttgart: S. Hirzel Verlag.

The Leipzig Glossing Rules. Conventions for interlinear morpheme-by-morpheme glosses. 2008. PDF-Version, heruntergeladen von: http://www.eva.mpg.de/lingua/pdf/LGR08.02.05.pdf [Zugang: 07.01.2013].

Weinhold, Karl. 1853. *Ueber deutsche Dialectforschung. Die Laut- und Wortbildung und die Formen der schlesischen Mundart. Mit Rücksicht auf verwantes in deutschen Dialecten*. Wien: Verlag von Carl Gerold und Sohn.

Wicherkiewicz, Tomasz. 2003. *The Making of a Language. The case of the idiom of Wilamowice, Southern Poland*. Berlin / New York: Mouton de Gruyter.

Wurbs, Gerhard. 1981. *Die deutsche Sprachinsel Bielitz-Biala. Eine Chronik*. Wien: Schutzverein „Österr. Landsmannschaft".

http://wiki-commons.genealogy.net/images/5/54/Oesterreich-12.djvu?djvuopts&page=19 [Zugang: 25.11.2012].

http://inne-jezyki.amu.edu.pl/Editor/files/zapis_halcnowski-c2a07472-d8a3-4de8-b195-1b3a45008cf5.pdf [Zugang: 28.09.2018].

http://www.inne-jezyki.amu.edu.pl.

Piotr Bartelik (Zielona Góra)

Zmiany językowe i kontakty językowe a system i norma (na przykładzie języka kaszubskiego)

Abstract: Language change, language contact and the system and linguistic norm in Kashubian: This paper discusses certain contact-induced grammaticalization processes in the Kashubian verb inflection on the wide background of language change and language contact theory. Moreover, this contribution should refer to various normative change processes in contemporary Kashubian, which are generally still unstable and which have modified a part of the analysed constructions. The contact-induced gramaticalization of particular analytic Kashubian constructions with the verbs *miec* or *bёc* can be seen on the one site as a prime example of the inhomogeneous process of areal pattern replication (here interpreted as marginalization), which can also validate the "half open door" contact language thesis of Abraham. On the other site it co-occur with other autonomic change processes, most of them are above all normative tendencies, which have transformed the described forms accordingly to the indigenous system restrictions.

Keywords: contact-induced language change, grammaticalization, marginalization, standardization of Kashubian

1. Cele pracy, jej kontekst i analizowany materiał

W niniejszym artykule podjęta zostanie próba przedstawienia zmian językowych w zakresie fleksji czasownika, głównie o charakterze gramatykalizacji, w języku kaszubskim na tle szeroko rozumianej teorii kontaktów językowych. Na podstawie tego samego materiału językowego można, moim zdaniem, zbadać zależności filogenetycznych zmian systemowych i procesów kształtujących normę współczesnej kaszubszczyzny literackiej. Nawiązując do moich wcześniejszych badań łączących gramatykalizację z innymi procesami rozwojowymi (Bartelik 2017a) chciałbym ukazać kaszubskie procesy zmian językowych, zarówno te o charakterze autonomicznym, jak i te wynikające z kontaktów językowych w szerokim kontekście uniwersalistycznych teorii obu fenomenów. Może to pozwolić na pewne zrelatywizowanie kontekstu, w którym rozpatrywałem wcześniej analizowane tu formy (por. „konkurencja obcych i rodzimych wzorców tworzenia może zostać „rozwiązana" na korzyść konstrukcji genetycznie obcej, jeśli czynniki te [kontakt językowy, P.B.] są wystarczająco silne i są w stanie powodować neutralizację rodzimych restrykcji gramatycznych" Bartelik 2017a: 25). Ponadto warto podjąć próbę powiązania i opisu różnorodnych procesów zmian systemowych z preskryptywnymi procesami normatywnymi, które bardzo dobrze obserwować można w kształtującej się (czy też intencjonalnie kształtowanej) postaci normy standardowej kaszubszczyzny. Kaszubski system temporalny może służyć jako doskonały przykład ilustrujący charakter, czas trwania i proweniencję zachodzących w nim istotnych i silnie zróżnicowanych zmian językowych. Jego specyficzne ukształtowanie pozwala na wskazanie kontynuantów form pochodzenia (pra)słowiańskiego i nawiązujących do nich konstrukcji stanowiących wynik autonomicznego rozwoju, które współistnieją w ramach jednej kategorii gramatycznej z konstrukcjami o wysoce prawdopodobnej obcej proweniencji. Ilustruje to choćby opozycja archaicznych form słowiańskich typu *jô jem bёł* i autonomicznie kaszubskiej innowacji w postaci syntetycznego typu *jô bёł* wobec dość specyficznych w kontekście słowiańskim i wynikających z kontaktów językowych (por. Bartelik 2015b: 217–228) konstrukcji *jô môm bёté*, które stanowią najprawdopodobniej autonomicznie kaszubską modyfikację prymarnych form całkowicie zbieżnych z (zapożyczonymi) niemieckimi wzorcami.

Sytuacja standardowej kaszubszczyzny jako języka, którego „literacka" forma wciąż podlega procesom normatywnym o różnym tle i kierunkach (podam tu tylko opracowania syntetyczne: Treder\Breza 2000; Treder 2001, gdzie dalsza bogata literatura), również w odniesieniu do preferencji pewnych form temporalnych, dobrze ilustruje zależności i konteksty autonomicznie systemowych tendencji rozwojowych i będących wynikami różnorodnie uwarunkowanego wyboru danego wariantu procesów normatywnych. Ponadto stanowić może interesujący punkt odniesienia w szerszych badaniach lingwistycznych tzw. „mikrojęzyków" i języków zagrożonych (por. podobne wyzwania w języku ket omawia Kotorova 2016a, Kotorova 2016b). W odniesieniu do analizowanego tu kaszubskiego materiału językowego[1] chciałbym to przybliżyć na przykładzie dwóch tendencji. Pierwsza z nich obejmuje użycie i wybór spośród dwóch synonimicznych i wariantywnych form (analityczny typ (*jô*) *jem bёł* wobec jego zsyntetyzowanej postaci *jô bёł*), druga zaś dotyczy „dyktowanych" preskryptywnie preferencji sekundarnych diachronicznie form typu *jô môm bёté* w opozycji do prymarnie poświadczonych wariantów typu *jô jem beté*.

---

1   Analizie poddano tu korpus wyekscerpowany z tekstów kaszubskich zamieszczonych w elektronicznych wydaniach miesięcznika „Pomerania" i dodatku „Stegna" z lat 2012–2017. W nawiasach kwadratowych po skrócie POM lub STEGNA podaje się rok wydania, cyfrą rzymską i miesiąc znajdujący się przed numerem strony.

2. Gramatykalizacja w kontekście teorii zmian i kontaktów językowych

Zarówno fenomeny zmian, jak i kontaktów językowych opisywane są we współczesnym językoznawstwie[2] często na podstawie fundamentalnych dychotomii, których części są powiązane ze sobą zróżnicowanymi korelacjami (por. Kotin 2016; Matras 2011b). Zmiany językowe opisywane mogą więc być zarówno na podstawie dychotomii kauzalistyczno-finalistycznej, jak i równie odmiennego ich opisu jako procesów „dyskretnych" czy „atomowych" (por. Kotin 2013). Szczególnie relewantne, zwłaszcza w odniesieniu do celów analizy tego artykułu, są jednak teorie zmian dotyczące ich uwarunkowań, ściślej źródła (zmiany „wewnętrzne" i „zewnętrzne") i czasu ich trwania (powiązanego ostatnio z kryterium ich „znakowości", por. zmiany krótko-, średnio- i długotrwałe Kotin 2013). Zmiany wewnętrzne o charakterze filo- i ontogenetycznym powiązane są z historycznym istnieniem języka na przestrzeni czasu i są nieodłączną częścią charakterystyki każdego ewoluującego języka naturalnego. Zmiany „zewnętrzne" najczęściej rozpatrywane są w kontekście bezpośredniego działania kontaktu językowego, który powoduje przenikanie elementów superstratu (lub adstratu)[3] do danego systemu językowego. Klasyfikacja zmian językowych według czasu ich trwania opiera się na powiązaniu typu jednostek, które danym zmianom ulegają i ich właściwościom wobec kryterium ikoniczności danego (sub)systemu języka (Kotin 2013).

Szeroka teoria kontaktów językowych naznaczona jest porównywalnymi opozycjami dotyczącymi istotnych jej aspektów. Zaczynając od ogólnie rozumianej płaszczyzny tego kontaktu, czyli koncepcji „indywidualistycznej" (por. „bilingual individual" Weinreich 1953) rozwiniętej następnie do teorii „funkcjonalistyczno -bilingwalnej" (Matras\Sakel 2007; w zasadzie trafniej można by ją określić jako teorię ontogenetyczną) do bardziej abstrakcyjnej konfrontacji dwóch systemów językowych stanowiących substrat i superstrat (adstrat) w różnych uwarunkowaniach socjolingwistycznych i historyczno-lingwistycznych[4]. Równie zróżnicowane może być ujęcie przedmiotu zapożyczenia (por. popularna klasyfikacja

---

2   Nawiązuję tu do aspektów teorii obu zjawisk oczywiście tylko w takim zakresie, w jakim jest to niezbędne dla celów niniejszego artykułu. Pełniejsza literatura podana jest w przywołanych tu publikacjach syntetycznych.

3   Terminów *substrat, adstrat* i *superstrat* używam w tradycyjnym ich ujęciu przedstawionym w Polański 1993: 18, 524, 527.

4   Zauważyć należy jednak, że obie koncepcje zakładają istnienie pewnego systemu, bo tak też rozumiem wspomniany w teorii Matras\Sakel 2007 repertuar form będący podstawą komunikacji.

Markowskiego 2002), które odzwierciedla zdyferencjonowanie pomiędzy *matter replication* (por. zapożyczenie właściwe u Markowskiego 2002; Matras\Sakel 2007: 829–830) a *pattern replication* (Sakel\Matras 2008: 65; u Markowskiego 2002 jako *zapożyczenie strukturalne*). Podobne elementarne rozbieżności zauważyć można w kwestii określenia „siły penetracji" czy „łatwości zapożyczenia" kontaktów językowych: tu hipoteza „anything goes" (Thomason\Kaufman 1988; Thomason 2001) zakładająca, że kontakt językowy powodować może w zasadzie każdą zmianę („What can be adopted by one language from another? The short answer is, anything" Thomason 2001: 63) przeciwstawiona może być tezie „półotwartych drzwi" (Abraham 2013: 16; Kotin 2012: 338), która nawiązując do wcześniejszej teorii Jakobsona dopuszcza wprawdzie istotne działanie kontaktu językowego, ale zakłada jego współistnienie w odniesieniu do pewnych istotnych wewnątrzsystemowych i dalece autonomicznych ograniczeń[5].

Szczególne miejsce, zarówno pośród zmian językowych, jak i w odniesieniu do kwestii oddziaływań kontaktu językowego, zajmuje proces gramatykalizacji. W kontekście obu fenomenów gramatykalizacja może być więc rozumiana – abstrahując od dotychczasowych „kanonicznych" definicji (por. Kuryłowicz 1964) – jako filogenetyczna zmiana operująca nie na tylko na podstawowych – w tradycyjnym ujęciu de Saussure'a – jednostkach języka, ale i na pewnych, zarówno kategorialnych, jak i typologicznych, wzorcach. Gramatykalizacja określana jest jako zmiana o charakterze średnio- lub długotrwałym (por. Kotin 2013: 178; poza tym skala „łatwości" zapożyczenia Thomason\Kaufman 1988: 74–76), przy czym czas jej trwania należałoby powiązać bezpośrednio z jej proweniencją. Procesy gramatykalizacyjne o motywacji wewnętrznej należą w przeważającej większości do zmian bardziej długotrwałych, niż te stanowiące wyniki oddziaływań kontaktu językowego (por. Heine\Reh 1984: 79–80)[6]. Najczęściej jednak zakłada się, że gramatykalizacja ma charakter mieszany, gdyż jej źródło może co prawda znajdować się poza danym systemem, jednak dalsze procesy rozwojowe jej wyników (co za

---

5 Por. „zmiana pod wpływem kontaktu następuje tylko wtedy, gdy w języku „przyjmującym" odnotować można odpowiednią tendencję rozwojową. Ponadto nawet zmiany przyśpieszone wpływem kontaktu zawsze przebiegają zgodnie z właściwościami odpowiedniego języka lub dialektu ojczystego" Kotin 2016: 19; por. też *pivot matching* w Matras\Sakel 2007: 830, gdzie „The replica construction evolves around the new pivot in a way that generalny respects various constraints of the replica language".

6 Wychodząc ze słusznego założenia, że sytuacja kontaktu językowego stwarza większy nacisk komunikatywny (por. „communicative pressure" u Hagège 1993: 130) niż sytuacja stopniowego, samoistnego rozwoju autonomicznego, który nie musi spełniać silnie zdyferencjonowanych w krótkim okresie czasu potrzeb komunikacyjnych.

tym idzie funkcjonalność i ich uzus) podlegają istotnym ograniczeniom wynikających wprost z danego systemu docelowego (Abraham 2013; Kotin 2012: 338[7]). Jest
ona równocześnie procesem, który odpowiedzieć może na fundamentalne pytania
o przyczyny, przebieg, kontekst i ograniczenia pewnych procesów zmian językowych, zwłaszcza konwergentnych (por. założenie o współdzielonych funkcjach i
konstrukcjach w tzw. „areal typology" czy „areal convergence", por. Dahl 2001:
1456; Drinka 2003; Ramat 2008: 142) i będących (wysoce prawdopodobnym)
wynikiem kontaktów językowych (tzw. „contact-induced grammaticalization"
i jej uniwersalia w Campbell 1993) i stanowiących istotny punkt współczesnych
badań nad fenomenami tak zmian, jak i kontaktów językowych[8]. W przypadku
form z *miec* lub *bëc* powyższe widoczne jest w założeniach uniwersalistycznego
tzw. cyklu rozwoju perfektu (Piskorz\Abraham\Leiss 2013) lub w dobrze opra-
cowanej slawistycznie analizie rozprzestrzenienia tychże form (Wiemer\Giger
2005), gdzie wywołana kontaktem językowym gramatykalizacja tworzy jeden z
najistotniejszych procesów. Oczywiście nie sposób opisać tu wszystkich aspektów tak rozumianej gramatykalizacji, ograniczę się tylko do powiązania jej w
przypadku analizowanych tu konstrukcji typu *jô môm bétë/zrobioné* ze zjawiskiem reanalizy, której źródłem były całe konstrukcje (Bartelik 2017a: 17) i które
spowodowały powstanie nowych, produktywnych wzorców paradygmatycznych
(Bartelik 2017a: 15) wpisujących się – po części – w szerszą arealnie tendencję
typologiczną do tworzenia swoistej „perspektywy mieć"[9] (Clancy 2010; Wiemer\
Giger 2005), której poszczególne formy powstać mogły pod wpływem kontaktów
językowych, przy czym ich dalszy rozwój często nosi znamiona autonomicznych
procesów rozwojowych (Bartelik 2017a z dalszą literaturą).

---

7   Poza tym jako proces zależny od ontogenezy w kontekście teorii „bilingwalnej" Ma-
    tras 2011b: 289–290 „It views [the approach of Matras, P.B.] change as internal to the
    individual speaker's language-processing mechanism, and so lends a communicative
    dimension to the proces of grammaticalization"; por. też „[…] contact induced gram-
    maticalization entails language internal grammaticalization" Kuteva 2008: 208.

8   Por. „How and why does the need arise to replicate a construction that is present in
    a contact language using the inherited linguistic-structural material of the recipient
    language? How, precisely, does this replication proceed? What governs the choice of
    available item in the recipient language that is used in order to replicate the model?
    Which changes does this item undergo in order to replicate the model construction?
    What are the implications for the linguistic system of the recipient language?" Matras
    2011b: 280.

9   Pojęcia tego używam w odniesieniu do wszystkich słowiańskich form z czasownikami
    habere, rzadziej też *esse* (kaszubskie, macedońskie, rosyjskie), dobrze udokumentowa-
    nych i opracowanych w podanej literaturze.

3. Procesy zmian językowych w kaszubskim systemie temporalnym

Kaszubski system temporalny (Breza/Treder 1981: 132–134) obejmuje syntetyczne formy czasu teraźniejszego (typ *jô piszã/robiã/môm/jem*), trzy – w zasadzie synonimiczne – formy czasu przeszłego (syntetyczną typu *jô pisôł/robił/miôł/ bêł*; analityczną *jô jem pisôł/jem robił/jem miôł/jem bêł* i analityczne konstrukcje typu *jô môm/miôł pisóné/robioné/bëté* obok *jô jem/bêł jachóny/przëjachóny*) oraz analityczne konstrukcje czasu przyszłego (Bartelik 2015a: 187–188 z ujętą tam podstawową literaturą)[10]. Istotne w kontekście tematyki tego artykułu jest przede wszystkim pytanie o przyczyny i przebieg zmiany diachronicznie pierwotnych (będących wynikami kontaktu językowego) form *jô jem bëté* czy *jô jem/bêł jachóny* do synchronicznych postaci *jô môm/miôł bëté/jachóny*. Analityczne warianty typu *jô jem/bêł bëté/jachóny* notowane są już w najstarszych poświadczeniach dotyczących opisu kaszubskich właściwości językowych, jak w pierwszych kaszubskich tekstach spisanych przez Hilferdinga (wprawdzie z adnotacją „słowińskie", por. jo jem bivôni = ich bin gewesen, ja mom zabëto – ich habe vergessen, on mo uczinióne = er hat gethan, on mial zapisône = er hatte aufgeschrieben w Hilferding 1862 (1989): 107) czy Ceynowy (Treder 2005: 90). Potwierdzone są również w kaszubskich odpowiedziach kwestionariusza Wenkera (Popowska-Taborska/Rzetelska-Feleszko 2009). Znalazły się też w paradygmacie temporalnym we wszystkich, nieco późniejszych, gramatykach Biskupskiego (Biskupski 1863 podaje m.in. *bëła jachaná*, niem. *sie war gefahren* 'pojechała', np. *sostra bëła jachaná do koscoła, môm zrobóne*, niem. *ich habe gethan*) i Lorentza (Lorentz 1903: 302; Lorentz 1919: 45; Lorentz 1927: 1057), choć brak ich w *Atlasie językowym kaszubszczyzny i dialektów sąsiednich*. Formy te, będące zapewne bezpośrednim wynikiem kontaktu językowego z językiem niemieckim (por. Bartelik 2015b; Bartelik 2017a; Bartelik 2017b, gdzie dokładnie przeanalizowano poszczególne parametry ich gramatykalizacji) rozprzestrzeniały się na terytorium kaszubszczyzny i dialektów słowińskich nie wykształcając jednak pełnego zakresu paradygmatycznego (por. Nomachi 2015: 279). Synchronicznie wspomniane konstrukcje mogą w dalszym ciągu występować w swej prymarnej formie *bëc* + imiesłów (por. Bartelik 2015a: 191–192), por. też:

---

10 Pomijam w tym zestawieniu niektóre formy tzw. czasu zaprzeszłego typu *jem bêł pisôł*, przy czym zaznaczam, że w dalszej analizie uwzględniam typ *bêł jachóny* (por. Breza/ Treder 1981: 134).

(1) Pewno czedës jaczi Pëlckòwiôk tam bêł wëjachóny a naju „mojn" jima za-
    szczepił – na gãbie brifczi dało sã widzec stolemną bùchã. [POM IX 2016, 68]

(2) Lëdzy nie bëło wiele. Bêł strach sã pòkazëwac. Jignasz Krefta bêł jidzony. Kò
    to bêł jesz dalszi krewny. [STEGNA IX 2017, 21]

(3) Ks. Błach bêł rôz przëjachóny do Swiónowa, a jak òdchôdôł z ti parafii (są tam
    ksãża òblacë, chtërny są tam kadencyjno), òstawił snôżą tôflã z òdniesenim
    do Kaszëbsczi Królewi i z nôpisã papiesczich słów „Bòże pòmagôj". [POM
    VI 2016, 13]

We współczesnych tekstach coraz liczniej notowane są jednak formy, gdzie cza-
sownik *bëc* zastąpiony jest przez nieporównywalnie szerzej stosowane w podob-
nych konstrukcjach *miec* (por. Bartelik 2015a: 193). Wydaje się, że nie jest to
tendencja zupełnie nowa, choć jej rozprzestrzenienie się przypada na nowszy
okres rozwoju kaszubszczyzny („This change seems to have been completed recently, because Sychta (1967, 28) still indicates that both bëc and miec can be used
for BE-2 in Kashubian" Nomachi 2015: 273). Już w ekscerpowanych przez Go-
golewskiego tekstach Lorentza (Gogolewski 1963: 71) odnaleźć można przykład
jidzoné miôł, który świadczyć może o początkach samoistnego i przeciwstawnego
do dotychczasowego kierunku zmian procesu rozwojowego, który zakwalifikować
można – moim zdaniem – jako proces wysoce autonomiczny. Współcześnie uległ
on dalszemu, znaczącemu rozszerzeniu, jak w poniższych przykładach:

(4) Całi sztëk drodżi. Nawet z Czech ni mómë wëjachóné. [STEGNA III 2017, 3]

(5) Mòże òn szedł so szëkac ti niebiesczi drodżi, co to nią Truda mia czedës
    jidzoné. [STEGNA III 2017, 12]

(6) Mô biwóné w ni téż ò. prof. Adóm Riszôrd Sykòra, przódë prowincjôł w
    Pòznanim [POM XII 2016, 53]

(7) Môsz bëté w Los Angeles? Në, tak jak jô mëslôł. [STEGNA VI 2017, 15]

(8) Długò nie wara, kò dërch ma z górë jacha, a ju prawie w Miasto më mielë
    wjachóné. [POM IX 2014, 68]

(9) Na Kaszëbach miôł bëté pierszi rôz pò połowie stalata òd wëcygniãcégò z
    kraju, òdwiedzył tedë swòje stronë, Czarnowò, Brusë i Chòjnice. [POM 2015
    II, 37]

Nomachi (Nomachi 2015) dokonując charakterystyki form z *bëc* i imiesłowami „biernymi" (w jego terminologii „second be-periphrasis") zestawia je z
konstrukcjami z czasownikiem *miec* dochodząc do wniosku, że te ostatnie nie
wykazują elementarnych ograniczeń form z *bëc* dopuszczając ich tworzenie od

nieporównywalnie większej bazy derywacyjnej (Nomachi 2015: 275)[11]. Formy z *bëc* mogą być – według niego – utworzone wyłącznie z imiesłowami od czasowników ruchu „nieokreślonego" (typ *jachac/jic/lezc*, por. „BE-2 can be derived from the verbs of motion, but only from the determinate verbs of motion" Nomachi 2015: 275), gdy czasowniki ruchu „określonego" tworzą te formy z *miec* (typ *jezdzëc/chòdzëc/łazëc*). Według Nomachiego wynika z tego, że obie konstrukcje prezentują współcześnie różny stopień gramatykalizacji i należą do różnych kategorii[12]. Pierwotnie mogły jednak być składnikami paradygmatu utworzonego na podstawie form niemieckiego czasu Perfekt[13]. Podkreślić należy, że Nomachi porównuje formy pierwotne (z *bëc*) i imiesłowami od czasowników ruchu z ich wtórnymi wariantami z *miec*. Obie konstrukcje prezentują więc synchronicznie różny stopień gramatykalizacji, jednak zauważyć należy, że:

i) w przypadku *miec* z imiesłowami czasowników ruchu jest to gramatykalizacja już autonomiczna i wtórna, nie wynikająca wprost z kontaktu językowego, przeprowadzona na gruncie kaszubskim i wyzyskująca formy powstałe w wyniku kontaktu;

ii) faktycznie proces rozwoju form z *bëc* jest przeciwstawny do nieokreślonego bliżej przez Nomachiego kierunku rozwoju (słowiański? uniwersalny?). Formy kaszubskie przedstawiają jednak, obok macedońskich i rosyjskich (dialektalnych), jedyne znane mi słowiańskie rezydua form z czasownikiem

---

11 Warto zaznaczyć, że Nomachi dochodzi do takiego wniosku analizując możliwość występowania w zdaniu przysłówków temporalnych, które wykluczone są w zdaniach z *bëc* w formie czasu teraźniejszego (jak słusznie w jego zdaniu 21), lecz – według mnie – możliwe są w zdaniach z preterytalnym *bëc* (analogicznie do jego przykładu 21 *jô bêł jidzony do kina wczora wieczór*). Warianty typu *bêł jachóny* traktuje Nomachi (jak wskazuje choćby jego przykład 15 i 17) również jako „second be periphrasis", należałoby więc dopowiedzieć, że – według mnie – występowanie przysłówków jest w takich formach jak najbardziej możliwe.

12 Por. „the degree of grammaticalization differs between HAVE-periphrasis and BE-2: HAVE-periphrasis is more highly grammaticalized as a grammatical category or 'perfect' in the broad sense of the term, in comparison to BE-2, which has more restrictions both grammatically and lexically to be realized as a surface structure" Nomachi 2015: 277.

13 Por. "In any case, the results suggest that at the end of the 19th century, Kashubs might have used BE-2 as the perfect and the preterite, not as the resultative"; "If at the end of 19th century, BE-2 really could mean the perfect or even preterite like in German or Slovincian, then the development pattern of BE-2 could be opposite to the universal pattern that has been cross-linguistically attested" Nomachi 2015: 279; "The lexical restriction for the derivation of BE-2 basically comes from the German pattern, but it does not always match in the contemporary language" Nomachi 2015: 281).

bëc. Ich unikalność i silne nacechowanie mogło przyspieszyć proces utworze-
nia konstrukcji z *miec* i imiesłowami czasowników ruchu, które potwierdzone
są wyłącznie w kaszubszczyźnie. W kontekście uniwersalnym – a jako taki
rozumiem np. rozwój form perfectum w językach germańskich – formy z *bëc*
(oczywiście z zastrzeżeniem ich ograniczonej produktywności) wpisują się w
tendencję potwierdzoną np. w rozwoju niemieckiego czasu Perfekt.

Nomachi 2015: 280 analizując przedstawione przez Popowską-Taborską/Rzetel-
ską-Feleszko 2009: 13 dane z kwestionariusza Wenkera (dokładniej podane przez
ankietowanych kaszubskie odpowiedniki niemieckich zdań *der gute alte Mann
ist in das kalte Wasser gefallen* i *ich bin mit den Leuten da hinten über die Wiese
ins Korn gefahren*) dochodzi do wniosku, że warianty typu *je wpadłi/béł wpadłi*
i odpowiednio *béł jachóny/jem jachóny* były rozpowszechnione na terytorium
kaszubskim. Największą frekwencję wykazuje jednak nie forma z *bëc* w czasie
teraźniejszym (będąca literalnym odpowiednikiem niemieckich konstrukcji w
obu zdaniach), lecz wariant z *béł*. Jak słusznie zauważa Nomachi oznacza to, że
wyjściowa konstrukcja niemiecka zidentyfikowana została jako forma czasu przeszłego a jej postać przekształcona za pomocą rodzimego zasobu. Przyczyny tego,
jak się wydaje komplementarnego, rozwoju są – według Nomachiego – niejasne
i polegać mogą m.in. na konkurencji archaicznie słowiańskich form typu *jô jem
béł* i nowszych, pochodzących z kontaktu językowego („This may be explained
by the dominant role of BE-1 as a preterite that caused BE-2 to be a subjective
resultative" Nomachi 2015: 281). Z drugiej strony zakłada on istnienie pewnej
systemowej luki (brak w kaszubszczyźnie form rezultatywnych odnoszących się
do podmiotu, według niego tzw. „subjective resultative"), którą wypełnić mogły
formy *bëc* z imiesłowami *-n-\-t-*. Moim zdaniem, jak zaznaczałem już wcześniej
(por. „można zauważyć proces „przesunięcia" imiesłowu od *bëc* (*bëté*) z szeregu
bëc (jak pierwotnie) do *miec* właśnie z powodu kolizji z formami słowiańskiego
perfectum" Bartelik 2017a: 24), należy przyjąć raczej pierwsze rozwiązanie, choć
niezbędny jest dokładniejszy opis wszystkich procesów zachodzących już po
gramatykalizacji form *jô jem bëté*. Substytucja form niemieckiego czasu Perfekt
mogła więc z jednej strony obejmować wariantowość teraźniejszych i przeszłych
form czasownika *bëc*, z drugiej zaś proces zastosowania produktywnego wzorca
derywacyjnego „imiesłowów biernych" od czasowników pierwotnie zupełnie z
niego wykluczonych (por. Bartelik 2017a: 14). Wypełnienie luk systemowych
może, lecz nie musi być impulsem procesów zmian językowych, w szczególności
tych o charakterze gramatykalizacji (por. „filling gaps in the replica language is
not a primary motivation for contact-induced language change" Matras 2010:
82–83). Istotę zapożyczeń stanowić może niekoniecznie wypełnianie luk, a raczej

możliwość stworzenia wariantów, które mogą potem stać się podstawą (norma-
tywnego) wyboru (jak wskazuje Matras w swej teorii kontaktu polegającego nie
na "transferze" *sensu stricto*, a na usuwaniu pewnych granic, szczególnie w sytuacji
bilingwizmu[14].

Wspomniany brak wykształcenia pełnego paradygmatu form pochodzących z
kontaktu językowego świadczyć może o specyfice tego szczególnego procesu gramatykalizacji, który interpretowałbym – za Hansenem 2016: 264 – jako wywołaną
kontaktem językowym marginalizację. Może ona być przeciwstawiona „regular-
nej" gramatykalizacji („regular grammaticalization") i polega na wykształceniu
zmarginalizowanych, często nacechowanych jednostek, które mogą odznaczać
się stosunkowo niską frekwencją (por. „these changes do not lead to the rise of
an unmarked, highly frequent grammatical operator, but to elements which oc-
cupy a peripheral position in the language system, i.e., they are either stylistically
restricted or co-occur with a limited numbers of verbs" Hansen 2016: 264). Od
„zwykłej" gramatykalizacji odróżnia się ona właśnie pewnymi ograniczeniami w
kategorialno-funkcjonalnej i uzualnej konsolidacji i produktywności[15]. Tak ufun-
dowane konstrukcje istniały – moim zdaniem – w paradygmacie temporalnym
obok analitycznych, archaicznych form słowiańskich. Dalsze procesy zmian i
marginalizacji wynikały nie tylko z konkurencji form o różnej proweniencji, lecz
wspomagane mogły być też czynnikami systemowymi. Największą rolę mogły
tu odegrać wprowadzone do systemu wzorce, przeciwstawne do jego podstawowych zasad (derywacja imiesłowów „biernych", występowanie form z imiesłowami
„czynnymi" i „biernymi"). Te same przyczyny spowodowały najprawdopodobniej
proces przesunięcia najbardziej „nietypowych" form (*jô jem bétë*) do szeregu *miec*,
który był, zwłaszcza w słowiańskim kontekście typologicznym i diachronicznym,
nieporównywalnie bardziej „typowy" i „pojemny". Proces ten zaczął obejmować
coraz więcej form (*jidzóny*, *jachóny* i ich derywaty), zapewne pod wpływem już
szeroko notowanych form z czasownikami implikującymi tożsamość podmiotu
i agensa (ściślej ujmując w tych przykładach „experiencera"), por.:

(10) Kò bë przësygł, że czedës miôł jã widzóné [POM I 2016, 44][16]

---

14 Por. „borrowing thus entails a choice in favor of a strategy that puts the effective use of
    the linguistic repertoire in its entirety in pursuit of certain communicative goals above
    the maintenance of demarcation boundaries within the repertoire and the audience-
    oriented loyalty that such boundaries serve to flag" Matras 2011a: 226.

15 „Entrenchment refers to the degree to which the given element becomes usual – and
    eventually unmarked – in a speech community" Hansen 2016: 264 za Schmid 2007: 119.

16 Poza tym *mielë widzóné* [POM II 2016, 35], [POM V 2017, 68]; *miôł widzóné* [POM
    IX 2016, 68]; *mia widzóné* [POM VI 2017, 48]; *mómwidzóné* [POM XI 2016, 15],

(11) Në, prosto, jak jô ju miôł rzekłé, jesce tuwò pòtrzébny [POM I 2016, 46][17]

Na podstawie analogii mogło więc dojść do pewnego rodzaju wyrównania systemowego, które usunęło podstawowe sprzeczności w tym zakresie. Dowodzić tego może – moim zdaniem – swoista unikatowość zmodyfikowanych form kaszubskich na tle porównywalnych konstrukcji z czasownikami typu *esse* i imiesłowami w kontekście słowiańskim (por. odpowiednie formy macedońskie i dialektalne rosyjskie, Bartelik 2015b z ujętymi tam przykładami i literaturą).

4. Kaszubska norma językowa a teoria zmian językowych

We współczesnych badaniach zależności normy językowej i procesów zmian zachodzących w systemie danego języka w kontekście szerokiej teorii zmian językowych wysuwa się tezę, że zmiana normy językowej jest możliwa tylko pod warunkiem legitymizacji owej zmiany poprzez odpowiednie czynniki systemowe (por. „systemowa dominacja skutecznych zmian językowych" Kotin 2017: 53–54). Kotin analizując przykłady polskich i niemieckich peryfrastycznych form czasownikowych (pokrywających się w części z analizowanym tu materiałem) dochodzi do wniosku, że zmiany językowe w normie – jako fenomenu selektywnego w rozumieniu Coseriu i zależnego od czynników pozajęzykowych – dopuszczają wyłącznie takie procesy, które istnieją lub zaistnieć mogą w danym systemie („przemiany językowe w sferze normy zawsze zależą od istnienia odmian jako alternatywnych formalnych opcji służących do kodowania wspólnej funkcji wewnątrz danego systemu" Kotin 2017: 53). Wychodząc z podobnego założenia chciałbym przeanalizować rozwój omawianych tu form w tworzonej formie kaszubszczyzny standardowej.

Tendencje normatywne w kaszubskim (ich niezwykle bogatą historię syntetycznie podaje m.in. Treder 2006: 244), których wyrazem są w ostatnim czasie wartościowe opracowania, zarówno leksykalne (słowniki Gołąbka[18]), jak i gramatyczne (jak choćby najnowsza *Gramatika kaszëbsczégò jãzëka* Hanny Makurat, por.

[POM VII–VIII 2017, 62], [POM II 2017, 11], [POM II 2017, 34], [POM X 2017, 17], [POM IX 2017, 36]; *môsz widzóné* [STEGNA VI 2017, 13], [STEGNA VI 2017, 32].

17 Por. *miôł rzekłé* [POM IX 2016, 6]; *móm rzekłé* [STEGNA VI 2017, 10], *mia rzekłé* [STEGNA III 2017, 11]; a także dalsze: *miôł czëté* [POM IV 2016, 4], [POM XII 2017, 33]; *móm czëté* [POM VII–VIII 2016, 7], [POM VII–VIII 2017, 62]; *mia czëté* [POM VI 2017, 48]; *môsz zabëté* [POM II 2017, 34]; *mô wëmëszloné* [POM II 2017, 68].

18 *Kaszëbsczi słowôrz normatiwny* Gdańsk 2005 i dotychczasowe tomy *Wielkiego Słownika Polsko-Kaszubskiego* (tom I A-K Gdańsk 2012, tom II L-O Gdańsk 2013 i tom III P Gdańsk 2013).

Makurat 2016). Od początku procesy normatywne musiały „mierzyć się" z silnym zdyferencjonowaniem wewnętrznym gwar kaszubskich i wieloma innymi czynnikami natury pozajęzykowej[19]. Takie wahania widoczne są właściwie we wszystkich (sub)systemach języka, na co wskazuje paralelne funkcjonowanie kaszubszczyzny w dwóch wariantach: znormalizowanycm (literackim) i nieznormalizowanym (język mówiony) (por. Makurat 2007: 89–90). Taka stratyfikacja charakterystyczna jest dla tzw. „minority languages", zwłaszcza tych podlegających standaryzacji (por. „Therefore, in addition to tasks of purely lexicographical nature, dictionary compilers working with these languages [minority languages, P. B.] have to deal with language standardization issues" Kotorova 2016b: 136). Doprowadziło to do przyjęcia dwóch norm, które mają odzwierciedlać zróżnicowany uzus kaszubszczyzny (uchwała Rady Języka Kaszubskiego Nr 7/RJK/08 z dn. 17.10.2008 r. w sprawie stosowania w języku kaszubskim dwu norm: wzorcowej i regionalnej[20]).

Korelacje zmian w zakresie normy i systemu doskonale widoczne są w analizowanym tu zakresie czasów przeszłych. Konkurujące formy pierwotne typu *(jô) jem bél* (tu też należą takie formy jak *jem bél/robił* powstałe po elizji redundantnych zaimków osobowych[21]) i sekundarne typu *jô bél* powstałe po redukcji form osobowych *bëc* (dominujące w języku mówionym) są tego doskonałym przykładem, choć nierzadko występują w zasadzie równolegle:

(12) Jô nie rzekł „bëli". „Bëli zómk pana Rosenowa". Jô jem gôdôł w terôczasnym czasu. Terôczasnym i przińdnym [POM I 2016, 45]

W normie kaszubskiej, która obejmuje dwie funkcjonalnie synonimiczne formy i która kształtowana jest przez różne czynniki, zarówno wewnątrz-, jak i zewnątrzjęzykowe (ekspresja, pierwotny charakter kaszubszczyzny jako języka mówionego, intonacja i wiele innych) użycie prymarnego typu *(jô) jem bél*, jak i sekundarnego *jô bél* określić można jako dalece komplementarne (por. o konkurencji form „złożonych" i „skróconych" w twórczości Ceynowy Treder 2005: 90; w Remusie Majkowskiego Treder 2005: 193). Uzus pierwszej z nich zazwyczaj

---

19 Trafnie scharakteryzował to Treder 2006: 187 „norma kaszubska jest ciągle mało wyrazista, bardzo elastyczna, w dużym stopniu nadal zależna od domowej (macierzystej) mowy mówiącego, jak też piszącego"; por. też w kontekście normalizacji leksyki „dictionary compilers have either to argue for one of the existing points of view or to make up their own one before they can start their lexicographical work" Kotorova 2016b: 136.

20 Biuletyn Rady Języka Kaszubskiego 2009 (red. E. Breza), s. 72–74, 73–75.

21 Por. fragment korespondencji autora z ś.p. prof. J. Trederem dotyczącej tychże form „zaimek osobowy aczkolwiek gramatycznie nieobligatoryjny i redundantny nierzadko się pojawiał".

przypisywany jest głównie językowi literackiemu (Treder 2005 mówi wręcz o „lansowaniu"), podczas gdy formy syntetyczne dominują w języku mówionym.

Następnym przykładem zmian językowych w zakresie kaszubskiej normy językowej jest uzualne wyzyskanie opisanego wyżej procesu „przesunięcia" peryfrastycznych form z czasownikami ruchu do zasobu form tworzonych za pomocą czasownika *miec*. Zarówno przykład przytoczony w Nomachi 2015: 275:

(13) Òn mô jachóné do Wejrowa

jak i podane przeze mnie powyżej przykłady (4) – (9) tworzą opozycję do takich form jak *bëlë przëjachóny* (POM 2014 II, 32), *bёł przëjachóny* (POM 2012 VII, 61), *bёła wёjachónô* (POM 2012 II, 31), *bёł jachóny* (POM 2012 II, 39), *bёlë wёjachóny* (POM 2015 V, 36), *bёła jachónô* (POM 2015 XII, 15) czy *je jachóny* (POM 2015 XII, 37)[22]. W zasobie formacji z imiesłowami czasowników ruchu zaistniała więc w kaszubskim – na podstawie wyżej opisanego procesu – systemowa wariantywność dwóch funkcjonalnie i kategorialnie tożsamych form, która „rozwiązana" zostać może poprzez tendencje normatywizacyjne. Norma z kolei, będąca odzwierciedleniem wielu zróżnicowanych tendencji i uwarunkowań uzualnych, wydaje się w coraz większym stopniu wyzyskiwać zmianę *bёc* > *miec*. Zjawisko to można interpretować – moim zdaniem – na tle istnienia i bezsprzecznej ekspansji tzw. perspektywy *mieć*, również w polszczyźnie. Oczywiście dużą rolę odgrywać mogą tu również czynniki wewnątrzsystemowe (wspomniane wyrównanie analogiczne). Heterogenny charakter zmian językowych w zakresie normy wskazywać jednak może na to, że mamy tu do czynienia z równie niejednorodnym procesem.

5. Podsumowanie

Przeanalizowane w tym artykule kaszubskie procesy rozwojowe potwierdzają ukazane na początku w kontekście teoretycznym kierunki i tendencje zmian językowych, zarówno w na tle kontaktów językowych, jak i ustalania normatywnej postaci języka i stanowią uzupełnienie obszernej bazy empirycznej potwierdzającej takie przekształcenia.

W kontekście zmian językowych wywołanych bezpośrednio poprzez kontakty językowe omawiane procesy kaszubskie służyć mogą jako przykłady *pattern replication*, które jednak – wskutek wielu powiązanych czynników językowych i pozajęzykowych – nie osiągnęły takiego stopnia rozwoju, jak w języku stanowiącym ich źródło. Celowym więc wydaje się traktowanie takich procesów jako stanowiącej swoistą odmianę gramatykalizacji marginalizacji, która z kolei jest –

---

22 Dalsze przykłady w Bartelik 2015a, 2017b.

moim zdaniem – doskonałym przykładem potwierdzającym wspomnianą teorię o „półotwartych drzwiach". Tezę tą interpretować można jednak w przypadku analizowanych tu form dwojako. Z jednej strony prymarny rozwój konstrukcji typu *jô jem bëtё* wynikał bez wątpliwości wprost z działania kontaktu językowego, wspomnieć jednak należy że ich utworzenie „wspomagane" było najprawdopodobniej również przez – potwierdzoną na szerszym areale – konwergentną tendencję do tworzenia peryfrastycznych konstrukcji z imiesłowami *-n-\-t-*. Tworzenie specyficznych w kontekście słowiańskim rezyduów współistnieć więc mogło ze zróżnicowanym zjawiskiem *areal convergence*.

Dodatkowo konstrukcje te uległy dalszym, już autonomicznym, zmianom, których główne tło było równie heterogeniczne. Procesy te, doskonale wpisujące się w wieloaspektową teorię dalszej, niezależnej już od kontaktu gramatykalizacji i skutkujące utworzeniem nowszych form zgodnym z „rodzimym" kierunkiem zmian, a więc znowu *areal typology*, wykształciły specyficzne kaszubskie postacie typu *jô móm bëtё*. W związku z tym niezbędnym wydaje się oddzielenie procesów gramatykalizacji wynikających wprost z kontaktu językowego od zmian, które stanowią część wewnętrznych tendencji stanowiących odzwierciedlenie obszerniejszych arealnie kierunków zmian.

Ukazane powyżej zróżnicowane (zarówno diachronicznie, jak i pod względem proweniencji) procesy rozwojowe w zakresie kaszubskiej normy językowej, które – bazując na „selektywnym" rozumieniu samego zjawiska normy – potwierdzają teorię o niezbędnych systemowych uwarunkowaniach zmian w jej zakresie, mogą być interpretowane zarówno w kontekście kształtowania (się) standardowej formy języka kaszubskiego, jak i teorii o systemowym podłożu procesów normatywnych. W przypadku konkurencji rodzimych form analitycznych typu *jô jem bёł* i ich syntetycznych wariantów *jô bёł* zauważyć można nie tylko daleko idącą kookurencję wynikającą wprost z prymarnego charakteru języka kaszubskiego jako języka przede wszystkim mówionego, ale i tendencje normatywizacyjne opierające się w głównej mierze na intencjonalnym wyborze danej formy. Coraz częstsze wykorzystanie w kaszubskiej normie omówionej powyżej zmiany *bёc > miec* w dość znacząco nacechowanych analitycznych konstrukcjach z imiesłowami czasowników ruchu świadczyć też może o procesie przebiegającym zgodnie z kierunkiem wyznaczonym przez słowiańską tendencję do tworzenia peryfrastycznych form z czasownikami typu *habere*.

Literatura

Abraham, Werner. 2013. Philologische Dialektologie und moderne Mikrovarietätsforschung. Zum Begriff des Erklärstatus in Syn- und Diachronie In:

Abraham, Werner / Leiss, Elisabeth (red.): *Dialektologie in neuem Gewand. Zu Mikro-/Varietätenlinguistik, Sprachenvergleich und Universalgrammatik.* Hamburg: Buske Verlag, S. 9–29.

Bartelik, Piotr. 2015a. Das Verb bëc 'sein' und seine Funktionen im kaschubischen Tempus- und Genussystem. In: Kotin, Michail L. / Whitt, Richard J. (ed.). *To be or not to be? The Verbum Substantivum from Synchronic, Diachronic and Typological Perspectives.* Cambridge Scholars Publishing, S. 181–209.

Bartelik, Piotr. 2015b. Wpływ języka niemieckiego na system gramatyczny kaszubszczyzny w świetle nowszych badań. *Gwary dziś* vol. 7, 215–231.

Bartelik, Piotr 2017a. Gramatykalizacja i inne procesy rozwojowe a kontakty językowe na przykładzie polskich i kaszubskich analitycznych form czasownikowych. In: Osowski Błażej / Kobus Justyna / Michalska-Górecka Paulina / Piotrowska-Wojaczyk Agnieszka (red.). *Język w regionie, region w języku 2.* Poznań: Wydawnictwo „Poznańskie Studia Polonistyczne", S. 11–27.

Bartelik, Piotr. 2017b. Dynamika rozwoju kaszubskiego systemu temporalnego – archaiczność a kontakty językowe. In: Rembiszewska Dorota Krystyna (ed.). *Dynamika rozwoju gwar słowiańskich w XXI wieku.* Warszawa: Instytut Slawistyki PAN, S. 41–59.

Biskupski, Leon. 1883. *Die Sprache der Brodnitzer Kaschuben im Kreise Karthaus (West Preussen).* Leipzig.

Breza, Edward / Treder, Jerzy. 1981. *Gramatyka kaszubska. Zarys popularny.* Gdańsk: Zrzeszenie Kaszubsko-Pomorskie.

Campbell, Lyle. 1993. On proposed universals of grammatical borrowing. In: Aertsen, Henk / Jeffers, Robert (ed.). *Historical Linguistics 1989: Papers from the 9th International Conference on historical Linguistics.* Amsterdam: John Benjamins, S. 91–109.

Clancy, Steven J. 2010. *The Chain of Being and Having in Slavic.* Amsterdam/ Philadelphia: John Benjamins.

Dahl, Östen. 2001. Principles of areal typology. In: Haspelmath, Martin / König, Ekkehard / Oesterreicher, Wulf / Raible, Wolfgang (ed.). *Language Typology and Language Universals / Sprachtypologie und sprachliche Universalien / La typologie des langues et les universaux linguistiques. An International Handbook / Ein internationales Handbuch / Manuel international.* Berlin/New York: de Gruyter, S. 1456–1470.

Drinka, Bridget. 2003. Areal factors in the development of European periphrastic perfect. *Word* 2003, 1–38.

Gogolewski, Stanisław. 1963. Wpływy niemieckie na kaszubski system czasów przeszłych. *Rozprawy Komisji Językowej ŁTPN* 9, 69–75.

Hagége, Claude. 1993. *The language builder: an essay on the human signature in linguistic morphogenesis*. Amsterdam/Philadelphia: John Benjamins.

Hansen, Björn. 2016. What happens after grammaticalization? Post-grammaticalization proesses in the area of modality. In: Olmen, Daniel / Cuyckens, Hubert / Ghesquière, Lobke (ed.). *Aspects of grammaticalization. (Inter)subjectification and directionality*. Berlin: de Gruyter, S. 257–281.

Heine, Bernd / Reh, Mechthild. 1984. *Grammaticalization and reanalysis in African languages*. Hamburg: Buske Verlag.

Heine, B., Kuteva, T., 2005, *Language contact and grammatical change*, Cambridge.

Hilferding, Aleksander. 1862. *Остатки славян на южном береге Балтийского Моря*, Sankt-Petersburg. (polskie wydanie: Perczynska, Nina / Treder, Jerzy. 1989. *Resztki Słowian na południowym wybrzeżu Morza Bałtyckiego*. Gdańsk: Zrzeszenie Kaszubsko-Pomorskie).

Kotin, Michaił. 2012. *Gotisch: Im (diachronischen und typologischen) Vergleich*. Heidelberg: Winter Verlag.

Kotin, Michaił. 2013. O krótko-, średnio- i długotrwałych zmianach językowych. In: Puppel, Stanisław / Tomaszkiewicz, Teresa (ed.). *Scripta manent – res nova*. Poznań: Wydawnictwo UAM, S. 171–180.

Kotin, Michaił. 2016. W jakim sensie i w jakim stopniu kontakty językowe „warunkują" zmiany językowe? In: Steciąg, Magdalena / Adamczyk, Magdalena / Biszczanik, Marek (ed). *Kontakty językowe w komunikowaniu*. Zielona Góra: Oficyna Wydawnicza UZ, S. 13–27.

Kotorova, Elizaveta. 2001. Ketskij azyk v krugu isčezaušich azykov i zadači ego leksikografičeskogo opisania. In: Kotorova, Elizaveta / Potorova, Telmina (ed.). *Meždisciplinarnoe izučenie etnosov Sibiri*, Tomsk: Tomskij gosudarstvennyj pedagogičeskij universitet, S. 4–14.

Kotorova, Elizaveta. 2016a. Problema predstavleniâ etnokul'turnyh realij v slovare minoritarnogo âzyka (na primere ketskoj leksiki). *Tomskij žurnal lingvističeskih i antropologičeskih issledovanij* 3 (13), 24–32.

Kotorova, Elizaveta. 2016b. Dictionary for a Minority Language: the Case of Ket. In: *Proceedings of the XVII EURALEX International Congress: Lexicography and Linguistic Diversity*. Tbilisi: Ivane Javakhishvili Tbilisi State University, S. 129–137.

Koronczewski, Andrzej. 1993. Die Kategorie des Perfekts im Polnischen im Indogermanischen Kontext. In: Hentschel, Gerd / Laskowski, Roman (ed.). *Studies in Polish Morphology and Syntax*. München: Otto Sagner, S. 251–258.

Kuryłowicz, Jerzy. 1964. The evolution of grammar categories, *Diogenes* 51, 55–71.

Kuteva, Tania. 2008. On the frills of grammaticalization. In: López-Couso, Maria / Seoane, Elena (ed.). *Rethinking Grammaticalization. New Perspectives.* Amsterdam/Philadelphia: John Benjamins, S. 189–217.

Lorentz, Friedrich. 1903. *Slovinzische Grammatik.* St. Petersburg.

Lorentz, Friedrich. 1919. *Kaschubische Grammatik.* Gdańsk.

Lorentz, Friedrich. 1927. *Gramatyka pomorska.* Poznań.

Nomachi, Motoki. 2015. On the second be periphrasis (be-2) in Kashubian: its grammatical status and historical development. *Slavia – časopis pro slovanskou filologii* LXXXIV (3), 268–283.

Makurat, Hanna. 2007. Stan i problemy dzisiejszego języka kaszubskiego. In: Breza, Edward (ed.). *Biuletyn Rady Języka Kaszubskiego 2007.* Gdańsk: Zrzeszenie Kaszubsko-Pomorskie, S. 89–94.

Makurat, Hanna. 2016. Gramatyki języka kaszubskiego – analiza porównawcza. In: Breza, Edward (ed.). *Biuletyn Rady Języka Kaszubskiego 2016.* Gdańsk: Zrzeszenie Kaszubsko-Pomorskie, S. 273–281.

Markowski, Andrzej. 2002. *Nowy słownik poprawnej polszczyzny.* Warszawa: PWN.

Matras, Yaron / Sakel, Jeanette. 2007. Investigating the mechanism of pattern-replication in language convergence. *Studies in Language* 31, 829–865.

Matras, Yaron. 2010. Contact, Convergence and Typology. In: Hickey, Raymond (ed.). *The Handbook of Language Contact.* Oxford: Wiley-Blackwell, S. 66–85.

Matras, Yaron. 2011a. Universals of structural borrowing. In: Siemund, Peter (ed). *Linguistic universals and language variation.* Berlin/New York: de Gruyter, S. 204–237.

Matras, Yaron. 2011b. Grammaticalization and language contact. In: Heine, Bernd / Narrog, Heiko (ed.). *The Oxford Handbook of Grammaticalization.* Oxford: Oxford University Press, S. 279–291.

Piskorz, Jadwiga / Abraham, Werner / Leiss, Elisabeth. 2013. Doppelter Grammatikalisierungzyklus und funktionale Universalgrammatik. Am Beispiel des analytischen Perfekts und des Präteritums in der Sprachgeschichte im Polnischen. *Die Welt der Slaven* LVIII, 276–307.

Polański, Kazimierz. 1993. *Encyklopedia językoznawstwa ogólnego.* Wrocław/Warszawa/Kraków: Ossolineum.

Popowska-Taborska, Hanna / Rzetelska-Feleszko, Ewa. 2009. *Dialekty kaszubskie w świetle XIX-wiecznych materiałów archiwalnych.* Warszawa: SOW.

Ramat, Anna Giacalone. 2008. Areal convergence in grammaticalization processes. In: López-Couso, Maria / Seoane, Elena (ed.). *Rethinking Grammaticalization. New Perspectives.* Amsterdam/Philadelphia: John Benjamins, S. 129–167.

Schmid, Hans-Jörg. 2007. Entrenchment, salience and basic levels. In: Geeraerts, Dirk / Cuyckens, Hubert (red.). *The Oxford Handbook of Cognitive Linguistics*. Oxford: Oxford University Press, S. 117–138.

Thomason, Sarah Grey / Kaufman, Terrence. 1988. *Language Contact, Creolization, and Genetic Linguistics*. Berkeley: University of California Press.

Thomason, Sarah Grey. 2001. *Language Contact: An introduction*. Washington: Georgetown University Press.

Treder, Jerzy / Breza, Edward. 2000. Sytuacja socjolingwistyczna kaszubszczyzny. In: Mrózek, Robert (ed.). *Kultura – Język – Edukacja*. Katowice: UŚ, S. 139–166.

Treder, Jerzy. 2001. Czynniki aktywizujące rozwój kaszubszczyzny literackiej dziś. *Acta Cassubiana* III, 149–159.

Treder, Jerzy. 2005. *Kaszubszczyzna literacka. Studia*. Gdańsk: Wydawnictwo UG.

Treder, Jerzy. 2006. Współczesne tendencje rozwoju kaszubszczyzny. Język kaszubski w literaturze, szkole, Kościele i mediach. *Acta Cassubiana* VIII, 123–130.

Weinreich, Uriel. 1953. *Languages in contact, findings and problems*. New York: Linguistics Circle of New York.

Wiemer, Björn / Giger, Markus. 2005. *Resultativa in den nordslavischen und baltischen Sprachen (Bestandsaufnahme unter arealen und grammatikalisierungstheoretischen Gesichtspunkten)*. München / Newcastle: LINCOM Europe.

Swetlana Mengel (Halle-Wittenberg)

Emotive Funktion der russischen Wortbildung und ihr Wandel in der fremdsprachigen Umgebung (am Beispiel der russischsprachigen Diaspora in nichtslawischen Ländern)

Abstract: In the speech analysis of the Diaspora language it is necessary to distinguish two groups of native speakers: the representatives of the first and the subsequent generations of the diaspora from all waves of emigration. Whereas for the first generation it is typical to integrate the foreign language vocabulary into the system of the own mother tongue – which can be seen in the language of big cities in the period of important social and political changes -, with the representatives of the second and subsequent generations of the Diaspora much more complex processes in language change can be observed, caused by the influence of the language of the host country and by the superposition of two language systems. The paper attempts to trace the development peculiarities of the diminutive category in the language of the Russian diaspora in non-Slavic countries, taking into account the conditions mentioned above.

Keywords: Diminutive, peculiarities of language development in the Diaspora

1. Einführung und theoretische Vorbemerkungen

Mit der verehrten Jubilarin verbindet mich eine langjährige kollegiale und persönliche Freundschaft. So darf ich mir erlauben, in der Anredeform anstatt poln. *Pani profesor, Pani Elżbieto*, dt. *Frau Professor Kotorova, Frau Kotorova*, russ. *Елизавета Георгиевна* einfach russ. *Елизавета* oder *Лиза* zu verwenden. Ich pflege aber häufig, meine Freundin mit einem Diminutivum von der Kurzform ihres Vornamens – russ. *Лизочка* – zu benennen. Dabei ist es keinesfalls meine Absicht, auf eine geringe (weder physische noch mentale noch wissenschaftliche) Größe der Person hinzuweisen, sondern das absolute Gegenteil: Mit dieser Benennungsform drücke ich meine besondere Zuneigung und Wertschätzung meiner Freundin gegenüber aus. Die Verwendung eines Diminutivums stellt also im Russischen eine Möglichkeit dar, Emotionen (im konkreten Fall eine positive Konnotation) mit Zuhilfenahme sprachlicher Mittel zu explizieren[1].

---

1 Im Sprechakt „Anrede" sind Diminutiva in derartigen Funktion – wenn auch okkasionell – im Russischen sogar einer nicht befreundeten Respektsperson gegenüber

Der vorliegende Beitrag, den ich mit großer Freude und aufrichtigem Respekt für ihr beachtliches wissenschaftliches Œuvre und ihren stets wachen Forschergeist der Jubilarin widme, beabsichtigt, die emotive Funktion der russischen Wortbildung anhand des Gebrauchs von Diminutiva zu beleuchten und einen eventuellen Wandel dieser spezifischen Funktion während der Existenz der russischen Sprache in der Diaspora in nichtslawischen Ländern offenzulegen. Dieser Absicht seien zunächst einige allgemein-theoretische und für den Untersuchungsgegenstand spezifische Vorbemerkungen vorangestellt.

1.1

Die Wortbildung, eine der wichtigsten Strukturkonstanten des Sprachsystems, die E.G. Kotorova sehr treffend als ein Interface-Phänomen deutet (Которова 2014), erfüllt im Russischen fünf Hauptfunktionen: (1) die Benennungsfunktion, (2) die konstruktive Funktion, (3) die kompressive Funktion, (4) die expressive Funktion und (5) die stilistische Funktion (Земская 1992: 8–12). Dabei stellt die expressive bzw. emotive Funktion der Wortbildung (Земская 1992: 9f.) ein Spezifikum des Russischen (und breiter des Slawischen, worauf hier nicht eingegangen werden kann) dar.

Als Einheiten der lexikalischen Sprachebene benennen auch Diminutiva Erscheinungen der Wirklichkeit und fungieren damit in ihrer Benennungsfunktion, wobei sie auf die geringe Größe eines Gegenstandes bzw. die Geringfügigkeit des Vorhandenseins eines Merkmals hinweisen. Während des emotiven Gebrauchs von Diminutiva wird ihre Benennungsfunktion mit der expressiven Funktion kombiniert, die anstelle eines Hinweises auf die geringfügigen Maße des Gegenstandes bzw. Merkmals tritt, vgl.:

[1] Aus einem Gespräch unter Freunden: *Ну и старушенция! Еле избавился!*; aus einem Dialog am Telefon: *– Чем занимаешься? – Здоровьишко свое поправляю*; Arzt zum Patienten: *Мы с Вами встретимся в понедельничек, в восемь сорок*; aus einem Gespräch unter Freunden: *Ну, я тебе скажу, и была эпопейка!* (zitiert nach Земская 1992: 9).

Die unter [1] aufgeführten Beispiele zeigen unmissverständlich, dass die Sprecher mit den Diminutiva *старушенция, здоровьишко, понедельничек, эпопейка* die entsprechenden Erscheinungen durchaus benennen, jedoch ohne Absicht, eine

---

in Verbindung mit dem Vatersnamen erlaubt, vgl.: russ. *Елизаветочка Георгиевна, проходите, пожалуйста!* (vgl. Afonin 2011).

Angabe zu ihrer (geringen) Größe zu machen, sondern um Verärgerung, Selbstironie, Empathie etc. zu explizieren.

1.2

Die von uns bereits durchgeführten Untersuchungen zur Sprache russischsprachiger Diaspora (Mengel/Plaksina 2012; Mengel/Plaksina 2014; Менгель/Челбаева 2015; Mengel 2018), führten zu folgenden Beobachtungen, deren Berücksichtigung bei der hier beabsichtigten Analyse notwendig ist.

Die Sprach- bzw. Sprechtätigkeit der Vertreter der ersten Diasporageneration (mit dem Russischen als Muttersprache) in allen vier russischen Emigrationswellen (Земская 2001: 35) unterscheidet sich prinzipiell von der ihrer Nachkommen in der zweiten und folgenden Diasporagenerationen (Russisch als *heritage-language*): Während der Sprachgebrauch der ersten Diasporageneration verstärkt durch die Bemühungen geprägt ist, Lexik aus der fremdsprachigen Umgebung unter Zuhilfenahme von Mechanismen der russischen Form- und Wortbildung in das Sprachsystem ihrer Muttersprache (Russisch) zu integrieren, beherrschen die Vertreter der zweiten und folgenden Diasporagenerationen in der Regel (wenn auch möglicherweise mit unterschiedlicher Sicherheit) zwei Sprachsysteme – des Russischen und der Sprache des Gastlandes (zu Besonderheiten der *heritage-language* vgl. z.B.: Mustajoki et al. 2010; Polinsky/Kagan 2007; Выренкова et al. 2014, Polinsky 2018).

Bei fast vollständiger Unversehrtheit des Sprachsystems der Muttersprache (Russisch) bei Vertretern der ersten Diasporageneration und der Identität der zu beobachtenden Entlehnungsprozesse mit denjenigen im Mutterland (Mengel 2017: 245–247) zeigt sich bei Vertretern der zweiten und der folgenden Diasporagenerationen eine Interferenz beider angeeigneten immanenten Sprachsysteme und der Einfluss des Sprachsystems der Umgebungssprache auf das Sprachsystem des Russischen.

Im Unterschied zum Sprachgebrauch in der ersten Diasporageneration, der sich in Bezug auf die oben genannten Erscheinungen in den russischsprachigen Diasporen verschiedener Länder gleichermaßen äußert (vgl. Полинская 2004; Авина 2004; Осипова 2004 u.a. in: Мустайоки/ Протасова 2004), hängen die entsprechenden Veränderungen im russischen Sprachsystem bei Vertretern der zweiten und folgenden Diasporagenerationen von den spezifischen Besonderheiten des Sprachsystems jeder konkreten Partnersprache ab.

2. Der aktive Gebrauch von Diminutiva in der ersten Diasporageneration – Vitalität der emotiven Funktion der russischen Wortbildung

Die erhobenen Daten zu unserem Untersuchungsgegenstand zeigen, dass die Bildung von Diminutiva einen aktiven und unentbehrlichen Prozess im Sprachgebrauch der Vertreter der ersten Generation der russischsprachigen Diaspora in nichtslawischen Ländern darstellt, wobei keine Spezifika in Hinblick auf die jeweilige Partnersprache festzustellen sind, vgl.:

[2] *Отрежь два <u>слайсика</u> хэма мужчине* (engl. *slice* 'Stück', *ham* 'Schinken') – aus einem Gespräch in einem Fleischgeschäft in Brighton Beach in New York (USA) (zitiert nach Земская 2001: 192);

[3] *Они* (Amerikaner) *устраивают дома как хотят // Хочешь waterfall* (russ. *водопад*) / *пожалуйста // Вот вам и <u>водопадик</u>* (zeigt auf einen künstlichen Wasserfall im Garten) – aus einem Gespräch zweier Freundinnen beim Spaziergang in New York (USA) (zitiert nach Земская 2001: 193);

[4] *<u>жинутьку</u> получил* (lit. *žinute* 'Nachricht, SMS') – aus einem Gespräch in der russischsprachigen Diaspora in Litauen (zitiert nach Авина 2004);

[5] *В <u>пигушках</u> сейчас люди часто покупают* (lit. *pigus* 'billig') – aus einem Gespräch in der russischsprachigen Diaspora in Litauen (zitiert nach Авина 2004);

[6] *– Зачем нам учебники? Вот у Анны Петровны были <u>мапочки</u>, и хватит. // – Простите, что было? // – Ну, <u>мапочки</u>, неужели не ясно?!* (dt. *Mappe*) – aus einem Gespräch im Lehrerzimmer einer russischen Privatschule in Deutschland (www.russisch-fuer-kinder.de);

[7] *Какая у Вас <u>кеточка</u> <u>интересненькая</u>!* (dt. *Kette*) – aus einem Gespräch zweier Bekannten in Halle an der Saale (Deutschland) (unsere Datenbank);

[8] *Ну, я пошла, <u>чюсик</u>!* (dt. *Tschüß!* – eine Abschiedsformel) – aus einem Gespräch beim Abschied in Halle an der Saale (Deutschland) (unsere Datenbank);

[9] *– Могу я свой <u>хендик</u> использовать с <u>карточкой</u>? // – Да. Или Вы с фертрагом хенди заключили?* (dt. *Handy* 'Mobiltelefon', dt. *Vertrag*) – Fragen zum Vortrag „Handy & Co" in Halle an der Saale (Deutschland) (unsere Datenbank).

Wie aus den Beispielen [2]–[9] ersichtlich ist, erfasst die Diminutivbildung und Verwendung von Diminutiva sowohl die ursprünglich russischen (*водоп<u>ад</u>ик* [3], *интересн<u>еньк</u>ая* [7], *карт<u>оч</u>ка* [9]) als auch die aus der jeweiligen Partnersprache entlehnten Stämme (*слайс<u>ик</u>* [2], *жинут<u>ьк</u>а* [4], *пигуш<u>к</u>а* [5], *мап<u>оч</u>ка* [6],

кеточка [7], *чюсик* [8], *хендик* [9]) gleichermaßen: Sie werden in Benennungsfunktion (*карточка* [9]; im Deutschen wird der Hinweis auf die geringe Größe
der Prepaid-<u>Karte</u> des Mobiltelefons vernachlässigt; *водопадик* [3], *слайсик* [2],
хендик [9]) bzw. in emotiver Funktion (*кеточка интересненькая* [7], *жинутька*
[4], *пигушка* [5], *мапочка* [6], *чюсик* [8]) verwendet, wobei für den Gebrauch
von *водопадик*, *слайсик*, *хендик* in den Beispielen [3], [2] und [9] möglicherweise
beide Funktionen gelten können[2].

Die aktive Bildung der Diminutiva nicht nur von russischen, sondern auch von
aus der Partnersprache entlehnten Wörtern und ihre breite Verwendung zwecks
Emotionsexplikation zeugen von der Vitalität der spezifischen emotiven Funktion
der russischen Wortbildung bei Vertretern der ersten Diasporageneration.

Die Bildung der Diminutiva von Wörtern der Umgebungssprache tritt außerdem als ein zusätzlicher Mechanismus für Integration der entlehnten Lexik in das
Sprachsystem des Russischen auf. Dabei können die russischen Diminutivsuffixe
nicht nur den fremdsprachigen Wörtern hinzugefügt werden, vgl.: *мапочка* [6],
слайсик [2], *жинутька* [4], sondern auch die dort potenziell vorhandenen Diminutivsuffixe ersetzen, vgl.: *кеточка* anstatt (*Kette* →) *Kettchen* (Analogie zu russ.
цепочка) [7], *хендик* anstatt *Handy* [9], *чюсик* anstatt (*Tschüss* →) *Tschüsschen*
(Analogie zu russ. *приветик*) [8]. Die emotive Funktion kann in diesen Fällen
entweder analog beibehalten (*чюсик*: *Tschüsschen*) bzw. oft neu eingefügt (*хендик*:
Handy) oder sehr selten neutralisiert (*кеточка*: *Kettchen*[3]) werden.

3. Die eingeschränkte Fähigkeit zur Bildung der Diminutiva bei Vertretern der zweiten und der folgenden Diasporagenerationen – Verlust der emotiven Funktion der russischen Wortbildung

In ihrer Analyse des Sprachgebrauchs in russischen Emigrantenfamilien in den
USA stellte M. Osipova (Осипова 1999; 2002, vgl. Осипова 2004) bei den Sprachträgern, die als Kleinkinder in den 1980er Jahren in die USA gekommen waren,

---

2 Nicht ganz eindeutig lässt sich die Bildung *пигушка* 'Billigzeugladen' im Beispiel [5]
   den Diminutiva zuordnen. Das Suffix -*к*- (als Homonym zum Diminutivsuffix -*к*-)
   könnte hier für die Bildung der Gegenstandsbezeichnung verwendet worden sein, vgl.
   russ. *барахло* → *барахолка*.

3 Das russische Diminutivum *цепочка* erfüllt allein die Benennungsfunktion, indem
   es auf die geringe Größe des Gegenstands hinweist. Im Deutschen wird der entsprechende Gegenstand *Kette* genannt, *Kettchen* signalisiert dagegen eine emotive (meinst
   negative) Färbung.

die Abschwächung der Wortbildungsverfahren der Modifikation fest, was sich
vor allem im Verlust der Fähigkeit zur Bildung der Diminutiva äußere. Ähnliche
Beobachtungen bei derselben Probandengruppe machte auch M. Polinsky (Polinsky 1995; 1997; Полинская 2004, vgl. auch Polinsky 2008; Polinsky/Kogan
2007), die die Abschwächung der Mechanismen der russischen Wortbildung im
Allgemeinen und ihre Ersetzung durch andere sprachliche Mittel konstatierte,
was ihrer Meinung nach auf den Einfluss der Partnersprache, des Englischen,
zurückzuführen wäre. Im Gegensatz dazu vertritt E.A. Zemskaja (Земская 2001)
die Ansicht, dass ihre Untersuchungen zum Sprachgebrauch bei Vertretern der
zweiten und der dritten Generation der ersten russischen Emigrationswelle, den
sie in mehreren (nichtslawischen) Ländern in privaten Gesprächen „in einer un-
gezwungenen häuslichen Atmosphäre" (Земская 2001: 129) beobachtete, von
einer aktiven Bildung sowie einem aktiven Gebrauch der Diminutiva zeugen.
Als Beweis dafür wird u.a. der Brief an die Mutter von Julia Baschmakoff, einer
in Finnland lebenden Vertreterin der dritten Generation der ersten russischen
Emigrationswelle, vom 24.02.1997 zitiert (Земская 2001: 177, s. Abbildung 1).

Unserer Überzeugung nach liefert jedoch die genauere Analyse des Briefes
gegenteilige Beweise, die vielmehr die Befunde von Osipova und Polinsky stärken
(vgl. Mengel/ Plaksina 2012: 181; Mengel/Plaksina 2014: 51). In der Anredefor-
mel wird *дорогая мамушка* (nicht das „reguläre" Diminutiv *мамочка* mit dem
produktiven Suffix *-очк-*) gebraucht, dem folgt im narrativen Teil des Briefes
Лёник (nicht der „reguläre" Kosename *Лёня* oder seine „regulären" diminutiven Ableitungen *Лёнчик, Лёнечка*), der Brief wird – genauso wie alle anderen
Briefe von Julia Baschmakoff an ihre Verwandten (Земская 2001: 174–176) –
mit *Юлька* (statt *Юля* oder *Юлия*, wie es der neutrale Stil der Textsorte „Brief"
verlangt) unterschrieben. Ein derartiger Gebrauch von Diminutiva lässt eher
vermuten, dass diese hier nicht in emotiver Funktion, wie es zu erwarten wäre,
sondern – der diminutiven Bedeutung enthoben – in der in der Familientradition
üblichen Benennungsfunktion verwendet wurden. Das Anredephänomen mit
den (Quasi)Diminutivformen von Eigennamen wie *Ванька, Манька* (die in der
russischen Standardsprache eine negative Konnotation ausdrücken, jedoch in
der „Dorfsprache" üblich sind) ohne jegliche emotive Färbung (bzw. eigentliche
Diminutivbedeutung) ist unter den Nachfahren der russischen Altgläubigen in
den USA bekannt: Die mitunter hochgebildeten Wissenschaftler und Philologen
verwenden es aufgrund der Tradition ihrer russischen „Familiensprache". Auch
unsere Beobachtungen bezeugen den derartigen Gebrauch der Diminutivformen
von Eigennamen auf Grund der Familientradition, vgl.:

[10] Ein Gespräch beim Arzt (Berlin, Deutschland): „*Как тебя зовут?*" – „*Paul Afonin*", – „*Как? Я не поняла*", – „*Да, Павлушка!*" (Mengel/Plaksina 2014: 51–52).

Das Kind (7 Jahre alt) nennt, indem es zum Russischen wechselt, seinen vertraulichen diminutiven Familienkosenamen als neutrale Benennung, ohne sich seiner emotiven Färbung bewusst zu sein: Ihm ist durchaus bekannt, dass man sich in einer offiziellen Situation mit vollem Vor- und Nachnamen vorstellen muss, was es auf Deutsch auch völlig korrekt realisierte.

Die Abschwächung der emotiven Funktion der Diminutiva und schließlich ihr Verlust im Sprachgebrauch der Vertreter der zweiten und der folgenden Diasporagenerationen, ist m.E. in den o.g. russischsprachigen Diasporen, die von Osipova, Polinsky und Zemskaja untersucht wurden bzw. den Gegenstand unserer Analyse bildeten, auf den Einfluss der Wortbildungssysteme der konkreten Partnersprachen zurückzuführen, und zwar des Englischen, des Französischen, des Finnischen und des Deutschen (deren Sprachsysteme die zu beobachtenden Sprachträger parallel zum Sprachsystem des Russischen beherrschen). In keiner der Landessprachen der von Zemskaja, Osipova, Polinsky und von uns befragten bilingualen Probanden spielt die expressive (emotive) Funktion der Wortbildung eine so große Rolle wie im Russischen und weist eine vergleichbare Vielfalt von Derivationsstrukturen, u.a. Diminutivsuffixen, auf.

Der Verlust der emotiven Funktion der Diminutiva führt zum generellen Absinken der Produktivität dieser Wortbildungskategorie im Wortbildungssystem des Russischen bei bilingualen Sprachträgern mit den entsprechenden Partnersprachen. Dies bezeugen m.E. die o.g. Untersuchungen sowie unsere in Deutschland gewonnenen Daten, vgl. exemplarisch:

[11] Ein 8-jähriger Junge auf ein im Kinderwagen schlafendes Kind zeigend: *Посмотрите, какой у меня брат!* (Mengel/Plaksina 2014: 52).

Von einem monolingualen russischen Altersgenossen wäre in der im Beispiel [11] gegebenen Situation zweifelsohne ein Diminutivum *братик* in seiner primären Benennungsfunktion mit dem Hinweis auf die geringe Größe des Bruders zu erwarten.

Die Daten eines von V. Petrovskaja in Finnland durchgeführten Experiments, dessen Zweck die Untersuchung von Sprachstrategien und Sprachfähigkeiten bilingualer russisch-finnischer Vorschulkinder war und das keine spezielle Beachtung der Bildung von Diminutiva beabsichtigte (Petrovskaja 2012), bestätigen ebenfalls einen derartigen Entwicklungsprozess.

Den 5-järigen Kindern aus einsprachigen russischen und zweisprachigen russisch-finnischen Familien wurde eine Reihe von Bildern vorgelegt, mit der Bitte, diese zu beschreiben (Petrovskaja 2012: 27, s. Abbildung 2). Betrachten wir im Folgenden einige für uns relevante Aussagen, vgl.:

[12] Ein Mädchen aus einer einsprachigen russischen Familie (monolingual, spricht kein Finnisch):

<…> вижу <u>мишку</u> / <…> папа держит <u>чашечку</u> / <…> вижу мальчика / который играет с <u>мячиком</u> / <…> а тут <u>цветочки</u> / <…> мальчик строит песочный за:мок / из <u>ведёрка</u> / и <u>лопатка</u> / <…> а тут кукла и <u>медвежонок</u> / <…> дальше мальчик, который поливает **цветы** */ <…> а тут мишка гладит* **кошку** */ а здесь рисует мальчик с гавкой <u>солнышко</u> <…>*[4] (zitiert nach Petrovskaja 2012: 30).

[13] Ein Mädchen aus einer zweisprachigen Familie (bilingual, spricht Russisch und Finnisch mit gleich guten Sprachkompetenzen):

<…> <u>мишка</u> **в футбол играет** */ <…> мишка* **делает из песка торт** */ <…> мишка на <u>колясочке</u> возит игрушку // Мишка поливает* **цветы** *// <…> мишка* **рисует** */ мишка гладит* **кошку** *<…>* (zitiert nach Petrovskaja 2012: 32).

[14] Ein Junge aus einer zweisprachigen Familie (bilingual, spricht Finnisch und Russisch, das Finnische dominiert):

<…> это <u>мишка</u> идёт // <…> это мишка бросил <u>мячик</u> // <…> это мишка **делает песочные** *… / <…> это мишка полива:ет* **цветы** *// это мишка рисует* **солнце** *<…> // это мишка эээ погла:дила эту / <u>собачку</u> <…>* (zieirt nach Petrovskaja 2012: 33).

Das Beispiel [12] demonstriert, dass das monolinguale russischsprachige Kind die Bildung von Diminutiva (hervorgehoben durch Unterstreichung) im vollen Maße beherrscht. Diese Wortbildungskategorie ist in seinem Sprachgebrauch aktiv und hoch frequentiert. Dies erklärt sich vollständig aus der kommunikativen Aufgabe der geforderten Beschreibung: Die Bilder zeigen eine kleine „Spielzeugperson" in Interaktion. Dabei kennt die Probandin verschiedene Diminutivableitungen (Diminutivformen) von einer Basis, vgl.: *мишка, медвежонок*. Sie ist entsprechend zum Gebrach sowohl der neutralen Benennungen (hervorgehoben durch Fettschrift) als auch der Diminutiva in der Lage, vgl. *цветочки* und *поливать* **цветы**.

Im Gegensatz dazu verwendet das bilinguale Kind, das das Russische und das Finnische gleichermaßen gut beherrscht, im Beispiel [13] – obwohl grammatikalisch seine Aussagen völlig korrekt sind – kaum Diminutiva, vgl.: **в футбол**

---

4 Hervorhebung durch Unterstreichung und Fettschrift in den Beispielen [12], [13], [14] von mir – *SM*.

играет (vgl. [12]: *играет с <u>мячиком</u>*), **делает из песка торт** (nicht *тортик* [!], vgl. [12]: *строит песочный за:мок / из <u>ведёрка</u> / и <u>лопатка</u>*), **рисует** (vgl. [12]: *рисует <…> <u>солнышко</u>*), *поливает* **цветы**, *гладит* **кошку**. Obwohl die zwei letzteren Ausdrucksweisen in gewissem Sinne fertige phraseologische Einheiten präsentieren und dementsprechend auch vom monolingualen russischen Kind benutzt werden (vgl. [12]), ist festzustellen, dass die bilinguale Probandin im Beispiel [13] bei der Beschreibung von gleichen Bildern praktisch nur ein einziges Mal ein Diminutivum verwendet, vgl.: *на <u>колясочке</u> возит*. Berücksichtigt man in diesem Ausdruck die Präposition *на* anstelle der normativen (und in diesem Falle stilistisch neutralen) Präposition *в*, läge die Vermutung nahe, dass dem Kind der Ausdruck *на <u>колясочке</u> возит* samt des integrierten Diminutivums aus seiner „Familiensprache" bekannt ist und es das Wort *колясочка* nicht als Diminutivum assoziiert. Dasselbe mag auch für das Wort *мишка* gelten.

Den gleichen Sprachgebrauch bezüglich der Verwendung von Diminutiva bildet m.E. auch das Beispiel [14] mit den Aussagen des bilingualen Kindes mit der Dominanz des Finnischen ab. Die Diminutivformen *мишка, мячик, собачка* (die anstatt *кошка* erscheint, vgl.: *это мишка погла:дила* <sic!> *эту / <u>собачку</u>*) treten augenscheinlich als neutrale Nominationen auf, die das Kind aus seiner „Familiensprache", genauso wie die Formel *поливать* **цветы**, kennt. Es beherrscht weder die Bildung noch die emotive Funktion der Diminutiva, vgl.: *рисует* **солнце** im Gegensatz zu *рисует <u>солнышко</u>* bei der monolingualen russischsprachigen Probandin im Beispiel [12].

4. Fazit

Unsere Fallstudie zur emotiven Funktion der russischen Wortbildung und ihrem Wandel in der fremdsprachigen Umgebung am Beispiel der Verwendung der Diminutiva in der russischsprachigen Diaspora in nichtslawischen Ländern hat Folgendes ergeben.

Wie zu erwarten, wiesen die Resultate der Analyse des Sprachgebrauchs bei Vertretern der ersten Diasporageneration (mit der Muttersprache Russisch) und bei ihren Nachkommen in der zweiten und folgenden Diasporagenerationen (mit Russisch als *heritage language* und den muttersprachlichen Sprachkompetenzen in der Partner- bzw. Umgebungssprache) Unterschiede auf.

Die Vertreter der ersten Diasporageneration beherrschen aktiv die Bildung der Diminutiva nicht nur von russischen, sondern auch von den aus der Partnersprache entlehnten Wörtern und verwenden die Diminutiva hoch frequentiert in ihrer emotiven Funktion, was von der Vitalität dieser spezifischen Funktion der russischen Wortbildung zeugt. Die Bildung der Diminutiva von Wörtern aus der Umgebungssprache dient außerdem zusätzlich als einer der Mechanismen der Integration der entlehnten Lexik in das Sprachsystem des Russischen.

Bei Vertretern der zweiten und der folgenden Diasporagenerationen ist dagegen die Abschwächung bzw. Schädigung der emotiven Funktion der russischen Wortbildung zu beobachten, die auf den Einfluss der Wortbildungssysteme der Partnersprachen zurückzuführen ist. Am Beispiel der Präsenz von Diminutiva im Sprachgebrauch äußert sich dies zunächst in der Einbuße der emotiven und folglich der primären (Verweis auf die geringe Größe des Gegenstandes bzw. die Geringfügigkeit des vorhandenen Merkmals) Bedeutung bei Diminutivformen. Dies mündet schließlich in der eingeschränkten Fähigkeit zur Bildung der Diminutiva bzw. im gänzlichen Verlust dieser Fähigkeit, was zum Verlust der entsprechenden Kategorie im Wortbildungssystem des Russischen führt.

Diese in der russischsprachigen Diaspora in nichtslawischen Ländern zu beobachtende Entwicklung führt aber zur Annahme, dass die Wortbildungskategorie der Diminutiva und damit die emotive Funktion der russischen Wortbildung in der russischen Sprache der russischsprachigen Diaspora in den slawischsprachigen Ländern auch in der zweiten und der folgenden Diasporagenerationen präsent und aktiv bleiben dürfte, da sie dort auch in den Partnersprachen breit vertreten ist. Die entsprechenden speziellen Untersuchungen diesbezüglich stehen freilich noch aus.

Literatur

Авина, Наталья. 2004. Язык русских в Литве: словообразовательные особенности. В: Мустайоки, Арто / Протасова, Екатерина (ред.). *Русскоязычный человек в иноязычном окружении*. Helsinki: Yliopistopaino, с. 136–142.

Выренкова, Анастасия / Полинская, Мария / Рахилина, Екатерина. 2014. Грамматика ошибок и грамматика конструкций: «эритажный» («унаследованный») русский язык. *Вопросы языкознания*. 3, 3–19.

Земская, Елена. 2000. Функции словообразования в языке русского зарубежья. В: Kleszczowa, Krystyna / Selimski, Ludwig (ред.). *Słowotwórstwo a inne sposoby nominacji*. Kotowice: Wydawnictwo Gnome, с. 141–146.

Земская, Елена (ред.). 2001. *Язык русского зарубежья, общие процессы и речевые портреты*. Москва-Вена: Языки славянской культуры.

Земская, Елена. 2001. Словообразование. В: Земская, Елена (ред.). *Язык русского зарубежья, общие процессы и речевые портреты*. Москва-Вена: Языки славянской культуры, с. 128–135.

Земская, Елена. 2002. Специфика семантики и комбинаторики производства слов-гибридов. В: Mengel, Swetlana (Hg.). *Slavische Wortbildung: Semantik und Kombinatorik*. Münster–Hamburg–London: LIT-Verlag, с. 157–169.

Которова, Елизавета. 2014. Словообразование как интерфейсный феномен. В: Mengel, Swetlana (Hg.). *Slavische Wortbildung im Vergleich: Theoretische und pragmatische Aspekte*. Berlin: LIT-Verlag, с. 163–178.

Менгель, Светлана / Челбаева, Татьяна. 2015. Особенности отражения категории деминутива в языке русскоязычной диаспоры в неславянских странах. В: Stramljič Breznik, Irena (ред.). *Manjšalnice v slovanskih jezikih: oblaka in vloga*. Maribor–Bielsko-Biala–Budapest– Kansas–Praha: Cicero, Begunje, с. 221–232.

Мустайоки, Арто / Протасова, Екатерина (ред.). 2004. *Русскоязычный человек в иноязычном окружении*. Helsinki: Yliopistopaino.

Осипова, Марина. 1999. К изучению разговорного языка иммигрантов в США: словообразовательный уровень. *Slavia*. 1, 37–44.

Осипова, Марина. 2002. Разговорный русский язык иммигрантов в США. Лексика и словообразование. В: Николаева, Татьяна (ред.). Славянская языковая и этноязыковая системы в контакте с неславянским окружением. Москва: Языки славянской культуры, с. 448–464.

Осипова, Марина 2004. Параллельные коммуникативные инновации в русском языке диаспоры и метрополии. В: Мустайоки, Арто / Протасова, Екатерина (ред.). *Русскоязычный человек в иноязычном окружении*. Helsinki: Yliopistopaino, с. 161–168.

Полинская, Мария. 2004. Русский язык в США. В: Мустайоки, Арто / Протасова, Екатерина (ред.). *Русскоязычный человек в иноязычном окружении*. Helsinki: Yliopistopaino, с. 28–46.

Afonin, Sergej. 2011. *Die Distanzanrede im modernen Deutschen und Russischen: Eine kontrastiv-pragmatische Analyse empirischer Daten*. Frankfurt am Main: Peter Lang.

Mengel, Swetlana. 2017. Russisch im Wandel: Sprache während gesellschaftlicher Umbruchsituationen. In: Witzlack-Makarevich, Kai / Wulff, Nadja (Hg.). *Handbuch des Russischen in Deutschland. Migration – Mehrsprachigkeit – Spracherwerb*. Berlin: Frank & Timme, S. 239–259.

Mengel, Swetlana. 2018. Роль и особенности компрессивного словооразования и словосложения в языке русскоязычной диаспоры в немецкоговорящих странах. In: Šehović, Amela (Hg.). *Univerbacija/univerbizacija u slavenskim jezicima*. Sarajevo: Slavistički komitet Sarajovo, S. 274–289.

Mengel, Swetlana / Plaksina, Elena. 2012: Интерференция словообразовательных механизмов в языковых системах билингвов (на примере русского в диаспоре и языков-партнёров). В: Ђорић, Božo / Драгићевић, Rajna (ред.). *Творба речи и њени ресурси у словенским језицима. Зборник радова са четрнаесте међународне научне конференције Комисије за творбу речи при Међународном комитету слависта.* Београд: Филолошки факултет Универзитета у Београду, с. 177–192.

Mengel, Swetlana / Plaksina, Elena 2014. Interferenz von Wortbildungsmechanismen in den Sprachsystemen bilingualer Sprachträger (am Beispiel des Russischen in der Diaspora und seiner Partnersprachen). *Zeitschrift für Slawistik.* 1 (59), 46–62.

Mustajoki, Arto / Protasova, Ekaterina / Vakhin, N. (ed.). 2010. *Instrumentarium of linguistics: Sociolinquistic approach to non-standard Russian.* Helsinki: Yliopisto.

Petrovskaja, Viktorija 2012. *Описание картинок двуязычными дошкольниками: лексико-грамматический и нарративный аспекты.* Masterarbeit, Universität Helsinki. (https://helda.helsinki.fi/bitstream/handle/10138/34543/opisanie.pdf?sequence=1, letzter Zugriff am 06.12.2018).

Polinsky, Maria. 1995. Cross-linquistic parallels in laqnguage loss. *Southwest Jornal of Linguidtics.* 14, 87–124.

Polinsky, Maria. 1997. American Russian: language loss meets language acquisition. In: Brown, Wayles (ed.). *Annual Workshop on Formal Approaches to Slavic Linguistics. The Cornell Meeting (1995).* Ann Arbor: Michigan Slavic Publications, S. 370–406.

Polinsky, Maria. 2008. Gender under incomplete acquisition: Heretage speaker' knowledge of noun categorization. *Heritage language journal.* 1 (6), 40–71.

Polinsky, Maria. 2018. *Heritage Languages and their Speakers.* Cambridge: University Press.

Polinsky, Maria / Kagan, Olga. 2007. Heritage languages: In the 'wild' and in the classroom. *Language and linguistics compass.* 1 (5), 368–395.

Abbildung 1: Brief von Julija Baschmakoff an die Mutter vom 24.02.1997 (zitiert nach Земская 2001: 177)

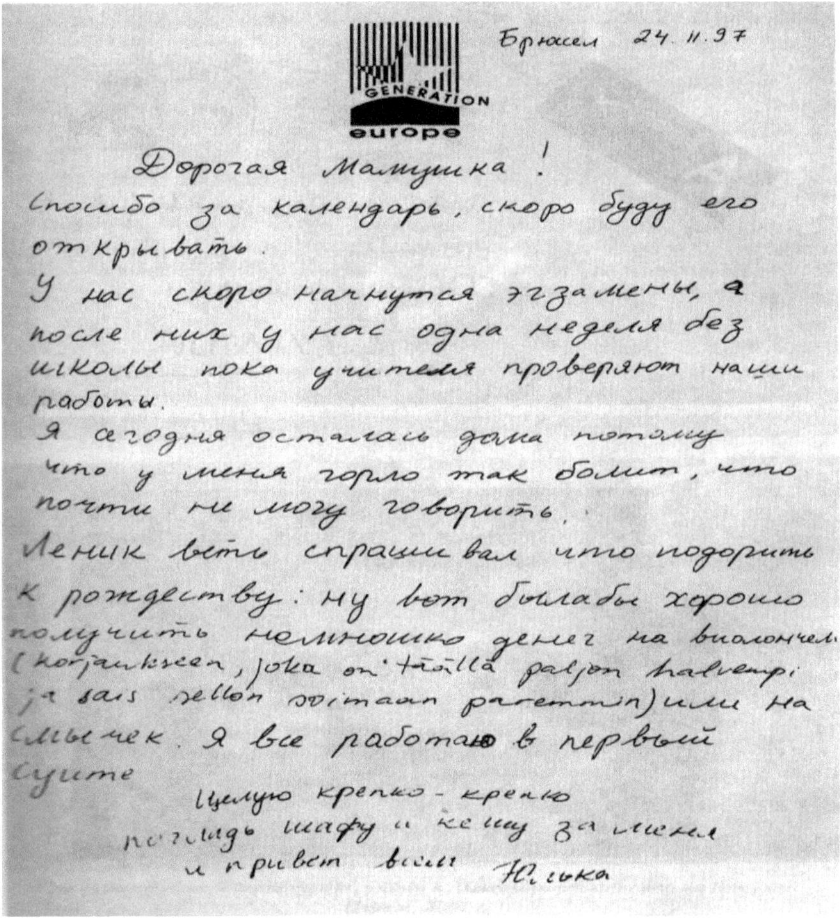
GENERATION europe

Брюсел 24. 11. 97

Дорогая Мамушка!

Спасибо за календарь, скоро буду его открывать.

У нас скоро начнутся эгзамены, а после них у нас одна неделя без школы пока учителя проверяют наши работы.

Я сегодня осталась дома потому что у меня горло так болит, что почти не могу говорить.

Леник веть спрашивал что подорить к рождеству: ну вот былабы хорошо получить немножко денег на виолончел. (korjaukseen, joka on tällä paljon halvempi ja sais sellon soimaan paremmin) или на смычек. Я все работаю в первый сюите

Целую крепко-крепко
погладь шафу и кешу за меня
и привет всем Юлька

Abbildung 2: Bilder zur Beschreibung (zitiert nach Petrovskaja 2012: 27)

Teil II
Wort und Wortschatz

Jurij Kobenko (Tomsk)

Einteilungsmöglichkeiten eines Sprachbestandes aus der Perspektive des umweltbedingten Ansatzes

Abstract: The article focuses on the division of a language vocabulary from the perspective of the environmental approach, which basis is the thesis of the environmental origin of the human language and the impossibility of its existence outside the boundaries of the environment. A language exists in the "nutrient solution" of a culture and appears as a linking element of interaction among all individuals of a population. The environmental approach is a large epistemological platform that is used to take into account various functional variations of a language serving as the basis for its vocabulary segmentation.

Keywords: language stock, heterogeneity, strata, vocabulary division, environmental approach

Einleitung

Der Fachausdruck „Nordhalbkugelwortschatz" sollte angesichts der besseren Besiedlung der nördlichen Hemisphäre im Begriffsapparat der Wortschatzlehre zum Hyperonym werden, gäbe es freilich auf der Erde eine einzige weltumspannende Verkehrssprache. Die Ausdrücke wie „die Badesaison eröffnen", „frühherbstlich" und „Übergangsmantel", die eindeutig zum Vokabular der Nordhalbkugelmenschen gehören, beweisen dennoch, dass die obere Grenze eines theoretisch fundierten Einteilungsversuchs weit über das Rahmenwerk einer einzelnen Sprache hinausreichen kann und zumindest aus onomasiologischer Sicht das spracheigene Terrain verlässt. Vom Standpunkt der Soziolinguistik betrachtet, ist dies allerdings eine übliche Praxis: Das Kommunikationskontinuum innerhalb bestimmter Staatsgrenzen wird selten von einer einzigen Sprache gedeckt. Bei Sprachensituationsanalysen binnen einem territorial begrenzten sprachlichen Kommunikationsgefüge stellen die Sprachsoziologen häufig fest, dass Grenzen zweier beliebiger kontaktierender Idiome in höchstem Maße fließend sind: Wo das eine aufhört und das andere beginnt, lässt sich nur schwer bestimmen (vgl.: Winogradow 2008: 116). Die vor allem an der Peripherie der Wortschätze angesiedelte Allomorphie als „Polyfunktionalität einer Form" (Nübling 2010: 50) darf aber nicht darüber hinwegtäuschen, dass sämtliche Grenzen bereits innerhalb einer Einzelsprache bestehen. Moderne Schriftsprachen sind hochheterogene Gebilde –

„Mischsprachen" nach H.H. Munske (1988: 46f), die ihre Allomorphie zahlreichen Entlehnungen und Entlehnungswellen zu verdanken haben. Der Heterogenitätsgrad von Schriftidiomen hängt einzig und allein von ihrer Aufnahmefähigkeit ab, i.e. Loyalität gegenüber fremdsprachigen Einflüssen. Heterogene Segmente, die in der Regel entlehnte Adstrate im Gesamtwortbestand sind, können ungeachtet ihres Umfangs und ihrer Stratifizierung als eigentliche Wortschatztypen aufgefasst werden. Griechische, lateinische, französische, englische u.a. Adstrate sind Bestandteile des deutschen Lehnwortschatzes, die trotz ihrer strengen geschichtlichhierarchischen Schichtung im deutschen Sprachsystem (das französische Adstrat ist der Aufbau des lateinischen, das lateinische – der des griechischen usw.) als Einzel- bzw. Teilwortschätze mit einschlägigen Sprachregistern zu behandeln sind, vgl. heterogene Ausdrücke *á la carte* vs. *business as usual* im deutschen Wortbestand der Gegenwart. Solche synchron koexistierenden Sprachmittel sind sowohl sprachgenetisch (etymologisch) als auch onomasiologisch gegeneinander abzugrenzen, da entlehnte Wortschatzstrata in der Regel unterschiedliche Bezeichnungsfelder, ebenfalls bekannt als „Sachgruppen", bedienen. Dennoch besagt diese Erkenntnis keineswegs, dass die Abstammung von Sprachmitteln bzw. ihre thematische Anordnung als übergeordnetes Kriterium für eine Wortschatzeinteilung gälte. Die hieraus erwachsende Frage nach Kriterien derselbigen mündet in die Notwendigkeit der Festlegung einer Herangehensweise, die eine weitgehend praktikable Typologie der Teilwortschätze eines Sprachbestandes ermöglichte. Die Gegenstandsvergrößerung der Wortschatzlehre im Rahmenwerk des poststrukturalistischen Forschungsparadigmas seit Mitte des 20. Jh. war dennoch der Aufbereitung einer solchen Herangehensweise eher abträglich. Nichtsdestoweniger erwies sich dieser Faktor später als Katalysator für die Nacharbeitung der Umfeldtheorie von E. Sapir (vgl.: Sapir 1993) unter Einbeziehung neuester Erkenntnisse vor allem in den Bereichen Biozönotik, Anthropologie, Neurobiologie, Kybernetik usw. Der daraus entwickelte umfeldbedingte Ansatz (environmental approach), der heute weitestgehend interdisziplinär umgesetzt wird, gilt mit seinem methodologischen Instrumentarium und einer umfassenden Kriterienbasis als verlässliche Plattform für eine theoretische Wortschatzeinteilung.

1. Der umfeldbedingte Ansatz: eine epistemologische Einsicht

Alle Forschungs- bzw. Denkansätze weisen eine aggregative Abhängigkeit auf, i.e. jeder nachfolgende Ansatz wird einem bzw. mehreren größeren zugeordnet. Die Hierarchie der epistemologischen Ansätze krönt der sog. Evolutionismus als Gesamtheit der theoretischen und methodologischen Grundlagen der Evolutionstheorie, die für wissenschaftliche Forschung, Interpretation, Bewertung und

Systematisierung von Daten vor allem im Zyklus der naturwissenschaftlichen Disziplinen verwendet werden. Der umfeldbedingte Ansatz versteht sich als Unterordnung des Evolutionismus und fußt auf der Erkenntnis, dass die menschliche Sprache mit der gesamten Vielfalt ihrer Ausdrucksformen niemals außerhalb des menschlichen Umfeldes existiert und von diesem wesentlich begrenzt ist.

Als Begründer des Umweltansatzes gilt der Weimarer Kulturphilosoph J. G. Herder, der in seinem vierbändigen Werk „Ideen zur Philosophie der Geschichte der Menschheit" (1782–1788) die Kultur als „Nährboden" für die Sprache und andere umfeldbedingte Phänomene interpretierte: „Der Mensch ist organisch ein ‚Mängelwesen' und wäre in jeder natürlichen Umgebung lebensunfähig; so muss er sich eine zweite Natur, eine künstlich bearbeitete und passend gemachte Ersatzwelt, die seiner versagenden organischen Ausstattung entgegenkommt, erschaffen, und er tut dies überall, wo wir ihn sehen; er lebt sozusagen in einer künstlich entgifteten, handlich gemachten und von ihm ins Lebensdienliche veränderten Natur, die eben die Kultursphäre ist" (vgl.: Gehlen 1961: 46f.).

Der umfeldbedingte Ansatz erschöpft sich aber keineswegs in Fragen der Entstehung und Entwicklung einer Sprache. Er ist vielmehr eine Argumentationsebene über die Herder'sche „künstliche" Welt, i.e. Kultur, deren Hauptaufgabe im sog. Transhumanismus, also in der Schaffung günstiger Selektionsbedingungen durch die Überwindung negativer Aspekte des Seins (Habermas 2014: 57), besteht. Die künstliche Selektion beschleunigte erheblich die evolutionären Veränderungen im Gehirn der Hominiden, denn für ein erfolgreiches Überleben in großen Gruppen von Urmenschen war die Aufrechterhaltung sozialer Beziehungen dringend erforderlich. Ihre Grundlage bildeten der aktive Austausch von Nahrungsmitteln, die Reduzierung der intraspezifischen Aggression, kollektive Jagd und Schutz gemeinsamer biologischer Interessen (Saweljew 2018: 29). Zu diesem Zweck entwickeln alle einen Superorganismus konstituierenden Lebensformen ein für die Interaktion aller Individuen derselben Organismenart geeignetes Kommunikationsmittel, eine Sprache. Diese ist die Eigenschaft eines jeden Umfeldes, seine wichtigste Zutat, die eine Kommunikation (zu lat. commune – Gesellschaft, Gemeinschaft) aller darin Einbezogenen ermöglicht. Daher versteht sich die integrative (verbindende) Funktion als die wichtigste Funktion der Sprache (Schweizer, Nikolskij 1978: 22–23), welche häufig für kommunikative ausgegeben wird. Diese Erkenntnis widerlegt die im Poststrukturalismus verbreiteten Vorstellungen von einem „mentalen" Ursprung und Wandel einer Sprache und räumt dem extralinguistischen Determinismus der sprachlichen Natur unbedingten Vorrang ein. Das Anwendungspotential des umfeldbedingten Ansatzes reicht vom innersprachlichen (intralinguistischen) Bereich, dem sog. grammatischen „Kern" der Sprache mit seinen Funktionalparadigmen, über die pragmatische „Mitte" (Debus 1980: 88) bis hin zu den angrenzenden Gebieten der Extralinguistik – Sprachkontakten, Sprachpolitik und -kultur etc.

Wurde der Begriff „Umfeld" zu Beginn des vergangenen Jahrhunderts von E. Sapir noch etwas naturalistisch, im Wortlaut als eine „physische Umgebung" (physical environment), ausgelegt (Sapir 1993: 227), so erfuhr er gegen Ende des 20. Jh. eine markante Bedeutungserweiterung und stand nunmehr für das Gegenteil: die Gesamtheit der „biotischen (lebenden), abiotischen (unbelebten) und anthropogenen Lebensbedingungen eines Individuums, einer Bevölkerung oder Art" (Afanasjew 1986: 40). Heute ist dieser Begriff dem der Kultur in seiner Herder'schen, i.e. philosophisch-anthropologischen Bedeutungsauslegung absolut identisch.

Die Kultur wird in Werken der Evolutionstheoretiker oft der Biologie gegenübergestellt, vgl. die Dichotomie „biologisch / genetisch (somatisch) vs. kulturell / memetisch (exosomatisch)" von R. Dawkins (Dawkins 2005: 16). Die Grundlage für diese Gegenüberstellung bildet der Dualismus der menschlichen Natur, bedingt durch das evolutionär herausgebildete binäre System der Verhaltenskontrolle als Folge des Übergangs von der natürlichen zur künstlichen Auslese: instinktiv-hormonell vs. rationell (neurobiologisch). Das erste Teilsystem beruht auf der Funktion des limbischen Komplexes (viszeralen Gehirns), das zweite auf der des Neocortex (Neurinde). Die Koexistenz zweier Zentren und dementsprechend zweier Analyseverfahren wird von S. W. Saweljew mit der Entstehung von Konflikten und Widersprüchen im menschlichen Verhalten in Verbindung gebracht: Der sozio-biologische Block angeborener (animalischer) Instinkte basiert auf latenter Realisierung von instinktiv-hormonellen Verhaltensweisen; das rationelle Set entstand auf der Grundlage erworbener sozialer Triebe (Saweljew 2014: 72). Der vor ca. 2,5 Jahrmillionen im Pleistozän begonnene Übergang von der natürlichen zur künstlichen Auslese kann als Ausgangspunkt der Herausbildung des Herder'schen Umfeldes angesehen werden, zu dessen wichtigsten Attributen Naturentfremdung, Sozialisierung und Deanimalisierung zählen.

Innerhalb des Umfeldes gewinnen die Antinomie „biologisch vs. kulturell" und die entsprechenden Verhaltensmuster einen immer stärker ausgeprägten Kontrast: Die sich vom Animalismus in entgegengesetzte Richtung fortentwickelnde und rasch sozialisierende Menschenpopulation schuf auf ihrer Grundlage ein ganzes System binärer Gegensätze, vgl.: „Biologie (Physiologie) vs. Kultur (Psychologie)", „biologisches Individuum vs. Persönlichkeit", „Instinkt vs. Vernunft", „Gen vs. Mem" und dgl. m. Bemerkenswerterweise ist die hierarchische Korrelation der resultierenden Antinomien, verursacht durch die Evolution der Spezies homo, ihrer oppositionellen (linear-konträren) Interpretation in der alltäglichen und

wissenschaftlichen Praxis weit unterlegen. Der Dualismus kann auf gängige Ausdrücke wie „physisch und psychisch", „Körper und Seele" usw. zurückgeführt
werden, die mit den entsprechenden evolutionären Hypostasen des Menschen
korrelieren. In diesem Zusammenhang dürfen die der deutschen Sprache anhaf-
tenden und auf verschiedene Elemente der zu behandelnden Gegenüberstellung
gerichteten Fragen „Wer (Wes Geistes) bist du?" und „Was bist du (von Beruf)?"
nicht unerwähnt bleiben: „wer" meint das biologische Individuum, „was" hingegen
die Persönlichkeit.

So trug die Kultur als Aggregation der transhumanistischen Erfahrung des
Menschen zur Transformation des biologischen Individuums (homo sapiens)
zur Persönlichkeit als Mitglied des Herder'schen Umfeldes (homo ludens). Homo
ludens ist die Quintessenz der exosomatischen (kulturellen) Erfahrung des Menschen, sein Rollenrepertoire innerhalb des Umfeldes, das ihm im Rollentheater
der Umfeldereignisse zum Überleben verhilft. Genauso wie die Sprache ist die
Persönlichkeit nicht anwendbar außerhalb des menschlichen Lebensraumes. Das
sog. Mowgli-Phänomen, ebenfalls bekannt als homo ferus, beweist unzweideutig,
dass weder die Sprache noch die menschlichen Gesellschaftsspiele das Überleben
derselben Spezies homo in wilder Natur garantieren. Die Persönlichkeit stellt eine
kulturologische Kennung eines biologischen Individuums im Lebensraum des
Homo dar: Der Mensch neigt zur Personifizierung aller Gegenstände und Objekte
in seiner Umgebung, er versieht sie mit speziellen Etiketten – Namen, Spitznamen,
Definitionen, um sie zu „beseelen" und so besser verstehen zu können, daher ist
die Ätiologie der Persönlichkeit nichtbiologischen, also künstlichen Charakters.

Auf das binäre System der Verhaltenskontrolle geht der duale Mechanismus der
genomischen (genetischen) vs. extragenomischen (kulturellen) Verhaltensbeeer-
bung zurück. Die genomische Information wird durch die Fortpflanzung repro-
duziert, die kulturelle (extragenomische) Information wird in dem Herder'schen
Umfeld durch menschliche Kontakte und Medien repliziert. Die Sprache als wichtigste Zutat und eine Art „Kulturkitt" verbreitet sich darin auch durch Replikation.

Das Replizieren von Informationen ist eine Funktion von Spiegelneuronen
im menschlichen Gehirn. Durch die Replikation der Informationsbestandteile
des Umfelds identifiziert sich eine Person mit ihrem Inhalt und wird so Teil der
künstlichen Herder-Welt. Dieser Mechanismus der Integration des biologischen
Individuums in die Kultur wird als Synchronisation bezeichnet und beantwortet
zugleich die Hauptfrage des Chomskianismus: Wie kann eine Person eine unendliche Anzahl von grammatisch korrekten Sätzen erzeugen? Der Mechanismus
der Replikation liegt allen elektronischen Sozialnetzwerken zugrunde, in denen
Nachrichten (Posts) von einem Nutzer an die gesamte Kontaktgruppe und von
dieser weiter übertragen werden.

Die Wiedergabe von replizierten Informationen durch ein menschliches Kollektiv führt zu einer Aggregation (Vergrößerung) des Umfelds nach dem Prinzip der Rekursion, das einer endlosen Verschachtelung von Nebensätzen nach dem Vorbild des englischen Volksgedichtes „This is the House That Jack Built" ähnelt. Die kaleidoskopische Aggregation der exosomatischen Natur des menschlichen Habitats spiegelt sich in jedem Wortschatz von heute rund 7.000 Sprachen unseres Planeten wider. Das kumulative Potential des lexikalischen Bestands klingender Sprachen ist ein lebendiges Zeugnis für die Komplexität des Systems der menschlichen Beziehungen innerhalb des Umfelds, die von der menschlichen Sprache getreu reflektiert werden.

Das Umfeld übt zweierlei Einfluss auf Individuen aus: 1) einen unmittelbaren (undifferenzierten), dessen Ergebnis die Bildung einer Sprachgemeinschaft (sprechenden Kollektivs) sein wird, und 2) einen vermittelten (differenzierten), der auf die Kultivierung eines Sprachindividuums ausgerichtet ist. Der unmittelbare Einfluss stellt einen spontanen pädagogischen Prozess dar, der alle Personen mit einbezieht, während der vermittelte die Förderung von Talentierten voraussetzt. Der Wortschatz eines durchschnittlichen Vertreters einer Sprachgemeinschaft ist ein Soziolekt (ein Ergebnis der Kollektion) und der eines Sprachindividuums ein Idiolekt (ein Produkt der Selektion). Das Individuelle wirkt als eine Art Überbau des Kollektivs, seine individuell relevante Fortsetzung, somit zeugt es von Prestige, eine Persönlichkeit im menschlichen Umfeld zu sein (Kobenko 2017: 194).

Informationsbestandteile des Umfelds (einschließlich der sprachlichen) unterteilen sich gemäß ihrer Einwirkung in kollektive und individuelle. Kollektive sind bei allen im Herder'schen Umfeld befindlichen Homo vorhanden und sichern ihr Überleben darin. Individuelle sind eine Art „Stückgut" und werden vom Sprachindividuum ausschließlich für die Lösung von exosomatischen (nichtbiologischen, schöpferischen) Aufgaben sorgfältig ausgewählt. Es ist unmöglich, eine Sprache vollends zu erlernen, lediglich nur ein Überlebensminimum an Sprachmaterial: Den einigen genügt das sprachliche Repertoire von Ellotschka der Menschenfresserin aus I. Ilfs und J. Petrows Roman „Zwölf Stühle" (Übers. von F. von Eck) von 30 Wörtern, den anderen reicht J. W. von Goethes Sprachschatz von 90.000 Vokabeln nicht hin. Der erste Fall lässt den Schluss zu, dass die Sprache einen Menschen als Träger (Host) der Umfeldinformationen nutzt, im zweiten Fall wählt das Individuum selbst relevante Inhalte zum weiteren Replizieren.

Die Sprache wird im Umfeld auf zweierlei Art repliziert: 1) akustisch (über die Erzeugung und Decodierung der akustischen Welle, i.e. durch den Audiokanal) und 2) schriftlich (via visuellen Kanal durch Verwendung von Normen und Regeln der Standardsprache). Sprache und Virus sind homologischer Natur: sie kommen von außen, leben in einem Host und verändern nachhaltig sein Verhalten (Deacon 1998; Dawkins 2005). Beide werden im Umfeld über Kanäle (das Rhizom) sozialer Kontakte der Träger repliziert. Eine Sprache ist eine Gewohnheit zu sprechen, eine Rede ist ein Symptom der Infizierung durch das Umfeld. Ideale Sprachviren sind Produkte der Werbung und (religiöser, politischer und anderer) Propaganda: Einmal in den Kopf eines Trägers gelangt, bleiben sie dort für eine lange Zeit haften und beeinflussen in unterschiedlichem Maße dessen soziales Verhalten.

Die Sprache gelangt in den Kopf eines Säuglings durch klingende Rede in einer äußerst fragmentierten Form. Und nur mit Hilfe von Grammatikregeln (der Sprachlogik) fügt das Kind im fortschreitenden Wachsen einzelne „bunte Steine" zu einem komplexen Mosaik des Sprachsystems oder vielmehr seines eigenen sprachlichen Überlebensminimums zusammen, da es unmöglich ist, alle Regeln der Grammatik sowie lexikalischen (stilistischen) Sprachmittel zu beherrschen. Ein korrigierender Faktor ist hier stets der Usus, der eine Synchronisierung des individuellen Mosaiks mit den kollektiven Sprechregeln ermöglicht. Und nur die Umgebung des Kindes bestimmt, was sein Wortschatz sein wird, der künftig zum Einsatz kommt.

2. Wortschatzeinteilung: ein systematischer Überblick

2.1. Die traditionellen Einteilungsmöglichkeiten eines Sprachbestands

Die traditionelle Wortschatzeinteilung stützt sich auf Erkenntnisse sämtlicher Disziplinen der Sprachwissenschaft und setzt eine vielschichtige Heterogenität eines Sprachbestands voraus, der in der Regel aus soziolinguistischer und funktionaler Sicht differenziert wird (vgl.: Olschanskij 2005: 176). Die typischen Kriterien für eine solche Differenzierung sind:

–   Herkunft, wonach ein Wortbestand in Erb-, Lehn- und Fremdwortschätze eingeteilt werden kann (Munske 1988: 46) und somit das Kategorienpaar „Zentrum vs. Peripherie" auf sich anwenden lässt (Schippan 1992: 11): Das Erbwortgut liegt gewöhnlich im Zentrum, wobei das Fremdwortgut an die Peripherie gedrängt wird;
–   Bedeutungsverwandtschaft (onomasiologische Zugehörigkeit): die hiernach abzugrenzenden Sachgruppen können in vielem mit der genetischen Wortschatzeinteilung übereinstimmen: Z.B. gehören die Themenfelder „Ethnie", „Familie", „Geschlecht", „Nationalität / Nation", „Kultur / Traditionen" überwiegend zum Erbwortschatz, wohingegen sich die Fremdwortschät-

ze „Computer" und „Internet" eher auf der Peripherie des Sprachbestands befinden; Mundarten der Russlanddeutschen Sibiriens und Kasachstans verfügen beispielsweise über zusätzliche onomasiologische Kernkonzepte „Reformation", „Krieg" und „Verbannung";

– Gebräuchlichkeit (Allgemeinsprache vs. Soziolekt / Fachsprache);
– Territorialität (Dialekte, Regionalekte, Nationalvarianten einer Standardsprache);
– Beteiligung an der Sprachproduktion (aktiver vs. passiver Wortschatz).

Die funktional-stilistische Schichtung eines Wortschatzes schließt neben seiner klassischen Aufteilung in fünf Stilarten, die M. P. Brandes als Bestimmungsfunktionen von Redeprodukten interpretiert (Brandes 1983: 159), und in funktional-stilistisch undifferenzierte vs. differenzierte Wortbestände (Neologismen, Archaismen, Euphemismen usw.) das Subkriterium der „sozialen und beruflichen Zugehörigkeit" (Jugendsprache, Bergmannssprache, Mediensprache usw.) ein. Unter dem Gesichtspunkt des biologischen Dimorphismus (der Genderspezifik) des Homo wäre die Einteilung eines Wortgutes in feminines vs. maskulines Repertoire eine erwägbare Option.

Eine Wortschatzdifferenzierung folgt in erheblichem Maße der lexikographischen Erfassung eines Wortbestands, die wiederum stark von den Kriterien für die Aufnahme von Wörtern abhängt. W. Klein argumentiert dahingehend, dass der Gesamtwortschatz (rezeptives Wortgut) des Gegenwartsdeutschen vielfach den Wortbestand der meisten Lexika übertrifft (Klein 2013: 19).

Die konventionelle Praxis der Wortschatzeinteilung legt unzweideutig nahe, dass ein jeweiliger Differenzierungsversuch zur Herangehensweise bzw. zum Instrumentarium einer bestimmten sprachwissenschaftlichen Disziplin in einem direkt proportionalen Verhältnis steht. Daraus lässt sich folgern, dass für eine erschöpfende Typologie von Wortschatztypen der Ansatz der größten Ordnung angewandt werden muss.

2.2. Die Wortschatztypen aus der Perspektive des umfeldbedingten Ansatzes

Die Sprache ist das Symptom der Beeinflussung des Umfelds, in dem man auf- und in das man hineingewachsen ist. Diese Beeinflussung ist dermaßen folgenreich, dass einige Erfolgsautoren sogar Ratschläge geben, wie man sich dem Einfluss des Umfelds entziehen kann (vgl.: Bischoff 2014: 18). Der Umfeld-Determinismus der Sprache, der sich von ihrer Basisfunktion im Lebensraum des Menschen ableitet, lässt der Funktionalität des Wortbestands die führende Rolle in Fragen der Wortschatzeinteilung zukommen. Dagegen ist das Sprachsystem, das hierbei üblicherweise im Fokus des Forschers steht, nichts weiter als ein virtuelles Produkt, das von niemandem jemals gesehen noch gänzlich erfasst wurde. Das frühere Dilemma, ob bestimmte Sprachstrata wie z.B. das Gaunerargot System- oder Funktionalgebilde sind, ist demnach restlos gelöst. Ein System ist nach W. Sawizkij die Summe aller Elemente und ihrer Verbindungen (Sawizkij 2017: 6), dabei stellt ihr zeitweiliges Gefüge nur das Ergebnis ihrer funktionalen Anordnung dar. Folglich deckt sich die Heterogenität eines jeden Wortschatzes mit dem Funktionalschema der Sprache.

Aus der Basisfunktion der Sprache im Herder'schen Umfeld, ohne welche eine Sprache erst gar nicht denkbar wäre, lassen sich fünf folgende Wortschatzsegmentierungskriterien herleiten: a) Selektion, b) Natürlichkeit, c) Reproduzierbarkeit, d) Zeit, e) Alter.

A. Nach dem Selektionskriterium gliedert sich ein Sprachbestand, wie aus den obigen Ausführungen hervorgeht, in kollektive und individuelle Wortschätze; diese sind entgegengesetzte Grenzwerte einer Skala, weisen unendliche Zwischenformen auf und unterscheiden sich letztlich durch den Selektionsgrad: Bei einem Soziolekt tendiert der letztere gegen Null, bei einem Idiolekt dagegen kann er ziemlich hoch sein. Als Beweis für die Validität einer solchen Einteilungsmöglichkeit gilt die seit der Antike fortbestehende Erkenntnis von dem binären Charakter der Sprache in einer Gesellschaft. A. Gluchow postuliert, dass der Mensch vom Standpunkt der klassischen Philosophie aus als ein Wesen definiert wird, das zu zwei grundlegenden Sprachmöglichkeiten fähig ist: einer Kommunikation in seiner eigenen und in einer gemeinsamen Sprache (Gluchow 2014: 143). Diese zwei Wortschätztypen existieren in einem Sprachkollektiv parallel zueinander als Ausprägungen unterschiedlichen Grades und unterschiedlicher (beruflicher, sozialer, territorialer usw.) Art der Integration von biologischen Individuen in die künstliche Welt der menschlichen Kultur.

B. Mit jeder neuen Erkenntnis über die Natur formte sich eine andere Sprachvarietät, die sich von der natürlichen Sprache immer stärker differenzierte: die Metasprache der Wissenschaft als ein Kommunikationsmittel zwischen Mensch und Natur. Am deutlichsten wird dieser Unterschied in der formalen Logik, die bei einer natürlichen Sprache drei semiotische (semantische, syntaktische und pragmatische) Ebenen und bei der Sprache der Logik nur zwei erstere unterscheidet (Konwerskij 2014: 48). Die Metasprache ist frei von jeglicher Subjektivität und Mystik (Geist der Sprache), die einer natürlichen Sprache anhaften, dennoch wird deren Vokabular uneingeschränkt z.B. für die Anfertigung von Dissertationsmanuskripten genutzt. In einem Sprachbestand gibt es keine klare Demarkation zwischen natürlichen und logischen

Sprachmitteln; die künstlichen Strata unterscheiden sich von natürlichen Strukturen eher durch ihren angewandten Charakter und sind in der Regel an der Peripherie eines Wortbestands konzentriert.

C. Unter dem Gesichtspunkt der Reproduzierbarkeit zerfällt ein jeder Sprachbestand in einen rekonstruierbaren und einen nichtrekonstruierbaren Wortschatz. Zum ersten gehören diejenigen Spracherscheinungen, die mithilfe von grammatischen Regeln in der Rede jedes Mal aufs Neue konstruiert werden (*Lauf, laufen, Läufer, laufend, lief, gelaufen*), wohingegen den zweiten solche Sprachmittel konstituieren, die in ihren Lautkomplexen formgenau gelernt, im Sprachgedächtnis gespeichert und beim Sprechen einfach wie Tonbandaufnahmen abgespielt werden. Beispielsweise gehören zum nichtrekonstruierbaren Bestand der deutschen Gegenwartssprache neben traditionsgemäß abzugrenzenden phraseologischen Fügungen und Idiomen alle Typen der Parömien (Proverben, Zitate, Aphorismen, Bauernregeln usw.), Meme (*man kann nicht einfach…*), Errative (*Stoßstange ist aller Laster Anfang*), Realienbezeichnungen (*Persilschein*), zusammengesetzte Interjektionen (*Donner und Doria!*) und stehende Vergleiche (*grinsen wie ein Honigkuchenpferd*). Der nichtrekonstruierbare Sprachbestand wird ebenfalls als phraseo-parömiologischer Wortschatz bezeichnet und durchdringt alle Teilbereiche des Allgemeinwortschatzes einer Standardsprache.

D. Nicht nur der Mensch erreichte mit dem Sprachvirus eine Symbiose (Burroughs 1993: 47), die Sprache verschmolz mit ihrer Epoche zu einem Historiolekt. So lässt sich die Geschichte der deutschen Sprache als Abfolge von unterschiedlichen sprachhistorischen Formationen (Perioden), die zugleich Entlehnungswellen sind, darstellen: der Romanisierung mit den Epochen der Goldenen und Silbernen Latinität, der Gallisierung (mit ihren vier Wellen), der Anglisierung / Amerikanisierung, der Slavisierung / Russifizierung usw. (Kobenko 2017: 172f). Die Sprache einer früheren Epoche ist von der jeder anderen klar abgrenzbar (vgl. die Sprache des Computerzeitalters bzw. die der Alamodezeit) und besteht in einem Gesamtwortschatz meistens in Form eines Stratums mit überkommenen und teilweise erhaltenen Obsoletismen, Historismen, Anachronismen und archaisierten Fremdwörtern.

E. Bei der Geburt erfolgt die sog. Proliferation von Neuroblasten (unausgereiften Nervenzellen) im menschlichen Gehirn. Gegen 30 erreichen die Emotionalität und Schnelligkeit der Rede nach der vollständigen Ausreifung von neuronalen Hirnstrukturen ihren Höhepunkt. Ab 50 altern die Nervenzellen im Gehirn zunehmend und streben ab in der Menge von ca. 3 Gramm pro Jahr (Saweljew 2014: 24). Die Sprache wird dadurch langsamer, eindeutiger, rigider, da die rationale Analyse von Ereignissen dominiert. Dies liegt an der beschleunigten Zerstörung von Synapsen (neuronalen Verknüpfungen), dem Erlöschen der Fortpflanzungsfunktion und dem Rückgang des von ihr gesteuerten Denkens. Zwischen der Sprache der Jugend und der des Alters liegt in der Regel eine komplette Synchronie von über 50 Jahren, die im Strukturalismus einen massiven Sprachwandel voraussetzt. Dass ein Mensch mit einer Sprache aufwächst und mit einer anderen verstirbt, bedarf heutzutage keines zusätzlichen Beweises. Demzufolge kann man von unterschiedlichen Wortschätzen selbst bei einer und derselben Person im verschiedenen Alter ausgehen, wobei die Jugendsprache (*Schlaffi, kultig*) nur als Symptom dessen aufgefasst werden kann, wozu ein junges Gehirn fähig ist, das sich im fortwährenden Heranreifen befindet.

Eine Einteilung in männliche und weibliche Wortschätze sieht der umfeldbedingte Ansatz aus zwei Gründen nicht vor: Erstens wird Gender in einer Sprache, die über eine grammatische Kategorie des Genus verfügt, fast ausschließlich vom letzteren begrenzt, vgl. im Russischen „kto eto sdelal?" (maskulin), nicht *„kto eto sdelala / sdelalo?" (wer hat das gemacht?); in genusfreien Sprachen wie English regelt Gender letztendlich die Gesellschaftsrollen von Individuen (female doctor) und schafft keine selbständigen Wortschatzstrukturen; zweitens sind angesichts einer Vertauschung der Rollenverhältnisse von Mann und Frau in der heutigen Gesellschaft der männliche und der weibliche Pol derart relativiert worden, dass ein Einteilungsversuch rasch zu kalkulierbaren Missverständnissen und keinen verlässlichen Ergebnissen führen würde.

Fazit

Die vorgeschlagenen Wortschatzsegmentierungskriterien verdanken ihren ausgeprägten Makrocharakter der disziplinären Überordnung des umfeldbedingten Ansatzes, dessen epistemologisches Rahmenwerk eine erschöpfende Differenzierung eines Wortbestands unabhängig von der Sprachform (Verkehrssprache, Standardsprache, Mundart u. dgl. m.) ermöglicht. Da die Sprache niemals außerhalb der „Nährlösung" einer Kultur existiert und als Verbindungselement für alle Individuen einer Population dient, eignet sich der umfeldbedingte Ansatz bestens für die Beschreibung aller ihrer synkritischen Formen und jeweiligen Repertoires.

Literaturverzeichnis

Afanassjew, Wiktor. 1986. *Die lebendige Welt: System, Evolution und Kontrolle*. Moskau: Verlag der politischen Literatur.

Bischoff, Christian. 2014. *Selbstvertrauen. Die Kunst dein Ding zu machen*. Pößneck: Ariston.

Brandes, Margarita. 1983. *Stilistik des Deutschen*. Moskau: Wysschaja Schkola.

Burroughs, William. 1993. *The Adding Machine: Selected Essays*. New York: Arcade Publishing.

Dawkins, Richard. 2005. *The Ancestor's Tale: A Pilgrimage to the Dawn of Life*. London: Weidenfeld & Nicolson.

Deacon, Terrence. 1998. *The symbolic species: the co-evolution of language and the brain*. New York: W.W. Norton & Company.

Debus, Friedhelm. 1980. Onomastik. In: Althaus, Hans Peter u. a. (Hg.). *Lexikon der Germanistischen Linguistik*. 2. Aufl. Tübingen: LGL, S. 187–198.

Gehlen, Arnold. 1961. *Anthropologische Forschung. Zur Selbstbegegnung und Selbstentdeckung des Menschen*. Hamburg: Rowohlt.

Gluchow, Alexej. 2014. *Die Welle überschlägt sich. Die politische Logik Platons und die Überwindung des Platonismus im Post-Nietzscheanismus*. Moskau: Verlag der Hochschule für Wirtschaft.

Habermas, Jürgen. 2014. *Biologie und Biotechnologie – Diskurse über eine Optimierung des Menschen*. Wien: Picus.

Klein, Wolfgang. 2013. Von Reichtum und Armut des deutschen Wortschatzes. In: Deutsche Akademie für Sprache und Dichtung, Union der deutschen Akademien für Wissenschaften (Hg.). *Reichtum und Armut der deutschen Sprache: Erster Bericht zur Lage der deutschen Sprache*. Berlin, New York: Walter de Gruyter, S. 15–56.

Kobenko, Juri. 2017. *Sprache und Umfeld. Eine Systematisierungserfahrung von interdisziplinären Erkenntnissen*. Tomsk: Verlag der Polytechnischen Universität.

Konwerskij, Alexander. 2014. *Logik*. Moskau: Verlag der Lomonossow-Universität.

Munske, Horst Haider. 1988. Ist das Deutsche eine Mischsprache? Zur Stellung der Fremdwörter im deutschen Sprachsystem. In: Munske, Horst Haider u.a. (Hg.). *Deutscher Wortschatz. Lexikologische Studien. Festschrift L. E. Schmitt*. Berlin, New York: Walter de Gruyter, S. 46–74.

Nübling, Damaris. 2010. *Historische Sprachwissenschaft des Deutschen: Eine Einführung in die Prinzipien des Sprachwandels*. 3. überarb. Aufl. Tübingen: Gunter Narr Verlag.

Olschanskij, Igor. 2005. *Lexikologie. Die deutsche Gegenwartssprache*. Moskau: Academia.

Sapir, Edward. 1993. *Sprache und Umfeld. Ausgewählte Werke in Sprach- und Kulturwissenschaft*. Moskau: Nauka.

Saweljew, Sergej. 2014. *Die Armut des Gehirns*. Moskau: VEDI.

Saweljew, Sergej. 2017. *Das zerebrale Sorting*. Moskau: VEDI.

Sawizkij, Wladimir. 2017. Zu Widersprüchen in den Ansichten über den Systemcharakter der Sprache. *Die Welt der Sprachwissenschaft und Kommunikation*, 35–44.

Schippan, Thea. 1992. *Lexikologie der deutschen Gegenwartssprache: ein Studienbuch*. Tübingen: Max Niemeyer Verlag.

Schweizer, Alexander. 1978. *Einführung in die Soziolinguistik*. Moskau: Nauka.

Winogradow, Wiktor. 2008. *Sozilinguistische Typologie*. Moskau: LKI.

Ryszard Lipczuk (Szczecin)

Geflügelte Worte als Untersuchungsgegenstand in der polnischen Linguistik[1]

Abstract: Well-known quotations as a subject of research in Polish linguistics. Presented in this paper are several publications of Polish linguists concerning some well-known quotations, especially those which come from Polish and German literary works and are attributed to historical persons (e.g. *Koń jaki jest, każdy widzi; Kto ty jesteś, Polak mały; Die Axt im Haus erspart den Zimmermann*). The subjects of most of the papers are the questions how to translate the quotations into other languages and how many of them are present in Polish and German as well in German-Polish dictionaries.

Keywords: quotations in German and Polish, translation, dictionaries, Polish linguistics

1. Zur Erläuterung des Begriffs „geflügelte Worte"

Im Beitrag soll das Problem der sog. geflügelten Worte fokussiert werden, darunter im Hinblick auf ihre Übersetzbarkeit und Anwesenheit in Lexika und Wörterbüchern. In erster Linie wird auf die Arbeiten polnischer Autoren Bezug genommen. Zuerst sei aber Einiges zum Begriff selbst gesagt. Der Terminus **geflügelte Worte** stammt von dem deutschen Lehrer und Philologen Georg Büchmann (1822–1884), dessen erste Sammlung geflügelter Worte mit dem Titel „Geflügelte Worte. Der Citatenschatz des Deutschen Volkes" im Jahre 1864 erschien. Das Werk wurde von mehreren Autoren fortgeführt und erweitert (vgl. dazu Büchmann 1972: XIII–XV). Es entstanden auch andere ähnlich konzipierte Sammlungen bekannter Zitate (z.B. Lipperheide 1907). Unter den geflügelten Worten werden bei Büchmann und seinen Nachfolgern weit bekannte Ausdrücke verstanden, wobei nicht nur literarische Quellen, sondern auch Aussprüche von bekannten Persönlichkeiten, bekannte Zitate aus Filmen, Liedern oder Werbetexten gemeint sind. Ihre Herkunft kann meist eindeutig nachgewiesen werden. Der Terminus selbst geht auf den altgriechischen Dichter Homer (2. Hälfte des 8. Jhs. v.u.Z.) zurück, der in seinen Werken *Ilias* und *Odyssee* an zahlreichen Stellen den Ausdruck *épea pteróenta* gebrauchte.

---

1 Der Beitrag stützt sich auf meine Monographie (2018d) und auf die anderen kleineren Beiträge des Verfassers, vgl. das Literaturverzeichnis am Ende des Beitrags.

In Polen tritt der Ausdruck „skrzydlate słowa" (als eine Lehnübersetzung des deutschen Ausdrucks) – wohl zum ersten Mal – bei Piotr Chmielowski im Jahre 1895 im Buch *Współcześni poeci polscy* („Die zeitgenössischen polnischen Dichter") auf, erschienen in Petersburg (nach Markiewicz/Romanowski 2005: 5). Nach Chlebda (2005a: 11) wurde die polnische Bezeichnung „skrzydlate słowa" als offizieller Terminus zum ersten Mal in einem Lexikon der literarischen Termini (hg. von Janusz Sławiński) im Jahre 1976 eingeführt, und lange Zeit bis in die 90er Jahre hinein erschien es kaum in sprachwissenschaftlichen Lexika. Markiewicz/ Romanowski (2005: 5) nennen darüber hinaus ein polnisches Lexikon literarischer Termini von Stanisław Sierotwiński, 3. Aufl. im Jahre 1970.

Geflügelte Worte sind **Zitate**, aber nicht alle Zitate lassen sich den geflügelten Worten zurechnen, auch deshalb, weil die Letzteren einen begrenzten Umfang haben sollen (dazu u.a. Tarsa 1994: 88).

Für Wolfgang Fleischer (1982: 84) sind geflügelte Worte „eine besondere Schicht von Redeeinheiten,…", deren Gebrauch in Redeabschnitten zwar gesetzmäßig ist, aber sich nicht direkt aus dem Sprachsystem ergibt. Sie können aber phraseologisiert werden, wie: *auf des Messers Schneide stehen* (nach Homer), *den Wald vor lauter Bäumen nicht sehen* (das Wichtigste vor unwichtigen Einzelheiten übersehen, Wieland, *Musarion*), *ein Schauspiel für Götter* (Goethe). Mit der Phraseologisierung können verschiedene Umformungen, Reduktionen u. dgl. verbunden sein. Andererseits – so Fleischer – „entwickeln sich aus geflügelten Worten auch **Sprichwörter** mit fester Struktur und verallgemeinerter Metaphorik" (ebenda), z.B.: *Wir leben nicht, um zu essen, wir essen, um zu leben* (Sokrates), *Wer zuerst kommt, mahlt zuerst* (Eike v. Repgow, Sachsenspiegel). Fleischer (ebenda: 83 ff.) versucht darüber hinaus solche Begriffe zu erläutern wie Aphorismus oder Sentenz, die auch autorenbezogen sind. Im Gegensatz zum Sprichwort sei für den **Aphorismus** charakteristisch, dass hier „weniger Verhaltensweisen und Erkenntnisse lehrhaft vermittelt als vielmehr geradezu in Frage gestellt werden" (ebenda), wie im folgenden Aphorismus von M. Ebner-Eschenbach: „Die Summe unserer Erkenntnisse besteht aus dem was wir gelernt, und aus dem, was wir vergessen haben" (nach Fleischer, ebenda). Der **Sentenz** hingegen ist – ähnlich wie dem Sprichwort – eine lehrhafte Tendenz eigen. Sie entstammt gewöhnlich einem künstlerischen Werk, hat eine knappe und verständliche Form und ist im allgemeinen Gebrauch. Der Verfasser nennt einige Beispiele für Sentenzen, die als geflügelte Worte in Satzform auftreten und aus belletristischen Werken stammen, u.a.: *Drum prüfe, wer sich ewig bindet, ob sich das Herz zum Herzen findet* (F. Schiller, Lied von der Glocke) – *Der Starke ist am mächtigsten allein* (F. Schiller, Wilhelm Tell) (vgl. Fleischer, ebenda: 86). Die Ausführungen von

Fleischer klingen überzeugend, sowohl in Hinsicht auf die Auffassung der geflügelten Worte (sie können zwar phraseologisiert werden, aber sonst auch als Redeeinheiten auftreten) als auch hinsichtlich der Relationen zu solchen Erscheinungen wie Sentenzen oder Aphorismen, die von Fleischer als Untergruppen der geflügelten Worte angesehen werden.

Für Harald Burger (1982) dagegen sind die geflügelten Worte eine Subklasse der Phraseologismen, dabei sind sie nicht eindeutig von Zitaten auf der einen Seite, Phraseologismen sonstiger Art auf der anderen abzugrenzen (Burger 1982: 56).

Der Begriff „der Geflügeltheit" – so der polnische Linguist Chlebda (2005a: 411–413.) – soll mindestens drei Merkmale aufweisen: eine optimale Verbreitung der gegebenen sprachlichen Einheit, ihren überprüfbaren Zitatcharakter sowie mehrfache Nachweise im Diskurs. Geflügelte Worte enthalten durchschnittlich zwei bis fünf Wörter. Die oberste Grenze sollte bei 20–22 Komponenten[2] liegen (vgl. Chlebda 2005a: 159). Auch manche Einwort-Einheiten und Titel literarischer Werke oder Filme kann man den geflügelten Worten zurechnen (ebenda: 58–60).

Im Jahre 1990 erschien die Sammlung von Zitaten mit Quellenangaben „Ungeflügelte Worte" von Hans-Joachim Schoeps. In der Einleitung (Schoeps 1990: 7) lesen wir: „was schon im Büchmann steht, blieb daher mit wenigen Ausnahmen unberücksichtigt, da ich nur mehr oder weniger Unbekanntes aufgeschrieben habe" (Schoeps 1990: 7). Hier ein Beispiel für ein **ungeflügeltes Wort** (nach Schoeps 1990: 15) von Wilhelm Busch. Die Worte stammen zwar von einem bekannten Autor, ihre Herkunft ist also nachweisbar, aber sie sind nicht allgemein bekannt.

Früher, als ich unerfahren
Und bescheidener war als heute,
Hatten meine höchste Achtung
Andere Leute.

Man kann also feststellen, dass sich zwischen den einzelnen Begriffen keine strikten Grenzen abstecken lassen. So können manche Sprichwörter oder Sentenzen, aber auch Aphorismen zugleich geflügelte Worte sein. Für die Letzteren soll aber gelten, dass ihre Herkunft noch erkennbar oder zu erschließen ist, dass sie von bestimmten Autoren, Politikern, aus bestimmten literarischen, wissenschaftlichen (z.B. philosophischen), musikalischen Werken, aus Filmen etc. stammen. Geflügelte Worte als Zitate sind meist Redeeinheiten (vgl. Fleischer 1982: 84). Allerdings gibt es Phraseologismen, die aus Zitaten entstanden sind, vgl. *der Dritte im Bunde, seine Pappenheimer kennen* (Schiller). Manche Autoren sind der Meinung,

---

2 Warum eben diese Zahl von Chlebda angegeben wird, ist aber schwer nachvollziehbar.

dass man erst phraseologisierte Zitate den geflügelten Worten zurechnen kann, aber diese Auffassung will ich nicht teilen. Auch Einwort-Ausdrücke werden den geflügelten Worten zugerechnet, wie (im Deutschen, vgl. Büchmann 1972, Der neue Büchmann 2016): *Argusaugen, Ariadnefaden, Gretchenfrage, Weltliteratur, Zeitgeist* oder *Wahlverwandtschaften*.

2. Zum Problem der geflügelten Worte in der polnischen linguistischen Forschung

In erster Linie sind hier die Arbeiten von Wojciech Chlebda, einem Slawisten aus Opole (Oppeln) zu erwähnen. Sehr ausführlich – sowohl unter theoretischen als auch unter praktischen Aspekten – wird das Problem der geflügelten Worte in seiner Monographie vom Jahre 2005 erörtert. Unter vielen in dieser umfangreichen Arbeit behandelten Themen wird auch die Frage aufgeworfen, ob und inwieweit man anhand der polnischen geflügelten Worte ein „Selbstbildnis" der Polen rekonstruieren könnte – dies bedürfe allerdings weiterer eingehender Untersuchungen. Von Chlebda (2005a: 435–437) werden zwei Verzeichnisse der geflügelten Worte des Polnischen angeführt: eins erstellt von Chlebda und ein anderes von Jerzy Bralczyk – die beiden zählen je 100 Einheiten, wobei sich lediglich zwanzig in beiden Listen wiederholen. Beide Autoren versuchen solche Ausdrücke zu nennen, die im Diskurs über das Polentum früher und heute eine Rolle spielen und als wichtig für die Geschichte und Mentalität der Polen gelten[3]. Einerseits geben sie Zeugnis von dem spezifischen Weltbild der Polen („specyficznie polski ogląd świata", Chlebda 2005a: 440), andererseits dokumentieren sie – mindestens teilweise – das Selbstbildnis der Polen[4].

Die Beispiele (hier seien nur einige genannt) stammen aus der belletristischen Literatur, u.a.: *Wsi spokojna, wsi wesoła* (Jan Kochanowski), *A imię jego czterdzieści i cztery; Konrad Wallenrod* (Adam Mickiewicz), *Paweł i Gaweł w jednym stali domu* (Aleksander Fredro), *Janko Muzykant* (Titel einer Novelle von Henryk Sienkiewicz), *pani Dulska* (Gabriela Zapolska), *Zrzucam z ramion płaszcz Konrada* (Antoni Słonimski), *szklane domy* (Stefan Żeromski), *straszni mieszczanie* (Julian Tuwim), aber auch aus verschiedenen anderen Quellen. Es sind Äußerungen von bekannten Persönlichkeiten (*dyktatura ciemniaków* – Stefan Kisielewski, *Nie*

---

3   Chlebda gibt zu, sich auf keine exakten Korpusrecherchen zu stützen, sondern sich weitgehend nach seiner eigenen Welterfahrung und Intuition zu richten.

4   „W tym zespole ogólnym można wyodrębnić podzespół środków będący dokumentacją samooglądu Polaków i oceny własnej tożsamości, podzespół ten tworzy językowy autoportret Polaków sensu stricto" (Chlebda 2005a: 441).

oddamy ani guzika – Marschall Edward Rydz-Śmigły angesichts des drohenden Krieges im Jahre 1939), Zitate aus Liedern (*Żeby Polska była Polską, A mury runą, Pamiętajcie o ogrodach*[5]) usw. Darunter sind auch Einwortausdrücke wie: *Kolumbowie* (Titel eines Buches von Roman Bratny – zur Bezeichnung von jungen Aufständischen im 2. Weltkrieg, darunter im Warschauer Aufstand 1944) oder *Ciemnogród* (pejorativ über angeblich borniert Menschen, die an den überholten Bräuchen und Vorstellungen festhalten). Das heute oft verwendete Wort (*Ciemnogród*) hat übrigens eine lange Geschichte – es wurde zum ersten Mal im Jahre 1820 von Stanisław Kostka Potocki, einem polnischen Aristokraten, Politiker, Schriftsteller und Kunsthistoriker gebraucht (dazu Bralczyk 2015).

20 Zitate von der Liste Chlebdas findet man auch bei Bralczyk (nach Chlebda 2005a: 435 f.). Das sind: *Ala ma kota; A niechaj narodowie wżdy postronne znają, iż Polacy nie gęsi, iż swój język mają; Bagnet na broń!; Myślenie ma kolosalną przyszłość; Chcieliście Polski, no to ją macie; Ciszej nad tą trumną!; Jak to na wojence ładnie, kiedy ułan z konia spadnie!; Jeszcze Polska nie zginęła, póki my żyjemy; Koń jaki jest, każdy widzi; Kto ty jesteś, Polak mały; Litwo, ojczyzno moja, ty jesteś jak zdrowie; Ludzie ludziom zgotowali ten los; Miałeś chamie, złoty róg!; Nie oddamy płaszcza, nawet guzika nie oddamy; Nierządem Polska stoi; Nie rzucim ziemi, skąd nasz ród!; Niech prawo zawsze prawo znaczy, a sprawiedliwość – sprawiedliwość; Ojczyzna to wielki zbiorowy obowiązek; Przebaczamy i prosimy o przebaczenie; Zawsze takie Rzeczypospolite będą, jakie ich młodzieży chowanie*[6].

Anlässlich des 150. Jahrestages des Todes des größten polnischen Dichters Adam Mickiewicz verfasste Wojciech Chlebda einen Aufsatz über geflügelte Worte, die von Mickiewicz stammen (Chlebda 2005b). Von der Annahme ausgehend, dass die polnische Sprachgemeinschaft bestimmten Zitaten einen kulturell relevanten Status zugewiesen hat, versucht Chlebda zu ergründen, inwieweit die Mickiewicz-Zitate (er nennt sie „mickiewiczyzmy") im medialen Diskurs auftreten und inwieweit sie als Einheiten des Sprachsystems in polnischen Wörterbüchern registriert sind. Sein Sprachmaterial stammt aus polnischen Zeitungen aus dem Zeitraum 1991 bis 2005, besonders aus den Jahren 1999 bis 2005, und enthält insgesamt 73 Mickiewicz-Zitate (darunter 45, die in den untersuchten Texten mehr als einmal vorkommen), entweder wortwörtlich wiedergegeben oder in modifizierter Form und mit veränderter Bedeutung. Hier einige von diesen meist frequenten Ausdrücken (auf Übersetzung ins Deutsche wird hier verzichtet):

---

5 Hier wird auf die Nennung der Autoren und die Angabe deutscher Äquivalente verzichtet, weil das eine Schilderung des breiteren Kontextes erfordern würde.

6 Im Vergleich zu Chlebda erscheinen die Zitate von Bralczyk meist umfangreicher.

szkiełko i oko, zabłądzić pod strzechy, długie nocne Polaków rozmowy, rząd dusz,
Kochajmy się!; Jedźmy, nikt nie woła; A imię jego czterdzieści i cztery, O roku ów!; Li-
two! Ojczyzno moja!; przyjaciele Moskale, cierpieć za miliony; dzieckiem w kolebce,
kto łeb urwał hydrze usw. Sie werden in den Zeitungstexten verwendet, besonders
bei solchen Themen wie Reflexion über die nationale und gesellschaftliche Kon-
dition der Polen, auch in Erinnerungen, in der aktuellen politischen Publizistik
und bei Berichten über Ereignisse aus dem Alltag (Chlebda 2005b: 41). Manche
haben eine vereinfachte Form im Vergleich zu den originalen Zitaten und haben
im medialen Diskurs unterschiedliche Bedeutungen, die von den ursprünglichen
weit entfernt sind. Chlebda stellt jedoch fest, dass diese Mickiewicz-Worte nur
selten in polnischen Wörterbüchern auftreten und ihre Bedeutungen bis jetzt
nicht definiert und nicht ausreichend erklärt wurden (ebenda: 40–42). Der Autor nimmt auch Bezug auf das große Markiewicz/Romanowski-Lexikon – dort
wurden immerhin 426 Mickiewicz-Zitate registriert. So bildet das von Chlebda
untersuchte Korpus (73 Spracheinheiten) lediglich ca. 17% des Sprachkorpus
von Markiewicz/Romanowski. Den Grund dafür sieht der Verfasser darin, dass
das Lexikon unterschiedliche Zitate verzeichnet, die aber nicht zu Einheiten des
polnischen Sprachsystems geworden sind, während in den untersuchten Texten
eben bereits phraseologisierte Einheiten auftreten (Chlebda, ebenda: 32).

Jadwiga Tarsa, Slawistin aus Opole nennt verschiedene Definitionsversuche für
geflügelte Worte, dabei nimmt sie auch Bezug auf russische Autoren (Tarsa 1994:
84–86). Zum Lexikon von Markiewicz/Romanowski (1. Aufl. 1990) meint sie, dass
dem Werk keine exakte Definition des Begriffs zugrunde liegt, was übrigens die
Autoren selbst zugeben.[7] Während Zitate zu der Parole-Ebene gehören, seien die
geflügelten Worte – so Tarsa (1994: 88) – relativ autonome Spracheinheiten als
Elemente des Sprachsystems.

Recht viele Arbeiten in Polen sind dem Problem der Biblismen, also der auf die
Bibel zurückgehenden Ausdrücke (meist Phraseologismen) gewidmet. Sie lassen
sich auch als geflügelte Worte einordnen (zu Forschungen auf diesem Gebiet vgl.
die Einleitung zum deutsch-polnischen Wörterbuch der Biblismen in Walter/
Komorowska/Krzanowska 2010 und der Beitrag von Ignatowicz-Skowrońska/
Pajewska (2011). Beide letztgenannten Autorinnen – Polonistinnen aus Szczecin
(Stettin) – nehmen im Beitrag bei Ignatowicz-Skowrońska/Pajewska 2011) das
Problem der deutsch-polnischen Äquivalenz in Angriff. Es gibt nämlich deut-
sche Phraseologismen biblischer Herkunft, die in der polnischen Sprache keine

---

7   „Nie będziemy się tu wdawać w dyskusję na ten temat, która musiała by być jałowa,
    jak wszystkie spory o definicje nominalne" (nach Tarsa 1994: 84).

analogen Entsprechungen haben. Ein solches Beispiel für die Nulläquivalenz (die Autorinnen verwenden diesen Terminus nicht) ist die Wendung *[für jdn., etw.] in die Bresche springen (treten)* mit der Bedeutung „für jdn., für etwas einspringen, eintreten". Der Archaismus *Bresche* bedeutete ein „Loch, das bei einer Belagerung in die Festungsmauer gebrochen wird". Der Phraseologismus verweist auf eine Stelle in der Bibel, wo der Prophet Ezechiel sich über falsche Propheten äußert. Inzwischen sind im Deutschen ähnliche Konstruktionen entstanden, wie: *eine Bresche in etw. schlagen*. Im Polnischen gibt es keine Entsprechungen biblischer Provenienz mit diesen Bedeutungen. Das Fehlen mancher polnischer Phraseologismen lässt sich aber damit erklären, dass die Materialbasis aus dem eben erwähnten Wörterbuch von Walter/Komorowska/Krzanowska (2010) stammt, in dem von der deutschen Sprache ausgegangen wird. Zum anderen machen Ignatowicz-Skowrońska/Pajewska (2011: 208 f.) auf die unvollständige Äquivalenz (man kann sie wohl als partielle oder Teiläquivalenz bezeichnen – R.L.) aufmerksam. So hat die deutsche Wendung *sich an (auf) die Brust schlagen* eine engere Bedeutung als ihr polnisches Gegenstück *bić się w piersi*, das sowohl „sich seine Fehler vorhalten, Reue empfinden" als auch eine Eidesformel, die die Wahrheit der Worte bezeugt, bedeutet, während die deutsche Wendung nur die erste Bedeutung aufweist. Ihre Aufmerksamkeit widmen die Autorinnen (ebenda: 210–212) auch den Modifikationen der einzelnen Ausdrücke: So bekam die Wendung *wdowi grosz* (Witwengroschen) mehrere neue Bedeutungen. In der Bibel ist die Rede von einer armen Witwe, die ihr ganzes Geld in die Tempelbüchse geworfen hat, und heute bedeutet der Ausdruck in erster Linie „Gabe, die von armen Menschen stammt". Inzwischen sind aber solche Bedeutungen hinzugekommen wie: „Tätigkeiten, Arbeiten, Gegenstände, die von einer privaten Person für ein bestimmtes Ziel geopfert werden", „Finanzmittel, die negativ mit Almosen assoziiert werden" und „geringes Geld, das die älteren, einsamen Personen, Rentner, Witwen oder Witwer, also keine vermögenden Menschen besitzen".

In ihrem Aufsatz vom Jahre 2015 knüpft Jolanta Ignatowicz-Skowrońska an die Konzeption von Chlebda an. Jedes geflügelte Wort sei genetisch ein Zitat, aber nicht alle Zitate seien geflügelte Worte (Ignatowicz-Skowrońska 2015: 228). Die Autorin unterzieht einer Analyse bekannte Zitate des polnischen Dichters Julian Tuwim (1894–1953), die im Werk von Markiewicz/Romanowski (2005) registriert wurden – insgesamt sind es 97 Ausdrücke. Dabei kommt sie zu dem Schluss, dass die meisten der im Lexikon der Zitate und geflügelten Worte registrierten

Ausdrücke im Nationalen Sprachkorpus[8] nicht zu finden sind und somit nicht
zum Sprachusus gehören. Manche von ihnen werden dort zwar angeführt, aber
nicht als Spracheinheiten, sondern als Belege für Gebrauch bestimmter Wörter. Will man in Anlehnung an die Arbeiten von Chlebda – so Ignatowicz-
Skowrońska – geflügelte Worte als Langue-Einheiten betrachten, so können die
meisten im Markiewicz/Romanowski-Werk verzeichneten Tuwim-Zitate nicht
als „geflügelt" gelten. Das Werk selbst lässt sich nicht als Wörterbuch, sondern
als Lexikon der Zitate einordnen. Genannt werden hier solche Zitate von Tuwim
wie: *Odyseusz król Itaki i owaki; Abram, ja ci zagram; Tu leży ten, co umarł.* Andererseits haben sich manche Zitate im Gebrauch so eingebürgert, dass sie heute
allgemein bekannt sind und als Phraseologismen funktionieren, vgl. *Miłość ci
wszystko wybaczy* (Titel eines Liedes aus dem Jahre 1933), *Murzynek Bambo, Ojczyzna polszczyzna* (1936). Die letztgenannte Tuwim-Phrase wurde durch andere
Personen, allen voran von Professor Jan Miodek, dem bekannten Popularisator
der polnischen Sprache, bekannt gemacht und weiter verbreitet. Nach Ignatowicz-
Skowrońska (ebenda: 238 f.) werden im ursprünglichen Text als Prototyp dank
den Vermittlern (z.B. dem Film, den Liedermachern) bestimmte Elemente entfernt, so dass erst die vereinfachte Form als „geflügelt" gelten kann. Die Autorin
präsentiert abschließend folgendes Schema der „Geflügeltheit": Quellentext >
Vermittler > geflügeltes Wort.

In einem anderen Beitrag (Ignatowicz-Skowrońska 2017) werden einige bekannte Zitate vom Schriftsteller Henryk Sienkiewicz (1846–1916) besprochen.
Die Autorin nennt in erster Linie „geflügelte" Titel von seinen Werken, wie: *Janko
Muzykant* (1880), *Bez dogmatu* (1891), *W pustyni i w puszczy* (1911) und einige
aus Sienkiewicz' Werken stammende Zitate, wie: *Ty sufraganie!* (*Szkice węglem*,
1877), *Pamiętaj, Baśka: Nic to* (*Pan Wołodyjowski*, 1888).

Zum Problem der Übersetzung der geflügelten Worte äußert sich die Anglis-
tin aus Białystok Joanna Szerszunowicz (2014). Sie unterscheidet einerseits die
interlingualen, andererseits – im Sinne der Lakunen-Theorie – die intralingualen
geflügelten Worte. Die ersteren betreffen u.a. Biblismen oder bestimmte weltbe-
kannte Zitate aus der Literatur, man kann sie als Internationalismen bezeichnen;
die intralingualen dagegen sind auf eine bestimmte ethnische bzw. nationale Gemeinschaft begrenzt, und ihr Verstehen ist für Mitglieder anderer Sprachgemeinschaften meist sehr erschwert. Die Autorin unterstreicht, dass solche Ausdrücke

---

8 Das Nationale Sprachkorpus (Narodowy Korpus Języka Polskiego Instytutu Podstaw
   Informatyki Polskiej Akademii Nauk) verzeichnet – nach Ignatowicz-Skowrońska
   (ebenda: 228) – über 1,5 Milliarden Wörter.

sehr stark in der jeweiligen Kultur verankert sind, sie rufen bestimmte Assoziationen, Konnotationen hervor und sind nur für diejenigen verständlich, die in dieser Kultur zu Hause sind. Szerszunowicz widmet ihre Aufmerksamkeit dem Problem der Übersetzbarkeit derartiger Ausdrücke. Wenn sie wortwörtlich übersetzt werden, gehen meistens die kulturell bedingten Konnotationen verloren, weil dem zielsprachigen Empfänger entsprechendes kulturelles Wissen fehlt. Die Autorin zeigt dies u.a. an folgendem Beispiel: *Alleluja, i do przodu!* (Alleluja, und weiter vorwärts!) (in den 90er Jahren vom katholischen Geistlichen Tadeusz Rydzyk geäußert) bedeutet: Trotz der Schwierigkeiten werden wir weiter arbeiten und unsere Ziele nicht aufgeben. Wird dies ins Englische als *Allelujah and forwards!* übersetzt, geht der scherzhafte und anspielhafte Charakter dieser Äußerung verloren (Szerszunowicz, ebenda: 268–270).

Ein ähnliches Problem wird in der umfangreichen Monografie von Szerszunowicz (2016) angesprochen. Es handelt sich eben um Phraseologismen, Sprichwörter, Zitate, auch geflügelte Worte, die fest in der ausgangssprachlichen Kultur verankert sind, so dass ihre Übersetzung in eine andere Sprache oder ihre lexikografische Beschreibung in einem bilingualen Wörterbuch Schwierigkeiten bereitet. Entweder sind es solche Spracheinheiten, deren Bedeutung in einer anderen Sprachgemeinschaft zwar bekannt ist, aber keine analogen Äquivalente aufweist, oder solche, deren Sinn in der Zielsprache und der Zielkultur gar nicht bekannt ist. Solche Ausdrücke nennt sie Lakunen, vom lateinischen *lacuna* („Lücke") (ebenda) bzw. als äquivalentlose („bezekwiwalentne") Wortverbindungen[9]. Die Autorin stellt Überlegungen an, welche Methoden bei deren Wiedergabe (auch in zweisprachigen Wörterbüchern) anwendbar sind, so z.B. die Paraphrasierung oder zusätzliche Erläuterungen und die Angabe von Gebrauchskontexten (ebenda: 270). In Frage kommen nicht nur rein linguistische, sondern auch ethnolinguistische und ethnopsychologische Untersuchungsmethoden.

Nun seien einige Arbeiten von polnischen Germanisten kurz besprochen.

In der Arbeit von Anna Lewandowska (2008) werden kulturspezifische Aspekte der Sprichwörter im Deutschen und Polnischen behandelt. Viele von den untersuchten Sprichwörtern sind eben geflügelte Worte. Als „typisch polnische" Sprichwörter nennt Lewandowska (ebenda: 260–262) u.a.:

Polak potrafi (Der Pole kann es). Dieser Spruch – schreibt die Autorin – formuliert ein „Zutrauen": Wenn sich die Polen zusammenreißen, können sie viel erreichen. Er wurde in den 70er Jahren in der zunächst viel versprechenden Ära

---

9 Dieser Terminus entspricht dem in der germanistischen Forschung verbreiteten Terminus „Nulläquivalenz".

von Edward Gierek als eine typische sozialistische Parole gebraucht. Heute wird sie eher ironisch und scherzhaft verwendet.

Koń jaki jest, każdy widzi (Das Pferd, wie es ist, sieht doch jeder). Dieser bekannte Spruch stammt aus „Nowe Ateny" (1745–1764), einer Enzyklopädie von Benedykt Chmielowski. „Der Autor sah offensichtlich überhaupt keinen Sinn darin, ein damals so weit verbreitetes und gewöhnliches Tier wie das Pferd in irgendeiner Hinsicht näher wissenschaftlich zu beschreiben" (ebenda: 272). Heute wird das Sprichwort – meist scherzhaft – verwendet, um auszudrücken, dass es keinen Sinn hat, über etwas Selbstverständliches zu reden.

Z tym największy jest ambaras, żeby dwoje chciało naraz (Der größte Ärger liegt darin, dass die beiden nicht immer das Gleiche wollen – meine Übersetzung) (Tadeusz-Boy Żeleński, Słówka, 1913).

Złapał Kozak Tatarzyna, a Tatarzyn za łeb trzyma. Dieses kulturspezifische Sprichwort bedeutet wörtlich: „Der Kosak hat den Tataren gefangen, doch der Tatare hält ihn am Schädel". Der historische Hintergrund hierfür sind die traumatischen Überfälle auf Polen durch Tataren und Kosaken im 13., 14. und 16. Jh. (ebenda: 163). Es bedeutet heute etwa: Jemand ist zwar nahe den anderen zu besiegen, aber der andere gibt ihm die Schläge zurück (meine Deutung).

Wyście sobie, a my sobie, każdy sobie rzepkę skrobie (Jeder schabt nur sein eigenes Rübchen) geht auf das Drama „Wesele" („Die Hochzeit") von Stanisław Wyspiański (1901) zurück, wo es u.a. um das schwierige Verhältnis zwischen der damaligen Intelligenz und den Bauern geht. Die traurige Quintessenz des Dramas ist: In der Zeit der Unterjochung der polnischen Nation sorgt jede Gruppe nur für ihre Interessen statt zusammenzuhalten und gemeinsam gegen die Besatzer den Widerstand zu leisten.

Als typische deutsche Sprichwörter behandelt Lewandowska (ebenda: 280–282) u.a.: *Wir sitzen alle im selben Boot*. Diese relativ junge Redensart soll – laut Mieder – aus dem Englischen gekommen sein, geht aber auf Cicero zurück. Es bedeutet so viel wie: in der gleichen Lage sein, dasselbe Schicksal teilen, aufeinander angewiesen sein. Interessanterweise nennt die Autorin – die sich auf die Untersuchungen von Wolfgang Mieder, aber auch auf eigene Korpusuntersuchungen stützt – auch das Schillersche *Die Axt im Haus erspart den Zimmermann*. Weil es Lewandowska auch um den heutigen Gebrauch geht, nennt sie oft die heutigen scherzhaften Modifikationen der untersuchten Sprichwörter, hier z.B.: *Die Maus im Haus erspart die Fernbedienung*.

Weiter bemerkt die Autorin, dass sprachlich äquivalent erscheinende Sprichwörter der Kultur A nicht immer mit dem gleichen Sprichwortkonzept der Kultur B übereinstimmen. Sie nennt dazu einige Beispiele aus den von ihr untersuchten

Korpora (wobei sie sich wieder stark auf die Arbeiten von Wolfgang Mieder beruft). So galt über ein Jahrhundert lang der Spruch von Karl Marx *Proletarier aller Länder, vereinigt euch!* als ein „heiliges" Schlagwort des Kommunismus. Infolge einer kritischen Auseinandersetzung mit der kommunistischen Ideologie wird diese Redensart heute eher spielerisch-ironisch verwendet, vgl. *Liebeskranke aller Länder, vereinigt euch!* (Beleg aus der Zeitung „Die Zeit" 2001), *Proletarier aller Länder vergebt mir!* (nach Mieder 1995), *Radfahrer aller Länder, vereinigt euch! Ihr habt nichts zu verlieren als Eure Ketten; Soldaten aller Länder, verweigert euch!*; *Proletarier aller Länder, vereinigt euch mit den Proletarierinnen* (vgl. Lewandowska, ebenda: 287); im Polnischen: *Kupcy wszystkich branż, łączcie się!* (Kaufleute aller Branchen, vereinigt euch!). Die inzwischen verspottete Parole von Marx wird in verschiedenen Variationen verwendet: Verbinden sollen sich „Händler", „Fahrer", „Päderasten", bis hin zu der Variante von Sławomir Mrożek *Menschen aller Planeten, vereinigt euch!* (Lewandowska, ebenda: 286). In Polen – meint die Autorin – hat der Marxsche Spruch doch einen zum Teil anderen Stellenwert und ist meist negativer als im Deutschen gemeint, vgl. *Antyglobaliści wszystkich krajów łączą się i nawet mają swojego Marxa* (Zeitung *Polityka* 2001) (Antiglobalisten aller Länder vereinigen sich und haben sogar ihren eigenen Marx) (ebenda: 286). Im Artikel wird die Antiglobalisten-Bewegung kritisch porträtiert: Wie in alten Zeiten der kommunistischen Bewegung, sieht man auch heute rote Fahnen, Proteste gegen den Kapitalismus, Revolten auf den Straßen. „Und sie haben sogar ihren eigenen Guru – ihren eigenen Marx: den 70-jährigen französischen Soziologen Pierre Bourdieu" (ebenda).

Mit dem Problem der Übersetzung polnischsprachiger geflügelter Worte und ihrer lexikografischen Kodifizierung befasst sich die Stettiner Germanistin Barbara Komenda-Earle (2018). In erster Linie nimmt sie Bezug auf neuere Ausdrücke dieser Art, die zugleich Satzeinheiten bilden. Sie wurden den Sammlungen von Jerzy Bralczyk[10] entnommen. Fälle stark erschütterter Äquivalenz (also einer teilweisen Übereinstimmung[11]) und der Nulläquivalenz werden von der Autorin mit dem Symbol* gekennzeichnet. Unter den Ausdrücken befinden sich Titel von Liedern und Popsongs, wie: *Jak dobrze wstać skoro świt* (Jonasz Kofta) [dt. *Wie*

---

10 Bralczyk (2006) bezeichnet seine Sammlungen nicht als geflügelte Worte, sondern als „besondere Sätze" (poln. *zdania osobne*), „neue polnische Sätze" (poln. *nowe zdania polskie*). Dabei werden die Sätze ohne Kontext angeführt.

11 Die *erschütterte Äquivalenz* („ekwiwalencja zachwiana" – der Terminus stammt von Chlebda) liegt dann vor, wenn das geflügelte Wort der Ausgangssprache in der Zielsprache zwar verständlich, aber kein geflügeltes Wort mehr ist, z.B.: dt. *Zukunftsmusik* – poln. *muzyka przyszłości* (vgl. Komenda-Earle, ebenda).

schön, bei Tagesanbruch aufzustehen], *Śpiewać każdy może* (Jonasz Kofta, Ausführung Jerzy Stuhr) *[dt. Singen kann jeder]*, *Jestem z miasta, to widać, słychać
i czuć* (Jakub Sienkiewicz) *[dt. Ich bin aus der Stadt, das kann man sehen, hören
und fühlen*]*, *Tak, tak, tam w lustrze to niestety ja* (Grzegorz Ciechowski) *[dt. Ja,
ja, da im Spiegel bin leider ich*]*, *Do tanga trzeba dwojga* (Andrzej Mogielnicki,
Ausführung Krzysztof Cugowski/ Budka Suflera) *[dt. Zum Tango gehören immer
zwei]*, darüber hinaus: Zitate aus der Dichtung: *Wszystko jest poezją* (Edward
Stachura) *[dt. Alles ist Dichtung]*, *Śpieszmy się kochać ludzi* (Jan Twardowski) *[dt.
Beeilen wir uns, Menschen zu lieben*]*, *Umrzeć – tego nie robi się kotu* (Wisława
Szymborska) *[dt. Sterben – das macht man nicht einer Katze*]*, weiterhin Wer-
besprüche: *Lotem bliżej [dt. Näher mit Lot* /polnische Fluggesellschaft/, 60-er
Jahre]*, *Cukier krzepi [dt. Zucker stärkt, 1931]*, *Polak potrafi [dt. Der Pole kann es,
1975]*, geflügelte Worte aus Filmen, Radiosendungen, Kabaretts: *Jestem kobieta
pracująca, żadnej pracy się nie boję* (1974) *[dt. Ich bin eine arbeitende Frau, ich
fürchte vor keiner Arbeit*]*. Auch geflügelte Aussagen der Politiker und anderer Persönlichkeiten (darunter auch sprachliche Reinfälle der Politiker) werden
genannt *(Jestem za a nawet przeciw* (Lech Wałęsa, 1983) *[dt. Ich bin dafür und
sogar dagegen*]*. Darüber hinaus werden von der Autorin Hypothesen zu einem
polnisch-deutschen Wörterbuch geflügelter Worte aufgestellt. Die Mikrostruktur
müsste dann umfassen: das geflügelte Wort, Varianten bzw. Modifikationen des
geflügelten Wortes, das deutsche Translat (adäquate Kommentare zu bestehenden
Einschränkungen), die Angabe der Zitatquelle mit kurzer Erläuterung des Erst-
gebrauchs, authentische Gebrauchskontexte, Angaben zur Bedeutung, Angaben
zur Pragmatik und Stilistik. Dies seien Aufgaben – meint die Autorin –, die sich
auf hohe philologische Kompetenzen sowie gezielte und intensive Korpusana-
lysen stützen müssten. Ein zweisprachiges polnisch-deutsches Wörterbuch der
geflügelten Worte bildet – so Komenda-Earle – unter folgenden Aspekten eine
lexikographische Herausforderung: Identifizierung, Auswahl und Anordnung des
Materials, Adäquatheit der Translate, pragmatische und semantische Erfassung
der Ausgangs- und ggf. auch der Zieleinheiten.

Der Germanist aus Rzeszów Paweł Bąk (2010) macht auf Schwierigkeiten
bei der Übersetzung der Metaphern und Zitate von bestimmten prominenten
Personen aufmerksam. So wäre eine Übersetzung der Phrase *gruba kreska* als
„dicker Strich" wenig angemessen. Der polnische Ausdruck stammt vom ersten
Ministerpräsidenten nach der politischen Wende 1989 Tadeusz Mazowiecki und
sollte einen politischen Neubeginn und eine Abgrenzung von der Vergangen-
heit andeuten. Ohne Erklärung des kulturhistorischen Hintergrunds wäre die
deutsche Entsprechung nicht verständlich (Bąk 2010: 23). Zum Satz *Skończyły*

się żarty, zaczęły się schody schreibt Bąk (2010: 23–24), das sei „ein Beispiel für geflügeltes Wort mit etwas höherem Alter", das bis heute im Polnischen immer noch verwendet und im phraseologischen Wörterbuch verzeichnet wird. Den Satz soll Bolesław Wieniawa Długoszewski[12] nach einem Besuch in einem Restaurant gesagt haben, als er angekündigt hat, auf seinem Pferd in die erste Etage zu kommen (was er übrigens geschafft hat). Heute entspricht der Satz dem deutschen *Jetzt beginnt der Ernst des Lebens* (ebenda: 24). Bąk spricht in diesem Zusammenhang von rhetorisch falschen Freunden und der intertextuellen Sensibilität.

Die Stettiner Germanistin Katarzyna Sztandarska (2018) untersucht in ihrem Beitrag geflügelte Worte aus dem Duden-Lexikon „Zitate und Aussprüche" (2017) im Bereich des Buchstabens „A" (z.B. *Allein der Vortrag macht des Redners Glück*, Goethe), wobei sie besondere Aufmerksamkeit den semantischen Veränderungen im Vergleich zu den Originalen schenkt. Sie hat darüber hinaus 25 geflügelte Worte fremder Herkunft gefunden. Neben lateinischen Ausdrücken wie *Alea iacta est* von Julius Cäsar (insgesamt 15 Beispiele) fand sie auch Zitate aus der englischen (7) und französischen (3) Sprache, z.B.: engl. *All animals are equal but some animals are more equal than others* (George Orwell, 1945), fr. *À la recherche du temps perdu* (Marcel Proust, 1911).

Ryszard Lipczuk (Szczecin) befasste sich mit der Präsenz der literarischen geflügelten Worte in einsprachigen und bilingualen deutsch-polnischen Wörterbüchern und Lexika (vgl. Lipczuk 2018d, auch: Lipczuk 2018b). Es kam in erster Linie darauf an, ausgewählte geflügelte Worte von Johann Wolfgang Goethe und Friedrich Schiller im Hinblick auf ihre Aufnahme in drei Sprachwörterbüchern zu prüfen. Von 100 untersuchten Ausdrücken befinden sich immerhin 24 im großen Duden-Wörterbuch (z.B. von Goethe: *Die Forderung des Tages; Es irrt der Mensch, solang' er strebt*), 19 Zitate wurden in den beiden deutsch-polnischen Großwörterbüchern (Pons 2007 und PWN 2010) gefunden (z.B.: *Das ist des Pudels Kern, Der Worte sind genug gewechselt, lasst mich auch endlich Taten sehen!*; *Die Axt im Haus erspart den Zimmermann*). In allen drei Sprachwörterbüchern finden sich u.a.: *der rote Faden, Der Weisheit letzter Schluss; (Was ist) der langen Rede kurzer Sinn?; Der Mohr hat seine Schuldigkeit getan, der Mohr kann gehen*. Die Anzahl der verzeichneten Zitate (in originaler bzw. modifizierter Form) in den beiden bilingualen Wörterbüchern kann man als zufriedenstellend bezeichnen, was man aber nicht von dem Großen Duden-Wörterbuch (1999) sagen kann: Vom größten Wörterbuch der deutschen Gegenwartssprache konnte man schon erwarten, dass die – oft sehr bekannten – Goethe- oder Schillerzitate stärker berücksichtigt

---

12 Er war Offizier hohen Ranges in der Zwischenkriegszeit (nach dem 1. Weltkrieg).

werden, und zwar als Kontexte in der Mikrostruktur. Interessant ist, dass das umfangreiche polnische Lexikon der Zitate und geflügelter Worte (Markiewicz/ Romanowski 2005 und Markiewicz 2012) recht viele Zitate von Goethe und Schiller enthält. Für die meisten werden auch polnische Übersetzungen genannt, wobei man nicht alle Äquivalente als gelungen bezeichnen kann.

Viele bekannte Zitate stammen von anderen deutschsprachigen Schriftstellern und Dichtern wie Heinrich Heine, Wilhelm Busch und Bertolt Brecht. Sie sind zwar im Büchmann-Lexikon (2016) oder in anderen deutschen Lexika verzeichnet, wurden aber kaum in den untersuchten Sprachwörterbüchern (Duden 1999, Pons 2007, PWN 2010) gefunden, obwohl es manche von ihnen sicher „verdient" haben, aufgenommen zu werden, z.B.: *Ich weiß nicht, was soll es bedeuten, dass ich so traurig bin. Ein Märchen aus alten Zeiten, Das kommt mir nicht aus dem Sinn* (Heine), *Dieses war der erste Streich, doch der zweite kommt sogleich* (Busch); *Und der Haifisch, der hat Zähne*; *Doch die Verhältnisse, sie sind nicht so!* (Brecht).

Es wurden auch bekannte Titel literarischer Werke (dazu Lipczuk 2018c, d) untersucht. Anhand von 75 Titeln deutschsprachiger Werke von der Mitte des 18. Jhs. bis 1945 wurde überprüft, inwieweit sie in Lexika und Sprachwörterbüchern auftreten. Die größte Präsenz in den untersuchten Nachschlagewerken weisen zwei Titel auf: *Sturm und Drang* (Klinger, 1776) und *Kleider machen Leute* (Keller, 1874). Obwohl auch mehrere andere Titel als geflügelte Worte oder als Phraseologismen zu betrachten sind, kommen sie in den von uns untersuchten lexikografischen Arbeiten nur selten oder überhaupt nicht vor. Über 60% aller in Frage kommenden Ausdrücke sind immerhin in keinem der untersuchten Nachschlagewerke zu finden. Selten sind in Wörterbüchern auch Titel der bekannten Autoren, die nach 1945 wirkten: Günter Grass, Heinrich Böll, Friedrich Dürrenmatt, Max Frisch, Christa Wolf, Peter Handke zu finden (vgl. Lipczuk 2018a).

Ich bin zum Schluss gekommen, dass die Wörterbuchautoren, besonders die Autoren der einsprachigen deutschen Wörterbücher, noch mehr Aufmerksamkeit den Zitaten aus der schönen Literatur, darunter auch den bekannten Titeln literarischer Werke, widmen sollten.

Alle hier angesprochenen polnischen Autoren (abgesehen vom Verfasser dieser Arbeit) betrachten geflügelte Worte als stabile reproduzierbare sprachliche Einheiten im Sinne der Phraseologismen im weiten Sinne. Dabei werden auch bestimmte Einwort-Einheiten dieser Kategorie zugerechnet. Sie seien zwar genetisch Zitate, aber sie haben sich von ihren ursprünglichen Kontexten losgelöst und seien autonome Spracheinheiten. Dieser Meinung will ich nur zum Teil zustimmen. Ich sehe keinen Grund dafür, bestimmten weit bekannten Ausdrücken, die nicht phraseologisiert sind, den Status der „Geflügeltheit" abzusprechen, vgl. etwa die polnischen Titel von Liedern: *Bądź gotowy dziś do drogi; Niby nic, a tak to się zaczęło* oder Aussprüche anderer Abstammung wie: *Wasz prezydent, nasz premier; Paweł i Gaweł w jednym stali domu* oder im Deutschen (Goethe): *Zwei Seelen wohnen, ach! In meiner Brust; Ach, ich bin des Treibens müde; Hier bin ich Mensch, hier darf ich's sein.* Das sind zwar keine phraseologischen Einheiten, aber diese Zitate sind mehr oder weniger – wenigstens in bestimmten Kreisen – bekannt, sie funktionieren im gemeinsamen Gedächtnis einer bestimmten Nation und werden auch heute bei verschiedenen Gelegenheiten benutzt.

Die polnischen Autoren verweisen oft auf spezifische kulturelle Konnotationen der geflügelten Worte im Polnischen und versuchen die Methoden ihrer Übersetzung in andere Sprachen, besonders ins Deutsche zu ergründen. Auch das Problem der lexikografischen Erfassung solcher Ausdrücke ist der Gegenstand ihrer Überlegungen. Darüber hinaus, wenn auch relativ selten, findet man Arbeiten, die sich mit der Präsenz der geflügelten Worte in den bestehenden ein- und zweisprachigen Wörterbüchern befassen.

Ausgewählte Wörterbücher und Lexika

Bralczyk, Jerzy (2006): *Polak potrafi. Przysłowia, hasła i inne polskie zdania osobne.* Warszawa: Świat Książki.

Bralczyk, Jerzy (2015): *500 zdań polskich.* Warszawa: Agora.

Büchmann, Georg (1972): *Geflügelte Worte. Der Zitatenschatz des deutschen Volkes.* 32. Aufl. Berlin: Haude & Spenersche Verlagsbuchhandlung.

Der neue Büchmann (2016): *Geflügelte Worte. Der klassische Zitatenschatz* bearb. und aktualisiert von Winfried Hofmann. 5. unveränd. Taschenausg. München: Ullstein.

Duden (1999): *Das große Wörterbuch der deutschen Sprache in zehn Bänden.* Mannheim: Dudenverlag.

Duden (2002): *Das große Buch der Zitate und Redewendungen.* Mannheim u.a.: Dudenverlag.

Duden (2017): *Zitate und Aussprüche. Herkunft, Bedeutung und aktueller Gebrauch 7500 Zitate von der klassischen Antike bis heute.* 4. Aufl. Berlin: Dudenverlag.

Lipperheide, Franz (1907, Nachdruck: 1976): *Spruchwörterbuch.* Berlin: Haude Spenersche Verlagsbuchhandlung.

Markiewicz, Henryk/Romanowski, Andrzej (2004): *Skrzydlate słowa. Wielki słownik cytatów polskich i obcych*, wyd. nowe poprawione i znacznie rozszerzone. Kraków: Wydawnictwo Literackie.

Markiewicz, Henryk/Romanowski, Andrzej (2005): *Skrzydlate słowa. Wielki słownik cytatów polskich i obcych*, wyd. nowe poprawione i znacznie rozszerzone. Kraków: Wydawnictwo Literackie.

Markiewicz, Henryk et al. (2012): *Skrzydlate słowa. Wielki słownik cytatów polskich i obcych 2*. Kraków: Wydawnictwo Literackie.

Pons (2007): *Wielki słownik niemiecko-polski*. Poznań: Klett.

PWN (2010): *Wielki słownik niemiecko-polski. Großwörterbuch Deutsch-Polnisch*. Warszawa: PWN.

Tarsa, Jadwiga (2006): *Skrzydlate słowa (1)*. In: Chlebda, Wojciech (Hg.), *Podręczny idiomatykon polsko-rosyjski*. Zeszyt 1 próbny. Opole, 92–96.

Tarsa, Jadwiga (2007): *Skrzydlate słowa (2)*. In: Chlebda, Wojciech (Hg.), Podręczny idiomatykon polsko-rosyjski. Zeszyt 2 próbny. Opole, 159–164.

Walter, Harry/Komorowska, Ewa/Krzanowska, Agnieszka et al. (2010): *Deutschpolnisches Wörterbuch biblischer Phraseologismen. Niemiecko-polski słownik frazeologii biblijnej*. Szczecin – Greifswald: volumina.pl Daniel Krzanowski.

Walter, Harry/Komorowska, Ewa/Krzanowska, Agnieszka et al. (2013): *Deutschpolnisches Wörterbuch der geflügelten Worte. In 80 geflügelten Worten rund um die Welt. Niemiecko-polski słownik skrzydlatych słów, czyli w 80 skrzydlatych słów dookoła świata*. Szczecin – Greifswald: Zapol.

Sekundärliteratur

Bąk, Paweł (2010): *Rhetorisch falsche Freunde im Alltag und im Mediendiskurs als Problem deutsch-polnischer Sprachkontakte* = Flensburger Papiere zur Mehrsprachigkeit im Unterricht. Flensburg: Verlag Universität Flensburg.

Burger, Harald/Buhofer, Annelies/Siam, Ambros (1982): *Handbuch der Phraseologie*. Berlin – New York: Walter de Gruyter. Online: https://books.google.pl/books?id=5QUubPCRs7gC&pg=PA43&dq=gefl%C3%BCgelte+worte&hl=pl&sa=X&ved=0ahUKEwidZ2524zZAhXLyKQKHRRhDZg4ChDoAQg-MAM#v=onepage&q=gefl%C3%BCgelte%20worte&f=false (Aufruf: 4.02.2018).

Chlebda, Wojciech (2005a): *Szkice o skrzydlatych słowach. Interpretacje lingwistyczne*. Opole: Wydawnictwo Uniwersytetu Opolskiego.

Chlebda, Wojciech (2005b): *O roku ów! … Mały mickiewiczowski raport skrzydlatologiczny*. In: *Poradnik Językowy* 10, 28–42.

Fleischer, Wolfgang (1982): *Phraseologie der deutschen Gegenwartssprache*. Leipzig: Bibliographisches Institut.

Ignatowicz-Skowrońska, Jolanta (2015): *Skrzydlate słowa Juliana Tuwima*. In: *Studia Językoznawcze. Synchroniczne i diachroniczne aspekty polszczyzny* (Szczecin). Bd. 14, 225–248.

Ignatowicz-Skowrońska, Jolanta (2017): *O kilku skrzydlatych słowach Henryka Sienkiewicza*. In: *Studia Językoznawcze. Synchroniczne i diachroniczne aspekty badań polszczyzny* (Szczecin). Bd. 16, 97–106.

Ignatowicz-Skowrońska, Jolanta/Pajewska, Ewa (2011): *Deutsch-polnische biblische Phraseologismen im Lexikon und im Usus*. In: Lipczuk, Ryszard/Lisiecka-Czop, Magdalena/ Misiek, Dorota (Hg.), *Phraseologismen in deutsch-polnischen und polnisch-deutschen Wörterbüchern. Theoretische und praktische Aspekte der Phraseologie und Lexikographie* = Stettiner Beiträge zur Sprachwissenschaft. Bd. 4. Hamburg: Dr. Kovač, 203–215.

Komenda-Earle, Barbara (2018): *Geflügelte Worte in der Übersetzung und im Wörterbuch. Mit exemplarischen Lemma-Entwürfen für das Sprachenpaar Polnisch-Deutsch*. In: Nerlicki, Krzysztof/Komenda-Earle, Barbara/Sztandarska, Katarzyna (Hg.), *Texte und Wörterbücher. Translatorische, lexikalische und glottodidaktische Aspekte* = Stettiner Beiträge zur Sprachwissenschaft. Bd. 8. Hamburg: Dr. Kovač, 89–108.

Komorowska, Ewa (2011): *Das deutsch-polnische Wörterbuch der biblischen Phraseologie mit historisch-etymologischen Kommentaren – ausgewählte Probleme*. In: Lipczuk, Ryszard/ Lisiecka-Czop, Magdalena/Misiek, Dorota (Hg.), *Phraseologismen in deutsch-polnischen und polnisch-deutschen Wörterbüchern. Theoretische und praktische Aspekte der Phraseologie und Lexikographie* = Stettiner Beiträge zur Sprachwissenschaft. Bd. 8. Hamburg: Dr. Kovač, 217–225.

Lewandowska, Anna (2008): *Sprichwortgebrauch heute. Ein interkulturell-kontrastiver Vergleich von Sprichwörtern anhand polnischer und deutscher Printmedien*. Bern: Peter Lang. Online: https://books.google.pl/books?id=Nz_TCFIwCJAC&pg=PA333&lpg=PA333&dq=erika+worbs+geflugelte+worte&source=bl&ots=pxMhShV9LD&sig=3ex_DdajZpdQ9IOh3Ax8fyxdHBI&hl=pl&sa=X&ved=2ahUKEwi3xNqun_7aAhUCIJoKHbReCvsQ6AEwCXoECAAQUg#v=onepage&q=erika%20worbs%20geflugelte%20worte&f=false (Zugriff: 11.05.2018).

Lipczuk, Ryszard (2018a): *Titel literarischer Werke als geflügelte Worte in ein- und zweisprachigen Wörterbüchern*. In: Lisiecka-Czop, Magdalena/Sztandarska, Katarzyna/ Utermöhlen, Bernd (Hg.), *Sprachen in fach- und berufsbezogenen Kontexten. Theoretische und praktische Überlegungen* = Stettiner Beiträge zur Sprachwissenschaft. Bd. 9. Hamburg: Dr. Kovač, 179–193.

Lipczuk, Ryszard (2018b): *Geflügelte Worte in ein- und zweisprachigen Wörterbüchern*. In: Gondek, Anna/Jurasz, Alina/Szczęk, Joanna (Hg.), *Einblicke und Rückblicke: Beiträge zur deutschen Phraseologie und Parömiologie aus intra- und interlingualer Sicht*. Bd. II. Baltmannsweiler: Schneider, 23–38.

Lipczuk, Ryszard (2018c): *Titel literarischer Werke in Wörterbüchern*. Wrocław (im Druck).

Lipczuk, Ryszard (2018d): *Geflügelte Worte in Wörterbüchern. Eine Untersuchung zur deutschen und deutsch-polnischen Lexikografie.* Hamburg: Dr. Kovač.

Mieder, Wolfgang (1995): *Sprichwörtliches und Geflügeltes. Sprachstudien von Martin Luther bis Karl Marx.* Bochum.

Schoeps, Hans-Joachim (1990): *Ungeflügelte Worte. Was nicht im Büchmann stehen kann,* erweit. u. überarb. Neuaufl. Mit einem Nachwort von Julius H. Schoeps. Stuttgart – Bonn: Haude u. Spener.

Szerszunowicz, Joanna (2014): *Konotacje intrakulturowych skrzydlatych słów w przekładzie.* In: *Studia Wschodniosłowiańskie* 14. Białystok, 261–279.

Szerszunowicz, Joanna (2016): *Lakunarne jednostki wielowyrazowe w perspektywie międzyjęzykowej.* Białystok: Wydawnictwo Uniwersytetu w Białymstoku.

Sztandarska, Katarzyna (2018): *Was wird heute zitiert? Über die Form, Bedeutung und Herkunft geflügelter Worte in der deutschen Gegenwartssprache* (Beitrag – Manuskript).

Tarsa, Jadwiga (1994): *O definicji skrzydlatych słów.* In: Filologia rosyjska 33. Księga pamiątkowa ku czci Profesora Zdzisława Kempfa. Opole, 84–88.

Tarsa, Jadwiga (2001): *Zarys jednojęzycznego słownika skrzydlatych słów.* In: Balowski, Mieczysław/ Chlebda, Wojciech (Hg.), *Frazeografia słowiańska. Księga pamiątkowa poświęcona prof. dr hab. Halinie A. Lilicz.* Opole: Wydawnictwo Uniwersytetu Opolskiego, 311–318.

Anna Averina (Moskau)

Betonte Partikeln *JA, DOCH, SCHON* und *EH* im Deutschen und ihre Äquivalente im Russischen

Abstract: "Stressed particles *ja, doch, schon and eh* in German and their equivalents in Russian". The article deals with the semantics of the German stressed particles *JA, DOCH, SCHON* and *EH*. The author presents the Russian equivalents of the particles in the form of field according to E. Kotorova's conception. It is shown that stressed particles are egocentric structures which encode contrast meanings. Intonation, lexical means as well as grammar structures are used as their equivalents in the Russian language.

Keywords: *Stressed particles, field, equivalent, intonation*

1. Allgemeines

Eines der großen Verdienste von Professor E.G. Kotorova besteht darin, dass sie gezeigt hat, dass beim Vergleich des Wortschatzes zweier Sprachen nicht nur von Lexemen ausgegangen werden muss, sondern vielmehr von einem lexikalischen Feld in der Vergleichssprache, das mit dem gegebenen Lexem der Ausgangssprache korrespondiert (Kotorova 2007). Dabei wird die lexikalische und die situative Kombinierbarkeit des Wortes berücksichtigt (ebenda). Eine derartige Konzeption erlaubt es, genauere Äquivalente von sprachlichen Einheiten zu finden. Die Beobachtungen von E.G. Kotorova betreffen lexikalische Einheiten.

M.E. kann ein solcher Zugang auch bei der Aufstellung des Äquivalenzfeldes für grammatikalisierte sprachliche Einheiten verwendet werden. Durch die Analyse ihres Gebrauchs in unterschiedlichen Satztypen kann die Tiefenstruktur erschlossen werden, der in der Zielsprache mehrere Varianten entsprechen, und basierend darauf ein Äquivalenzfeld aufgebaut werden.

Im vorliegenden Aufsatz möchte ich den Versuch unternehmen, die Semantik der betonten Partikeln *JA, DOCH, SCHON* und *EH* im Deutschen zu untersuchen und das entsprechende Äquivalenzfeld im Russischen zu skizzieren.

Die Eigenart der betonten Partikeln *JA, DOCH, SCHON* und *EH* im Deutschen besteht darin, dass sie auf keine konkreten Objekte der Wirklichkeit referieren. Als Referenten von Äußerungen mit den betonten Partikeln kann man Situationen betrachten. Jeder Äußerung liegt eine Tiefenstruktur zugrunde, der mehrere Äquivalenzvarianten im Russischen entsprechen.

In meinem Beitrag möchte ich zeigen, dass die betonten Partikeln *JA, DOCH, SCHON* und *EH* einen Kontrast kodieren, dass der von den genannten Partikeln kodierte Kontrast eine Feldstruktur hat und dass der Inhalts- und der Ausdrucksplan eines solchen Feldes heterogen sind, da die Semantik von Partikeln unterschiedlich ist, und dass Äquivalenzfelder für betonte Partikeln im Russischen intonatorische, lexikalische und grammatische Mittel einschließen.

Betonte Partikeln sind ein Spezifikum der deutschen Sprache, weil es im Russischen derartige Wörter nicht gibt. Im vorliegenden Aufsatz möchte ich die Antworten auf folgende Fragen geben: In welchen Satztypen sind diese Partikeln möglich? Wo liegen die semantischen Unterschiede zwischen diesen Partikeln? Sind betonte Partikeln lexikalische, lexikalisch-grammatische oder grammatische Einheiten? Was gehört zum Inhaltsplan des funktional-semantischen Kontrastfeldes im Deutschen und im Russischen? Auf welchen sprachlichen Ebenen wird die Semantik des Kontrastes im Russischen ausgedrückt?

Die Arbeit hat folgende Struktur: In (2) betrachte ich die Semantik des Kontrastes sowie die Typen des Kontrasts; in (3) wird die Semantik des Kontrastes, die von den betonten Partikeln *JA, DOCH, SCHON* und *EH* kodiert wird, behandelt und unterschiedlichen Kontrasttypen zugeordnet; entsprechende russische Äquivalente werden angeführt; ich gehe auch auf den Status dieser Wörter ein; in (4) betrachte ich die Eigenschaften der betonten Partikeln und gehe auf den Inhalts- und den Ausdrucksplan des funktional-semantischen Kontrastfeldes im Russischen ein; in (5) werden Schlussfolgerungen gezogen.

Meine Untersuchung basiert auf der Analyse von Korporadaten (Mannheimer Korpus, DWDS, DECOW16A) sowie auf Umfragen der Muttersprachler.

2. Die Semantik des Kontrastfeldes. Die Typen des Kontrasts

Die Semantik des modalen Kontrasts wurde in der Arbeit von Meibauer (1994) anhand der deutschen Sprache und in der Arbeit von Janko (2010) am Beispiel der russischen Sprache ausführlich beschrieben. Laut Janko ist der Kontrast eine semantische Kategorie mit der Feldstruktur, die einen Kern (d.h. semantische Dominante) und eine Peripherie hat. Den Kern repräsentiert das Modell „P ist nicht Q, wie man denkt". An der Peripherie des Feldes liegt das Modell „P ist ebenso wie Q". Janko schlägt folgende Deutung von zwei Typen des Kontrastes vor:

Typ 1: Der Kontrast ist mit der Wahl einer dem Hörer und dem Sprecher bekannten Alternativmenge verbunden, wenn (a) eine Alternative aus der Alternativmenge ausgewählt wird und (b) eine Alternative zu der ganzen Alternativmenge hinzugefügt wird.

Typ 2: Die Korrelation der Aussage mit einer bestimmten Meinung oder Erwartung, mit der der Sprecher (a) einverstanden oder (b) nicht einverstanden ist.

Meibauer unterscheidet nach Dietrich zwei Typen des Kontrastes: Einen **kontradiktorischen** und einen **komplementären** (Meibauer 1994: 72). Beim kontradiktorischen Kontrast sei aus der Sicht des Sprechers die kontrastierte Alternative dem Hörer bereits bekannt, beim komplementären Kontrast werde sie dagegen einer (aus der Sicht des Sprechers) beim Hörer vorhandenen Alternativmenge hinzugefügt (ebenda). Die beiden Kontrasttypen werden phonetisch unterschiedlich realisiert: der komplementäre Kontrast durch starken Tonfall (H\\T), der kontradiktorische Kontrast durch starken Tonanstieg (T//H) (ebenda). Das veranschaulicht Meibauer am folgenden Beispiel:

(1) Das Zahnrad legst du jetzt an die Breit\\seite der Platte (d.h. nicht auf die Längs- oder Querseite) – komplementärer Kontrast;
(2) Das Zahnrad legst du jetzt an die Breit//sei\te der Platte (wenn der Adressat das Zahnrad nicht auf die Breitseite der Platte hinlegt) – kontradiktorischer Kontrast.

Der komplementäre Kontrast entspricht in allgemeinen Zügen dem Typ 1 des Kontrastes, der von Janko betrachtet wurde. Der kontradiktorische Kontrast entspricht dem Typ 2.

Der Kontrast kann erst aus dem Kontext heraus erschlossen werden. Sowohl im Deutschen als auch im Russischen wird neben anderen Mitteln der Kodierung des Kontrasts auch die Betonung verwendet (vgl. Meibauer 1994; Янко 2010).

3. Russische Äquvalente für betonte Partikeln

3.1. Eigenschaften von betonten Partikeln und mögliche Zugänge an die Beschreibung des Äquivalenzfeldes im Russischen

In diesem Abschnitt gehe ich auf folgende Fragen ein: (1) zu welcher Partikelklasse gehören betonte Partikeln; (2) ob betonte Partikeln Wörter mit lexikalischer Bedeutung oder ob sie grammatische Einheiten sind und (3) nach welchen Prinzipien sollten Äquivalente im Russischen gefunden werden.

Die betonten Partikeln *JA, DOCH, SCHON* und *EH* verfügen über eine Reihe von Eigenschaften, die sie von anderen Partikelklassen unterscheiden. Jede Partikel hat ihre besonderen Merkmale. Man könnte sie folgenderweise charakterisieren: (i) Sie sind betont und stehen in der Regel im Satzmittelfeld, im Vorfeld können sie nicht benutzt werden, vgl.:

(3a) Du sollst JA nicht den Bildschirm parsen! (DECOW 16A)

(3b) *JA du sollst nicht den Bildschirm parsen!

(ii) In der Regel werden sie in Dialogsituationen gebraucht, obwohl ihre Verwendung in einem Monolog nicht ausgeschlossen ist. (iii) Ihr wesentlicher Unterschied von den unbetonten Modalpartikeln (*ja, doch, denn* usw.) besteht darin, dass sie nicht die logischen Relationen kodieren, wie es im Falle der Modalpartikeln beobachtet werden kann. Bei ihrer Verwendung wird eine Alternative entweder hervorgehoben oder einer anderen gegenübergestellt. Um diesen Unterschied zu illustrieren, vergleichen wir zwei Belege, (4) und (5):

(4) Vielleicht kenne ich mich nur nicht gut genug damit aus. Das Programm ist **ja** ziemlich umfangreich (DECOW 16A).

Im ersten Satz wird auf die Folge hingewiesen, während der zweite Satz die Ursache enthält. Diese satzübergreifende Einheit ist nach dem Schema *modus ponens* aufgebaut (vgl. Averina 2012). Völlig andere Relationen werden im Satz mit dem betonten *JA* kodiert: Der Sprecher zeigt nämlich, dass der Gesprächspartner nur eine Alternative aus einer Alternativmenge anerkennen soll, vgl.:

(5) Mach *JA* schnell weiter!!! (DECOW 16A).

(iv) Betonte Partikeln kann man als Egozentrika charakterisieren, die nicht in allen Kontexttypen verwendet werden können. So kann z.B. die Partikel *JA* nur dann im Satz verwendet werden, wenn die Aussage an einen Gesprächspartner gerichtet ist. In einem Monolog ist das kaum möglich, vgl. (5). Die betonten Partikeln *JA, DOCH, SCHON* und *EH* kann man auch als egozentrische Einheiten betrachten, die man ebenso als Matrixsatzphänomene interpretieren kann. So ist z.B. die Verwendung der betonten Partikeln in einem illokutiv selbständigen Satz möglich, während sie sich in einem illokutiv unselbständigen Satz als ungrammatisch erweist, vgl.:

(6a) Sie hat meiner Mutter gestern schon gesagt, dass sie (+*DOCH*) kommt (DECOW 16A) – der Objektsatz ist illokutiv selbständig, betontes *DOCH* ist möglich;

(6b) Sie bedauert, dass sie (**DOCH*) kommt – betontes DOCH ist in einem illokutiv selbständigen Satz nicht möglich.

Diese Eigenschaft ist identisch mit der von Modalpartikeln.

Die Frage in Bezug auf den Status von betonten Partikeln – ob sie Wörter mit lexikalischer Semantik oder grammatischer Bedeutung sind – wurde von Meibauer aufgeworfen. Er vertritt die Ansicht, dass Modalpartikeln, zu denen er auch betonte Partikeln zählt, eine abstrakte wörtliche Bedeutung haben (Meibauer 1994: 15). Diese modale wörtliche Bedeutung ist mit einem Einstellungskonzept im Sinne von Bierwisch identisch. „Als Typen von Einstellungskonzepten kommen vor allem epistemische, intentionale und emotionale Konzepte in Frage" (ebenda, S. 14).

Um zu bestimmen, ob betonte Partikeln lexikalische oder grammatische Zeichen sind, möchte ich auf Grammatikalisierungsparameter eingehen. Nach Lehmann (1995) sind grammatische Zeichen weniger autonom als lexikalische: Der Autonomiegrad eines Zeichens verhält sich umgekehrt proportional zu seinem Grammatikalisierungsgrad. Davon ausgehend unterscheidet er drei Dimensionen der Autonomie (Lehmann 1995, vgl. auch Szczepaniak 2011):

1. **Gewicht**: Das semantische und formale Gewicht von grammatischen Zeichen ist reduziert. In Bezug auf betonte Partikeln kann man sagen, dass sie autonom nicht interpretiert werden können, weil ihre abstrakte Bedeutung erst aus der Analyse der kontextuellen Umgebung erschlossen werden kann. So kann z.B. betontes *DOCH* sowohl Negation als auch implizite Epistemizität und konzessive Semantik kodieren, vgl.:

(7)   „Wenn er sagt, er sei nicht zuhause, ist er *DOCH* da?" (DECOW 16A).
      Если он говорит, что его нет дома, *разве* может он быть здесь?

In (7) zeigt der Sprecher mit *DOCH*, dass der Sachverhalt nicht wahr ist. Dabei wird ein Zweifel ausgedrückt.

(8)   Regenbogenfamilientag im Stuttgarter Rathaus – Gleich und *DOCH* anders?! (DECOW 16A)
      День радужных семей в ратуше Штуттгарта – одинаковые и *все же* разные?

In (8) wird im Satz gezeigt, dass eine Sachlage (dass alle gleich sind) eine andere (und zwar Unterschiede) nicht ausschließt (anders kann das so formuliert werden: Obwohl sie alle gleich sind, sind sie alle unterschiedlich).

(9)   Ob er sich wohl gemeldet hat? *DOCH* sie hatte weder eine SMS noch eine Nachricht auf der Mailbox (DECOW 16A).
      Дал ли он о себе знать? *Нет*, у нее не были ни СМС, ни сообщения на почте.

2. **Kohäsion**: Je enger die Relation des Zeichens zu anderen Zeichen wird, desto höher ist der Kohäsionsgrad. In Bezug auf betonte Partikeln wird hier die Ansicht geteilt, dass sie eng an ein Satzmodell und an einen bestimmten Kontext gebunden sind. So ist z.B. die Verwendung des betonten *JA* in Entscheidungsfragen nur in Kombination mit *auch* möglich, worauf Hentschel hinweist (Hentschel 1986: 154), vgl.:

(10a) Hast du *auch JA* nichts vergessen?

Ohne *auch* scheint diese Partikel in diesem Satztyp problematisch zu sein:

(10b)   *Hast du *JA* nichts vergessen?

3.   **Variabilität**: Ein autonomes Zeichen kann durch andere Zeichen mit
        ähnlicher Semantik leicht ersetzt werden. Betonte Partikeln haben zum
        einen eine fixierte Stellung und können zum anderen nicht durch andere
        Einheiten ersetzt werden, vgl.:

(11a)   Elemente können sich durch chemische Reaktionen nicht wieder zerlegen
        lassen, Verbindungen hingegen *SCHON* (DECOW 16A).

(11b)   *Elemente können sich durch chemische Reaktionen nicht wieder zerlegen
        lassen, Verbindungen hingegen (*JA* *DOCH* *EH*).

Daher kann man vermuten, dass betonte Partikeln grammatische Einheiten mit
abstrakter Funktion sind, die sich aus lexikalischen Einheiten bzw. aus entsprechenden Lexemen entwickelt haben. Laut Kotin geht es um solche Entwicklung,
„deren Ergebnis die Veränderung des ursprünglichen Status von Nominations-
einheiten (Lexemen) ist. Sie verlieren zunehmend ihre (konkrete) lexikalische
Bedeutung und entwickeln stattdessen eine abstrakte kategorialgrammatische
Funktion" (Kotin 2007: 99).

Eine weitere Eigenschaft, die betonte Partikeln zu grammatischen Einheiten
macht, ist ihre mehrfache Deiktizität. Als diskursive Einheiten sind die betonten
Partikeln *JA, DOCH, SCHON* und *EH* deiktisch. Wie Diewald feststellt, ist der
deiktische Prozess eine „kontextgebundene gerichtete Relation" (Diewald 1991:
25). Die Modalität wird von Diewald als eine deiktische Dimension behandelt
(op. cit.: 249). Bei der Verwendung der betonten Partikel *DOCH* weist der Sprecher darauf hin, dass der Sachverhalt bzw. die Handlung nicht wahr ist (*P hat
nicht die Eigenschaft a* bzw. *P macht nicht a*). In diesem Fall kann man von der
modalen Deixis sprechen: Als Deixisobjekt tritt der Grad der Faktizität auf. Eine
ähnliche Wirkung haben die betonten Partikeln *JA, SCHON* und *EH*: Es wird auf
die Richtigkeit des Sachverhalts verwiesen. Der Gesprächspartner wird darauf
verwiesen, dass er seine Einstellung korrigieren sollte. Deswegen kann man von
einer mehrfachen Deixis sprechen.

Eine weitere Eigenschaft der Diskurspartikeln besteht darin, dass sie in illo-
kutiv unselbständigen Nebensätzen nicht verwendet werden (vgl. (6a) und (6b)).
Somit weisen sie Affinitäten zu Modalpartikeln auf. Daher kann man sie als Ego-
zentrika charakterisieren: Deiktische Einheiten mit einem stark ausgeprägten
Grad an Egozentrizität können nicht untergeordnet werden (vgl. Апресян 1995).
Diskurspartikeln werden hier somit als grammatische Einheiten mit deiktischen
Eigenschaften behandelt.

Nach der Auffassung von Abraham (Abraham 1991: 373) sehen die Stufen des Grammatikalisierungsprozesses von Partikeln wie folgt aus:
LOKALISTIC<TEMPORAL<LOGICAL<ILLOCUTIVE/DISCOURSE FUNCTIONAL
In der Regel spricht man von der Abnahme der phonetischen Substanz infolge des Grammatikalisierungsprozesses. Betonte Partikeln kann man als eine Ausnahme betrachten: Die Akzentuiertheit von Partikeln im Zusammenhang mit ihrer klanglicher Form kann als eine Kodierungsform des Kontrastes behandelt werden. Schon die Betonung selbst könnte als eine Form des Ausdrucks des Kontrastes betrachtet werden (vgl. Адамец 1966; Янко 2010).

Bei der Bestimmung der Äquivalenz dieser Wörter im Russischen sollten folgende Aspekte berücksichtigt werden: (1) Diskurspartikeln referieren nicht auf konkrete Objekte, als Referenten von Äußerungen mit diesen Wörtern kann man Situationen betrachten. (2) Die Semantik von Diskurspartikeln sollte nicht auf der Satzebene, sondern auf der satzübergreifenden Ebene beschrieben werden. (3) Bei der Beschreibung der Satzsemantik der Ausgangssprache wird die Tiefenstruktur erzeugt, der in der Zielsprache mehrere Varianten entsprechen können. (4) Aus diesen Varianten werden sprachliche Einheiten ausgesondert, die die gleiche Semantik wiedergeben und als Komponenten des funktional-semantischen Feldes[1] betrachtet werden können. Im Großen und Ganzen sieht das Schema folgendermaßen aus:

(1) Satzmodelle mit der betonten Partikel →(2) Tiefenstruktur →(3) mögliche Satzmodelle in der russischen Sprache →(4) Aussonderung von möglichen lexikalischen, intonatorischen und grammatischen Äquivalenten →(5) Aufstellung des entsprechenden Äquivalenzfeldes

Jede Partikel bringt jedoch in den Satz zusätzliche semantische Schattierungen mit ein, was seine Eigenart prägt. So kann z.B. die Partikel *DOCH* als selbständiger Satz fungieren, während das im Falle anderer Partikeln nicht möglich ist, vgl.:

(12) A: Peter ist nicht gekommen.
       B: *DOCH.* (**JA*, **SCHON*, **EH*).

Eine weitere Besonderheit der betonten Partikel *DOCH* besteht darin, dass sie die vorangehende Aussage negieren kann, was für andere betonte Partikeln nicht typisch ist, vgl.:

---

1   Unter einem funktional-semantischen Feld wird im vorliegenden Aufsatz die Gesamtheit von grammatischen Mitteln einer Sprache verstanden, die im Zusammenhang mit lexikalischen, wortbildenden und lexikalisch-grammatischen Mitteln die gleiche Semantik kodieren (nach Бондарко 2001: 40).

(13) A: Peter ist nicht gekommen.
      B: Er ist *DOCH* (**JA*, **SCHON*, **EH*) gekommen.

Welche zusätzlichen semantischen Schattierungen von betonten Partikeln kodiert werden, möchte ich im Weiteren zeigen.

3.2. Die Partikel *DOCH*

Die betonte Partikel *DOCH* kann in Aussagesätzen verwendet werden, indem der Sprecher die von seinem Gesprächspartner mitgeteilte Information negiert, vgl.:

(14) Dt.: Spr. 1: Herr Klein (-)|Herr Klein ich widerspreche ihnen ja gar nicht|ich widerspreche (-) nein nein (-).
      Spr. 2: *DOCH* Sie haben gesagt... (Mannheimer Korpus).
(2b) Rus.: Spr. 1: Господин Кляйн, господин Кляйн, я Вам не противоречу.
      Spr. 2: Нет, неправда...

Im angeführten Beleg tritt die betonte Partikel *DOCH* als Kodierungsmittel des kontradiktorischen Kontrastes auf: Der Sprecher zeigt, dass sich der Gesprächspartner irrt. Wichtig ist dabei, dass der vorangehende Satz, der von dem Gesprächspartner ausgedrückt wird, eine Negation enthält. Im Russischen werden in dieser Situation Negationswörter *нет, неправда* gebraucht; als Verstärkungsmittel kann die Partikel *же* verwendet werden. Noch eine Variante der Kodierung des kontradiktorischen Kontrastes im Russischen ist die Betonung des Prädikats bzw. Prädikativs, so wie man das an einer anderen Variante der Übersetzung des Belegs (14) beobachten kann (durch \\ wird der Tonfall markiert), vgl.:
Rus.: Spr. 1: Господин Кляйн, господин Кляйн, я Вам не противоречу.
Spr. 2: *Противоре\\чите.*
Einen solchen Satztyp bezeichnet Adamec als *verifikativ*: Der Sprecher hat nicht erwartet, dass der Gesprächspartner seine Einstellung der eigenen gegenübergestellt. Es handelt sich nicht um die neue Information, sondern um die Reaktion des Sprechers auf die Meinung des Gesprächspartners, um die Korrektur dieser Meinung. Als Kern von verifikativen Aussagen tritt ein Verb auf, genauer gesagt, seine positive oder negative Form (Адамец 1966: 27, 28). Diese Idee wurde von Janko weiterentwickelt: Sie hat den Begriff *des verifikativen Rhemas* eingeführt. Das verifikative Rhema entsteht oft in der Polemik, dabei enthält der Satz eine Negation (Янко 2008: 156).
   Eine implizite Negation enthält auch die Entscheidungsfrage mit der betonten Partikel *DOCH*, vgl.:

(15) Der kleine Junge wendet sich an dich und scheint verzweifelt. Er hat große
       Angst zu reden. Ist er *DOCH* des Schmuggels schuldig? Ganz klar macht er
       dir, dass er niemanden umgebracht hat (DECOW 16).
       Маленький мальчик обращается к тебе и кажется отчаявшимся. Он
       боится говорить. *Разве* он виноват в контрабанде? Совершенно четко
       он дает тебе понять, что он никого не убил.

Der Satz mit der betonten Partikel *DOCH* in (15) enthält keine explizite Negation. Als Äquivalent kann der Epistemizitätsmarker *разве* verwendet werden. Die
Frage zeigt, dass der Sprecher an bestimmten Tatsachen sehr stark zweifelt und
seine Position für richtig hält.

  Meibauer weist darauf hin, dass betontes *DOCH* in einem Monolog möglich
ist. Die Analyse von Korpusbelegen zeigt, dass diese Partikel in der Regel nach
der Konjunktion *und* verwendet wird, vgl.:

(16) Von Gott ist in dieser Geschichte mit keinem Wort die Rede. Und DOCH
       ist er da (DECOW 16A).
       О Боге в этой истории нет ни слова. Но – он тут есть.

Der angeführte Beleg macht deutlich, dass die betonte Partikel *DOCH* einen Kontrast schafft. Im Russischen kann als Äquivalent die Konjunktion *но* verwendet
werden, die auf diesen Kontrast hinweist.

  In Ergänzungsfragen weist *DOCH* darauf hin, dass der Sprecher mit der Einstellung des Gesprächspartners nicht einverstanden ist. Solche Strukturen wurden
von Meibauer behandelt:

(17) Warum sollen wir das *DOCH* machen? (Beleg von Meibauer 1994: 110).
       Почему же мы должны это *все-таки* делать?

Die Aussage impliziert, dass der Sprecher anderer Meinung ist, dass er nicht
machen will, was vorgeschrieben oder verordnet wird. Im Russischen wird als
Äquivalent die Partikel *все-таки* mit konzessiver Semantik verwendet.

  In Bezug auf die Frage, ob die betonte Partikel *DOCH* Verumfokus kodiert,
gibt es unterschiedliche Meinungen. Höhle (1992) interpretiert Verumfokus als
semantischen Fokus, da die Lautgestalt des betonten Ausdrucks häufig aus dem
Kontext bekannt ist. Im Falle mit F-Verumfokus wird das Finitum fokussiert,
während bei C-Verumfokus der Subjunktor die Betonung trägt, vgl.:

(18a) A: Karl war nicht in Rom.
        B: Ich bin sicher, *DASS* Karl in Rom war (C-Verumfokus)

(18b) A: Karl war nicht in Rom.
        B: Ich bin sicher, dass Karl in Rom *WAR* (F-Verumfokus)

Der Fall mit dem betonten *DOCH* wird von Höhle im Rahmen des Verumfokus nicht behandelt.

Meibauer äußert die Meinung, dass betonte Partikeln keinen Verumfokus kodieren können, weil „ihre Fokussierung auf der jeweiligen Modalpartikelbedeutung operiert" (Meibauer 1994: 130).

Egg und Zimmermann (2011) betrachten betontes *DOCH* als Kodierungsmittel des Verumfokus, indem sie folgende Argumente anführen: (i) *DOCH* kann einen elliptischen Satz bilden, indem es die ganze Verbalphrase ersetzt:

(19)   Kontext: Zuerst wollte nicht Malte nach Utrecht fahren, aber hat er das *DOCH* gemacht. (Egg, Zimmermann 2011: 230).

(ii)   *DOCH* drückt keinen potentiellen, sondern einen aktuellen Kontrast aus, im Unterschied zu dem unbetonten *doch* wird kein Common Ground kodiert.

(iii) *DOCH* tritt als Reaktion auf die Frage auf, wobei Negation ausgedrückt wird, vgl.:

(20)   A: Hast du keinen Hunger? B: *DOCH*.

(iv)   Ebenso wie Verumfokus kann betontes *DOCH* in einen Nebensatz eingebettet werden, vgl.:

(21a) Peter glaubt immer noch, dass sie *DOCH* gewonnen haben (ebenda, S. 232).

In Bezug auf das letzte Argument möchte ich einwenden, dass betontes *DOCH* ebenso wie Verumfokus in illokutiv unselbständige Sätze nicht eingebettet werden kann, vgl.:

(21b) Peter bedauert, dass sie **DOCH* gewonnen haben.

(21c) *Peter bedauert, dass sie gewonnen *HAB*en (vgl. auch Abraham 2017).

Das zeugt davon, dass betontes *DOCH* sowie Verumfokus Affinitäten zu Modalpartikeln aufweisen und dementsprechend einen modalen Kontrast kodieren können.

Aus dem Gesagten ergibt sich, dass betontes *DOCH* einen modalen Kontrast kodiert, wobei sich der letztere auf das Prädikat bezieht. Als Äquivalente treten im Russischen folgende Elemente auf:

– das verifikative Rhema, d.h. ein akzenttragendes Prädikat;
– Negationswörter *нет, нельзя, неправда*;
– Adverbien mit impliziter konzessiver Semantik (*все-таки, тем не менее*);
– Konjunktionen mit adversativer Semantik (*но*);
– das Fragewort *разве*, das einen Zweifel kodiert und deshalb Epistemizität ausdrückt.

In Bezug auf den Verumfokus bin ich der Ansicht, dass betontes DOCH in Deklarativsätzen mit Verumfokus Schnittstellen aufweist und sich dadurch wesentlich von anderen betonten Partikeln unterscheidet.

3.3. Die Partikeln *JA, SCHON* und *EH*

3.3.1. Betontes *JA*

Betontes *JA* unterscheidet sich von dem betonten *DOCH* dadurch, dass es als selbständiger Satz nicht verwendet werden kann, vgl. (12). Diese Partikel kann laut Meibauer (1994) in allen Satztypen gebraucht werden. Während betontes *DOCH* auf eine Gegenüberstellung deutet, verweist betontes *JA* „auf die Richtigkeit eines Sachverhaltes" (Hentschel 1986: 156). Nach meinen Beobachtungen gibt es gewisse Einschränkungen in Bezug auf ihre Verwendung in Aussagesätzen: Inhaltlich sollen Sätze dieses Typs eine implizite Aufforderung kodieren, vgl.:

(22) Mitbestimmung soll *JA* nicht bei Studierenden aufhören (DECOW 16A).

Студенты *непременно* должны участвовать в принятии решений.

Den Aufforderungssätzen verleiht die betonte Partikel *JA* die Schattierung der Bedrohung: Dadurch zeigt der Sprecher, dass sein Gesprächspartner unbedingt allen Anforderungen folgen sollte:

(23) Unsere Bewohner würde es freuen! Mach *JA* weiter so! (DECOW 16A).
      Наших жителей бы это порадовало! *Давай же* продолжай!
      Nach Meibauer ist betontes *JA* in rhetorischen Fragen möglich, vgl.:
(24) Wer will nur *JA* immer als erster das Bad benutzen? (Meibauer 1994: 151).
      Кто *же* тогда всегда хочет первым идти в ванную?
      Im Russischen entspricht der betonten Partikel *JA* die Verstärkungspartikel
      же.

      Es ist auch möglich, betontes *JA* in Entscheidungsfragen zu verwenden, vgl.:
(25) Hast du auch *JA* den schicken Pullover angezogen? (DECOW 16A).
      А модный джемпер-то ты хоть надел?

Nach Hentschel sind Sätze des Typs (26) nur der Form nach Fragen, „als Sprechakt indessen sind sie eher Aufforderungen" (Paraphrase „Vergiss *JA* nichts!") (Hentschel 1986: 154).

Wie die Analyse von Belegen zeigt, kann die betonte Partikel *JA* folgende Entsprechungen im Russischen haben: *непременно, же, наверняка, давай же*. Hentschel weist dabei darauf hin, dass Aufforderungen, Absichtserklärungen und Wünsche mit betontem *JA* intensiver und dringlicher als ohne die Partikel wirken (Hentschel 1986: 156).

Betontes *JA* tritt häufig in Finalsätzen auf, vgl.:

(26) Aber behutsam, sehr behutsam, damit *JA* nichts zerbricht! (DECOW 16A).
      Но осторожно, осторожно, чтобы *уж наверняка* ничего не сломалось!

Diese Partikel kodiert einen anderen Typ des Kontrasts, und zwar den komplementären Kontrast. Aus einer Alternativenmenge wird eine herausgerissen und hervorgehoben. Betontes *JA* hat wesentliche Unterschiede zu *DOCH*: Diese Partikel kodiert weder den Verumfokus noch den kontradiktorischen Kontrast.

3.3.2. Betontes SCHON

Die betonte Partikel *SCHON* verfügt über bestimmte Besonderheiten, die ihre Eigenart prägen. In einem Aussagesatz ist sie fähig, adversative Relationen zu kodieren, vgl.:

(27) In seiner Heimat gibts allerdings wesentlich mehr Feinde, die leider in unseren Breiten *nicht* überleben können, der Zünsler *SCHON* (DECOW 16A).
      'На его родине есть все же существенно больше врагов, которые к сожалению не могут выжить в наших широтах, огневки *же* могут'.

(28) Mein Freund traut sich *nicht* etwas in diesem Moment zu unternehmen und es zu unterbinden, ich *SCHON*, weil sie sich sonst richtig aufpus[c]ht und gar nicht mehr runterkommt (DECOW 16A).
      'Мой друг не решается что-либо предпринимать в этот момент и пресекать это, я *же* решаюсь, так как она провоцирует на это и не спускается'.

Im Russischen tritt die Konjunktion *же* mit adversativer Semantik auf. Eine der Voraussetzungen für die Verwendung der betonten Partikel *SCHON* besteht darin, dass im Satzteil, der einem anderen gegenübergestellt wird, die Negation verwendet wird.

Betontes *SCHON* kann weder in Entscheidungs- noch in Ergänzungsfragen gebraucht werden.

Der betonten Partikel *SCHON* entspricht im Russischen die Partikel-Konjunktion *же* mit adversativer Semantik. Dabei ist der Satz mit dieser Partikel elliptisch.

3.3.3. Die Partikel EH

Betontes *EH* wird in Deklarativsätzen verwendet: Der Sprecher zeigt somit, dass die Handlungen des Gesprächspartners bzw. des Protagonisten überflüssig sind, vgl.:

(29) WordPress will bei den Kommentaren niemanden mehr benachrichtigen. Aber ich bin ja *EH* jeden Tag online und sehe es (DECOW 16A).
Вордпресс не хочет никого уведомлять. Но я *так или иначе* каждый день в сети и вижу это.

(30) Seh dir deine Freundin besser nicht so genau an, das bringt *EH* nichts [...] (DECOW 16A).
Не смотри так пристально на свою подругу, это *в любом случае* ни к чему не приведет [...].

(31) Mir ist das doch alles E[e]gal ... ich habe EH immer recht (DECOW 16A).
Мне же все равно... я *в любом случае* прав.

Im Russischen werden die Adverbien *так или иначе, в любом случае* verwendet. Deutsche Belege enthalten einen impliziten Kontrast (es gibt mehrere Alternativen $a_1, a_2, a_3, a_4...$, man braucht nur a_1 auszuwählen).

3.4. Betonte Partikeln im Deutschen und ihr Äquivalenzfeld im Russischen

Die Analyse von möglichen Satztypen mit betonten Partikeln im Deutschen und ihren Übersetzungen ins Russische lässt erstens Äquivalenzfelder für die jeweilige Partikel und zweitens das gesamte Kontrastfeld im Russischen skizzieren:

Abb. 1. Betonte Partikeln im Deutschen und das mit ihnen korrespondierende Kontrastfeld im Russischen

Partikeln	Tiefenstruktur	Das Kontrastfeld im Russischen
Der kontradiktorische Kontrast		
DOCH	P ist nicht Q	*Das Äquivalenzfeld für betontes DOCH*
		– Aussagen mit dem verifikativen Rhema; – Negationswörter *нет, нельзя, непременно*; – Adverbien mit impliziter konzessiver Semantik *все-таки, тем не менее*; – Konjunktionen mit adversativer Semantik *но, а*; – das Fragewort mit epistemischer Semantik *разве*.
Der komplementäre Kontrast		
JA	Es gibt Alternativen a_1, a_2, a_3, a_4, die Alternative a_1 muss man auswählen	*Das Äquivalenzfeld für betontes JA*
		– *непременно*; – *давай же*; – *наверняка*

SCHON	P hat nicht die Eigenschaft *a*, aber Q hat sie.	*Das Äquivalenzfeld für betontes SCHON*
		– *же;* – *в то время как*
EH	Für P gibt es eine Alternative a₁, aber er hat schon eine Alternative a₂	*Das Äquivalenzfeld für betontes EH*
		– *так или иначе* – *в любом случае*

Die genannten Mittel bilden das funktional-semantische Kontrastfeld im Russischen. Den Kern des Inhaltsplanes dieses Feldes bildet die Tiefenstruktur *P ist nicht Q*, was dem kontradiktorischen Kontrast entspricht. Alle anderen Tiefenstrukturen kodieren einen komplementären Kontrast: Es handelt sich um eine der Alternativen, die richtig ist. Zum Ausdrucksplan gehören folgende Mittel: Betonung (Aussagen mit dem verifikativen Rhema), Negationswörter *нет, нельзя;* sprachliche Einheiten, die eine Alternative aus allen möglichen hervorheben. Das sind Adverbien *непременно, наверняка*, Adverbien mit konzessiver (*все-таки, тем не менее*), Konjunktionen mit adversativer Semantik sowie das Fragewort *разве* mit epistemischer Bedeutung.

4. Fazit und Ausblick

Die Analyse von betonten Partikeln *JA, DOCH, SCHON* und *EH* im Deutschen und ihren Äquivalenten im Russischen hat Folgendes gezeigt:

1. Betonte Partikeln können als Diskurspartikeln behandelt werden, die egozentrisch sind und auf die Faktizität eines Sachverhaltes verweisen. Sie unterscheiden sich wesentlich von unbetonten Modalpartikeln dadurch, dass sie (1) nicht die logischen Relationen kodieren, sondern eine ergänzende Funktion ausüben; (2) eine Aussage eliminieren können; (3) betont sein können und (4) für einen Dialog typisch sind, während Modalpartikeln in einem Monolog häufig verwendet werden, weil sie logische Zusammenhänge wiedergeben. Das zeugt davon, dass Diskurspartikeln interaktionale Einheiten sind.
2. Betonte Partikeln sind grammatische Einheiten, da sie (1) autonom nicht interpretiert werden können; (2) an ein Satzmodell gebunden sind; (3) eine feste Position im Satz haben und durch andere Einheiten bzw. durcheinander nicht ersetzt werden können; (4) über eine abstrakte Semantik verfügen und (5) deiktisch sind. Die von ihnen kodierte Semantik kann man als Semantik des Kontrastes bezeichnen. Die betonte Partikel *DOCH* gibt einen kontradiktorischen Kontrast wieder, die betonten Partikeln *JA, SCHON* und *EH* kodieren einen komplementären Kontrast.

3. Als Komponenten des Äquivalenzfeldes im Russischen, das den betonten Partikeln im Deutschen entspricht, treten unterschiedliche Mittel auf: lexikalische, grammatische, intonatorische. Das ist einer der Gründe, warum dieses Äquivalenzfeld als funktional-semantisches Feld interpretiert werden kann.
4. Das Kontrastfeld im Russischen kann als Schnittstelle der Negation, konzessiver, adversativer sowie epistemischer Semantik betrachtet werden.

Des Weiteren finde ich die Analyse der grammatischen Funktionen der Intonation aus kontrastiver Sicht aufschlussreich.

Literaturverzeichnis

Abraham, Werner. 1991. The grammaticalization of the German modal particles. In: Traugott, Elisabeth & Heine, Bernhard (Hg.). *Approaches to grammaticalization. Vol. II. Focus on types of grammatical markers.* Amsterdam-Philadelphia: John Benjamins Publishing Company, pp. 331–380.

Abraham, Werner. 2017. Modal particles and Verum focus. New corollaries. In: Fedriani, Chiara & Sanso, Andrea (ed.). *Pragmatic Markers, Discourse Markers and Modal Particles.* Amsterdam: John Benjamins, S. 171–202.

Averina, Anna. 2012. Phorik bei den Epistemizitätsmarkern im Deutschen. In: Kotin, Michail & Kotorova, Elizaveta (Hg.). *Die Sprache in Aktion: Pragmatik — Sprechakte — Diskurs.* Heidelberg: Universitätsverlag Winter, S. 33–45.

Bierwisch, Manfred. 1980. Semantik structure and illocutionary force. In: Searle J.R., Kiefer F., Bierwisch M. (ed.). *Speech Act Theory and Pragmatics.* Dordrecht: Reidel, pp. 1–35.

Egg, Marcus & Zimmermann, Malte. 2011. Stressed Out! Accented discourse particles: the case of *doch.* In: Aguilar, Ana & Chernilovskaya, Anna & Nouwend, Rick (ed.). *Proceedings of Sinn und Bedeutung 16.* University of Utrecht, pp. 225–238.

Hentschel, Elke. 1986. *Funktion und Geschichte deutscher Partikeln. Ja, doch, halt und eben.* Tübingen: Max Niemeyer Verlag, 1986.

Höhle, Tilman N. 1992. Über Verum-Fokus im Deutschen. In: Jacobs, Joachim (Hg.). *Informationsstruktur und Grammatik.* Linguistische Berichte. Sonderheft 4. Wiesbaden: Springer, S. 112–141.

Kotin, Michail 2007. *Die Sprache in statu movendi.* Bd. 2. Heidelberg: Winter Verlag.

Kotorova, Elizaveta 2007. *Äquivalenzbeziehungen: Wort, Wortgruppe, Wortsystem: Eine vergleichende Studie Deutsch-Russisch.* Marburg: Tectum.

Lehmann, Christian. 1995. *Thoughts on grammaticalization.* Revised and expanded version. München: Newcastle.

Meibauer, Jörg. 1994. *Modaler Kontrast und konzeptuelle Verschiebung. Studien zur Syntax und Semantik deutscher Modalpartikeln.* Tübingen: Niemeyer Verlag.

Szczepaniak, Renata. 2011. *Grammatikalisierung im Deutschen. Eine Einführung.* Tübingen: Narr Francke Attempto Verlag GmbH.

Адамец, Пржемысл. 1966. *Порядок слов в современном русском языке.* Praha: Academia.

Апресян, Юрий Д. 1995. Дейксис в лексике и грамматике и наивная модель мира. In: *Избранные труды. В 2-х томах.* Москва: Языки русской культуры, С. 629–650.

Бондарко, Александр В. 2001. *Принципы функциональной грамматики и вопросы аспектологии.* 2-е изд. Москва: УРСС.

Падучева, Елена В. (2010): *Семантические исследования. Семантика времени и вида в русском языке. Семантика нарратива.* 2-е изд., испр. и доп. Москва: Языки славянской культуры.

Янко, Татьяна Е. 2010. Интонация контраста, или минимальные пары фразовой просодии. In: Демьянков, Валерий З. & Порхомовский, Виктор Я. (ред.). *В пространстве языка и культуры. Звук, знак, смысл. Сборник статей в честь 70-летия В.А. Виноградова.* Москва: ЯСК, С. 136–148.

Belegquellenverzeichnis

DECOW 16-A NANO. URL: https://www.webcorpora.org/

Mannheimer Korpus. URL: http://www1.ids-mannheim.de/kl/projekte/korpora/archiv/mk.html.

Olga Kostrova (Samara)

Ressourcequellen und Semantik der Konditionalität im Russischen und im Deutschen

Abstract: "Ressource origins and semantics of conditionality in Russian and German". Conditional complexity is for a long time an attraction for many scientists. In this category there are many questions waiting for their solution till now. The development of this category in different languages is one of them. The paper deals with the sources of conditionality in Russian and German. The author aims to find out, what sources can enrich conditional semantics in both languages and what the enrichment includes. The research methodology is based on the interpretation of conditional conjunctions in etymological dictionaries of German and Russian. The comparison shows functional and semantic differences of conditional mental spaces produced by conditional clauses that are influenced by their contacts with different semantic spheres.

Keywords: conditional conjunction, source, semantic enrichment, contrastive comparison

1. Problemstellung und Forschungsstand

Kontrastive Forschungen des Russischen und Deutschen werden in der letzten Zeit intensiv betrieben (vgl. Radchenko), umfassen aber im Wesentlichen traditionell den Vergleich des grammatischen Baus (Gladrow 1998, Trillhaase 1992 u.a.) und der Wortbildung (Ohnheiser 1987 u.a.). Methodologisch innovativ ist die kontrastive Forschung von Sprachhandlungsmustern (Gladrow, Kotorova 2018), wo pragmatische Unterschiede im Funktionieren solcher Muster unter Berücksichtigung vieler Parameter wie sozialer Status der Sprecher, ihr Alter, Geschlecht, Beruf, die Region, die Gesprächssituation und in manchen Fällen auch die historische Komponente in Betracht gezogen werden.

Im Themenbereich der Konditionalität findet sich zahlreiche Literatur, was aber offene Fragen nicht ausschließt, die nicht nur das Funktionieren, sondern auch das sprachliche System betreffen. Die gängige These ist, dass der modale Raum der Konditionalität durch konditionale Konjunktionen geschaffen wird, die eine mögliche oder irreale Welt und somit eine bedingende Umstandsbasis für eine notwendige oder mögliche Folge konstruieren (vgl. Kratzer 1981, 58 ff.). Die bedingende Möglichkeit (und die entsprechende mögliche Welt) wird als eine dynamische bewertet (Stalnaker 1968, Karttunen 1977 u.a.). Sie wird vom Sprechenden formuliert und kann verschiedene Formen annehmen, die von dem verbalen Modus, von der Negation, dem Partikelgebrauch und von manchen anderen Faktoren abhängen. Diese Möglichkeit wird in der Protasis als eine bedingende Sicht gegeben, die den Inhalt und die Form der Apodosis bestimmt. Diese stellt in der Regel eine normierte modalisierte Äußerung dar (Kratzer 1981, 67 f.). Diese Äußerung kann auch als Frage vorkommen, die einen partitiven Charakter hat, welcher durch einschränkende Umstände in der Protasis beeinflusst ist (Isaacs, Rawlins 2008: 269–270). Für unsere weiteren Überlegungen ist es wichtig zu betonen, dass die konditionale Protasis eine Dynamik aufweist, die unter anderem bei einer gewissen Einschränkung realisiert werden kann. Es bleibt aber offen, inwieweit die Bedingung in verschiedenen Sprachen andere semantische Variierungsmöglichkeiten zulässt.

Eine andere offene Frage besteht aus kontrastiver Sicht darin, welche Funktion in bedingenden Gefügen dem Modus zukommt. Es ist unumstritten, dass im Deutschen der Konjunktiv und im Russischen *сослагательное наклонение* für die Entstehung der konditionalen mentalen Welt von Bedeutung sind. Dieser Modus ist aber weder im Russischen noch im Deutschen ein speziell bedingender Modus. Darüber hinaus liegen bei diesem Modus in beiden Sprachen wesentliche Unterschiede vor, die die Zahl der Formen, ihre temporale Bedeutung und den Gebrauch betreffen. Im Russischen wird die potential-irreale Modalität durch die einzige Form von *сослагательное наклонение* ausgedrückt, die aus der Vergangenheitsform des Verbs + Partikel *бы* besteht. Es gibt dabei bestimmte Fügungen dieser Partikel mit manchen anderen Partikeln und partikelähnlichen Wortarten, die in Verbindung mit der Vergangenheitsform oder dem Infinitiv auch außerhalb der Bedingungsgefüge eine potentiale oder optative Semantik haben (Добрушина 2016: 8) und m.E. einen bedingenden Sinn implizieren können. Dieser Sinn entsteht im Russischen, ohne dass ein Bedingungsgefüge nötig ist. Dobruschina zählt frequente Fügungen dieser Art auf: *хоть бы, лишь бы, только бы, почему бы, вот бы, еще бы, добро бы, ладно бы*. Die bedingende Semantik wird dabei durch verschiedene Bedeutungsschattierungen angereichert: die des Wunsches (*хоть бы, лишь бы, только бы, почему бы, вот бы*), die der angenommenen Zulassung, die widerlegt wird (*еще бы, добро бы, ладно бы*). Ob die bedingende Semantik in solchen Fällen auch im Deutschen vorhanden ist und wenn ja, dann in welcher Form, bleibt offen.

Eine weitere Frage erscheint betrachtungswert, und zwar: warum in russischen konditionalen Nebensätzen der Imperativ möglich ist. Sowohl im Englischen als auch im Deutschen ist der Imperativ lediglich im Hauptsatz des konditionalen Gefüges möglich (vgl. Kaufmann, Schwager 2006). Die gestellte Frage impliziert zwei weitere: Welche Schattierung der Konditionalität wird dabei im Russischen impliziert und wie wird diese Bedeutung im Deutschen wiedergegeben.

Die Antwort auf die oben formulierten Fragen suche ich vor allem in der etymologischen Analyse der konditionalen Operatoren. Beim Vergleich der Semantik greife ich zu innensprachlichen sowie zwischensprachlichen Transformationen. Bei der etymologischen Analyse benutze ich etymologische Wörterbücher des Russischen und des Deutschen und führe Belege aus entsprechenden älteren und modernen Quellen an. Die Belege stammen aus dem Nationalkorpus der russischen Sprache (НКРЯ), wo auch das Parallelkorpus Russisch – Deutsch bzw. Deutsch – Russisch vorhanden ist, sowie aus originalen russischen und deutschen Dramen und ihren Übersetzungen. Mein Ziel ist dabei, nicht die Frequenz, sondern semantische Variierungsmöglichkeiten der Konditionalität in beiden Sprachen zu zeigen, welche größtenteils auf die Etymologie von konditionalen Operatoren zurückgehen, aber auch von manchen Bestandteilen der konditionalen Konstruktionen abhängen.

2. Resourcequellen der Konditionalität im Russischen

Aus etymologischer Sicht haben sich mentale Räume der Konditionalität im deutschen und russischen Sprachbau aus teilweise verschiedenen Quellen herausgebildet. Die russische Konjunktion *если* geht auf den Bereich des Erfragten zurück (Фасмер 1986: 28; Даль), was die Existenz der Bedingung, genauer gesagt ihre Faktizität, in Frage stellt (vgl. Потебня 1958: 293). Tschernych (Черных 1994: 287) weist auf die dialektale Form dieser Konjunktion *еслив*, die in der gesprochenen Sprache Sibiriens bis jetzt vorkommt. Die Verbindung der normativen Form mit dem Fragebereich kommt in der getrennten Schreibweise *есть ли* zum Ausdruck, die bis zum 17. Jahrhundert registriert ist und in zweiteiligen Konstruktionen gebraucht wird: einer eigenständigen Frage und der darauf anschließenden Antwort (Ebd.). Daraus lässt sich sehr deutlich der hypothetische modale Raum der Konditionalgefüge im russischen mentalen Raum ableiten. Es ist wichtig zu betonen, dass die Entstehung der Konditionalität unabhängig davon ist, ob diese Gefüge konjunktivisch oder indikativisch sind. Der entstehende modale Raum umfasst allerlei mögliche Welten, was eine universale Eigenschaft der Konditionalität ist. Man kann etwas voraussetzen, was von möglichen Tatsachen der Außenwelt bzw. von möglichen Zuständen unseres Körpers oder unserer Gesinnung abhängt (vgl. Kratzer 1982: 52). Offen aber ist, wie dies jeweils zum Ausdruck kommt.

Im russischen Sprachbewusstsein wird der hypothetische modale Raum durch verschiedene Schattierungen angereichert, von denen jede eine eigene etymologische Geschichte und jeweils einen anderen oder gar keinen modalen Operator hat.

Bemerkenswert ist, dass als konditionales Verbindungsmittel nur der zweite Teil der Konjunktion *если*, und zwar die Partikel *ли* gebraucht werden kann, welche gewöhnlich in indirekten Fragen auftritt. Diese Partikel hat aber bestimmte Gebrauchsbedingungen: Sie leitet nur solche Nebensätze ein, die usuelle, sich wiederholende Handlungen bezeichnen oder eine Reihe von alternativen nicht aktuellen Handlungen (Русская грамматика 1979: 983). Das ist eigentlich ein Grenzfall zur indirekten Rede bzw. zur Konzessivität, vgl.:

(1) Беда *ли* случится человеку – грошей, например, на подати нет, – он к ковалю (А.О. Осипович. Эпизод из жизни ни павы, ни вороны. – НКРЯ). (*Wenn/ob* einem Unglück geschieht – wenn man zum Beispiel keine Groschen als Abgabe hat,– dann läuft er zum Schmied – O.K.).

(2) Есенин, приезжал *ли* кто к нему или не приезжал, непременно шел на базар и там пропадал надолго (Е.М. Хитров. В Спас-Клепиковской школе. НКРЯ). (Jesenin, *ob* jemand zu ihm kam oder nicht, ging unbedingt zum Markt und blieb da lange Zeit – O.K.).

Die Flexibilität des russischen Sprachbaus lässt zu, dass der bedingende Nebensinn auch in den von Dobruschina (s. oben) angeführten Fällen entsteht. Besonders flexibel ist der grammatische Bau in erlebter Rede. Die Bedingung, die da mitschwingt, wird in der deutschen Übersetzung durch einen Nebensatz oder die Konjunktion *wenn* expliziert bzw. die explizite Bedingung im Deutschen wird in russischen Übersetzungen durch oben angeführte Konstruktionen wiedergegeben, vgl.:

(3) *Wenn* ich irgendetwas gesehen hätte, was man sich vorstellen kann, – im Nu wäre meine Furcht von mir gewichen (G. Meyrink. Der Golem) – *Хоть бы* что-нибудь реального увидеть, даже самое страшное, и тотчас исчез бы мой страх (Д. Выгодский) (НКРЯ)

(4) *Wenn* doch wenigstens noch irgendjemand zugestiegen wäre! (E. Kästner. Emil und die Detektive). – *Хоть бы* еще кто-нибудь вошел к ним в купе! (Л. Лунгина) (НКРЯ)

(5) О, скорее *бы* все это прошло, скорее *бы* изменилась как-нибудь наша нескладная, несчастливая жизнь. (А. Чехов. Вишневый сад). – Ach, *wenn* das alles doch bald anders würde! *Wenn* doch unser verpfuschtes Leben sich so oder so wandeln wollte! (Übers. von A. Scholz).

Andere Schattierungen der Konditionalität können durch den dialektalen Ursprung der Konjunktion verursacht sein. Es gibt beispielsweise eine dialektale Konjunktion *есть когда* (= *если*), die mit Indikativ kombiniert wird (Потебня 1958: 279). In der literarischen Sprache wird in dieser Bedeutung die primär temporale Konjunktion когда gebraucht, welche die Bedingung kontaminieren kann und der deutschen Konjunktion *wenn* in der temporal-konditionalen Bedeutung gleicht. So heißt es in einer Fabel von Krylow:

(6)   *Когда* в товарищах согласья нет, / На лад их дело не пойдет (Лебедь, Щука и Рак) ,*Wenn* unter Kameraden Eintracht fehlt, ist's um ihr Werk nicht gut bestellt' (I. Krylow. Der Schwan, der Hecht und der Krebs. Übers. von R. Bächtold)'

Eine andere Quelle, aus der die Konditionalität im Russischen entstand, ist futuraler Bereich, der in der veralteten Konjunktion *буде* zum Ausdruck kommt (eine Form des Futurs vom Verb *sein*). Mit dieser Konjunktion wird immer der Indikativ gebraucht, wodurch das bezeichnete Ereignis als Grundlage für ein anderes Ereignis wahrgenommen wird:

(7)   И ты *будешь* жив – шубу наживешь (Потебня 1958: 293). (,Und *wenn* du am Leben bleibst, bekommst du einen Pelzmantel' – O.K.).

Von der futuralen Bedeutung ist nur noch ein Schritt bis zur Bedeutung der Aufforderung, deren Realisierung immer auf die Zukunft orientiert ist. In der Logik werden dem Imperativ zwei Bedeutungen zugesprochen: eine bedingende und eine kategorische (Рассел 1996). Der bedingende Imperativ wird im Deutschen nur im Hauptsatz des Bedingungsgefüges gebraucht, im Russischen aber ist er auch im Nebensatz möglich, wobei seine bedingende Semantik die Schattierung der Notwendigkeit impliziert. Tschechische Linguisten bemerken, dass der Imperativ dabei in einer transponierten Funktion auftritt und die Realisierung der Subjektposition erzwingt (Русская грамматика 1979: 986). Die Transponierung betrifft den Wechsel der zeitlichen Orientierung der Handlung, die realisiert werden müsste: Es wird gewöhnlich bedauert, dass diese Handlung nicht ausgeführt worden war, wodurch eine negative Folge herbeigeleitet war bzw. ist. Der Wechsel der temporalen Orientierung bzw. die Schattierung der Notwendigkeit können im Russischen durch eine Transformation gezeigt werden. In der deutschen Übersetzung, kommen sowohl die Zeitstufe als auch die konditionale Semantik explizit zum Vorschein, vgl.:

(8)   *Будь* он в армии, он *бы* стрелял; в том же положении, в котором он находился, предпочитал спасать (Д. Гранин. Зубр. – НКРЯ) (*Wenn* er in der Armee *wäre*, *würde* er schießen, doch in der Lage, in der er war, zog er das Retten vor – O.K.).

(9)   *Будь* он тогда у него в таком же настроении, как сегодня, вероятно «Петька» выклянчил *бы* у него тысченку-другую (П.Д. Боборыкин. Василий Теркин. – НКРЯ) (*Wenn* er damals so wie heute gelaunt gewesen

wäre, hätte ihm „Pet'ka" allem Anschein nach ein paar Tausend entzogen –
O.K.).

(10) *Не приди* он, вполне могло выйти, что и теленок остался *бы* у себя
дома (В. Распутин. Живи и помни – НКРЯ). (=Ему не надо было бы
приходить, тогда…) (Wenn er nicht gekommen *wäre*, hätte es sein können,
dass auch das Kalb zu Hause geblieben wäre – O.K.)

(11) Хотя, *приди* он теперь, я, может быть, встретил *бы* его с *некоторым*
удовольствием (Л.А. Андреев. Он – НКРЯ) (Obwohl: Wenn er jetzt käme,
würde ich ihn vielleicht sogar mit Vergnügen empfangen – O.K.).

Hier haben wir es m.E. mit einer Inversion der bedingenden Relation zu tun,
welche in sogenannten ‚anancastic conditionals' (Condoravdi & Lauer) zum Ausdruck kommt. In den Konditionalsätzen dieser Art werden zwei modale Schattierungen kombiniert: die des Wunsches und die der Notwendigkeit. Dass diese
Schattierungen im Russischen impliziert sind, zeigt die Transformation: Er wäre
lieber in der Armee, um schießen zu dürfen, in jetziger Lage aber musste er retten.

Если hat auch ein umgangssprachliches Synonym *кабы*, das aber nur mit ir-
realem Modus gebraucht wird und in der Gegenwartssprache *если бы* entspricht.
Vasmer (Фасмер 1986: 152) ist geneigt, seinen Ursprung auf die adverbiale Ka-
susform **ka* zurückzuführen, die eine temporale Bedeutung hatte, schließt aber
die vergleichende semantische Komponente nicht aus. Andere Forscher verbinden den Ursprung dieser Konjunktion eindeutig mit der irrealen vergleichenden
Konstruktion *как бы* (als ob), die später zu einer Konjunktion verschmilzt (Даль;
Шанский). Im mentalen Raum der Russen ist diese Konjunktion immer mit Ir-
realität verbunden, vgl. den Anfang eines Märchens von Puschkin, das beinahe
jedes russische Kind entweder auswendig kennt oder mindestens gehört hat:

(12) Три девицы под окном
Пряли поздно вечерком.
«*Кабы* я была царица, —
Говорит одна девица, —
То на весь крещеный мир
Приготовила б я пир».
«*Кабы* я была царица, —
Говорит ее сестрица, —
То на весь бы мир одна
Наткала я полотна».
«*Кабы* я была царица, —
Третья молвила сестрица, —

Я б для батюшки-царя
Родила богатыря».(А.С. Пушкин)
Saßen spät drei junge Mädchen,
schnurrend ging ihr Spinnerädchen,
redet eine von den drein:
»Ach, *könnt* ich doch Zarin sein!
Für die ganze weite Welt
hätt ich selbst ein Fest bestellt!«
Sprach die zweite von den drein:
»Schwester, *könnt* ich Zarin sein,
aller Welt mit eigner Hand
webt ich feine Leinewand!«
Sprach die Jüngste von den drein:
»*Kam ein Zar*, um mich zu frein,
schenkt ich ihm auf seinen Thron
einen rechten Heldensohn!« (Übers. von F. von Bodenstedt)

Wir sehen, dass in der Übersetzung konjunktionslose Bedingungssätze gebraucht werden, die den archaischen Nebensinn nicht wiedergeben. Es gibt auch ironische Redensarten mit dieser Konjunktion, die etwas ganz Unmögliches bezeichnen:

(13) *Если бы да кабы*, выросли *б* во рту грибы (Кожевников 2009) ('*Wenn und nochmals wenn*, dann *wären* im Mund Pilze gewachsen' – O.K.).

(14) *Кабы* дедушка *не* дедушка, так был *бы* он бабушка (Даль) ('*Wenn* Opa kein Opa *wäre*, dann *wäre* er Oma' – O.K.).

Im russischen mentalen Raum gibt es noch eine konditionale Konjunktion mit archaischem Charakter: *коли*, die in Märchen oder umgangssprachlich gebraucht wird (vgl.: Русская грамматика 1979: 983) und den Nebensinn von Etwas impliziert, was nicht zu vermeiden ist. So heißt es in einem Märchen aus dem russischen Norden:

(15) – Да как же, папа, не печалиться, *коли* ты посулил меня какому-то волшебному королю.
– Ну, сынок, *коли* так, уж я тебе скажу, я тебя посулил.
– Ну, отец, *коли* так, что делать, придется идти (Беломорские сказки. Цит. по Кожевников 2009: 95)
– *Wieso*, Vati, kann ich nicht traurig sein, *wenn* Du mich einem Zauberkönig versprochen hast.

– Nun, Söhnchen, *wenn* es schon sein muss, so sage ich dir, ich habe dich versprochen.

– Nun, Vater, *wenn* es schon sein muss, was soll ich machen, ich muss gehen'. – O.K.

Ich habe dazu nur einen Beleg aus Tschechov; in der Übersetzung fällt das Fragment mit dieser Konjunktion aus:

(16) *Коли* так, думаю, то погоди же. (А. Чехов. Вишневый сад) (‚*Wenn* es schon so ist, dann warte mal'. – O.K.)

Noch eine Konjunktion – *ежели* – hat dialektalen Ursprung, wo sie die Form *ежли* hatte. Diese Konjunktion entstand aus der Wortfügung *jestъ že li* und hat Entsprechungen in anderen slawischen Sprachen. Laut Vasmer (Фасмер 1986: 11) ist ihre erste Komponente auf die Form *иже* zurückzuführen, die eine finale Semantik beinhaltet. In der heutigen Wahrnehmung verstärkt die Partikel *že* im Bestand der Konjunktion ihre emotionale Wirkung. Heutzutage wird die Konjunktion in der Umgangssprache, oft mit ironischem Nebensinn gebraucht. Bei Tschechov erscheint sie in der Rede der Menschen niederer Abstammung. In der Übersetzung geht der Nebensinn der reduzierten Sprechweise verloren, vgl.:

(17) …денег много, а *ежели* подумать и разобраться, то мужик мужиком… (А. Чехов. Вишневый сад). (Geld hab ich wie Heu, aber *wenn* ich's recht bedenke, bin ich doch ein richtiger Bauer geblieben. – Übers. von A. Scholz)

(18) По-моему, так: *ежели* девушка кого любит, то она значит, безнравственная. (ebd.). (Ich meine, *wenn* ein Mädel sich wegwirft, dann taugt es eben nichts … – Übers. von A. Scholz)

Im Russischen gibt es eine weitere konditionale Konjunktion: *раз*. Die ursprüngliche Bedeutung von **razъ* heißt ‚Stoß'; diese Wurzel ist im Russischen mit dem Verb резать ‚schneiden' verbunden (Фасмер 1987: 432). Diese Konjunktion bezeichnet Handlungen, die stattgefunden haben oder nicht zu vermeiden sind, der Hauptsatz nennt die Folge davon (Формановская 1979: 191). Im Nebensatz werden reale Umstände genannt (vgl.: Русская грамматика 1979: 983), die als Anlass für die folgende Aussage dienen, aber keine Bedingungen dafür sind. Ähnlich werden auch manche *wenn*-Sätze gebraucht (Tamsen 1958: 72), aber die Sätze mit *раз* bezeichnen immer eine Tatsache, die dem Vortext zu entnehmen ist. Solche Fälle nennt Zaefferer (1991: 230 f.) ‚unconditionals'. Diese Gefüge haben einen starken kausalen oder konzessiven Nebensinn, der im Deutschen expliziert werden kann, vgl.:

(19) - Ну, вот так, браток. *Раз* уж так случилось, держись теперь настороже (Н. Островский. Как закалялась сталь) – „Na also, Brüderchen, *wenn's* schon mal so weit gekommen ist, können wir's nicht mehr ändern" (НКРЯ)

(20) Galilei: Ich nehme an, es ist die Höhe der Torheit, sie (die Arbeit – O.K.) auszuhändigen. Da ich es nicht fertiggebracht habe, mich von wissenschaftlichen Arbeiten fernzuhalten, könnt ihr sie ebenso gut haben. (B. Brecht. Leben des Galilei) – Мне кажется, что было бы верхом глупости отдать эту рукопись. Но *раз* я уж так и не сумел удержаться от научной работы, то вы могли бы ее получить. (Übers. von L. Kopelev).

In der Umgangssprache werden die Gefüge mit *раз* gebraucht, wenn etwas Unangenehmes und Unerwartetes vorkommt. Weitere Belege stammen aus den Dramen von Vampilov, deren Übersetzung ich leider nicht gefunden habe. Im ersten Beleg geht es um einen Trauerkranz, der aus Spaß einem lebendigen Menschen geschickt wurde:

(21) Я в этом не участвовал, но о венке я знал, и *раз* он здесь, значит, и я тут виноват (А. Вампилов. Утиная охота). (‚Ich habe daran nicht teilgenommen, aber ich habe über den Kranz gewusst, und wenn/da er schon da ist, heißt, dass auch ich daran schuld bin' – O.K.).

(22) Отдохни, *раз* устал (Ebd.) (‚Ruh dich aus, wenn/da du müde bist' – O.K.).

(23) А раз так, то идемте со мной (А. Вампилов. Прощание в июне) (‚Und wenn/da es so ist, kommt mit' – O.K.).

Die angeführten Belege markieren einen höheren Kooperationsgrad, weil dabei an den Gesprächspartner appelliert wird. Manchmal tritt die Schattierung der Unverhofftheit zurück; dafür bleibt der konzessive Nebensinn erhalten, der im Russischen impliziert ist, im Deutschen aber durch das Adverb schon explizit wird. Hier entsteht eine konzessive Interpretation der bedingenden Präsupposition (vgl. Pasch 1995: 75 f.):

(24) *Раз* мы друзья, я прошу тебя как друга: едем (А. Вампилов. Старший сын) (‚Wenn wir *schon* Freunde sind, bitte ich dich als Freund: fahren wir weg'. – O.K.).

Wie wir sehen, gibt es im russischen mentalen Raum der Konditionalität mehrere synonymische Operatoren, die verschiedene konditionale Schattierungen wiedergeben. Sie markieren bestimmte Besonderheiten der bedingenden Handlungen oder aber kodieren entweder den umgangssprachlichen oder archaischen Gebrauch bzw. den sozialen Status des Sprechers und manchmal den ironischen Sinn. In all diesen Fällen lässt sich erhöhte Emotionalität fühlen. Manche Operatoren markieren nur indikativische (*раз*) oder nur konjunktivische (*кабы*) Gefüge.

3. Grenzgebiete der Konditionalität im Deutschen

Die deutsche Konjunktion *wenn* stammt auch aus dem interrogativ-temporalen Bereich, sie war ursprünglich gleichwertig mit *wann*, ahd. *so wenne* neben *so wanne* (Grimm 1960: 51), *(h)wanne, wenne, wenno* (Kluge 1999: 874). Im Unterschied zum Russischen war es aber keine allgemeine, sondern eine spezielle Frage nach der Zeit. Deshalb war die ursprüngliche Bedeutung der Konjunktion ,zu der Zeit, wo'. Doch allmählich wurde *wenn* als bedingende Konjunktion verstanden und *wann* als Umstandsbezeichnung der Zeit (Grimm 1960: 52). In der Literatursprache schwankte der Gebrauch *wenn/wann* bis zum 18. Jh. Ursprünglich funktioniert das konjunktionale *wenn* als temporales Fügewort im Sinne von *sobald, sooft, nachdem.* Daneben leitet *wenn* auch hypothetische Konditionalsätze mit der Bedeutung von *falls* ein, später wird an dieser Stelle auch *wennen* gebraucht (Grimm 1960: 53–59).

In der konditionalen Bedeutung verdrängte diese Konjunktion das mhd. *ob* (Paul 1960: 722 f.), das als Eingang zur Alternativfrage umgedeutet wurde (Kluge 1999: 595). Darüber hinaus gewann *ob* allmählich eine konzessive Bedeutung, vgl. *Irrtum ist Irrtum, ob ihn der größte Mann, ob ihn der kleinste beging* (F. Schiller, zit. nach Paul 1960: 442). Diese Bedeutung etabliert sich in den Verschmelzungen *obgleich, obschon, obwohl* (Paul: ebd.). Doch die alleinstehende Konjunktion *wenn* konnte parallel zu *ob* indirekte Fragen einleiten in den Sätzen wie: *Ich war... aufmerksam, wenn irgendein Schlüssel stecken blieb* (Goethe, zit. nach Grimm 1960: 70).

Im unmittelbaren Anschluss an die konditionale Bedeutung entwickelt sich der konzessive Sinn, der durch vorausgehende *und, auch, selbst* verliehen wird (Grimm 1960: 62). Eine andere Bereicherung der Bedeutung erfolgt durch die Konjunktion *als*, die im Zusammenspiel mit *wenn* den Sinn eines irrealen und im Zusammenspiel mit *wie* eines realen Vergleichs verleiht (Ebd.: 64–65). Darüber hinaus gewann *wenn* einen gegenüberstellenden Sinn, wobei es mit *während* vergleichbar war (Ebd.: 67).

In Grimms Wörterbuch sind auch gelegentliche Ableitungen von *wenn* fixiert: *wennen, wennheit* und *wennich*: mit dem „wennen" ist mir nicht geholfen; ...auch mit wennheiten und woheiten (Grimm 1960: 71).

Eine andere Quelle der Konditionalität ist im Deutschen das Lexem *Fall*, dessen Genitiv die Konjunktion *falls* ist. Bemerkenswert sind die Bedeutungsschattierungen dieses Lexems. In Grimms Wörterbuch wird dieses Lexem als ,casus', ,lapsus',

‚ruina' interpretiert. Die weiter angeführten Belege bestätigen das Vorhandensein einer negativen Komponente in der Bedeutung des Substantivs. So wird *der Fall* als ‚Sturz vom Pferde, Baum, Tisch', als ‚Niederlegung des Stehenden' und als ‚Entehrung einer Jungfrau' beschrieben (Grimm 1862: 1272). Aus der Bedeutung ‚Sturz' entwickelt sich dann ‚Unfall' auch ‚Sündenfall' oder auch ‚Zufall', welcher glücklich bzw. unglücklich sein kann (Ebd.: 1273). In dem Satz *Es ist der Fall* wird die Bedeutung der Einzigkeit hervorgehoben, die unter anderem durch Possessivpronomina geprägt ist: *das ist mein Fall, das ist bei mir der Fall* (Ebd.: 1274). Daraus entwickelt sich die abstrahierte Bedeutung, wobei sich dieses Lexem der Konjunktion nähert mit folgendem oder weggelassenem *dass*: im Fall (dass) (Ebd.: 1275). Es entstehen zahlreiche Zusammensetzungen, von denen viele eine konditionale Bedeutung beinhalten: *andernfalls, möglichenfalls, erforderlichenfalls*. Nach der Grimmschen Einschätzung haftet solchen Bildungen bestimmte Steifheit an, die besonders deutlich an *allenfallsig* und *desfallsig* zu spüren ist (Ebd.: 1290). Spätere Forscher sehen in der Konjunktion *falls* keinen negativen Nebensinn, ihre Bedeutung wird als ‚eintretende Möglichkeit' interpretiert (Kluge 1999: 247). Diese Bedeutung kann der folgende Beleg illustrieren:

(25) Ljubow Andrejewna, falls Sie nach Paris gehen – darf ich sie bitten, mich wieder mitzunehmen? (A. Tschechow. Der Kirschgarten).

Paul (1960: 179 f.) deutet auf die Verbindung der Konjunktion *falls* mit einigen Verwendungsweisen des Verbs *fallen* hin, die die Bewegung nach unten bezeichnen. Darin kann man die Ähnlichkeit mit der russischen Konjunktion *раз* sehen.

Neuere Interpretationen der Semantik der konditionalen Konjunktionen *wenn* und *falls*, die von gegenwärtigen Autoren vorzugsweise als Subjunktoren bzw. Konnektoren bezeichnet werden, korrelieren im Wesentlichen mit ihren Bedeutungsbeschreibungen in etymologischen Wörterbüchern. So charakterisiert Blühdorn Bedingungsrelationen mit Hilfe von drei Merkmalen: Sie sind asymmetrisch, dynamisch, und bei ihnen besteht kein fester Ergebniswert (Blühdorn 2008/2017: 35). Diese Merkmale werden beiden Konnektoren *wenn* und *falls* zugeordnet (Blühdorn 2008/2017: 61). Der Unterschied besteht darin, dass der Konnektor *wenn* zeitliche Situierung der Bedingung ausdrücken kann, während *falls* dessen nicht fähig ist. Zeitliche Situierung kann als Bedingung interpretiert werden, nicht aber umgekehrt. Deswegen ist die Gebrauchssphäre von *falls* enger, und es wird zu Konditionalkonnektoren gerechnet (Ebd.: 61). So gesehen, behält *wenn* die ursprüngliche Zugehörigkeit zu *wann* bei, *falls* aber weist eher die Semantik der Zufälligkeit auf, bei der man im Hauptsatz mit keinem festen Ergebniswert rechnen kann. Bei *wenn* kann es sich um eine wiederholte Bedingung handeln, die von der temporalen Relation kaum zu trennen ist, bei *falls* geht es in der Regel um einen bedingenden Einzelfall. Sowohl das erste als auch das zweite lassen sich auf Grimmsche Interpretationen zurückführen.

Der deutsche mentale Raum der Konditionalität umfasst also teilweise dieselben möglichen Welten wie der russische; die Präferenzen sind aber unterschiedlich. Während im Russischen der stilistisch-emotionale Aspekt im Vordergrund liegt, wird im Deutschen die Semantik stärker gewichtet. Das ist vor allem in der Kontaminierung der Bedeutungen der Temporalität und der Konzessivität zu sehen. Die Konvergenz mit der Temporalität kommt in indikativischen Gefügen mit den Konjunktionen *wenn, sooft, sobald* (= *jedes Mal wenn*) zum Ausdruck. Die Kontaminierung der Konzessivität äußert sich in Kombination von *wenn* mit den Partikeln *auch, schon, gleich*. Der konzessive Sinn kommt in Redensarten zum Ausdruck, die in Wörterbüchern fixiert sind, vgl.: *Wenn dem so ist, dann... Wenn es schon sein muss, dann lieber gleich* (umg.), *Wenn schon, denn schon* (*wenn es überhaupt getan wird, dann auch ordentlich*) (Wahrig 1986).

Ein anderer Nebensinn kommt in den deutschen mentalen Raum der Konditionalität vonseiten des Vergleichs. Dieser Nebensinn wird durch die Konjunktion *als wenn* wiedergegeben, der umgangssprachlichen Variante von *als ob*. Außerdem wird die Konjunktion *wenn* substantiviert und in der Wendung das *Wenn und Aber* gebraucht. Diese Wendung drückt Zweifel oder Einwände aus und expliziert somit den Widerspruch, der in der russischen Konjunktion кабы durch ihre Verbindung mit dem irrealen Modus impliziert ist.

4. Fazit

Die Ressourcequellen der Konditionalität überlappen sich im Russischen und im Deutschen nur teilweise. Gemeinsam ist der Bereich des Erfragten, der aber im Russischen allgemeiner gefasst ist als im Deutschen. Der dialektale Bereich des Russischen, der im Allgemeinen bei weitem nicht so stark differenziert ist, wie im Deutschen, hat erstaunlicherweise mehr Varianten von konditionalen Operatoren geliefert als der des Deutschen. Der heutige Bestand dieser Operatoren ist in beiden Sprachen ihrer stilistischen Färbung nach nicht äquivalent. Im Russischen gibt es mehrere bedingende Einleitungsmittel, die umgangssprachlich oder salopp wirken. Auf den Gebrauch in der unmittelbaren Kommunikation sind auch konditionale Nebensätze mit dem Imperativ angewiesen.

Im Deutschen ist der modale Raum der Konditionalität durch enge Wechselwirkung mit Temporalität, Konzessivität und der Vergleichssphäre geprägt, die sowohl im Synkretismus der Konjunktion *wenn* als auch analytisch zustande kommt. Die heutige Semantik der konditionalen Subjunktoren behält in beiden

Sprachen die Spuren ihres ursprünglichen Gebrauchs bei, welche darüber hinaus in idiomatischen Wendungen bzw. bekannten Texten fixiert sind.

Literaturverzeichnis

Blühdorn Hardarik. 2008/2017. Syntax und Semantik der Konnektoren. Ein Überblick http://www1.ids-mannheim.de.

Condoravdi Cleo, Lauer Sven. 2016. Anancastic conditionals are just conditionals // *Semantics & Pragmatics*. Vol. 9. Article 8: 1–69.

Gladrow Wolfgang. 1998. *Russisch im Spiegel des Deutschen: Eine Einführung in den russisch-deutschen und deutsch-russischen Sprachvergleich*. Frankfurt am Main. Berlin. Bern. New York. Paris. Wien: Peter Lang.

Gladrow Wolfgang, Kotorova Elisaveta. 2018. *Sprachhandlungsmuster im Russischen und Deutschen: Eine kontrastive Darstellung*. Frankfurt am Main. Bern. Bruxelles. New York. Oxford. Warszawa. Wien: Peter Lang.

Isaacs James, Rawlins Kyle. 2008. Conditional Questions. In: *Journal of Semantics*. Vol. 25, № 3. P. 269–319.

Kaufmann Stefan, Schwager Magdalena. 2006. A Unified Analysis of Conditional Imperatives. In: *Semantics and Linguistic Theory (SALT)* 19, 239–256 (http://dx.doi.org/10.3765/solt.vigio.2545).

Kartunnen L. 1977. Syntax und Semantics of Questions. In: *Linguitics and Philosophy*. 1. P. 3–44.

Kratzer Angelika. 1981. *The Notional Category of Modality* (pdf). P. 38–74.

Ohnheiser Ingeborg. 1987. *Wortbildung im Sprachvergleich. Russisch – Deutsch*. Leipzig: Enzyklopädie.

Pasch Renate. 1995. Implikaturen im Bereich lexikalisch indizierter Präsuppositionen. In: Liedke F. (Hg.). *Implikaturen: Grammatische und pragmatische Analysen*. Tübingen: Niemeyer. S. 75–85.

Radchenko Oleg. *Europäische kontrastive Studien im Bereich Deutsch-Russisch im 21. Jahrhundert*. Academia.Edu.

Stalnaker R. 1968. The Theory of Conditionals. In: Resher N. (ed.). *Studies in Logical Theory*. Oxford: Blackwell.

Tamsen Martin. 1958. Zum temporalen *wenn*. In: *Moderna Språk* 51. S. 309–313.

Trillhaase Günther. 1992. *Studien zu einer kontrastiven Grammatik Russisch – Deutsch*. Halle: Niemeyer.

Zaefferer Dietmar. 1991. Conditionals and Unconditionals: Cross-linguistic and Logical Aspects. In: Zaefferer D. (ed.). *Semantic Universals and Universal Semantics*. Berlin. New York: Foris Publications. P. 210–236.

Добрушина Нина. 2016. *Сослагательное наклонение в русском языке: опыт исследования грамматической семантики*: Монография. Москва. Google Play.

Потебня А.А. 1958. *Из записок по русской грамматике*. Т. I–II. Москва: Гос. учебно-педагогическое изд-во Министерства просвещения РСФСР.

Рассел Бертран. 1996. Словарь разума, материи и морали. Киев: Port-Royal.

Формановская Н.И. 1979. Сложное предложение. In: Современный русский язык. Ч. 2: Синтаксис. Москва: Высшая школа. С. 154–223.

Wörterbücher

Grimm Jacob und Grimm Wilhelm. 1862. *Deutsches Wörterbuch*. Dritter Bd. E – FORSCHE. Leipzig: Verlag von S. Hirzel.

Grimm Jacob und Grimm Wilhelm. 1960. *Deutsches Wörterbuch*. Hrgs. von der Deutschen Akademie der Wissenschaften zu Berlin. Vierzehnten Bandes I. Abteilung 2. Teil WENIG – WIKING. Leipzig: Verlag von S. Hirzel.

Kluge Friedrich. 1999[23]. *Etymologisches Wörterbuch der deutschen Sprache*. Berlin. New York: De Gruyter.

Paul Hermann. 1960[7]. *Deutsches Wörterbuch*. Halle (Saale): Niemeyer.

Wahrig, Gerhard. 1986. *Deutsches Wörterbuch*. München: Mosaik Verlag.

Даль В.И. *Толковый онлайн-словарь русского языка*. http://dal.lexicography. online.

Кожевников А.Ю. 2003/2009. *Большой синонимический словарь русского языка. Речевые эквиваленты: практический справочник*. Т.1 А – Н. Т. 2 О – Я. Санкт-Петербург: Нева.

Фасмер Макс. 1986/1987. *Этимологический словарь русского языка*. В 4 т. Т. II, Т. III. Пер. с нем. и доп. О.Н.Трубачева. Москва: Прогресс.

Черных П.Я. 1994. *Историко-этимологический словарь современного русского языка*. Т. I. Москва: Русский язык.

Шанский Н.М. *Этимологический онлайн-словарь русского языка*. http:// shansky.lexicography.online/.

Belegquellenverzeichnis

Brecht Berthold. *Leben des Galilei* http://ciml.250x.com/archive/literature/german/brecht_leben_des_galilei.pdf.

Tschechow Anton. 1903. *Drei Schwestern. Übers. von August Scholz.* In: Projekt Gutenberg http://gutenberg.spiegel.de/buch/drei-schwestern-3978/1.

Tschechow Anton. *Der Kirschgarten*. Übers. von August Scholz. In: Projekt Gutenberg http://gutenberg.spiegel.de/buch/der-kirschgarten-3977/1.

Брехт Бертольд. 1963. *Жизнь Галилея*. Пер. Л. Копелева. In: Бертольт Брехт. *Театр. Пьесы. Статьи. Высказывания*. В пяти томах. Т. 2. Москва: Искусство.

Вампилов А.В. 1999. *Утиная охота. Старший сын*. In: Александр Вампилов. *Избранное*. Москва: Согласие.

Вампилов А.В. 1984. *Прощание в июне*. In: Вампилов А. *Избранное*. Москва: Искусство.

Национальный корпус русского языка. http://www.ruscorpora.ru.

Национальный корпус русского языка. Параллельный корпус (немецкий). http://www.ruscorpora.ru/search-para-de.html.

Чехов А.П. 1986. *Три сестры. Вишневый сад*. In: *Полное собрание сочинений и писем в 30-ти томах. Сочинения*. Том 13. Москва: Наука.

Teil III
Form und Sinn

Wolfgang Gladrow (Berlin)

Ein Prosit auf die Jubilarin: Das Sprachhandlungsmuster TOAST im Russischen und Deutschen

Abstract: The article analyses differences and identities of the speech behavior pattern TOAST in German and Russian languages. The starting point of the comparison is the universal illocutionary meaning of a TOAST, which is described with the help of semantic primitives. The individual variations of TOASTS show a high degree of correspondence in both languages. Structure and function of the speech behavior pattern are relatively similar. Differences between German and Russian languages can primarily be found in the frequency of use, the degree of emotionality and in some peripheral types of TOASTS.

Keywords: Contrastive linguistics, speech behavior pattern, semantic primitives, communicative-pragmatic field, toast, German, Russian

1. Einleitung

Erst kürzlich hat die Jubilarin in einer umfangreichen Gemeinschaftspublikation eine systematische Deskription von 22 Sprachhandlungsmustern im Vergleich ihrer deutschen und russischen Realisierungen vorgelegt (Gladrow/Kotorova 2018). Aber die Anzahl und Auswahl der Sprachhandlungsmuster, die sich aus der Relevanz ihres Gebrauchs im Alltagsleben beider Kommunikationsgemeinschaften ergibt, lässt noch Raum für Ergänzungen und Fortsetzungen. Das angezeigte Jubiläum ist ein schöner Anlass, das Sprachhandlungsmuster TOAST für die Darstellung von Unterschieden, Gemeinsamkeiten oder auch Ähnlichkeiten im Sprachgebrauch des Deutschen und Russischen heranzuziehen.

Die Untersuchung basiert auf Begriffen, die gemeinsam mit der Jubilarin erarbeitet und anhand der kontrastiven Deskription einer Reihe von sprachlichen Handlungen im Deutschen und Russischen erprobt wurden (ausführlicher zu den theoretischen Prämissen des Vergleichs siehe Gladrow/Kotorova 2015). Dazu gehören vor allem die Begriffe Sprachhandlungsmuster, semantische Primitiva und kommunikativ-pragmatisches Feld.

Der Begriff des Sprachhandlungsmusters – in Relation und Abgrenzung zu den bekannten Termini Sprechakt (Austin 1962; Searle 1969) und Kommunikationsgenre (rečevoj žanr, Bachtin 1996) – geht terminologisch auf Ehlich/Rehbein zurück, die in ihm „... Formen von standardisierten Handlungsmöglichkeiten, die im konkreten Handeln aktualisiert und realisiert werden," sehen (1979: 250). Für die kontrastive Analyse ist das Sprachhandlungsmuster damit die übereinzelsprachliche und typisierte Kommunikationseinheit, die für den Vergleich ihrer modellhaften Realisierungsmöglichkeiten in verschiedenen Sprachen das Tertium Comparationis darstellt.

Das jeweilige illokutive Ziel des Sprachhandlungsmusters wird auf der Basis der von A. Wierzbicka (1972: 1983) theoretisch begründeten semantischen Metasprache erfasst. Mithilfe des in diesem Rahmen entwickelten Repertoires von semantischen Primitiva wird die Grundlage für die universelle Deskription der illokutiven Potenz der Sprachhandlungsmuster geschaffen, die jeweils aus der Analyse der sprachlichen Handlungssituationen abgeleitet wird (siehe Punkt 2.).

Die Gesamtheit der Ausdrucksmittel unterschiedlicher Sprachebenen können in ihrem funktionalen Zusammenwirken von Form und Inhalt nach dem Feldprinzip gegliedert und dargestellt werden. Die Ordnung der sprachlichen Einheiten auf der Grundlage des Zentrum-Peripherie-Prinzips (Daneš 1966) kann auch auf die pragmatisch geprägten Ausdrucksmittel angewandt werden. Der Begriff des kommunikativ-pragmatischen Feldes (vgl. Kotorova 2008) erfasst somit verschiedene grammatische, lexikalische, wortbildende, topologische und prosodische Mittel, die in ihrer Wechselbeziehung der Realisierung des illokutiven Ziels des Sprachhandlungsmusters dienen.

2. Definition des Sprachhandlungsmusters

Das Sprachhandlungsmuster TOAST wird sowohl in Deutschland als auch in Russland als eine kurze Ansprache verstanden, die meist auf eine zu ehrende Person gerichtet ist. Sie wird im Rahmen einer festlichen Gelegenheit gehalten und mit der Aufforderung verbunden, auf das Wohl des Adressaten das Glas zu erheben und gemeinsam zu trinken, vgl.

(1)   „Ich erhebe mein Glas auf Seine Exzellenz Präsident Lübke, Präsident der Bundesrepublik, und auf Deutschland, das künftig mit Frankreich verbunden ist, um die Einigung Europas zu unterstützen und der Menschheit zu dienen."

(2)   На банкете, состоявшемся после защиты докторской диссертации одного друга, Андрей Николаевич Колмогоров — один из крупнейших русских математиков всех времен — провозгласил примерно такой тост за Б. В. Гнеденко: „Я хочу поднять бокал за Бориса Владимировича, который является лидером советской школы теории надежности."

Der TOAST kann aber nicht nur auf eine Person, sondern auch auf ein zu feierndes Ereignis oder auf bestimmte abstrakte Werte gerichtet sein, vgl.

(3) „Lasst uns trinken auf die Hoffnung, dass unser Vaterland seine Würde, seine Größe und seinen Frieden wiederfinden wird", sagte Jana und erhob das Glas.

(4) – Давайте выпьем за главное: веру, надежду, любовь, взаимопонимание… А все остальное приложится и образуется.

Der Rahmen einer festlichen Gelegenheit, in der ein TOAST ausgebracht wird, bestimmt auch das, womit angestoßen wird: es handelt sich in der Regel um alkoholische Getränke wie Wein, Kognak, Wodka, Likör oder Bier.

Auf diesen Zusammenhang mit einem Getränk ist bekanntlich auch die Entstehung des Terminus, sowohl Toast im Deutschen als auch тост im Russischen, zurückzuführen. Beide Sprachen haben die Bezeichnung aus dem Englischen entlehnt; engl. toast (siehe auch lat. panis tostus) hat zum einen die Bedeutung ‚geröstetes Weißbrot in Scheiben' und zum anderen die davon abgeleitete Bedeutung ‚Trinkspruch'. Diese zweite Bedeutung erklärt sich daraus, dass es im mittelalterlichen England die Sitte gab, vor dem Trinken eine Scheibe geröstetes Brot ins Getränk zu geben, damit es das Brotaroma aufnimmt. Im Laufe der Zeit wurde die Benennung dieses Brauchs auf die kurze Ansprache vor dem Trinken übertragen, was sowohl vom Deutschen als auch vom Russischen übernommen wurde.

Wenn man sich die Praxis des TOAST-Ausbringens in Deutschland und in Russland in der Gegenwart ansieht, so wird deutlich, dass diese Sprachhandlung klare soziale Funktionen erfüllt, und zwar sowohl in phatischer als auch in illokutiver Hinsicht. Das heißt, mit Hilfe eines TOASTs werden in einer Tischgesellschaft Kontakte aufgebaut und vertieft sowie durch die kurze Ansprache bestimmten Personen gegenüber Respekt bekundet. Diese Personen können der Gastgeber, die Hausfrau, einzelne Gäste, andere Anwesende oder auch Abwesende sein. Ihnen wird durch den TOAST Ehre, Anerkennung, Dankbarkeit und Wertschätzung sowie Lob und Preis ausgesprochen. Durch das Ausbringen des TOASTS in der Tischgesellschaft können die sozialen Qualitäten von Personen öffentlich gemacht werden (Kotthoff 2009). Das bedeutet gleichzeitig, dass der Sprecher ebenfalls daran interessiert ist, dass der Adressat des TOASTS versteht und zu schätzen weiß, dass man ihm wohlgesonnen ist, vgl.

(5) „Trinken wir auf das Wohlergehen der Hausfrau, die es immer wieder versteht, eine Atmosphäre für die Gäste zu schaffen, in der sich alle geborgen und bestens versorgt fühlen!"

(6) „Я хочу предложить тост за здоровье дорогой Гамар, прекрасной женщины, мудрого человека, за потрясающего друга Муслима, за историка русской музыки…"

Wie die Belege verdeutlichen, stellt sich das Sprachhandlungsmuster TOAST die Aufgabe, durch die lobpreisende Hervorhebung entweder einer Person in ihren Verdiensten und Charaktereigenschaften oder auch von hohen Werten und wichtigen Ereignissen wie einer erfolgreichen Dissertationsverteidigung, eines positiven Vertragsabschlusses o. ä. in der Tischgesellschaft eine wohlwollende und lockere Atmosphäre zu schaffen und die hier versammelten Menschen einander gewogen zu machen.

A. Wierzbicka (1983: 133) schlägt in der Sprache der semantischen Primitiva für das Sprachhandlungsmuster TOAST folgende Definition vor:

> „mówię: chcę żeby stało coś dobrego dla X
> wyobrażam sobie że jeżeli powiemy to pijąc ten alkohol to się stanie
> mówię to bo chcę powiedzieć że czujemy dobre uczucia dla X."

Im Verständnis dieser Definition ist zu berücksichtigen, dass der hier mit X benannte Bezugspunkt nicht nur die jeweils adressierte Person wie in den obigen Beispielen (1), (2), (5) und (6) sein kann, sondern auch die versammelte Tischgesellschaft, die auf die Zukunft des Vaterlandes, Beleg (3), bzw. auf die christlichen Tugenden Glaube, Liebe, Hoffnung, Beleg (4), trinkt. Der Bezugspunkt X kann also neben einer Person auch ein wichtiges Ereignis oder eine hervorragende Eigenschaft sein. Es geht darum, dass derartige hoch geachtete Größen, deren Realisierung für die Zukunft angestrebt wird, eine große Wertschätzung genießen und somit den Anlass X für einen Trinkspruch darstellen können.

In diesem Sinne kann die illokutive Funktion des Sprachhandlungsmusters TOAST als Tertium Comparationis der folgenden kontrastiven Untersuchung seines Aufbaus und seines Gebrauchs in beiden Sprachen zugrunde gelegt werden:

(a) Ich sage, ich möchte, dass etwas Gutes für X geschieht.
(b) Ich stelle mir vor, dass wenn wir Alkohol trinkend das aussprechen, dann wird es geschehen.
(c) Ich sage das, weil ich ausdrücken möchte, dass wir gute Gefühle gegenüber X hegen.

3. Die Struktur des Sprachhandlungsmusters

Das Sprachhandlungsmuster TOAST weist eine in beiden Sprachen klare und vergleichbare Struktur auf. In ihrem Zentrum steht das Sprachhandlungsverb bzw. seine Ersatzformen, die sich mit folgenden Konstituenten verbinden können: mit dem Sprecher, dem Adressaten und mit der Konstituente des Anlasses des TOASTS, vgl.

(7) „Liebe Kolleginnen und Kollegen, ich möchte jetzt das Glas erheben auf den Veranstalter dieser großartigen Konferenz, die für uns alle ein Fest der Wissenschaft war.“

(8) – Товарищи, давайте выпьем за Таню Калиновскую, – предложил Миша.

Im Beispiel (7) steht für das Sprachhandlungsverb des TOASTS das Funktionsverbgefüge das Glas erheben, hier in syntaktischer Abhängigkeit vom Modalverb mögen. In Beispiel (8) ist es die Form des russischen inklusiven Imperativs давайте выпьем. Die Konstituente des Sprechers ist im deutschen Beleg das Personalpronomen der 1. Person Singular, im Russischen verbirgt sich der Handlungsträger in der Imperativkonstruktion. Die Adressatenkonstituente ist in Beispiel (7) in der Anrede manifestiert (liebe Kolleginnen und Kollegen), im Beleg (8) zeigt sie sich ebenfalls im einleitenden Anredelexem (товарищи). Die Konstituente des Anlasses ist in diesen beiden Belegen eine Person: im deutschen Beispiel wird die Funktion (Veranstalter) genannt, im russischen Beispiel dagegen direkt der Vorname (in der Kurzform) und der Familienname. Sehen wir uns diese Grundkonstituenten des Sprachhandlungsmusters noch etwas genauer in der Spezifik ihrer deutschen bzw. russischen Realisierungen an.

3.1. Das Sprachhandlungsverb

Wie die bisherigen Belege verdeutlichen, gehört der TOAST zu den Sprachhandlungsmustern, die als performative Äußerungen gekennzeichnet sind, d. h., das Verb bzw. seine möglichen Ersatzformen haben die Funktion, gleichzeitig neben ihrer lexikalischen Bedeutung die ausgeführte Sprachhandlung zu kennzeichnen, vgl. u. a. (7) ich möchte das Glas erheben; (8) давайте выпьем.

Die Beispiele illustrieren ebenfalls, dass das entsprechende Verb, dt. toasten; russ. тостовать, in beiden Sprachen performativ in der Regel nicht als Simplex funktioniert. Sowohl im Deutschen als auch im Russischen lassen sich zwar die Infinitive toasten und тостовать in der Bedeutung ‚einen Toast ausbringen‘ nachweisen, vgl. für das Deutsche beispielsweise Steinitz/Klappenbach 1975: 3743: toasten – 2. einen Toast, Trinkspruch auf jmdn., etw. ausbringen; und für das Russische z. B. (Švedova 2007 führt тостовать nicht auf) Kuznecov 2000: 1335: тостовать – разг. Произносить тост: Чья очередь тостовать? Aber Konstruktionen wie ich toaste; я тостую in performativer Verwendung sind in den Korpora nur ganz vereinzelt belegt.

Dagegen finden sich in beiden Sprachen einige Variationen von Funktionsverbgefügen mit dem Kernwort Toast bzw. тост und verschiedenen Funktionsverben, die im Deutschen wie im Russischen die gleiche formale Struktur aufweisen: einen

Toast vorschlagen ~ предложить тост; einen Toast aussprechen ~ произнести тост; einen Toast ausbringen auf… ~ провозгласить тост за…, vgl.

(9) „Ich will keinen neuen Toast ausbringen, meine Freunde, keine Tischrede halten; aber sagen will ich Ihnen, was meine Abdankung bedeutet und bezweckt."

(10) Я хотел бы провозгласить тост за то, чтобы как можно быстрее настали времена, когда Россия и Польша, оправившись от мрачного наследия богоборчества, стали верными союзниками в утверждении на европейском континенте справедливого миропорядка, основанного на взаимной правде, — отметил предстоятель Русской православной церкви.

Weiterhin gibt es eine Reihe von Belegen für das Sprachhandlungsverb in Form eines Funktionsverbgefüges mit dem Substantiv Glas ~ бокал/рюмка als Kernwort, und zwar sowohl in persönlichen performativen Konstruktionen wie ich erhebe mein Glas auf… ~ я поднимаю бокал/рюмку за… als auch in Konstruktionen mit dem inklusiven Imperativ bzw. Adhortativ: erheben wir das Glas auf… ~ поднимем бокал/рюмку за…, vgl.

(11) „Ich erhebe das Glas auf das Wohl meines einzigen Freundes, des großen Seeräubers Claude Fleuranges!"

(12) „И если ироничный образ Верки Сердючки покорит Европу, я первый подниму бокал за успех Андрея."

(13) „Nach alter Sitte erheben wir das erste Glas auf unsern obersten Kriegsherren… Seine Majestät, der König von Preußen, er lebe hoch, hoch, hoch!"

(14) Наконец встал Игорь и сказал: „Давайте наконец поднимем бокалы за мою жену."

Regulär performativ kann in beiden Kommunikationsgemeinschaften das Simplex trinken auf … ~ выпить за … als Sprachhandlungsverb verwendet werden, vgl.

(15) „Ich trinke auf das Wohl unserer Kinder", sagte Lehnert und erhob sich.

(16) А теперь, – возглашает он, – я хочу выпить за здоровье моего дорогого зятя!

Auch dieses Verb wird in beiden Sprachen häufig in der Form des inklusiven Imperativs verwendet: trinken wir auf… ~ выпьем за…, vgl.

(17) „Mit dem Gelöbnis unwandelbarer Treue trinken wir auf das Wohl des Landesherrn!", rief der Baron aus.

(18) Поднял кружку: – Выпьем за успех нашей будущей картины! Истинный талант когда-нибудь пробьёт себе дорогу.

Parallele Konstruktionen gibt es im Deutschen und Russischen auch mit dem Verb anstoßen ~ чокнуться, also: stoßen wir an auf… ~ чокнемся за…, vgl.

(19) „Stoßen wir an auf unser Wiedersehen! Schön, dass es diesmal endlich geklappt hat."

(20) „Чокнемся за счастье Саши и Юльки и их друзей, за свершение их надежд, за процветание города Энска!"

3.2. Die Sprecherkonstituente

Aus den bisher angeführten Belegen ist bereits deutlich geworden, dass die Sprecherkonstituente im Sprachhandlungsmuster TOAST in zwei Ausprägungen realisiert werden kann, zum einen in der Form der 1. Person Singular oder (seltener) Plural und zum anderen in der indirekten Verkörperung durch die Formen des inklusiven Imperativs (gelegentlich auch als Adhortativ bezeichnet), die signalisieren, dass sich der Sprecher in die Aufforderung mit einbezieht. Im Deutschen sind derartige Konstruktionen vor allem durch die Wortfolge gekennzeichnet: das Personalpronomen steht in der Position nach der Verbalform der 1. Person Plural, also: trinken wir statt wir trinken. Im Russischen steht die Verbalform der 1. Person Plural im perfektiven Aspekt, und zwar regelmäßig ohne Personalpronomen: выпьем, vgl.

(21) „Trinken wir den ersten Schluck auf Herrn M., dass das Staunen in seinem Gesicht sich nicht verlieren möge – den zweiten Schluck auf meine Frau: möge Gott ihr Gedächtnis segnen."

(22) „Пожелаем им удачи, выпьем за их здоровье и счастье!"

In beiden Sprachen kann die Aufforderungsintention des Sprechers dadurch verstärkt werden, dass die inklusiven Imperativkonstruktionen in erweiterter Form auftreten: lasst uns trinken auf… ~ давайте выпьем за…, vgl.

(23) „Lasst uns trinken und des glorreichen Tages gedenken!"

(24) – Тогда давайте выпьем за вас, Василий Григорьевич!

In Russland kann man hinsichtlich der Verkörperung des Sprechers gelegentlich darauf stoßen, dass für die Rolle des Verantwortlichen für das Ausbringen der Trinksprüche und gegebenenfalls für den gesamten Ablauf der Festlichkeit ein Tischmeister festgelegt wird. Diese Sitte wurde durch die traditionellen kulturellen Kontakte aus Georgien übernommen und verwendet auch das zur

Bezeichnung dieser Person aus dem Georgischen stammende Wort тамада (aus georg. tamadoba), vgl.: Его выбрали тамадой на свадьбе. Derartige Tischsitten werden in Deutschland in der Regel nicht gepflegt.

Ein weiterer Unterschied zwischen dem Deutschen und Russischen in Bezug auf die Sprecherkonstituente ergibt sich daraus, dass es in der russischen Tischgesellschaft nicht üblich ist, allein zu trinken, sondern dass es immer einen Sprecher gibt, der dazu durch einen TOAST auffordert. Das führt dazu, dass einerseits während des Tisches ein TOAST nach dem anderen ausgesprochen wird und dass es andererseits zu einem ständigen Wechsel des Sprechers kommen kann. Jeder Teilnehmer der Tischgesellschaft kann jeweils an der Reihe sein. Eine derartige regelmäßige „Trinkaufforderung" durch das Toastausbringen ist in Deutschland kaum verbreitet.

3.3. Die Adressatenkonstituente

Adressat eines Trinkspruchs sind die zu ehrende Person – soweit sie anwesend ist – sowie gewöhnlich die gesamte Tischgesellschaft, der vorgeschlagen wird, das Glas zu erheben, anzustoßen und gemeinsam auf das Wohl des Anlassgebenden, auf die Würdigung des Anlassereignisses oder auf die Lobpreisung einer hervorragenden Eigenschaft zu trinken. Die Tatsache, dass beim Trinkspruch nicht nur die zu ehrende Person angesprochen wird, sondern die hohe Wertschätzung auch gegenüber der gesamten Tischgesellschaft öffentlich gemacht wird, ist ein wesentliches Charakteristikum des Sprachhandlungsmusters TOAST.

Hinsichtlich des formellen Ausdrucks der Adressatenkonstituente sind sowohl im Deutschen als auch im Russischen drei verschiedene Strukturformen zu erkennen.

3.3.1.

Die Adressatenkonstituente kann durch entsprechende Anredeformen markiert werden, wobei zwischen der Anrede an den zu Ehrenden und der Anrede an die Tischgesellschaft zu differenzieren ist. Wie die oben angeführten Belege illustrieren, sind die Anredekonstruktionen an die Tischgesellschaft im Wesentlichen formell gleich gelagert – im Deutschen: (7) liebe Kolleginnen und Kollegen; (9) meine Freunde; im Russischen: (8) товарищи (als spezifisch für das Russische mag allein angemerkt werden, dass die Anredelexeme hier im Unterschied zum Deutschen häufig ohne Epitheton, wie in (8) товарищи, verwendet werden). Unterschiedlich ist aber die formelle Ausprägung der Anrede an eine Person, nämlich im Deutschen gewöhnlich mit Anredelexem: sehr verehrte Frau Holzer; lieber Herr Lagemann; im Russischen dagegen mithilfe von Vor- und Vatersname:

дорогая Ирина Петровна; Михаил Васильевич; seltener, besonders in offiziellen Situationen und bei Funktionsbezeichnungen auch mit Anredelexem: глубокоуважаемый господин президент (vgl. ausführlicher Gladrow 2008), vgl.

(25) „Sehr geehrter Herr Professor Weidenmüller, ich erhebe das Glas auf Ihr Wohl, auf beste Gesundheit und Schaffenskraft."

(26) „Василий Петрович, давайте выпьем за Вас, за Ваше здоровье и за будущие успехи."

3.3.2.

Die zweite Strukturform zeigt sich in den Konstruktionen, in denen der Adressat als der Zielpunkt einer durch den Imperativ ausgedrückten Aufforderung erscheint, vgl.

(27) „Gestatten Sie, das Glas zu erheben auf den einzigartigen Erfolg Ihrer engagierten Mitarbeiter."

(28) „Позвольте провозгласить тост за процветание русского сельского хозяйства!"

3.3.3.

Die Adressatenkonstituente kann auch der Zielpunkt eines inklusiven Imperativs sein, durch die die Einbeziehung des Sprechers in den Kreis der Adressaten ausgedrückt wird, vgl.

(29) „Trinken wir auf den Erfolg der gelungenen Aufführung", sagte Felix Berlau.

(30) – Ничего, все в порядке… – успокоил меня Гагарин, продолжая беседу. – Тогда, может, чокнемся? – преодолевая растерянность, предложил я.

3.4. Die Anlasskonstituente

Die Anlasskonstituente ist gewöhnlich die zu ehrende Person oder auch das zu feiernde Ereignis (erfolgreich bestandene Examina, Hochzeit, Jahrestag usw.) bzw. die zu preisenden außergewöhnlichen Merkmale (Charaktereigenschaften, Talente, äußere Schönheit usw.), worauf anzustoßen und gemeinsam zu trinken aufgefordert wird. Wie die angeführten Beispiele zeigen, liegen die Ausdrucksmittel der Anlasskonstituente im Deutschen und Russischen parallel: der deutschen präpositionalen Konstruktion auf + Akkusativ (trinken auf die Hausfrau; anstoßen auf den Erfolg) entspricht die russische Verbindung за + Akkusativ (выпить за домохозяйку; чокнуться за успех).

In beiden Sprachen kann die Anlasskonstituente außerdem durch eine Nebensatzkonstruktion ausgefüllt werden, siehe auch die Belege (10) und (26), vgl.

(31) „Ich trinke darauf, dass Gott mich nicht errettet hat", verkündete die russische Poetin Anna Achmatowa.

(32) „Так выпьем же за то, чтобы наши желания совпадали с нашими возможностями!"

Die hier im Russischen auftretende Trinkspruchformel так выпьем же за то, чтобы… ist gleichzeitig die prototypische Wendung, die benutzt wird, wenn – der georgischen Tradition folgend – dem eigentlichen TOAST eine Anekdote, ein Gleichnis, eine Legende o. ä. vorangestellt wird, eine Tradition, die in Deutschland nur selten praktiziert wird, vgl. für das Russische:

(33) „…и тогда одна маленькая, но очень гордая птичка сказала: „Лично я полечу прямо на Солнце!" И она стала подниматься все выше и выше, но очень скоро обожгла себе крылья и упала на самое дно самого глубокого ущелья! Так выпьем же за то, чтобы каждый из нас, как бы высоко он не поднимался, никогда не отрывался бы от коллектива!"

Eine weitere Spezifik des Russischen hinsichtlich der Anlasskonstituente liegt darin, dass in Tischgesellschaften, die nicht einer bestimmten Person oder einem besonderen Ereignis gewidmet sind, es für die Ausbringung von Trinksprüchen so etwas wie eine übliche Abfolge von Standardanlässen gibt. Man trinkt zuerst auf den jeweiligen Anlass der Begegnung am Tisch, dann – gegebenenfalls – auf die Hausfrau oder den Hausherrn, dann auf die Damen, auf die Gesundheit, auf die Liebe usw. Diese Sitte unterstreicht das schon mehrfach erwähnte Merkmal der Frequenz und der Regelmäßigkeit von TOASTS in Russland, was man in Deutschland in dem Maße nicht kennt.

4. Die kommunikativ-pragmatischen Faktoren

4.1. Soziale Faktoren

Naturgemäß funktionieren TOASTS in beiden Kommunikationsgemeinschaften, sowohl in Deutschland als auch in Russland, besonders leicht unter Menschen mit einem vergleichbaren sozialen Status. Die starke Ritualisierung dieses Sprachhandlungsmusters ist jedoch ein Faktor, der den Gebrauch von Trinksprüchen auch in Gesellschaften möglich macht, die sozial deutlich differenziert sind. Mit anderen Worten, während es z. B. besonders in Deutschland in Bezug auf das Komplimentemachen ausgesprochen heikel ist, diese gegenüber Statushöheren oder Älteren zu äußern, weil das leicht als Eigennutz und Schmeichelei verstanden werden kann, erlaubt der hohe Ritualisierungsgrad des TOASTS und der Grad an Offizialität der jeweiligen Tischgesellschaft, die Illokution der Wertschätzung auch in der Richtung „von unten nach oben" zu äußern. Der folgende Textausschnitt kann eine derartige Situation in gewisser Weise illustrieren:

(34) Nach der Hauptspeise kann jeder, der sich dazu berufen fühlt, einen kurzen TOAST ausbringen (wobei die Jüngeren den Älteren den Vortritt lassen), indem er den Täufling oder dessen Eltern hochleben lässt.

Der Textausschnitt verdeutlicht gleichzeitig, dass das Sprachhandlungsmuster TOAST eine wichtige soziale Funktion hat, die darin liegt, Distanzen in den Beziehungen zwischen Mitgliedern der Tischgesellschaft abzubauen. Die durch die Ausbringung des TOASTS geäußerte Wertschätzung einer Person vor der Öffentlichkeit ist immer auch eine Respektbekundung, die dazu beitragen kann, Beziehungsqualitäten zwischen dem Sprecher und den anderen Anwesenden zu verbessern, was wiederum das Gefühl der Gruppenzugehörigkeit der Tischgesellschaft verstärken kann (vgl. Kotthoff 2009).

Dabei ist zu beachten, dass das Merkmal der Ritualität beim TOAST nicht so stark verfestigt ist wie beispielsweise in den Sprachhandlungsmustern BEGRÜßUNG oder VERABSCHIEDUNG. Beim TOAST öffnet sich die Ritualität in jeder konkreten Sprachhandlung der individuellen Variabilität, die dem Sprecher Möglichkeiten der schöpferischen Wortwahl und Genreentscheidung lässt. Naturgemäß ist die Variabilität des sprachlichen Ausdrucks auch vom Grad der Vertrautheit der Anwesenden abhängig. Eine Hochzeit, auf der der Sprecher unter seinen Verwandten einen TOAST aufbringt, bietet naturgemäß mehr Möglichkeiten für schöpferisch verwendete Wortspiele als die offizielle Atmosphäre eines Staatsbanketts.

4.2. Mediale Faktoren

Der TOAST ist ein Sprachhandlungsmuster, das vornehmlich in mündlicher Form Verwendung findet. Das bedeutet sowohl für das Deutsche als auch für das Russische, dass Ausdrucksmittel wie Intonationsmodulation, Pausensetzungen oder Akzentverschiebungen eine große Rolle spielen. Wortspiele, Allegorien, Metapher, Hyperbolisierungen und andere Stilmittel können durch Mimik und Gestik unterstrichen werden.

Neben diesen Gemeinsamkeiten für beide Sprachen führt das vorhandene Korpusmaterial zu der Erkenntnis, dass Trinksprüche in Russland häufiger pathetisch aufgeladen sind, vgl.

(35) „Поэтому я предлагаю выпить за благосклонность судьбы. Пусть она никогда не поворачивается к нам спиной!"

In Aufzeichnungen von deutschen TOASTS der Gegenwart finden sich im Vergleich dazu eher nüchterne Formulierungen, vgl.

(36) Mehring erhob sich: „Einen Toast auf Wettbewerbsfähigkeit, gutes Management, Profit und Ehrlichkeit!"

Nicht selten finden sich im Deutschen auch Belege dafür, dass versucht wird, mögliches Pathos ironisch zu brechen, vgl.

(37) „Einen Toast auf… auf die Schönheit, und auf die Wahrheit, die alles andere als schön ist."

Zu den kommunikativ-pragmatischen Faktoren, die durch das Medium Sprache geprägt sind, gehören auch jene, die neben die freie Rede des Trinkspruchs die gebundene, in den meisten Fällen gereimte, Sprache stellen. Nicht selten trifft man sowohl im Deutschen als auch im Russischen sorgfältig vorbereitete TOASTS, die in gebundener Sprache vorgetragen werden, vgl.

(38) So lasst die Gläser uns erheben,
stoßt an, dass es gelingen mag,
dein ganzes Leben zu erleben
wie diesen schönen Freudentag!

(39) Я пью за здоровье немногих,
Немногих, но верных друзей,
Друзей неуклончиво строгих
В соблазнах изменчивых дней.

5. Das kommunikativ-pragmatische Feld

Im Rahmen des kommunikativ-pragmatischen Feldes werden die verschiedenen Ausdrucksformen des Sprachhandlungsmusters TOAST zusammengestellt und nach dem Muster einer Zentrum-Peripherie-Struktur geordnet. Im Zentrum befinden sich die Konstruktionen mit der maximalen illokutiven Kraft und mit den entsprechenden prototypischen Ausdrucksmitteln. Wie die hier angeführten Belege aus dem Deutschen und Russischen zeigen, sind das vor allem die Strukturmuster auf der Basis von Funktionsverbgefügen mit dem Substantiv Toast: einen Toast ausbringen ~ провозгласить тост; einen Toast erheben ~ поднять тост; einen Toast aussprechen ~ произнести тост, weiterhin die Simplizia trinken auf… ~ выпить за… und anstoßen auf… ~ чокнуться за… sowie die Funktions-verbgefüge mit dem Lexem Glas: das Glas erheben ~ поднять бокал/рюмочку.

An der Peripherie sind jene Muster mit einem geringeren illokutiven Effekt und einem nicht so hohen Grad an spezialisierten Formmitteln angesiedelt. Zwischen Zentrum und Peripherie gibt es gewöhnlich stufenweise Übergänge. Auf die wichtigsten Typen des Trinkspruchs soll im Weiteren im Rahmen des kommunikativ-pragmatischen Feldes TOAST eingegangen werden.

5.1. Elliptische Konstruktionen

Es gibt eine Reihe von Trinksprüchen, die von ihrem formellen Aufbau her als Ellipsen zu kennzeichnen sind. Ein großer Teil von ihnen liegt im Zentrum des kommunikativ-pragmatischen Feldes. Die illokutive Bedeutung dieser Ellipsen entspricht voll den ausformulierten Konstruktionen des TOASTS. Die formellen Komponenten, die in den elliptischen Ausprägungen des Trinkspruchs ausgelassen sind, können ohne Schwierigkeiten ersetzt werden. Zu den zentralen Ellipsen gehören die Subtypen 5.1.1. bis 5.1.4.:

5.1.1.

Der erste Subtyp des elliptischen TOASTS ist im Deutschen und Russischen nach dem gleichen Muster aufgebaut, er ist dadurch formell charakterisiert, dass der Trinkspruch allein durch die Anlasskonstituente (auf + Akkusativ bzw. за + Akkusativ) dargestellt wird, während das Sprachhandlungsverb weggelassen ist, vgl.

(40) „Auf Ihre Gesundheit!" sagte Andreas und erhob sein Glas.

(41) Когда мы чокнулись, доктор Ризо впервые сказал мне: – Ну, доктор Владимир, за ваши успехи! Для меня это звучало, как торжественная фуга Баха.

In Deutschland und auch in Russland ist dieser elliptische Typ des Sprachhand-lungsmusters TOAST außerordentlich verbreitet, häufig trifft man in informellen Situationen auf Wendungen wie Auf einen schönen Abend! Auf gute Zusam-menarbeit in der Zukunft! Auf unser Wiedersehen! За Ваше здоровье! За нас! За Вашу победу! За нашего нового начальника! Derartige kurze Trinksprüche, die vielfach dem Sprachhandlungsmuster Wunsch nahe liegen, kommen beson-ders dem entgegen, dass das Anstoßen in Deutschland gern weniger zeremoniell zelebriert wird.

5.1.2.

Der zweite Ellipsentyp dagegen enthält das Kernwort des Funktionsverbgefüges, das das Sprachhandlungsverb verkörpert; weggefallen ist hier das Funktionsverb (ausbringen ~ провозгласить; vorschlagen ~ предложить; aussprechen ~ произнести usw.), das jeweils problemlos aus der Konsituation zu erschließen ist, vgl.

(42) „Einen Toast auf den liebsten, sanftesten… und wundervollsten Mann auf der Welt: Papa."

(43) – Что ж, товарищи, первый тост за нашего отца, пускай он нам будет здоров.

5.1.3.

Zu den elliptischen TOASTS sind auch die Trinksprüche mit dem Substantiv Wohl im Deutschen und dem Substantiv здоровье im Russischen zu rechnen.

Das Lexem Wohl findet sich im Deutschen in drei verschiedenen grammatischen Varianten: ohne Präposition, mit der üblichen Präposition auf zur Kennzeichnung des Anlasses und mit der Präposition zum, vgl.

(44) „Ihr Wohl, sehr geehrte Kollegen!"

(45) „Auf dein spezielles Wohl, mein Schatz!"

(45) „Zum Wohl!" stimmten die Gäste fröhlich ein.

Die elliptischen Konstruktionen mit dem Substantiv здоровье, die als illokutive Entsprechungen des Russischen betrachtet werden können, zeichnen sich dadurch aus, dass hier die Präposition за weggefallen ist, vgl.

(46) –Так будем считать нашу встречу за особый случай! Ваше здоровье! – Пригубила вино.

5.1.4.

Ein weiterer Subtyp sind die Modelle, die in der Position des Kernworts des Funktionsverbgefüges nicht die Lexeme Toast oder Glas enthalten, sondern Substantivierungen des in Deutschland üblichen lateinischen Ausdrucks prosit ~ ‚es möge nützen' bzw. des Adjektivs hoch, also: ein Prosit auf…; ein Hoch auf… Auch diese Konstruktionen haben gewöhnlich elliptischen Charakter, das übliche Funktionsverb wird in den meisten Gebrauchsfällen weggelassen.

(47) „Ein Prosit auf das glückliche Paar!" rief strahlend der Brautvater.

(48) „Ein Hoch auf unseren glorreichen Sieg!" brüllte Walker.

Derartige Konstruktionen lassen sich allein für das Deutsche nachweisen, formell gleichgelagerte Modelle gibt es in der russischen Gegenwartssprache nicht.

5.1.5.

Der folgende Subtyp der elliptischen TOAST-Konstruktionen, die Formel Будем! / Ну, будем! wird wegen seiner eingeschränkten Gebrauchssphäre als peripher im Rahmen des kommunikativ-pragmatischen Feldes gekennzeichnet. Hier geht es nicht um den Ausdruck einer Wertschätzung gegenüber dem Anlassgebenden, sondern um die unmittelbare Aufforderung zum gemeinsamen Trinken. In der russischen Lexikographie wird diese Formel als umgangssprachliche Wendung definiert, die im informellen Kreis scherzhaft gebraucht und auf Будем здоровы! zurückgeführt wird (Chimik 2004: 61). Diese elliptischen Formeln betreffen naturgemäß nur das Russische, vgl.

(49) – Ну, будем, – сказал Степан, а затем чокнулся с Муродали и закусил грибочком.

Ähnlich peripher zu charakterisieren sind die umgangssprachlich gefärbten elliptischen Formeln im Russischen, die durch die Imperativform Давайте! deutlich als unmittelbare Aufforderung zum gemeinsamen Trinken zu verstehen sind, vgl.

(50) Давайте, за успех нашего безнадежного, как говорится. – И он наполнил уже расставленные на столе рюмки.

5.2. Umgangssprachliche Konstruktionen

Zu den peripheren russischen Trinksprüchen im kommunikativ-pragmatischen Feld der TOAST-Konstruktionen sind die Formen des inklusiven Imperativs von perfektiven Verben wie вздрогнуть und дерябнуть, also Вздрогнем! und Дерябнем!, zu rechnen. Sie werden als salopp-umgangssprachlich gekennzeichnet und sind vornehmlich im derben Jargon von Männergesellschaften als Aufforderung zum gemeinsamen Trinken zu finden (vgl. Chimik 2004: 75, 142), vgl.

(51) – Ну, вздрогнем, – сказал я и выпил стакан.
(52) „Дерябнем за моё спасение, за твоё здоровье!"

Um eine grammatische Transposition der Präteritalform handelt es sich bei der Konstruktion Вздрогнули! Auch hier geht es um einen TOAST im Sinne einer „Trinkaufforderung", vgl.

(53) Денни поддержал. – Вздрогнули! Одним глотком осушив стакан, Денни загреб ложкой икру.

Im Deutschen trifft man auf umgangssprachliche Varianten des Trinkspruchs vor allem in den vertraulichen Realisierungen der elliptisch gebrauchten Substantivierungen von Prosit! (vgl. 5.1.4.), und zwar Prösterchen! oder Prost! vgl.

(54) Er stieß mit ihm an. „Prösterchen, Holt!"

5.3. Jussiv-Konstruktionen

Nicht im Rahmen des Imperativ-Paradigmas, sondern im Feld der imperativischen Modalität finden sich Aufforderungen, die nicht an den Adressaten in der 2. Person, sondern an eine 3. Person gerichtet sind. Inhaltlich geht es auch hier um den emotional geprägten Ausdruck der Wertschätzung einer Person. Formell steht sie in der Position der Anlasskonstituente in beiden Sprachen im Nominativ, das Sprachhandlungsverb ist im Deutschen leben bzw. hochleben, im Russischen здравствовать in Verbindung mit der Partikel да, vgl.

(55) Auf denn, meine Herren Kollegen von Berlin, ergreifen Sie Ihre Gläser: „Unsere Kollegen, unsere Freunde, unsere Kameraden aus nah und fern, sie leben hoch!"
(56) „Да здравствует мать наша, императрица Екатерина!"

Derartige Jussiv-Konstruktionen finden sich – sowohl im Deutschen als auch im Russischen – nicht nur mit einem Bezug auf Personen, sondern als Anlasskonstituente können auch Benennungen von Ereignissen, abstrakten Merkmalen u. ä. angetroffen werden. Die spezifische illokutive und formale Kennzeichnung der Jussiv-Konstruktionen spricht für ihre Einordnung an der Peripherie des kommunikativ-pragmatischen Feldes, vgl.

(57) „Es lebe die friedliche Revolution in der ČSSR – Freiheit für Dubček!"
(58) „Да здравствует Революция и её дитя – Свобода!"

5.4. Fremdwörter als Toastformeln

Zum peripheren Bereich des kommunikativ-pragmatischen Feldes gehören in beiden Sprachen Fremdwörter als Toastformeln, so z. B. das englische Cheers! im Deutschen oder das aus dem Chinesischen über das Englische ins Russische gelangte Чин-чин, vgl.

(59) „Cheers, Ma'am, auf das Wohl der neuen Länder!"
(60) „Поднесу, так сказать, как представителю реликтовой эпохи. Ну, так за твоё навеки истлевшее здоровье. Прозит! Чин-чин! Бомбом! Виват, ваше превосходительство! Не нравится мне сегодня господин граф."

6. Schlussbemerkung

Die kurze Übersicht über die verschiedenen Realisierungen des Sprachhandlungsmusters TOAST zeigt, dass es in der Struktur und im Funktionieren der einzelnen Typen zwischen dem Deutschen und Russischen einen hohen Grad an Parallelität gibt. Nur in bestimmten Ausprägungen des Trinkspruchs im peripheren Bereich zeigen sich für eine Sprache bestimmte spezifische Formen.

Die Differenzen zwischen dem Deutschen und Russischen liegen vor allem in der Frequenz sowie im Grad der Emotionalität der sprachlichen Ausgestaltung des TOASTS. In Deutschland ist das Ausbringen eines Trinkspruchs weniger regelmäßig und zeremoniell, seine verbale Ausschmückung ist gemeinhin nüchterner. In Russland hingegen sind TOASTS eher emotional aufgeladen und ihre regelmäßige Realisierung wird in den Tischgesellschaften stärker erwartet.

Literaturverzeichnis

Archipova, Elena M. 2010. Tost kak pervičnyj rečevoj žanr v sovremennoj koncepcii naučnogo znanija. Naučnaja mysl' Kavkaza 3, 151–154.

Austin, John L. 1962. How to do things with words. Oxford: Oxford University Press.

Bachtin, Michail M. 1996. Problema rečevych žanrov. In: Bachtin, Michail M. Sobranie sočinenij. T. 5. Moskva: Russkie slovari, S. 159–206.

Chimik, Vasilij V. 2004. Bol'šoj slovar' russkoj razgovornoj ėkspressivnoj reči. Sankt-Peterburg: Norint.

Daneš, František. 1966. The relation of centre and periphery as a language universal. In: Vachek, Josef et al. (eds.). Les problèmes du centre et de la périphérie du système de la langue. Praha: Académie Tchécoslovaque des Sciences, p. 9–21 (= Travaux linguistiques de Prague, 2).

Ehlich, Konrad / Rehbein, Jochen. 1979. Sprachliche Handlungsmuster. In: Soeffner, Hans-Georg (Hg.). Interpretative Verfahren in den Sozial- und Textwissenschaften. Stuttgart: Metzler, S. 243–274.

Gladrow, Wolfgang. 2008. Sistema obraščenija v russkom i nemeckom jazykach. Slavica Helsingiensia 35, 38–48.

Gladrov, Vol'fgang / Kotorova, Elizaveta. 2015. Kontrastivnoe izučenie modelej rečevogo povedenija. Žanry reči 2, 27–39.

Gladrow, Wolfgang / Kotorova, Elizaveta. 2018. Sprachhandlungsmuster im Deutschen und Russischen. Eine kontrastive Darstellung. Berlin (= Sprach- und Kulturkontakte in Europas Mitte. Studien zur Slawistik und Germanistik, 9).

Kotorova, Elizaveta. 2008. Kommunikativ-pragmatisches Feld als Modell des kulturbezogenen Redeverhaltens. In: Bartoszewicz, Iwona et al. (Hgg.). Linguistica et res cotidianae. Wrocław – Dresden: ATUT und Neisse, S. 113–120 (= Linguistische Treffen in Wrocław, 2).

Kotthoff, Helga. 2011. Trinksprüche als Interaktionsrituale. Aspekte der Unterstützungshöflichkeit im georgisch-deutschen Vergleich. In: Ehrhardt, Claus / Neuland, Eva (Hgg.) Sprachliche Höflichkeit in interkultureller Kommunikation und DaF-Unterricht. Frankfurt am Main etc., S. 77–97.

Kuznecov, Sergej A. (gl. red.). 2000. Bol'šoj tolkovyj slovar' russkogo jazyka. Sankt-Peterburg: Norint.

Searle, John R. 1969. Speech acts. An essay in the philosophy of language. Cambridge: Cambridge University Press.

Švedova, Natal'ja Ju. (otv. red.). 2007. Tolkovyj slovar' russkogo jazyka s vključeniem svedenij o proizchoždenij slov. Moskva: Azbukovnik.

Wierzbicka, Anna. 1972. Semantic primitives. Frankfurt am Main: Athenäum.

Wierzbicka, Anna. 1983. Genry mowy. In: Dobrzyńska, Teresa / Janus, Elżbieta (eds.). Tekst i zdanie. Zbiór studiów. Wrocław etc.: Ossolineum, S. 125–137.

Quellenverzeichnis

Die in der Untersuchung angeführten Belege stammen größtenteils aus den folgenden Korpora des Deutschen und Russischen:

Digitales Wörterbuch der deutschen Sprache (DWDS). Berlin 2018: https://www. dwds.

Nacional'nyj korpus russkogo jazyka. Moskva 2018: http://www.ruscorpora.ru.

Die Belege werden teilweise vereinfacht oder gekürzt zitiert. Die Autorenschaft von Zitaten aus der deutschen oder russischen Belletristik wird nicht angeführt.

Frank Liedtke (Leipzig)

Sprechakte als kulturelle Ressource – eine kultur-anthropologische Studie

Abstract: Generally speaking, within an arbitrary population a number of cultural practices has been established which form a structured whole. The totality of these practices will be referred to as cultural resources in this contribution. Speech acts are part of a subsystem that contains forms of individual or public exchange. The members of a population may rely on certain types of speech acts in order to achieve their communicative goals. It is asked what kind of evolutionary benefit consists in having a certain number of speech act types at one's disposal. On a basic level, two kinds of benefit are being distinguished, a speaker-oriented and a hearer-oriented benefit. Furthermore, two kinds of relief are distinguished respectively, a practical and an epistemic relief. By crossing the criteria of benefit and of relief, different classes of speech acts can be distinguished.

Keywords: *cultural resource, speech act, communicative goal, evolutionary benefit, practical relief, epistemic relief*

1. Einleitung

Wir können mit J.R.Searle davon ausgehen, dass die kleinsten Einheiten der sprachlichen Kommunikation sich als Sprechakte identifizieren lassen (s. Searle 2003: 30). Dass sie die kleinsten Einheiten sind, hat zur Folge, dass sie nicht weiter in gleicher Weise unterteilbar sind. In der Tat lässt sich ein Versprechen, ein viel diskutiertes Beispiel für einen Sprechakt, nicht weiter in selbständige Sprechakte unterteilen, sondern nur in unselbständige Teilakte: den Äußerungsakt und den propositionalen Akt mit seinen Teilakten des Referenz- und des Prädikationsakts.

Wenn man Sprechakte als kleinste Einheit der sprachlichen Kommunikation ansieht, so ist dies nur glaubhaft und plausibel, wenn sich nachvollziehbare Eigenschaften dieser Einheit angeben lassen, sodass sie von anderen Einheiten der gleichen Art unterschieden werden kann. Nur die Abgrenzung verschiedener Typen einer Einheit lassen es ja lohnenswert erscheinen, diese Ebene der sprachtheoretischen Modellbildung überhaupt anzunehmen. Dementsprechend ist in der sprechakttheoretischen Literatur eine ganze Reihe von Klassifikationvorschlägen für Sprechakte entstanden, wobei die bevorzugten Kriterien der Klassifikation und damit auch die resultierenden Klassen sehr unterschiedlich sind. Oft dienen sprachliche oder im engeren Sinn syntaktische Kriterien als grundlegende Unterscheidungsmerkmale, wie beispielsweise der jeweils bevorzugte

Satztyp (s. Meibauer u.a. 2013). So ist ein Imperativsatz mit einem auffordernden
Sprechakt verbunden, ein Fragesatz mit einem Fragesprechakt. Auch wenn dies
in vielen Fällen zutrifft, so muss man auch damit rechnen, dass Sprachbenutzer_
innen eine Aufforderung mittels eines anderen Satztyps als mit einem Imperativsatz realisieren – etwa weil sie höflich sind. So ist der Satztyp ein wichtiges, aber
kein hinreichendes Kriterium für den mit ihm vollzogenen Sprechakt.

Im Folgenden soll der Versuch unternommen werden, ein Unterscheidungs-
kriterium für einige grundlegende Sprechakte zu formulieren, das sich auf die
gleiche Ebene des Sprachsystems bezieht, auf der auch Sprechakte angesiedelt
sind, nämlich auf die pragmatische. Hierzu wird ein Perspektivenwechsel auf
die Handlungsebene vorgenommen: Es wird angenommen, dass sich bestimmte
Verhaltensformen oder Handlungsweisen in einer Population etabliert haben,
weil sie sich im individuellen oder öffentlichen Austausch bewährt haben. Dies
können informelle Formen sein wie die normativen Praktiken, im öffentlichen
Raum gegenüber unbekannten Personen einen minimalen Abstand zu halten
oder Personen, denen ein Missgeschick passiert ist, zu helfen. Es sind aber auch
institutionelle Formen wie die Eheschließung oder der Austausch von Waren
eingeschlossen. Ich bezeichne die Gesamtheit der etablierten informellen wie
institutionellen Formen des Austauschs als *kulturelle Ressourcen* einer Population.

Sprechakte sind Teil dieser Formen des individuellen oder öffentlichen Austauschs. Sie werden als Handlungstypen aufgefasst, die sich wie die anderen
Praktiken auch als kulturelle Ressourcen in der jeweiligen Sprachgemeinschaft
etabliert haben. Auf sie können ihre Mitglieder zur Erfüllung ihrer sprachlich-
kommunikativen Ziele zurückgreifen. Der Begriff der Ressource ist zunächst sehr
allgemein gefasst – etwa in dem Sinne, in dem auch Wasser oder Öl eine Ressource
darstellen, die für viele Gemeinschaften elementar wichtig ist. Hier geht es allerdings nicht um natürliche Ressourcen, sondern um kulturelle. Im Falle von Öl wird
diese Trennung freilich schwierig, denn Öl wurde erst vor dem Hintergrund einer
technisch-kulturellen Entwicklung so wichtig und teuer, wie es heute ist. Trotzdem
soll die Trennung von natürlichen und kulturellen Ressourcen nicht aufgegeben
werden, denn letztere existieren nicht unabhängig von ihrer Nutzung als kulturelle
Praktik; sie ruhen gleichsam nicht unter dem Wüstenboden. Vielmehr bilden sie
sich erst durch eine kulturelle ‚Lücke‘ heraus, die ihren Bedarf definiert; vorher
existieren sie nicht, auch nicht in einer anderen ‚unraffinierten‘ Form.

2. Vorschlag einer Klassifikation von Sprechakten

Im Folgenden soll skizziert werden, in welcher Weise sich in der angedeute-
ten kultur-anthropologischen Perspektive Kriterien für die Klassifikation von

Sprechakten als einer kulturellen Ressource angeben lassen. Hierzu soll zunächst auf die Sprechaktklassifikation zurückgegriffen werden, die in XXX vorgestellt wurde. Sie lehnt sich an die Searlesche Klassifikation an, vermeidet aber einige damit verbundene Probleme, vor allem im Bereich der direktiven Sprechakte. Ohne auf die ausführliche Argumentation einzugehen, soll hier lediglich das Ergebnis der Überlegungen wiedergegeben werden (ausführlicher s. XXX). Auf einer obersten Ebene werden DEKLARATIONEN, also institutionelle Sprechakte wie *Ernennen* etc. angesiedelt; mit ihnen wird keine propositionale Einstellung wie beispielsweise *Glauben* oder *Beabsichtigen* ausgedrückt, sondern es werden meist amtliche Tatsachen geschaffen. Sprechakte, mit denen zwar jeweils eine Einstellung ausgedrückt wird, die aber hinsichtlich des auszudrückenden Einstellungstyps nicht weiter spezifiziert ist, gelten als EXPRESSIVA – hier sind *Gratulation, Dank* oder *Entschuldigung* angesiedelt. Die nächste Klasse sind die ASSERTIVA, also *Behauptungen, Feststellungen* oder *Hypothesen*, mit denen eine epistemische Einstellung übermittelt wird. Sie sind frei in ihrem propositionalen Gehalt, weil der in ihnen enthaltene Referenzakt sich auf beliebige Personen oder Sachen beziehen kann. Dies ist bei den verbleibenden Klassen von Sprechakten in jeweils spezifischer Weise anders. KOMMISSIVA als Übermittler einer Absicht haben notwendigerweise Sprecherbezug, das heißt der Referenzakt bezieht sich obligatorisch auf den/ die Sprecher_in. Ein *Versprechen* oder eine *Zusage* können nur in Bezug auf die eigenen Handlungen gegeben werden, nicht in Bezug auf Handlungen anderer Personen, also der Adressat_innen oder dritter Personen.

Die letzte zu unterscheidende Klasse ist diejenige der PETITIVA, die sich in zwei Unterklasssen aufteilt. PETITIVA umfassen einerseits *Aufforderungen, Bitten* oder *Befehle*, wobei diese Sprechakte die Unterklasse der DIREKTIVA bilden; andererseits werden *Fragen, Erkundigungen* oder *Verhöre* der Unterklasse der QUAESITIVA zugeordnet. Beide Unterklassen der PETITIVA zeichnen sich unter anderem dadurch aus, dass sprecherseitig eine Wunscheinstellung übermittelt wird, und dass spezifischer eine adressatenseitige Reaktion gewünscht ist. Dies ist die Gemeinsamkeit von DIREKTIVA und QUAESITIVA, weshalb sie die Klasse der PETITIVA bilden. Der Unterschied zwischen diesen beiden Teilklassen besteht im propositionalen Gehalt des jeweiligen Sprechakts. In Aufforderungssprechakten sollte die erwünschte Handlung im Prädikationsakt möglichst genau beschrieben werden, denn sonst ist nicht klar, was getan werden soll. Dies ist bei Fragesprechakten nicht der Fall, denn eine genaue Beschreibung der erwünschten adressatenseitigen Antworthandlung würde den Fragecharakter zunichtemachen. QUAESITIVA sind durch eine Lücke im propositionalen Gehalt gekennzeichnet, die entweder eine Konstituente betrifft (W-Fragen) oder den Wahrheitswert der

Proposition (Ja/Nein-Fragen) (s. hierzu Wunderlich 1976). Dies ist der Grund für die Annahme zweier Untertypen der PETITIVA.

Im Folgenden möchte ich mich zunächst auf die Sprechakttypen der ASSERTIVA, KOMMISSIVA und PETITIVA konzentrieren, da sie einer kultur-anthropologischen Perspektive besonders zugänglich sind. DEKLARATIONEN und EXPRESSIVA werden Gegenstand einer gesonderten Studie sein. Was die Realisierung der Sprechakte betrifft, so soll im Sinne der Berücksichtigung und Reflexion der medialen Ebene folgende Sprachregelung getroffen werden: Medial mündlich vollzogene Sprechakte werden Äußerungen genannt, medial schriftliche als Inskriptionen bezeichnet, bildliche ‚Sprechakte' oder besser: Bildakte als pikturale Akte, Gesten als gestische Akte und Gebärden als Gebärdenakte. Die Termini ‚Akt' und ‚Handlung' werden synonym verwendet.

3. Die kultur-anthropologische Sicht

Sprechakte wurden eingangs als Teil der kulturellen Ressourcen einer Population eingeführt, die ihr Entstehen einer kulturellen ‚Lücke' verdanken. Im Folgenden soll versucht werden, unterschiedliche ‚Lücken' auszumachen, die Anlass für die Entstehung der drei genannten Sprechaktklassen gewesen sein können. Um dies zu leisten, soll der Gegenbegriff der Lücke, nämlich derjenige des evolutionären Nutzens herangezogen werden. Unter diesem Gesichtspunkt kann man der Grundausstattung von Sprechakten auf die Spur kommen, indem man fragt, welcher Nutzen für eine beliebige Sprachgemeinschaft in der Tatsache besteht, dass gerade dieser Sprechakttyp zur Verfügung steht; oder kurz gefragt: Welches ist der Anlass dafür gewesen, dass er Teil der kulturellen Ressourcen geworden ist? Hinter dieser Fragestellung steht die Auffassung, dass das Erbringen eines gesellschaftlichen Nutzens ein Grund dafür ist, dass sich ein bestimmter Sprechakttyp im Rahmen der kulturellen Evolution innerhalb dieser Sprachgemeinschaft herausgebildet und über die Zeit gehalten hat. Hieraus folgt in einer retrospektiven Sicht, dass die Existenz eines mehr oder weniger spezifischen Sprechakttyps darauf hinweist, dass dieser einen kultur-evolutionären Nutzen haben muss, denn ohne diesen ist die Entwicklung und Stabilisierung einer solch komplexen sprachlich-kommunikativen Praxis nur schwer vorstellbar. Da der Begriff des Nutzens eine starke explanative Last trägt, ist es notwendig, zunächst diesen allgemeinen und relativ unspezifischen Begriff für die ausgewählten Sprechakttypen – zumindest vorläufig – näher zu charakterisieren.

Die Charakterisierung dieses Begriffs soll in Form einer Differenzierung zweier Arten des Nutzens erfolgen. Vereinfachend kann man den unterschiedlichen Sprechakttypen jeweils einen sprecherseitigen Nutzen oder einen adressatenseitigen

Nutzen zusprechen, wobei es sich bei dem *oder* um ein einschließendes handelt: Es ist möglich, dass ein bestimmter Sprechakttyp sowohl einen sprecher- als auch einen adressatenseitigen Nutzen hat. Es wird sogleich gezeigt werden, wie sich diese Unterscheidung zweier Arten des Nutzens klassifikatorisch auswirkt.

Bevor dies unternommen wird, soll auf den Ansatz des derzeit wohl wichtigsten Vertreters der Entwicklungspsychologie, des Leipziger Forschers Michael Tomasello, verwiesen werden. Tomasello ist der Überzeugung, dass die Mitglieder der Spezies des Menschen, etwa im Gegensatz zu nicht-menschlichen Primaten, über eine besondere Fähigkeit verfügen. Diese Fähigkeit hat zur Entwicklung von kulturellen Praktiken geführt, die Teil der kulturellen Evolution des Menschen geworden sind. Eine dieser grundlegenden und kulturstiftenden Fähigkeiten ist diejenige zur Kooperation, die grundsätzlich einen altruistischen Anteil hat. Wenn wir kooperieren, dann unterstützen wir die Ziele unserer Kooperationspartner in der gleichen Weise, wie wir unsere eigenen Ziele verfolgen. Die Entwicklung kommunikativer und sprachlicher Systeme ist auf die Fähigkeit zur Kooperation zurückzuführen, denn diese ist auch eine konstitutive Grundlage für Kommunikation.

Tomasello schreibt dazu: „Der kooperative Geist, in dem Menschen versuchen, ihre Botschaft zu übermitteln, hat seine eigentliche Grundlage in den einzigartigen kooperativen Motivationen zum Kommunizieren, über die nur unsere Spezies verfügt." (Tomasello 2009: 94). Nimmt man diese kooperativen Motivationen als Grundlage einer phylogenetischen Geschichte der kommunikativen Praktiken, wie sie bis heute entstanden sind, dann muss gezeigt werden, „… wie sowohl der Kommunizierende als auch der Empfänger aus solcherart motivierten Interaktionen Nutzen ziehen" (ebd.). Tomasello hält drei Typen oder Arten von Nutzen fest, aus denen sich Typen des kommunikativen Austauschs entwickelt haben. Bei seiner Einteilung der kommunikativen Typen, abgeleitet aus den Arten des jeweiligen Nutzens, scheint die Unterteilung dreier Arten von Zeichenfunktionen durch, wie sie Karl Bühler vorgenommen hat: die Appellfunktion, die Darstellungsfunktion und die Ausdrucksfunktion (s. Bühler 1934). Entsprechend werden folgende drei Typen unterschieden: „Auffordern: Ich will, daß Sie etwas tun, *um mir zu helfen* (um Hilfe oder Information bitten); Informieren: Ich will, daß Sie von etwas Kenntnis nehmen, *weil ich glaube, dass es Ihnen helfen oder Sie interessieren wird* (Hilfe anbieten, einschließlich Information); Teilen: Ich will, daß Sie etwas Bestimmtes fühlen, damit *wir Einstellungen/Gefühle miteinander teilen können* (Teilen von Emotionen oder Einstellungen)" (Tomasello 2009: 99; Hervorheb. im Original).

Die Trias von Auffordern, Informieren und Teilen bildet die Grundlage von Tomasellos Kooperationstheorie, und die Anknüpfung an Bühlers Sprachtheorie ergibt sich dadurch, dass der für Tomasello zentrale Begriff des gestischen Zeigens, der einen wichtigen Stellenwert in seiner Auffassung von der psychischen und kommunikativen Entwicklung des Kindes hat, bei Bühler in Gestalt des Zeigfeldes vorgeformt ist (s. ebd.). Für die hier verfolgte Fragestellung stehen auch die beiden erstgenannten Typen des Aufforderns und Informierens im Fokus, als dritter Typus allerdings derjenige des Versprechens, des kommissiven Sprechakts. Diese Entscheidung lässt sich damit begründen, dass Aufforderungen und Versprechen eine gemeinsame Ausrichtung haben (Welt-auf-Wort) und sich durch den ausgedrückten psychischen Zustand unterscheiden (Wollen vs. Absicht), woraus sich wiederum ein Unterschied im Bezug des Referenzaktes ergibt (Adressaten- vs. Sprecherbezug): Sie verhalten sich also gewissermaßen symmetrisch zueinander. Ein weiterer Grund für diese Entscheidung ergibt sich aus der Analyse selbst, die durch sie ermöglicht wird. Es entsteht auf diese Weise eine ebenfalls symmetrische Verteilung der einzelnen Werte des evolutionären Nutzens, der mit ASSERTIVA, KOMMISSIVA und PETITIVA verbunden ist. Dies wird im folgenden Abschnitt weiter ausgeführt.

4. Nutzen und Entlastungsfunktion von Sprechakten

Nach diesen terminologischen und klassifikatorischen Vorentscheidungen soll gefragt werden, wie der Begriff des kultur-evolutionären Nutzens auf die Unterscheidung der drei Sprechakttypen angewandt werden kann. Da der Nutzen eine ‚Lücke' in den kulturellen Ressourcen einer Population füllt, wird dieser in negativen Termini zu beschreiben sein. Das heißt, es muss angegeben werden, was die Sprachbenutzer_innen nicht tun müssen, weil ihnen der Sprechakt zur Verfügung steht. Welcher Aufwand wird ihnen erspart, wovon werden sie durch den Sprechakt entlastet?

Nehmen wir zu Illustrationszwecken folgende Situation an: Arthur sitzt am Schreibtisch und verfasst einen Aufsatz. Hierzu benötigt er ein Buch, das in der gegenüberliegenden Bibliothek vorhanden ist. Er weiß, dass Berenice wenig später in die Bibliothek gehen wird, und er richtet die Bitte an sie, ihm das erforderliche Buch mitzubringen. In sprechakttheoretischer Formulierung kann man diese Situation so beschreiben: Der illokutionäre Zweck ist derjenige einer Bitte, es handelt sich also um einen direktiven Sprechakt; im propositionalen Gehalt referiert Arthur auf Berenice und prädiziert von ihr die zukünftige Handlung, dass sie das-und-das Buch ausleiht und ihm mitbringt. Diese Beschreibung lässt sich in der Terminologie des erzielten Nutzens in folgender Weise verallgemeinern:

Der direktive Sprechakt erbringt einen sprecherseitigen Nutzen; dieser besteht darin, dass es S erspart wird, die im propositionalen Gehalt prädizierte Handlung selbst zu vollziehen. Der intendierte Effekt des direktiven Sprechakts besteht darin, dass die adressierte Person eine zukünftige Handlung ausführt, die sprecherseitig zu erbringen gewesen wäre. Der direktive Sprechakt hat also für S den Nutzen einer **praktischen Entlastung**. Dieser Nutzen wiederum stellt sich nur ein, wenn A die Fähigkeit zugeschrieben werden kann, die prädizierte Handlung auszuführen. Ohne diese Annahme – und ihr Zutreffen – bringt beispielsweise die geäußerte Bitte keine praktische Entlastung mit sich, sondern eher eine höhere Belastung, indem man zunächst dafür sorgen muss, dass die bestimmte Handlung oder Handlungsweise ermöglicht wird. So kann man sich vorstellen, dass Berenice keine Ausleihkarte besitzt, so dass vorgängig für sie eine solche Karte beantragt werden müsste.

Modifizieren wir unser Beispiel etwas: Arthur und Berenice teilen sich dasselbe Büro. Arthur arbeitet gerade an seinem Rechner und recherchiert im Katalog der Bibliothek, während Berenice eine Liste mit der Hand schreibt. Berenice möchte wissen, ob ein bestimmtes Buch im Bestand der Bibliothek ist und fragt Arthur danach. Arthur gibt kurz darauf die Information, dass das Buch zwar vorhanden, aber zurzeit ausgeliehen ist. Arthur äußert somit einen assertiven illokutionären Akt, und er referiert im propositionalen Gehalt auf das spezifische Buch und prädiziert von ihm, dass es zwar vorhanden, aber ausgeliehen sei. In der eingeführten Terminologie lässt sich diese Situation so beschreiben:

Der Nutzen des **assertiven Sprechakts** ist adressatenseitig; er besteht darin, dass es A erspart wird, den im propositionalen Gehalt erwähnten Sachverhalt selbst zu ermitteln. A bekommt die Information mit ihrem propositionalen Gehalt zur Verfügung gestellt, und dies entlastet sie davon, selbst die Wirklichkeit abzusuchen oder zu abzuklopfen hinsichtlich der Frage, ob der jeweilige Sachverhalt besteht oder nicht. Eine Information hat somit für A den Nutzen einer **epistemischen Entlastung**. Damit dieser Nutzen sich einstellt, muss sie dem jeweiligen S einerseits Kompetenz, andererseits Ernsthaftigkeit zuschreiben. Sind diese beiden Annahmen nicht möglich, dann bringt eine Information keine epistemische Entlastung mit sich – sondern möglicherweise eine höhere epistemische Last, die darin besteht, Vermutungen über S selbst anzustellen. Es kann also sein, dass in unserem Beispiel Arthur gar nicht im Bibliothekskatalog recherchiert, sondern etwas anderes am Rechner tut und die Antwort aufs Geratewohl gibt. Hier sollte Berenice misstrauisch sein, denn es mangelt sowohl an Kompetenz als auch an Ernsthaftigkeit.

An dieser Beispielvariante wird ersichtlich, dass assertive Sprechakte ein Informationsangebot an A darstellen. Das heißt, dass die Validität der Aussage selbst überprüft werden kann in Abhängigkeit von der Kompetenz und der Ernsthaftigkeit von S. Andererseits sind Informationen nur dann relevant, wenn sie ihrerseits Schlussprozesse ermöglichen, die aus dem eigenen Vorwissen zusammen mit der Assertion gezogen werden können. Validitätsprüfung und Inferenzen werden also durch die epistemische Entlastungsfunktion nicht überflüssig, sie werden vielmehr erheblich erleichtert. Eine Aussage zu überprüfen ist etwas anderes, als wenn man ihren propositionalen Gehalt allererst in Erfahrung zu bringen hat. Schlüsse aus dem Vorwissen bei Vorliegen einer Aussage zu ziehen ist etwas anderes als diese Aussage selbst aufstellen zu müssen.

An dieser Stelle ist ein grundsätzlicher Unterschied zwischen DIREKTIVA und ASSERTIVA angesiedelt. Erstere sind nicht eine Option für A, den propositionalen Gehalt zu erfüllen oder eben nicht, sondern sie sind viel verbindlicher – eine Nichterfüllung wird moralisch, disziplinarisch oder anders sanktioniert, es sei denn, es handelt sich um altruistische Ratschläge oder offene Vorschläge. Im Falle von ASSERTIVA kann Ungläubigkeit im epistemischen Sinne nicht sanktioniert werden, sondern sie muss durch weitere von S zu liefernde Evidenz behoben werden.

Kommen wir in unserem Beispiel noch einmal auf das erste Szenario zurück, allerdings unterstellen wir, dass Berenice im Augenblick keine Zeit, Lust o.ä. hat, in die Bibliothek zu gehen. Da sie ein höflicher Mensch ist und das kollegiale Verhältnis zu Arthur nicht gefährden möchte, sagt sie zu, das Buch am nächsten Tag auszuleihen, wenn sie sowieso in der Bibliothek sei. Sie vollzieht damit einen kommissiven illokutionären Akt, sie referiert im propositionalen Gehalt auf sich selbst und prädiziert die zukünftige Handlung, das fragliche Buch auszuleihen. Allgemein formuliert:

Der kommissive Sprechakt erbringt sowohl einen sprecher- als auch einen adressatenseitigen Nutzen; dieser besteht sprecherseitig darin, dass anstelle der im propositionalen Gehalt prädizierten Handlung lediglich der kommissive Sprechakt ausgeführt werden muss. Dies beinhaltet für S somit eine **praktische Entlastung**. Der adressatenseitige Nutzen besteht darin, die Ankündigung und Zusicherung einer zukünftigen Handlung zur Verfügung zu haben, anstatt auf ihrer augenblicklichen Ausführung zu bestehen oder diese zu einem späteren Zeitpunkt überprüfen zu müssen. Ein Versprechen beinhaltet also adressatenseitig eine **epistemische Entlastung**, vorausgesetzt, die Annahmen der Kompetenz zur prädizierten Handlung sowie der sprecherseitigen Ernsthaftigkeit können gemacht und aufrechterhalten werden. Ist dies nicht möglich, entsteht die zusätzliche epistemische Last, Kompetenz und/oder Ernsthaftigkeit zunächst überprüfen zu müssen.

Kommissive Sprechakte haben gegenüber den vorher behandelten Sprechakttypen eine Besonderheit aufzuweisen: Sie sind in viel stärkerer Weise interaktiv als die beiden anderen unterschiedenen Typen, eben weil die Entlastungsfunktionen auf S und A verteilt sind. Ihre kommunikative Funktion, die langfristig ihren Nutzen und ihre Mitgliedschaft in der kulturellen Ressource der Sprechergemeinschaft rechtfertigt, ist ‚bilateral', S und A profitieren von ihr, wenn auch in unterschiedlicher Weise.

Eine weitere Besonderheit ist für DIREKTIVA und KOMMISSIVA im Gegensatz zu ASSERTIVA festzuhalten: Die jeweils geltende Entlastung ist reflexiv, in der Formulierung des Nutzens, der durch den Sprechakt zur Verfügung gestellt wird, kommt dieser wieder vor: Für KOMMISSIVA gilt, dass man weiß, dass die gewünschte Handlung *aufgrund des gegebenen Versprechens* ausgeführt wird, dies ist die epistemische Entlastung für S und die praktische Entlastung für A. Für DIREKTIVA gilt, dass die gewünschte Handlung *aufgrund der geäußerten Bitte* ausgeführt wird, dies ist die praktische Entlastung für S. Für die epistemische Entlastung, die durch ASSERTIVA geleistet wird, gilt eine solche Reflexivität nur in den Fällen, in denen eine Validitätsprüfung ersetzt wird durch die besondere Autorität von S. Dass man weiß, dass der propositionale Gehalt *aufgrund der geäußerten Behauptung* zutrifft, setzt große adressatenseitige Gläubigkeit voraus. Möglicherweise ist dies im theologischen Kontext der Fall, dann im Sinne einer dogmatischen Funktion.

Die Ausführungen dieses Abschnitts bezogen sich auf die angegebenen Beispielsituationen, durchaus mit dem Anspruch, jeweils ein prototypisches Szenario wiederzugeben. Weicht man von diesem Laborfall ab, so sind weitere Spezifizierungen zu machen, die aufgrund anderer Kontextannahmen notwendig werden. Diese sollen im folgenden Abschnitt durchgespielt werden.

Zunächst werden die direktiven Sprechakte des Ratens und Warnens angesprochen; sie bilden Hybridkategorien, die sowohl assertive als auch direktive Züge aufweisen. Des weiteren wird die zweite Kategorie innerhalb der PETITIVA, diejenige der QUAESITIVA, behandelt, die schon implizit eine Rolle bei der Diskussion des assertiven Sprechakts – in Gestalt der Frage von Berenice – gespielt hat.

5. Über die Beispiele hinaus

Die direktiven Sprechakte des Ratens und des Warnens erfüllen die angegebenen Entlastungsfunktionen auf andere Weise. Beide haben Züge eines direktiven Sprechakts, indem die prädizierte Handlung (oder bei Warnungen die Unterlassung) im propositionalen Gehalt adressatenseitig erbracht werden soll. Allerdings ist der mit ihnen erzielte Nutzen ebenfalls auf Adressatenseite zu lokalisieren, was für prototypische DIREKTIVA nicht gegeben ist. Eine adressatenseitige Nutzenstruktur haben allerdings ASSERTIVA mit ihrer epistemischen Entlastungsfunktion, und dies gilt ebenfalls für Raten und Warnen. Sie geben eine Antwort nicht auf die Frage ‚Was ist der Fall?‘, sondern auf die Frage ‚Was soll ich (nicht) tun?‘ Modifizieren wir unser Beispiel entsprechend:

Arthur möchte gerne sämtliche Schriften von Leibnitz durcharbeiten, und das zu Hause. Er überlegt, wie er dies bewerkstelligen könnte, und überschlägt die Anschaffungskosten der ensprechenden Bände. Im Laufe der Diskussion mit

Berenice rät diese ihm, die Bände nacheinander aus der Bibliothek zu entleihen, damit müsse er nicht die erheblichen Kosten auf sich nehmen, die eine solche Gesamtausgabe verursacht. Im propositionalen Gehalt wird auf A referiert und die zukünftige Handlung des Ausleihens prädiziert. Worin liegt der Nutzen? Es ist klar, dass er aufseiten von Arthur ist, denn dieser spart eine Menge Geld, wenn er dem Rat folgt. Außerdem wird deutlich, dass es sich um einen epistemischen Nutzen handelt, denn es geht um eine wichtige Information für Arthur, die ihn aus einem Dilemma (Wissensdurst vs. Finanzen) befreit. Er *weiß*, was er tun soll. Aus diesem epistemischen Nutzen ergibt sich eine praktische Folgerung, nämlich dass er die angeratene Handlung auch tun sollte. Auch wenn die Folgerung praktischer Natur ist, so ist der Nutzen des Rats gleichwohl epistemisch, denn es wird eine wichtige Information gegeben. Im Falle von Behauptungen folgt direkt nichts weiter aus dieser, im Falle von Raten allerdings schon.

Aufgrund der Verschränkung von direktiven und assertiven Eigenschaften stellt Raten also eine Hybridkategorie dar. Ähnliches gilt für Warnen. Modifizieren wir wiederum unser mittlerweile schon vertrautes Beispielszenario: Arthur ist fest entschlossen, sich die bibliophile Leibnitz-Gesamtausgabe zu kaufen. Berenice kommentiert dies so: ‚Wenn du die Bücher anschaffst, dann wirst du für den Rest des Monats nichts mehr zum Essen kaufen können.' Dies ist die klassische Form einer Warnung, formuliert als Konditional. Im Vorderglied referiert Berenice auf Arthur und prädiziert die Anschaffung der Bücher, im Konsequens referiert sie wiederum auf Arthur und negiert die Handlung des Essenskaufs. Beide Handlungen, die von Arthur prädiziert werden, liegen notwendigerweise in der Zukunft – dies macht die Bedingung des propositionalen Gehalts für DIREKTIVA aus. Auch im Falle von Warnungen ergibt sich ein epistemischer Nutzen aufseiten von A, denn er weiß nun, dass er die prädizierte Handlung unterlassen muss, wenn er den im Konsequens geschilderten Schaden vermeiden möchte. Warnen ist ebenso wie Raten eine Hybridkategorie, zusammengesetzt aus einer für DIREKTIVA geltenden Bedingung des propositionalen Gehalts und einem für ASSERTIVA typischen, adressatenseitigen epistemischen Nutzen. Beide Sprechakte verhalten sich ebenfalls symmetrisch zueinander, denn beim Raten geht es um die Ausführung einer Handlung, beim Warnen um ihre Unterlassung.

Wie steht es mit Fragen, den QUAESITIVA? Wir erinnern uns: Berenice fragte Arthur, ob ein bestimmtes Buch im Bestand der Bibliothek ist. Sie referiert also auf ein Buch und prädiziert von ihm, dass es im Bestand der Bibliothek sei – allerdings unter Offenlassen des Wahrheitswerts dieser Proposition. Genau diese Offenheit wird Arthur gegenüber präsentiert, in der Erwartung, dass dieser einen Wahrheitswert zuweist. Es ist wichtig zu sehen, dass QUAESITIVA sich in diesem

Punkt von Direktiva unterscheiden. Bei Letzteren wird spezifiziert, welches die zukünftig erwartete Handlung von A ist, und je spezifischer der Wunsch von S ist, desto genauer wird die Beschreibung der Handlung sein. Quaesitiva, darauf wurde eingangs schon hingewiesen, würden durch eine genaue Spezifizierung der Antworthandlung seitens A einfach überflüssig, sie gäben sich selbst die Antwort. Ihr illokutionärer Zweck besteht vielmehr darin, auf ein epistemisches Defizit aufmerksam zu machen, zusammen mit der Erwartung, dass A dieses Defizit nach bestem Wissen behebt. Hierzu gibt es im jeweiligen Sprachsystem geeignete formale Mittel; so scheint es eine universelle Eigenschaft von Fragen zu sein, dass sie eine ansteigende Intonation aufweisen, als Signalisierung einer Offenheit, die geschlossen werden soll.

Haben Quaesitiva also direktive Züge insofern, als die gewünschte Antworthandlung adressatenseitig erbracht werden soll und in der Zukunft liegt, so sind sie doch keine reinen Aufforderungen zu einer Antwort, wie es vereinfachend bei J.R. Searle heißt (s. Searle 1982). Dieser Sachverhalt spiegelt sich in der Nutzenstruktur wieder: Fragen haben eine für Assertiva geltende epistemische Entlastungsfunktion, die sich allerdings – wie für Direktiva typisch – sprecherseitig auswirkt. Quaesitiva sind also in mehrfacher Hinsicht sehr spezielle Sprechakte, die einerseits auch eine Hybridkategorie zwischen Direktiva und Assertiva darstellen, wie man an der Nutzenstruktur ersehen kann, andererseits auch in ihrem direktiven Charakter sich nicht typisch verhalten: Sie stellen eine eher indirekte Form des Nahelegens einer Antworthandlung dar, und dies zeigt sich daran, dass eine Nichtbeantwortung von Fragen anders behandelt wird als eine Nichtbefolgung von Aufforderungen. Im ersten Fall stellt es eher eine Unhöflichkeit dar, im zweiten Fall hat es weniger mit Unhöflichkeit als vielmehr mit berechtigter oder unberechtigter Verweigerung zu tun.

An diesem Punkt soll der Versuch einer kulturanthropologischen Klassifikation von Sprechakten vorläufig abgeschlossen werden. Es handelt sich um einen idealtypischen Entwurf, der noch weiterer Differenzierung bedarf. Vor allem die nicht-prototypischen Vorkommensweisen der angesprochenen Sprechakte müssen näher betrachtet werden. Darüber hinaus ist das vorgeschlagene Schema auf weitere Sprechakttypen anzuwenden, vor allem auf Expressiva und Deklarationen. Was hier beabsichtigt wurde war, ein Analyseschema vorzustellen, das explizit auf die Kategorie des Nutzens Bezug nimmt, den ein bestimmter Sprechakttyp als Teil der kulturellen Ressourcen einer Gesellschaft erbringt. Wenn es gelungen ist, in grundsätzlicher Weise den deskriptiven und explanativen Vorteil herauszustellen, den dieses Schema hat, dann ist ein Ziel der vorliegenden Studie erreicht.

Literatur

Bühler, Karl (1934): Sprachtheorie. Die Darstellungsfunktion der Sprache. Jena: Fischer.

Liedtke, Frank (1998): Grammatik der Illokution. Über Sprechhandlungen und ihre Realisierungsformen im Deutschen. Tübingen: Narr.

Meibauer, Jörg/Steinbach, Markus/Altmann, Hans (Hgg.) (2013): Satztypen im Deutschen. Berlin u.a.: de Gruyter.

Searle, John. R. (2003): Sprechakte. Ein sprachphilosophischer Essay. Frankfurt/M.: Suhrkamp.

Searle, John. R. (1982): Eine Taxonomie illokutionärer Akte. In: Ders., Ausdruck und Bedeutung. Untersuchungen zur Sprechakttheorie. Frankfurt: Suhrkamp, 17–50.

Tomasello, Michael (2009): Die Ursprünge der menschlichen Kommunikation. Frankfurt/M.: Suhrkamp.

Wunderlich, Dieter (1976): Studien zur Sprechakttheorie. Frankfurt: Suhrkamp.

Александр Киклевич (Ольштын)

Прагматическая маркированность фразеологизмов: гендерный аспект

Abstract: The subject of this article is gender aspect of communicative situations, namely, gender characteristics of the sender, addressee and referent of messages, implemented in the form of phraseological, especially paremiological phrases (on example of the Russian idiomatic expression *Moloko na gubakh ne obsokhlo*). Analyzed empirical material is borrowed from the National Corpus of the Russian language, and the theoretical basis for its description is dispositive pragmatics – a linguistic discipline that studies the factors and prerequisites of speech acts. In addition, the categorical apparatus of gender linguistics is taken into account, in particular, the notion of male and female conversion style.

Keywords: pragmatics, communication intention, phraseology, gender, conversational style, corpus linguistics

1. Диспозитивная прагматика

Стандартная и наиболее известная версия лингвистической прагматики, в основе которой лежит теория речевых актов Дж. Остина и Дж. Серла, имеет интенциональный характер и представляет речевую деятельность в перспективе отправителя информации, с учетом целей его деятельности. В этом, собственно, и заключается смысл понятия иллокуции, о котором Остин пишет:

> Чтобы определить, какой именно иллокутивный акт […] осуществляется, мы должны установить, каким образом мы используем данную локуцию: спрашивая или отвечая на вопрос; информируя, уверяя или предупреждая; объявляя решение или намерение; назначая, взывая или критикуя; отождествляя или описывая и т.д. […] Я объяснил осуществление акта в этом новом (втором) аспекте как осуществление какого-то акта в ходе говорения в противоположность действию самого говорения (Остин 1986: 86–87).

В то же время в деятельности отправителя информации имеется также диспозитивный аспект — те психологические, социальные, функциональные и другие условия, благодаря которым гарантируется успешная реализация речевых действий. Таким условиям уделяется внимание в культурно ориентированных теориях языковой коммуникации, например, в теории этнографии речи Д. Хаймса (Hymes 2003). Польский психолог З. Нэнцкий (Nęcki 2000: 92 и др.) считает, что коммуникативные процессы развертываются в соответствующих контекстах, т.е. с учетом таких факторов, как участники интеракции, тип их взаимодействия, их социальные ранги, психологические и социальные установки и задачи, история взаимодействия, сцена и атрибуты, а также другие. Примечательно, что классификация директивных речевых актов, которую предлагает Нэнцкий, опирается не на внутренние ресурсы языковой деятельности (например, перформативные операторы), а на контекстно обусловленные факторы (принимаются во внимание четыре типа таких факторов).

Диспозитивные аспекты языкового поведения учитываются также в теории дискурса. Так, И. Ф. Ухванова-Шмыгова (2002: 16 и др.) использует для параметризации политических дискурсов несколько категорий, в том числе информацию об отправителе и получателе сообщения, базовой социальной структуре и др. В связи с этим исследовательница выделяет несколько методологий анализа дискурса, в частности, идентификативно-интерпретативный анализ, предметом которого являются такие аспекты коммуникации, как самоидентификация партнеров по коммуникации, атрибутивность, деятельность, время и пространство, миссия (там же: 23).

В существовании диспозитивного аспекта языковой деятельности отдает себе отчет и сам Остин, который пишет, что иллокутивные акты «могут включать в себя конвенции» (1986: 91). Например, в случае почтения, по мнению английского философа, конвенциональная составляющая является доминирующей.

Значение неинтенциональной прагматики особо подчеркивает Я. Наутс (Nuyts 1997: 56 слл.). Этот голландский ученый ставит под сомнение тезис стандартной прагмалингвистики о том, что интенциональность является наиболее важной, даже обязательной чертой языкового общения и человеческой деятельности в целом. Он подчеркивает, что в речевой деятельности важна не только перспектива, т.е. целевая направленность действий, но и условия, а также исходные диспозиции, с которыми имеет дело каждый участник информационного обмена. По мнению Наутса, установка отправителя сообщения формируется с учетом конситуации и контекста, а кроме того само сообщение (особенно письменное) не равнозначно установке или намерению субъекта. Так или иначе, как считает Наутс, коммуникативное намерение отправителя не определяет (однозначно) ни протекания речевого взаимодействия, ни его результатов.

Основные аргументы в пользу неинтенциональной прагмалингвистики, которые выдвигает Наутс, заключаются в следующем. Во-первых, существуют типы языкового поведения, в которых интенциональность не играет какой-либо существенной роли (как, например, во многих ситуациях ритуального поведения, когда воля отдельных участников частично или полностью подчинена конвенции). Во-вторых, факт участия в коммуникативной ситуации может рассматриваться с точки зрения ответственности субъекта — в этом случае его намерение (при интерпретации последствий) играет второстепенную роль (т.е. по принципу: «Не важно, что хотел сказать — важно, что [а также как, где и т.д.] сказал»). В качестве примера может послужить «Наука любить» Публия Овидия Назона. В предисловии к русскому переводу этой книги читаем:

[…] О «Науке любить» отнюдь не следует судить по ее заглавию и называть ее опасной для общества… Литература идет рука об руку с жизнью и считается ее выразительницей. Так, и Овидий описывает лишь то, что видел, и не его вина, если, в форме дидактики, он рассказывает пережитое на практике. С этой точки зрения появление *Ars amatoria* было совершенно естественно. […] Однако же произведение Овидия навлекло на него обвинение в легкомыслии и безнравственности. […] Первым подал знак к нападению, вероятно, сам император. […] Государь не мог простить подданному, что последний выставил в истинном свете добродетели римлян блестящего века Августа. […] Мы прекрасно понимаем, что если Овидия отправили в ссылку, в далекую Константу, как развратителя римлян, — через десять лет после появления его поэмы! — его мнимая безнравственность была не причиной катастрофы с ним, а лишь прозрачным предлогом (Алексеев 1992: 6–9).

В-третьих, как пишет Наутс, роль интенционального компонента в речевой коммуникации варьируется в разных культурах мира: она значительно сильнее в современных обществах Западной Европы и Северной Америки, чем в традиционных и примитивных культурах.

В работах Kiklewicz 2006a: 122 и др.; 2006b: 216 и др.; 2007: 111 и др. уже обсуждалась проблематика диспозитивной прагмалингвистики. Предметом этой дисциплины является обусловленность речевых актов внешней ситуацией, включая общие (перманентные) и частные (эпизодические) факторы. Диспозитивная прагматика имеет точки пересечения с другими областями речеведения, прежде всего с функциональной стилистикой. Понятие функционального стиля, а также идиостиля не только базируется на языковых ресурсах, используемых в определенных типах ситуаций, но также включает в себя типы языкового поведения, детерминирующие характер селекции языковых знаков. Такого рода информация должна представлять отдельный предмет изучения, например, в рамках новой лингвистической дисциплины, которую можно определить как прагмастилистика. Ее предметом должны стать групповые и индивидуальные различия речевого поведении, обусловленные характером жизнедеятельности субъектов. Отчасти такое исследование имеет отношение к лингвокультурологии, этнолингвистике и эколингвистике: с одной стороны, описывается прагмалингвистический аспект культурных ситуаций (подробнее об этом см.: Fill 1993: 31), с другой стороны — культурная (конвенциональная) составляющая речевых действий.

2. Гендерный аспект речевого поведения

Одним из важных факторов, определяющих прагматический профиль дискурса, является гендерная характеристика участников интеракции: отправителя, получатели и третьих лиц (так называемых зрителей или свидетелей). Исследователи отмечают, что структура коммуникативной ситуации — с гендерной точки зрения — влияет на то, какого рода речевым действиям отдается предпочтение, а также на способ их оформления. Так, в некоторых племенах Австралии и Африки используется «язык избегания»: женщина не имеет права обращаться к мужчине в форме прямых речевых актов (подробнее см.: Clark/Carlson 1982). Склонность к использованию косвенных речевых актов считается также чертой женского речевого поведения в современной западной культуре.

Исследователи различают гендерно маркированные конверсационные стили, т.е. характерные для мужчин и женщин типы речевого поведения (см. Moorhouse/Carr 2002; Spencer/Drass 1989; Tannen 1993). Эти стили характеризуются языковыми, семантическими и прагматическими особенностями. Чаще всего исследователи ссылаются на дифференциальные признаки, выявленные в публикациях Р. Лакофф (Lakoff 1975) и Д. Таннен (Tannen 2003). Женщинам приписываются такие черты речевого поведения, как косвенные речевые акты, избегание категорических утверждений и склонность к гипотетическим, проблематическим и аппроксимативным утверждениям, меньшая, по сравнению с мужчинами, ассертивность, многословие и др. Стиль конверсаций мужчин отличается большей эгоцентричностью, категоричностью, открытостью, склонностью к контролю речевого взаимодействия, более долгими паузами, большей длиной слов и др. Из исследования британских ученых (Tenenbaum/Ford/Alkhedairy 2011) вытекает, что девочки дошкольного возраста пересказывают письменный текст более эмоционально, чем их сверстники мужского пола. По сравнению с мальчиками они также в большей степени склонны к использованию информирующих речевых актов.

Гендерные особенности речевого поведения проявляются также в ритуальных ситуациях, таких, как приветствие, прощание, признание в любви, инициация полового акта и др., в которых предполагается бо́льшая активность мужчины. Так, согласно данным М. Гац (Gac 2005: 70), которая изучила диалоги в 90 польских народных песнях, мужчина в два раза чаще выступает в качестве инициатора разговора.

В то же время исследователи отмечают, что граница между гендерными языковыми стилями является размытой (Kluba 2004: 270). Существуют не только гендерно специфические, но неспецифические, нейтральные типы речевых действий, которые в последнее время, под влиянием *political correctness* получают все большее распространение. Кроме того речевое поведение мужчин и женщин детерминируют не только внутренние, эндогенные факторы, но и тип ситуации, а также сфера деятельности. Так, исследователи отмечают, что женщины-руководители в большей степени склонны к культивированию директивных актов, чем в тех же ситуациях мужчины (McHale/Carr 1998).

3. Гендерный аспект функционирования фразеологизмов

Прагматическое функционирование фразеологических единиц, с учетом гендерного аспекта речевой деятельности, может быть описано в трех измерениях: 1) с точки зрения отправителя сообщения; 2) с точки зрения адресата/получателя сообщения и 3) с точки зрения референта сообщения. Они составляют триаду: КТО — КОМУ — О КОМ. Понятно, что говорящий, слушающий и референт может быть мужчиной или женщиной (символы М и Ж), но при анализе фразеологизмов учитывается также третье значение каждого параметра — отсутствие гендерной маркированности сообщения в доступном контексте (символ #). Это значение обусловлено фактом, что интернет-корпус как источник фактического материала имеет свои ограничения: фрагмент текста, иллюстрирующий употребление искомой единицы, не всегда содержит информацию о всех измерениях коммуникативной ситуации. Приведем пример из Национального корпуса русского языка:

Теперь она— известный учёный, крупный специалист в области синтетической органической химии, доктор химических наук, профессор. На счету Татьяны Николаевны много научных заслуг и побед, успешно идут дела и в её лаборатории.

Она всегда в поиске нового, умеет довести начатое дело до конца. А ещё все знают, что Татьяна Николаевна человек слова, очень требовательна, и прежде всего к себе. Если у кого-то возникают проблемы, можно смело идти к Т. Герасимовой. Она умеет выслушать, понять, дать добрый и дельный совет, поддержать («Наука в Сибири»; 7 III 2001).

В качестве примера употребления фразеологизма *человек слова* послужил отрывок из статьи «Всегда в поиске», опубликованной в журнале «Наука в Сибири». Во-первых, источник не содержит информации об авторе текста — следовательно, и его гендерная характеристика оказывается неопределенной. Во-вторых, в случае журнального текста трудно говорить о конкретном, индивидуализированном адресате. В результате соответствующая приведенному выше тексту речевая ситуация может быть маркирована (или аннотирована) так: ##Ж (гендерно неопределенный отправитель и адресат, женщина как референт сообщения).

Следует заметить, что немаркированность той или иной коммуникативной позиции может иметь также естественный характер, например, в ситуациях, когда сообщение направлено коллективному или массовому адресату, т.е. аудитории, состоящей из лиц обоих полов; это же касается референта и отправителя сообщения.

С учетом трех параметров речевой ситуации и трех значений каждого параметра может быть осуществлено формальное исчисление всех возможных конфигураций (см. опыт подобного исчисления в работе: Kiklewicz 2010). В качестве операциональной модели будет использовано формульное представление гендерных характеристик, соответствующее алгоритму: abc, где a — отправитель сообщения, b — адресат, c — референт. Так, формула МММ означает, что мы имеем дело с употреблением фразеологизма в ситуации, когда мужчина обращается к мужчине и сообщает о мужчине. Примером такой ситуации может быть следующий фрагмент текста:

— Да как только Островой окажется под замком, прокуратура и думать о всяких договоренностях забудет. И с удовольствием начнет «разводить» кредиторов. — Я давно знаю Волевого. Он человек слова. — О чем ты, Сергей?! — Дашевский с некоторым даже сочувствием заглянул в лицо подчиненному. — Кто такой этот Волевой? (Семен Данилюк).

Приведенный фрагмент текста достаточен, чтобы идентифицировать каждый элемент формульного представления ситуации: М [Сергей] М [Дашевский] М [Волевой]. Другая гендерная структура наблюдается в ситуации, описанной в следующем фрагменте:

— Я? — удивился Виктор Федорович. — Ну что вы, Наташенька. Я человек слова и решений своих не меняю. — Значит, мы в расчете? — Безусловно. Она помялась, не зная, что еще сказать (Александра Маринина).

Формульное представление данной ситуации имеет вид: М [Виктор Федорович] Ж [Наташенька] М [Виктор Федорович].

Исчисление типов речевых ситуаций возможно на нескольких уровнях.

Таблица 1. *Матрица формульных представлений гендерных типов речевых ситуаций*

I. Все коммуникативные параметры специфицированы							
МММ	ММЖ	МЖМ	ЖММ	МЖЖ	ЖМЖ	ЖЖМ	ЖЖЖ
II. Один коммуникативный параметр не специфицирован							
ММ#	М#М	#ММ	М#Ж	#МЖ	МЖ#	#ЖМ	ЖМ#	Ж#М	#ЖЖ	Ж#Ж	ЖЖ#
III. Два коммуникативных параметра не специфицированы							
М##	#М#	##М	Ж##	#Ж#	Ж##		
IV. Все коммуникативные параметры не специфицированы							
###							

Суммарно выделено 27 коммуникативных типов, из которых нас, естественно, наиболее интересуют максимально специфицированные ситуации. Так или иначе предлагаемый подход, в сочетании с корпусным и количественным анализом, позволяет определить, насколько те или иные фразеологические единицы «привязаны» к определенным конфигурациям гендерных характеристик.

Объектом анализа стал русский фразеологический оборот *Молоко (у кого-л.) на губах не обсохло.* «Фразеологический словарь русского литературного языка» описывает его значение (с пометой: «просторечное; пренебрежительное») так: «Кто-либо совсем еще молод и неопытен для какого-либо серьезного дела, поступка, решения» (Федоров 2008). С рациональной точки зрения как содержание, так и форма данного фразеологизма имеет гендерно амбивалентный характер: и мужчины, и женщины бывают, в силу юного возраста, неопытными и не готовыми к ответственным поступкам; естественно, дети в младенческом возрасте — независимо от пола — питаются грудным молоком матери. Исследование должно было выявить, насколько эта рациональная предпосылка соответствует практическому употреблению фразеологизма, т.е. существует или не существует предпочтительное употребление данного выражения в речевых ситуациях с определенной, профилированной гендерной структурой.

В качестве источника фактического материала послужил Национальный корпус русского языка (доступный в интернете по адресу ruscorpora.ru), а также специализированный портал https://kartaslov.ru. Все доступные для анализа контексты (70 текстовых фрагментов) были маркированы с использованием матрицы гендерных типов речевых ситуаций (см. табл. 1). Количественные данные о регулярности отмеченных типов представлены в следующей таблице.

Таблица 2. Общая частота реализации отдельных гендерных типов речевых ситуаций

Тип речевой ситуации	Количество	Тип речевой ситуации	Количество
МММ	29	Ж#М	2
М#М	17	Ж#Ж	1
##М	8	ЖЖМ	1
ММЖ	3	Ж##	1
ЖЖЖ	3	МЖЖ	1
ЖММ	3	М##	1

Из таблицы следует, что из 27 возможных типов ситуаций в доступном корпусе отмечено 12 ситуаций. Из них два типа встречаются наиболее часто: на тип МММ приходится 29 контекстов, т.е. 41,4%, а на тип М#М — 17 контекстов, т.е. 24,3%. Некоторые типы речевых ситуаций представлены единичными примерами. Нетрудно заметить, что наиболее частотные коммуникативные ситуации имеют явно маскулинистический профиль: это в первую очередь касается мужчины как референта сообщения, во вторую очередь — мужчины как отправителя сообщения и в третью очередь — мужчины как адресата. В качестве иллюстраций могут послужить некоторые контексты:

М [Толковый] М [татарин] М [татарин]

> Татарин взглянул на небо. Звезд так же много, как дома у него, такая же чернота кругом, но чего-то недостает. Дома, в Симбирской губернии, совсем не такие звезды и не такое небо. — Худо! худо! — повторил он. — Привыкнешь! — сказал Толковый и засмеялся. - Теперь ты еще молодой, глупый, молоко на губах не обсохло, и кажется тебе по глупости, что несчастней тебя человека нет, а придет время, сам скажешь: дай бог всякому такой жизни (А. П. Чехов).

М [шеф] М [я] М [я]

> – Угомонись, – молвил мой шеф. – Не по чину тебе, «салабону» на всесоюзные съезды ездить. Молоко на губах ещё не обсохло. Пусть мой зам поедет. Он за

всю свою жизнь моря не видел, а ты небось с пупенка в нём уже барахтался (Александр Ралот).

М [губернатор] М [молодой человек] М [молодой человек]

«Недоучившиеся гимназисты!» — гаркнул по-военному губернатор, стукнув кулаком по столу, и побагровел. — «Посмотритесь в зеркало, молодой человек! У вас молоко на губах не обсохло, а туда же сунулись „рабочими вопросами” заниматься! Что вы смыслите?! Надеюсь, тюремное заключение образумило вас! У вас есть мать и отец?» (Роман Гуль).

Если проанализировать реализацию каждой отдельной позиции (отправителя, адресата и референта сообщения), то и в этом случае оказывается, что мужское доминирование является статически обоснованным фактом: в позиции отправителя мужчина выступает в 51 контексте (72,9%), женщина — в 11 контекстах (15,7%). Мужчина является адресатом сообщения в 36 контекстах (51,4%), а женщина — в 5 контекстах (7,1%). Наиболее сильное различие полов касается референта сообщения: *молоко на губах не обсохло* в 60 случаях у мужчины (85,7%) и только в 8 случаях у женщины (11,4%).

Если принять во внимание крайние величины, т.е. максимальную и минимальную, то оказывается, что 85,7% контекстов приходится на мускулинистические референции, тогда как 7,1% — на участие женщины в качестве адресата сообщения. Другими словами, типично, что сообщение касается представителя «сильного пола», и, с другой стороны, нетипично, что оно адресовано представительнице «прекрасного пола».

Количественные показатели мужского и женского участия (в позициях отправителя, адресата и референта сообщения) в речевых ситуациях рассматриваемого типа во всех случаях указывают на предпочтение мужского пола: в позиции отправителя разница процентных величин составляет 57,2%, в позиции адресата — 44,3%, а в позиции референта — 74,3%. Это свидетельствует о том, что, как отмечено в предыдущем абзаце, наиболее специализированной, гендерно ориентированной является референция сообщения, а наименее специализированной — его адресат.

Отношение между адресатом и референтом важно и с точки зрения иллокутивной функции сообщения. В связи с этим можно выделить ситуации двух типов: такие, в которых сообщение касается адресата (например, *М=М), и такие, в которых речь идет о третьем лице (например, *М≠М), ср, примеры первого и второго типа:

М [отец] М [Мишка] М [Мишка]

> – Мишка! Молоко на губах не обсохло, мать обижать. Вожжами вдоль спины давно не получал! – отец шел от рукомойника, повесив на жилистую шею вафельное полотенце (С. М. Сервилина).

М [Дартин] М [Белгор] М [молодые солдаты]

> — Им не так повезло, как тебе, капитан, — мрачно обронил Дартин и, вернувшись за стол, с ожесточением принялся растирать свое зелье. Кровь ударила Белгору в виски, на сердце стало тяжело. Он был зол на судьбу, но толь-ко себя мог винить в произошедшем под стенами крепости несчастье. — Неужели ни один из них не выкарабкался? — едва слышно произнес он. — Если в гарнизон по-прежнему будут присылать вместо воинов сопляков, у которых еще молоко на губах не обсохло, то лучше сразу пригласить вместо лекаря гробовщика (О. Г. Баумгертнер).

Количественный анализ показывает, что в тех случаях, когда позиции адресата и референта специфицированы, чаще всего адресат и референт совпадают: на речевые ситуации типа *М=М и *Ж=Ж приходится 27 контекстов (77,1%), а на ситуации типа *М≠М и *Ж≠Ж — только 8 контекстов (22,9%), Любопытно, что отмечена одна нетипичная ситуация, в которой референт сообщения совпадает с говорящим:

Ж [дочь Рита] Ж [мать Валентина] Ж [дочь Рита]

> — Тетя Лера? Что у нее могло случиться? — наивно изумляясь, влезла Рита. — Разумеется, я не знаю, — с нажимом, строго глядя на дочь, ответила Валентина, — и мы не будем ничего выяснять! И лезть с вопросами при встрече! Это понятно?! […] — Ладно, все понятно! Это тема не для моих ушей, потому что еще молоко на губах не обсохло! Обещаю к тете Лере не приставать. Буду в своей комнате! — Рита вскочила из-за стола, расправив плечи и высоко вздернув подбородок, и грациозно выпорхнула из комнаты (М. С. Серова).

В ситуации, когда говорящий имеет в виду третье лицо, выражается его отрицательная оценка, хотя присутствует и косвенное указание на эмоциональное состояние говорящего — неудовлетворение, раздражение, досаду. Чаще всего, однако, говорящий непосредственно апеллирует к адресату — в этом случае он не ограничивается пейоративной информацией, поскольку в сообщении присутствует также директивный, а именно — персуазивный, запретительный элемент. Этот элемент, впрочем, не указан прямым образом. Обычно говорящий ссылается на намерение, стремление, целеполагание адресата, которое, по его мнению, противоречит его молодому возрасту и отсутствию необходимого опыта (знаний, умений и т.п.). В связи с этим выражение *Молоко на губах не обсохло* часто сопровождается фразой, вводимой с помощью соотносительного союза *а*:

> Вишь, щенок, что затеял. Еще на губах молоко не обсохло, а уж о бабе думает (В. А. Соллогуб).

> Надо же, еще молоко на губах не обсохло, а уже считает себя умнее матери (Лариса Райт).

> Разве у меня глаз нет, выворотень проклятый? Еще материно молоко на губах не обсохло, а он девке проходу не дает (Д. Н. Мамин-Сибиряк).

> — Ещё молоко на губах не обсохло, а туда же, спорить со старшими как по возрасту, так и по званию (Ирина Хрусталева).

> Еще молоко на губах не обсохло, а туда же. Что из тебя потом будет? (Валентин Распутин).

Между первой и второй частью можно усматривать уступительную связь, на что указывает возможность трансформации, ср.:

> Хотя у тебя еще молоко на губах не обсохло, ты уже считаешь себя умнее матери.

Избегание прямой критики адресата выражается также в том, что его поведение описывается с помощью глаголов в 3-м лице, как это наблюдается, например, в предложениях (10), (11) и (12).

Содержание сообщений, заключающих в себе пейоративный и запретительный элементы, в обобщенном виде можно представить следующим образом:

a) X знает, что Y хочет осуществить S;
b) X знает, что Y молод и неопытен и по этой причине не может осуществить S;
c) X знает или считает, что если Y будет пытаться осуществить S, это может привести к нежелательным последствиям для X-а, Y-а или третьего лица;
d) X считает, что Y не отдает себе отчета в том, что он не может осуществить S;
e) X сообщает Y-у, что тот молод, неопытен и не может осуществить S;
f) тем самым X дает понять Y-у, что если он будет пытаться осуществить S, это будет иметь отрицательные последствия;
g) X дает понять Y-у, что его сообщение равнозначно запрету осуществить S;
h) X дает понять Y-у, что он ожидает от Y-а того, что тот не будет пытаться осуществить S;

i) X рассчитывает на то, что в силу своего старшего возраста и большего опыта, а также благодаря обоснованию (ссылкой на молодой возраст Y-а) и резкой форме сообщения он в состоянии склонить Y-а к тому, чтобы тот не предпринимал попыток осуществить S.

Чтобы интерпретировать полученные результаты, следует обратиться к психологии половых различий. Из исследования М. Нидерле и Л. Вестерлунд (Niederle/Vesterlund 2010: 140 и др.) с очевидностью вытекает, что мужчинам в значительно большей степени присуща склонность к конкуренции, тогда как женщины в целом характеризуются избеганием соперничества и конфликта. Возможно, в этом явлении находит отражение специфический элемент (как бы обратная сторона) пресловутого Эдипова комплекса, но с точки зрения старшего. Старшинство, которое ассоциируется с силой и опытом, считается положительным признаком прежде всего в мужской среде, во всяком случае в европейских сообществах. Это, в свою очередь, получает отражение в языке, а именно — в пейоративном фразеологизме *Молоко на губах не обсохло*. Существующие в языковом сообществе культурные диспозиции обусловливают прагматические тенденции в характере употребления данного фразеологизма, а именно — гендерной структурализации речевого акта.

4. Заключение

Исходя из предпосылки диспозитивной прагмалингвистики, согласно которой реализация речевых актов зависит от условий, в которых осуществляется вербальный контакт между субъектами, мы (на примере выражения *Молоко на губах не обсохло*) поставили задачу проверить, насколько употребление фразеологического оборота определяется этими условиями. Ни с формальной, ни с семантической точки зрения не существует оснований, чтобы усматривать какие-либо ограничения в употреблении упомянутого выражения в ситуациях с участием лиц мужского или женского пола. В то же время анализ показал, что существует сильная маскулинистическая тенденция его употребления, обусловленная прагматическим фактором, а именно — большей предрасположенностью мужчин к конкуренции и критике, а также склонностью к ориентации на признак старшинства. Как видим, помимо формальных и семантических характеристик у фразеологизма имеются и четко выраженные прагматические свойства, при этом речь идет не только о так называемой иллоктивной функции, но также о диспозитивной характеристике коммуникативной ситуации с использованием данной языковой единицы.

Библиография

Алексеев, Владимир. 1992. Введение. В: Овидий Назон, *Наука любить*. Москва: Вернисаж, 3–30.

Остин, Джон. 1986. Слово как действие. В: Городецкий, Б. Ю. (ред.). *Новое в зарубежной лингвистике. Вып. 17: теория речевых актов*. Москва: Прогресс, 22–130.

Ухванова-Шмыгова, Ирина Ф. (ред.) 2002. *Методология исследований политического дискурса. Актуальные проблемы содержательного анализа общественно-политических текстов*, III, Минск: Технопринт.

Федоров, Александр И. 2008, *Фразеологический словарь русского литературного языка*. Москва: Астрель.

Clark, Herbert H./Carlson, Thomas B., 1982, Hearers and Speech acts. *Language*. 58, 332–373.

Fill, Alwin. 1993. *Ökolinguistik. Eine Einführung*. Tübingen: Narr Francke Attempto.

Gac, Magdalena. 2005. *Dialog w piosence ludowej*. [Praca magisterska napisana pod kierunkiem prof. Aleksandra Kiklewicza] Słupsk.

Hymes, Deel 2003 "Models of the Interpretation Language and Social Life". In: Bratt Paulston, C./Tucker, G. R. (eds.). *Sociolinguistics. The Essential Reading*. Oxford: Blackwell, 31–47.

Kiklewicz, Aleksander. 2010. Frazeologia w ujęciu pragmatycznym (aspekt genderowy). W: Dybiec, J./Szpila, G. (red.). *Język polski nowe wezwania językoznawcze*. Kraków: Tertium, 221–233.

Kiklewicz, Aleksander. 2006a. *Język, komunikacja, wiedza*. Mińsk: Prawo i ekonomika.

Kiklewicz, Aleksander. 2006b. Współczesne kierunki badań w zakresie lingwistyki komunikacyjnej. *Media. Kultura. Komunikacja Społeczna*. 2, 207–223.

Kiklewicz, Aleksander. 2007. *Zrozumieć język. Szkice z filozofii języka, semantyki, lingwistyki komunikacyjnej*. Łask: Leksem.

Kluba, Agnieszka. 2004 Męski i kobiecy „światopogląd" — style konwersacyjne i płeć. W: Bartmiński, J./Niebrzegowska, S. (red.). *Punkt widzenia w języku i w kulturze*. Lublin: Wydawnictwo UMCS, 261–276.

Lakoff, Robin. 1975. *Language and woman's place*. New York: Harper & Row.

McHale, Ed. & Carr, Alan. 1998. The effect of supervisor and trainee therapist gender on supervision discourse. *Journal of Family Therapy*. 20, 395–411.

Moorhouse, Adele & Carr, Alan. 2002. Gender and conversational behaviour in family therapy and live supervision. *Journal of Family Therapy*. 24, 46–56.

Nęcki, Zbigniew. 2000. *Komunikacja międzyludzka*. Kraków: Antykwa.

Niederle, Muriel & Vesterlund, Lise. 2010. Explaining the Gender Gap in Math Test Scores: The Role of Competition. *Journal of Economic Perspectives*. 24/2, 129–144.

Spencer, J. William./Drass, Kriss A. 1989. The transformation of gender into conversational advantage. A Symbolic Interactionist Approach. *The Sociological Quarterly*. 30/3, 363–383.

Tannen, Deborah. (ed.) 1993. *Gender and Conversational Interaction*. New York/ Oxford: Oxford University Press.

Tannen, Deborah. 2003. The Relativity of Linguistics Strategies: Rethinking Power and Solidarity in Gender Dominance. In: Bratt Paulston, C./Tucker, G. R. (eds.). *Sociolinguistics. The Essential Reading*. Oxford: Blackwell, 209–225.

Tenenbaum, Harriet. R. & Ford, Sarah & Alkhedairy, Betul. (2011), Telling stories: Gender differences in peers' emotion talk and communication style. *British Journal of Developmental Psychology*. 29, 707–721.

Monika Schönherr (Zielona Góra)

Wortbildungspragmatik: Morphologische Strukturen aus kommunikativ-pragmatischer Sicht

Abstract: With increasing relevance of the pragmatic accounts of the language, the problem of the 'language in action' is becoming ubiquitous in the actual language research. As a part of this discussion, this paper deals with the influence of pragmatic processes on word-formation, especially with a focus on the pragmatic features of the word-formations. The research demonstrates how word-formation can be linked with the concept of the Grice's Conversational Maxims and how that connection can be useful for describing word-formations.

Keywords: pragmatics, conversational maxims, word-formation, morphology/pragmatics interface

1. Zur Einführung: Wortbildungsmorphologie und Wortbildungspragmatik

Die Verfahren, den Grundwortschatz einer Sprache durch Wortbildungsprozesse zu erweitern, gehen bekanntlich auf die Notwendigkeit zurück, den Bedarf an neuen lexikalischen Ausdrucksmöglichkeiten[1] zu decken. Diese Notwendigkeit erfasst einerseits objektive Ausdrucksnuancierungen (wenn neue und präzise Benennungen für Objekte oder Ereignisse gebraucht werden), andererseits subjektive Differenzierungsbedürfnisse (wenn der alte Ausdruck dem Sprecher unangemessen bzw. zu wenig anschaulich erscheint) sowie syntaktisch oder textgrammatisch motivierte Notwendigkeiten (wenn z.B. adäquate textkohäsive und/oder -konstitutive Mittel fehlen und das Defizit an Textwörtern durch Wortbildungsstrukturen kompensiert werden muss). Der Wortbildungsprozess gelangt,

---

1   Ein interessantes Beispiel hierfür bietet P. Braun (1997), dessen Untersuchungen sich auf die Personenbezeichnungen konzentrieren. Im Gesamtbestand der von Braun ermittelten Personenbezeichnungen (über 10.000 Einheiten) wird der Anteil der Simplizia (wie etwa *Kind*) auf nur 10% geschätzt; 90% aller untersuchten Personenbezeichnungen stellen hingegen komplexe Wortbildungen dar (vgl. z.B. *Kleinkind, Schulkind* usw.). Gründe für derartige semantische Differenzierungen sind eben in Individualisierungs- bzw. Präzisierungsmechanismen zu suchen.

so gesehen, nie an ein Ende: Die Sprachbenutzer werden stets mit innovativen technischen, medizinischen etc. Entwicklungen und Erfindungen sowie ständig wechselnden sozio-kulturellen Trends konfrontiert, die, um kommunizierbar zu werden, einer aktuellen Benennung bedürfen. Dieser Dynamik der Wortbildungsprozesse kann die Stabilität der morphologischen Grundmodelle gegenübergestellt werden: Neue Wörter entstehen im Rückgriff auf bereits vorhandene Lexikoneinheiten und unter Anwendung von vorhandenen Wortbildungsmustern[2]. Auf diese Weise konstituieren sich ganze Wortfamilien, deren Mitglieder trotz einiger Unterschiede hinsichtlich Form und Bedeutung eine starke morphologische und semantische Affinität zu demselben lexikalischen Morphem zeigen (vgl. etwa *gleich – gleichen – Angleichung – Ungleichheit – Ausgleich – Gleichstellung* usw.). Außerdem können dadurch sämtliche Neubildungen, ganz gleich ob Zusammensetzungen oder Ableitungen, ohne weiteres verstanden werden, auch wenn man sie vorher nie gehört hat (vgl. z.B. Wolf 2002: 65).

Außer morphologischen und semantischen Regeln, die die Bildung von neuen Wörtern bestimmen, können auch einige pragmatische Prinzipien formuliert werden, welche den Wortbildungsprozess weitgehend steuern. Dabei handelt es sich um in jeder Kommunikationssituation zu beachtende Restriktionen, die dafür verantwortlich sind, dass die Wortbildung nicht willkürlich verläuft, sondern sich an den kommunikativen Anforderungen der Sprechsituation orientiert. Ein mehr oder minder starkes Abweichen von den kommunikativ-pragmatischen Regeln der Wortbildung führt dagegen dazu, dass derartige Wörter vermutlich nie den Status der Lexikalisierung erreichen. Dem Phänomen der kommunikativ-pragmatisch gesteuerten Wortbildung soll in dieser Arbeit genauer nachgegangen werden. Es soll gezeigt werden, dass zwischen Wortbildung und Pragmatik ein enger Zusammenhang existiert, der sich u.a. darin äußert, dass kommunikativ-pragmatische Prinzipien in grammatische Strukturen der Sprache eingreifen und die Aktivität der Wortbildungsprozesse beeinflussen. Ziel der Arbeit ist jedoch nicht die programmatische Modellierung einer kommunikativ orientierten Wortbildungsforschung, sondern lediglich die Beantwortung der Frage, inwiefern Wortbildungsprozesse einen Bezug zur Pragmatik aufweisen.

---

2 Moser (1971: 93–102) fasst die beiden oben beschrieben Tendenzen (Einsparung sprachlicher Mittel und maximale Ausnutzung von vorhandenem Sprachmaterial) mit dem Terminus *systembezogene Ökonomie* zusammen.

2. Wortbildungsprozesse aus pragmatischer Sicht

Die Verwendung eines bestimmten Wortes im Kommunikationsakt hängt bekanntlich nicht nur vom grammatischen Bestand des Satzes, in dem es vorkommt, sondern vielfach von der Situation ab, in der die Kommunikation stattfindet (vgl. Kotorova 2011: 86–87). Damit ist u.a. angedeutet, dass die kommunikativ-pragmatischen Rahmenbedingungen für die Schaffung bzw. Verwendung von Neubildungen von Sprechsituation zu Sprechsituation variieren (können). Nichtsdestotrotz stellt sich die Frage, ob es universelle pragmatische Grundsätze bzw. Prinzipien gibt, die die Wortbildungsprozesse steuern oder ob es überhaupt möglich ist, von einer „Morphopragmatik" zu sprechen. In der Wortbildungsforschung gibt es diesbezüglich einige Erklärungsansätze. Merlini Barbaresi (2015) betrachtet pragmatische Komponenten als integralen Teil der Wortbildung. Demzufolge sind beispielsweise Kürzungen (*Abitur* → *Abi, Franziska* → *Franzi*) oder Suffigierungen mittels evaluativer Affixe (*Freund-chen*) nicht nur grammatische Wortbildungsverfahren, sondern weisen zugleich eine pragmatische Bedeutung (Bewertung, Euphemismus, Ironie usw.) oder – bei Rufnamen – eine hypokoristische Bedeutungsnuancierung auf. Im Gegensatz dazu vertritt etwa Kiefer (1998) den Standpunkt, dass pragmatische Komponenten nicht in der Semantik der Wortbildungsmorpheme enthalten sind, sondern als Indikator der Sprechsituation fungieren.

Der Unterschied zwischen den beiden Positionen wird von Meibauer (2018) anhand der *-i*-Suffigierung anschaulich dargestellt. Der hypokoristische Eigenname *Rudi* (< *Rudolf*) indiziert, dass der Sprecher in einer verwandtschaftlichen oder freundschaftlichen Beziehung zur Person namens Rudolf steht. Nach dem Ansatz von Merlini Barbaresi (2015), den Meibauer auch als maximalistisch bezeichnet (weil einem Morphem viele Bedeutungen zugeordnet werden, ohne dass dabei die Ermittlung der Grundbedeutung angestrebt wird), wird Folgendes angenommen: Die morphologische Wortbildungsregel, nach der man Hypokoristika bilden kann, besagt, dass die Nomina dieses Typs infolge der Kürzung und Hinzufügung eines *i*-Suffixes mit dem Bedeutungsmerkmal +HYPOKORISTISCH gebildet werden. Demgegenüber verknüpft sich die minimalistische Sichtweise, wie sie von Kiefer (1998) vertreten wird, mit der Annahme, dass pragmatische Bedeutungseffekte, welche sich bei der Wortbildung *Rudi* ergeben, nicht auf semantische Komponenten derselben zurückzuführen sind, sondern Teil der Sprechsituation sind und die besondere kontextuelle Gegebenheit anzeigen, nämlich diese, dass der Sprecher in einer bestimmten Beziehung zu Rudolf steht. Beide Ansätze knüpfen jedoch – Meibauer (2018: 9) zustimmend – nicht an die „pragmatische Moderne" an, die vor allem mit den (neo-)gricesschen Theorien verbunden sind, d.h. Theorien, die in irgendeiner Weise an P. Grice (1979) anschließen.

Ein wichtiger Ansatz, der einen großen Schritt in diese Richtung macht, findet sich in Motsch (2004: 25–27). Motsch nennt drei „pragmatische Prinzipien der Wortbildung", die die Aktivität der Wortbildungsmuster im Hinblick auf die pragmatischen Hintergründe erklären. So spricht er vom (i) „Prinzip des sinnvollen Wortes", nach dem Wortbildungsmuster, die sinnlose bzw. widersprüchliche Konzepte repräsentieren, weitgehend blockiert ist. So ist z.B. das Wort *bärtig* in der Phrase *ein bärtiger Mann* durchaus akzeptabel, nicht jedoch **ein beiniger Mann*, da es auf Grund des Weltwissens als normal vorausgesetzt werden kann, dass Menschen Beine haben, sodass die Bildung keinen informativen Wert erhält. Bei einer semantischen Spezifizierung (*langbeinig, x-beinig*) gewinnt die Bildung jedoch automatisch an kommunikativer Relevanz. Problematisch sind ferner Bildungen wie etwa **eiswarm* oder **rabenweiß*, in denen zwei sich gegenseitig ausschließende Konstituenten enthalten sind[3]. Das (ii) „Prinzip der Interpretierbarkeit von Wortbildungen" nimmt hingegen darauf Bezug, dass Wortbildungen nur dann für die Kommunikationspartner akzeptabel sind, wenn sie verständlich und leicht interpretierbar sind. Treten hingegen (z.B. auf Grund der fehlenden Hintergrundkenntnisse) erhebliche Verständnis- oder Interpretationsschwierigkeiten bei den Wortbildungen auf, haben diese kaum Chancen, dauerhaft im Sprachgebrauch zu bleiben. Sogar Okkasionalismen lassen sich in der Regel nicht alleine anhand der Einzelbedeutung ihrer Konstituenten interpretieren, sondern bedürfen stets der Einbeziehung pragmatischer Deutungsfaktoren wie etwa des Kontext- oder Weltwissens. Das dritte der von Motsch postulierten Prinzipien, das (iii) „Prinzip der Knappheit", schränkt einerseits die übermäßige morphologische Komplexität von Bildungen, darunter vor allem die von Mehrfachkomposita ein, andererseits bewirkt, dass die Wortbildungen nicht beliebig dem (heutzutage sehr oft eingesetzten) Kürzungsverfahren unterzogen werden, wodurch sichergestellt wird, dass ihre Interpretierbarkeit nicht beeinträchtigt wird.

Zwischen den kommunikativ-pragmatischen Anforderungen einerseits und den von Motsch aufgestellten Prinzipen der Wortbildung andererseits lassen sich nun weitgehende Parallelen feststellen. Allerdings könnte man hier eine noch stärkere Korrelation zwischen pragmatischen Mechanismen und Wortbildungsverfahren eruieren. Da das Sprechen aus der Sicht der Pragmatik ein kommunikatives Handeln ist, kann die pragmatische Funktionsleistung von Wortbildungen daran bemessen werden, inwieweit diese als *parole*-Einheiten eine erfolgreiche Sprechhandlung

---

3   In bestimmten (meist metaphorischen oder ironischen) Kontexten oder Textzusammenhängen können jedoch derartige Bildungen durchaus einen Sinn erhalten und/ oder z.B. als stilistische Mittel eingesetzt werden.

ermöglichen. Eine solche Bemessung bedarf ihrerseits relativ greifbarer Kriterien, anhand derer der pragmatische Stellenwert der Wortbildungen ermittelt werden könnte. Eine maßgebende Grundlage dafür scheinen die in jeder Kommunikationssituation zu beachtenden *Konversationsmaximen* zu sein. Es ist also – in Anlehnung an P. Grice – davon auszugehen, dass die Wortbildungsprodukte dann als pragmatisch adäquat betrachtet werden können, wenn sie die Maximen der Quantität, der Qualität, der Relevanz und der Modalität erfüllen, und das heißt ganz konkret, wenn sie als

- informative bzw. sprachökonomische (Maxime der Quantität),
- wahre bzw. sinnvolle (Maxime der Qualität),
- relevante, d.h. für den Kontext wichtige (Maxime der Relevanz) und
- transparente bzw. problemlos interpretierbare (Maxime der Modalität)

Bildungen vorkommen. Die Anwendung der Grice'schen Konversationsmaximen auf Wortbildungsstrukturen lässt nicht nur eine pragmatisch fundierte Klassifikation der Wortbildungsstrukturen zu Stande bringen, sondern hat noch auch den Vorteil, dass die Wortbildungen als Indizien für die Beachtung oder den Verstoß gegen die kommunikativen Normen interpretiert werden können. So sind den sprachökonomischen, sinnvollen, relevanten und transparenten Wortbildungen solche gegenüberzustellen, die nicht-informativ, sinnlos, trivial bzw. unverständlich sind, kurzum: solche, die den pragmatischen Regeln nicht entsprechen und durch ihr Vorkommen in einem Sprachakt zum (beabsichtigten[4]) Misslingen sprachlicher Handlungen führen können.

3. Die Maxime der Quantität: Sprachökonomische Wortbildungsstrukturen

Im Folgenden sollen die griceschen Konversationsmaximen auf die Wortbildungsprozesse übertragen werden mit dem Ziel, ihre Anwendung bei der Interpretation von Wortbildungsprozessen zu überprüfen. So bezieht sich die Maxime der Quantität, wie sie von P. Grice konzipiert wurde, ganz allgemein auf die Informationshaltigkeit des sprachlichen Ausdrucks. Demnach soll jeder Ausdruck bzw. jeder Gesprächsbeitrag nur in dem Maße informativ sein, in dem

---

4   Wird die Verletzung der Kommunikationsregeln im Rahmen einer Kommunikationssituation absichtlich angestrebt, kann es bekanntlich zur Entstehung von konversationellen Implikaturen kommen. Somit eröffnet sich ein weiteres Untersuchungsfeld im Rahmen der Wortbildungsforschung, in dessen Zentrum Fragen nach den Arten von Implikaturen rücken, welche durch Wortbildungsstrukturen ausgelöst werden.

dessen Inhalt erwartet wird oder für die Sinnkontinuität der Aussage nötig ist. Nicht-informative Ausdrücke sind also solche, die entweder hochinformativ und damit zu kompliziert in ihrer Rezeption sind oder nichts Neues enthalten. Wie kann man sich die Anwendung dieses Prinzips bei der Beschreibung von Wortbildungen vorstellen? Die optimale Informativität sprachlicher Ausdrücke, wie sie von P. Grice gefordert wird, geht mit sprachökonomischen Tendenzen der Wortbildungsmorphologie einher. Wie eingangs bereits erwähnt, werden Neuwörter nicht aus einem völlig neuen Sprachmaterial geformt, sondern infolge der Zusammensetzung der in der Sprache bereits existierenden Wortstämme (Komposition) bzw. durch die Kombination eines Wortstammes mit einem Affix gebildet (Derivation). Die Bildung von neuen Lexemen erfolgt also über bekannte Sprachmittel und -modelle, was in der Wortbildung vor allem mit einem praktischen Nutzen verbunden ist: Die Wortbildung ermöglicht es, den Grundwortschatz morphologisch und semantisch so aufzufächern, dass neue Konzepte oder – präziser gesagt – neue Aspekte der bereits vorhandenen Konzepte begrifflich differenziert werden können, ohne dass dafür neue Lexeme bereitgestellt werden müssen. Damit entfällt die Notwendigkeit, für jeden neuen Begriff ein eigenes Zeichen zu bilden, was eine übermäßige Belastung des Gedächtnisses verhindert (vgl. Köller 2004: 358). Hinter diesen Phänomenen stehen ganz deutlich bestimmbare Mechanismen der sprachlichen Ökonomie: Anstelle neuer Wörter werden die in der Sprache bereits existierenden Morpheme maximal ausgelastet, indem durch einen Bauplan[5] unterschiedliche semantische Inhaltsmuster realisiert werden, und umgekehrt, indem ein semantisches Inhaltsmuster durch unterschiedliche Baupläne ausgedrückt wird. So werden z.B. nach dem Bauplan Verbstamm + Suffix -er u.a. Nomina agentis (*Lehr+er*) oder Nomina actionis (*Seufz+er*) gebildet, während z.B. zur Bildung von Nomina actionis u.a. *ung*-Ableitungen (*Verführung*), Konversionen ((*das*) *Kommen*) oder implizite Ableitungen (*Flug*) zur Verfügung stehen. Es ist also ein extrem ökonomisches Verfahren, dass aus einem begrenzten Inventar von Wortbildungsmechanismen eine unendliche Menge von Wortbildungseinheiten gebildet werden kann. Diese systembezogene Ökonomie der Wortbildungsmorphologie fällt in der Kommunikationspraxis oft (allerdings nicht immer) mit der Informationsökonomie der Wortbildungskonstruktionen zusammen. Das bedeutet, dass Produkte der Wortbildung kondensierte Aussageeinheiten repräsentieren, weil die in ihnen

---

5   Damit wird die ausdrucksseitige Struktur einer Wortbildung, also ihre Morphemstruktur gemeint – im Gegensatz zum Inhaltsmuster, das die inhaltliche Seite einer Wortbildung darstellt.

dargestellten komplexen Sachverhalte zu einem einzigen Wort „verdichtet" werden. Oft geht jedoch eine solche inhaltsseitige Verdichtung auf Kosten der Informationspräzision, indem bei der Umformung eines Syntagmas zum Wort bestimmte Elemente getilgt werden, wie z.B. die Art der semantischen Relation zwischen den Wortbildungskonstituenten (vgl. z.B. *Kaffeemühle* vs. *Windmühle, Steintopf* vs. *Blumentopf*). Die damit verbundene Vagheit der Bedeutung von Wortbildungsprodukten wird oft als „Unzulänglichkeit der Sprache" stigmatisiert (vgl. Heringer 2004: 43). Zugleich ist sie die Voraussetzung für den flexiblen Einsatz von Wortbildungen in unterschiedlichen Kontexten, in denen die semantisch unterdeterminieren Bildungen u.a. durch das kontextuell generierte Wissen disambiguiert werden. Die Univerbierung scheint somit der sicherste Weg zu einer erfolgreichen kommunikativen Verständigung zu sein, auch wenn dabei statt einer komplexen Beschreibung der mitzuteilenden Sachverhalte vielmehr eine knappe, ja eine abgekürzte Ausdrucksweise bevorzugt wird (vgl. Erben 2006: 25).

Die Reduktion des formalen, oft umständlichen und mehrgliedrigen Ausdrucks auf ein einziges Lexem spielt in erster Linie auf der Satzebene eine große Rolle. Denn vor allem im Satz kommt es darauf an, bei der minimalen Ausdruckskomplexität den maximalen Informationsgehalt mitzuteilen. So kann beispielsweise statt der umständlichen Zeichenkette *Stelle, an der öffentliche Verkehrsmittel im Bedarfsfalle halten* das knappe Lexem *Haltestelle* eingesetzt werden (vgl. Erben 2006: 25). Wie wichtig sprachökonomische Vorgänge im Hinblick auf die Gestaltung der morphosyntaktischen Beziehungen auf der Ausdrucksebene sind, kann der Vergleich der folgenden zwei Sätze veranschaulichen: *Ich musste gestern lange an der Haltestelle warten* versus *Ich musste gestern lange an der Stelle, an der öffentliche Verkehrsmittel im Bedarfsfalle halten, warten*. Die Vorteile einer knappen Ausdrucksweise liegen auf der Hand. Sprachliche Ökonomie ist nicht nur ein Phänomen des Sprachsystems; das sprachökonomische Verhalten entspricht weitgehend den Erwartungsnormen der an der Kommunikationssituation beteiligten Gesprächspartner (vgl. von Polenz 2000: 28). Vor diesem Hintergrund drängt sich die Frage auf, ob es überhaupt möglich ist, die systemökonomischen Mechanismen der Wortbildungsmorphologie so auszulasten, dass informationsunökonomische Wörter entstehen. Dies geschieht wohl nur im sprachspielerischen Bereich; in einer spontanen Kommunikationssituation sind unökonomische Wortbildungen wenig üblich – weil sie den Normen einer schnellen und knappen Kommunikation nicht gerecht werden, aber auch deswegen, weil die vielgliedrigen Bildungen (vgl. die sog. Bandwurm-Komposita) in ihrer morphologischen Struktur wenig überschaubar und daher kaum mehr informativ sind (vgl. z.B. *Rindfleischetikettierungsverordnung* oder gar *Rindfleischetikettierungsüberwachungsaufgabenübertragungsgesetz*). Insofern sind derartige Bildungen nicht nur unökonomisch, sie sind vielmehr „kontraökonomisch". Dass derartige

Mehrfachkomposita (Dekomposita) sich im Sprachgebrauch nicht durchsetzen
können, wird auch daran klar, dass sie sehr oft in ihre Kompositionsglieder aufge-
löst werden, wodurch eine Wortfügung mit adjektivischem oder substantivischem
Attribut entsteht (vgl. etwa *Rindfleischetikettierungsüberwachung* → *Überwachung
der Rindfleischetikettierung* oder *Überwachung der Etikettierung von Rindfleisch*).
Ihre Realisierung als Syntagma läuft zwar den systemökonomischen Tendenzen
zuwider (aus einem Wort wird eine mehrgliedrige Zeichenkette), schafft aber mehr
Informationstransparenz. Eine weitere Folge davon ist, dass die so „zerlegten Kom-
posita" mit weniger kognitivem Aufwand rezipiert werden. Generell gilt also, dass
die systemökonomischen Mechanismen der Wortbildungsmorphologie nur soweit
ausgelastet werden können, bis die Verständlichkeit der Wortbildungskonstruktionen an ihre Grenze stößt.

4. Die Maxime der Qualität: Sinnvolle Wortbildungsstrukturen

Die gricesche Maxime der Qualität entspricht in der Wortbildungsmorphologie
weitgehend dem von Motsch postulierten Prinzip des sinnvollen Wortes. Geht
man davon aus, wie es eben Motsch tut, dass die Wortbildungsprodukte nicht nur
morphologisch wohlgeformte, d.h. nach bestimmten morphologischen Regeln
gebildete Strukturen, sondern auch kommunikativ sinnvolle Nominationsein-
heiten sind, so ist die Bildung von überflüssigen Wörtern, die keinen oder nur
geringen Informationswert haben, von vornherein blockiert. Im Umkehrschluss
bedeutet das, dass in den meisten Fällen nur solche Neubildungen möglich sind,
die aus kommunikativer Sicht akzeptabel und für die Kommunikation notwendig
sind. So ist z.B. das Wort *Pferdin – trotz der Anwendung der standardisierten
Wortbildungsmodelle (Bauplan: explizite Suffixableitung, Inhaltsmuster: Movie-
rung) – nicht möglich, da es dafür schon das Lexem *Stute* gibt und eine neue
Begriffsbildung kein wirkliches Desideratum darstellt.

Das Kriterium der sinnvollen Wortbildung ist ein sehr relatives Kriterium, denn
ob ein Wort als eine sinnvolle Neubildung eingestuft werden kann, hängt vielfach
von der Kontextsituation ab, in der es vorkommt. Die Grenze zwischen den kommunikativ sinnvollen und kommunikativ sinnlosen Wortbildungen ist deswegen
sehr fließend. Auf der Skala zwischen den beiden Polen können daher Mittelwerte
positioniert werden wie etwa ‚okkasionelle Wortbildungen'. Während also sinnvolle
Wortbildungen als Wortbildungen gelten, die realen Differenzierungsbedürfnissen
im Wortschatzsystem entgegenkommen und lexikalische Lücken füllen (vgl. *Versi-
cherung – Absicherung; ansagen – versagen – voraussagen* etc.), weisen Okkasionalismen als singuläre Bildungen starke Kontextsensitivität auf und werden für spezielle
(stilistische, lexikalische, syntaktische etc.) Bedürfnisse eines konkreten Kontextes

geprägt (z.B. *Autofieber, Turbo-Abi* vgl. mehr dazu Klos 2011: 147). Okkasionell gebildete Konstruktionen gelten nur in gewissen Gebrauchskontexten als sinnvoll, während dieselben Bildungen in anderen Kontexten als höchst markiert oder gar völlig unverständlich erscheinen (können). Kommunikativ sinnlose Wortbildungen sind hingegen Bildungen, die zwar in formativ-struktureller Sicht nach denselben Wortbildungsmodellen erzeugt werden wie alle anderen Wortbildungsstrukturen. Der Unterschied zwischen ihnen und den sinnvollen Bildungen besteht jedoch darin, dass die ersten ein Konzept bezeichnen, das in sich widersprüchlich, unwahr oder gar entbehrlich ist (vgl. hierzu z.B. das Determinativkompositum **Kreisquadrat*[6]), während die zweiten nach bestimmten kognitiven Strategien geprägt werden und somit bestimmte Begriffsbildungen repräsentieren wie etwa die Nomina agentis (*backen – Bäcker, fahren – Fahrer* usw.).

5. Die Maxime der Relevanz: Kontextwichtige Wortbildungsstrukturen

Die griecsche Maxime der Relevanz findet ihre Anwendung vor allem in Fällen, in denen die Wortbildungen die Rolle (informations-)relevanter Lexeme übernehmen. In dieser Funktion treten sie vor allem als Vertextungsmittel auf, welche die Einzelsätze eines Textes durch referenzidentische Morpheme zu verknüpfen vermögen. Es handelt sich also um Bildungen in der Funktion einer Anapher, die der Aufrechterhaltung der thematischen Progression dienen. Aus informationsstruktureller Sicht ist ein jeder Text nicht nur eine Abfolge von miteinander verbundenen Sätzen, sondern vor allem eine Abfolge von bekannten und neuen Informationen, die im Text abwechselnd vorkommen (vgl. Wolf 1981: 210). Die verknüpfende Rolle von Wortbildungskonstruktionen in einem Text beruht dabei auf der Wiederaufnahme einzelner (thematischer) Konstituenten einer Wortbildung in verschiedenen (rhematischen) Wortbildungskonstellationen. Durch die Rekurrenz der thematischen Basismorpheme oder -wörter entstehen dann verschiedene Ketten von begrifflich zusammenhängenden Lexemen unterschiedlicher Wortbildungsarten. Die Relevanz-Maxime macht deutlich, dass Wortbildung, obwohl sie in erster Linie dem Ausbau der lexikalischen Ausdrucksmöglichkeiten dient, einen wesentlichen Anteil an der Textkonstitution hat, was auch im folgenden Textstück gut beobachtet werden kann:

---

6   Diese Bildung könnte unter Umständen als sinnvoll gelten, und zwar dann, wenn wir sie als ein Kopulativkompositum verstehen würden.

[...] In dieser Zeit vor dem inneren Putsch, habe ich das Leben als echten **Kampf** empfunden. Ich war wie eine Soldatin, die sich jeden Morgen gerüstet hat um raus zu gehen in eine böse Welt, mit bösen Menschen, die einem alle nur etwas Böses wollen. Aber, dass allerschlimmste war, dass ich angefangen haben, diesen **Kampf** mit Wertigkeit zu verbinden. [...] Das bedeutete: Nur wenn ich um etwas **kämpfen** musste, hatte ich das Gefühl, dass es wertvoll ist. [...] Ich unterstelle Dir jetzt einfach mal, dass Dein **Kämpfer-Gen** nicht ganz so extrem ausgeprägt ist. Wenn Du Dich aber stellenweise in diesem Text angesprochen fühlst, lohnt es sich, sich damit näher auseinanderzusetzen. Der **Kampfgeist** ist raffiniert und kann uns auch ganz hervorragend unbewusst beeinflussen [...] (Quelle: https://rosinageltinger.de/leben-ist-kein-kampf/, Zugriff: 20.01.2019).

Das rekurrierende Morphem *kämpf-en*, das im Text als Konstituente unterschiedlicher Wortbildungskonstruktionen (*Kampf, Kämpfer, Kämpfer-Gen* usw.) vorkommt, bildet zusammen mit ihnen eine Isotopiekette, d.h. eine Kette von Wörtern, die wegen ihres gleichen Konstruktionsteiles zueinander im Verhältnis der Referenzidentität stehen und dadurch zur semantischen Stabilität des Textes als eines Ganzen beitragen.

6. Die Maxime der Modalität: Transparente Wortbildungsstrukturen

Aus der Sicht der griceschen Maxime der Modalität soll jeder sprachliche Ausdruck möglichst deutlich und transparent formuliert werden. Überträgt man das Prinzip auf die Wortbildungsmorphologie, so kann festgehalten werden, dass die morphosemantische Transparenz der Wortbildungseinheiten dann vorliegt, wenn die Struktur ihrer Morpheme durchschaubar ist und ihre Gesamtbedeutung sich aus den Teilbedeutungen der Morpheme ohne weiteres ergibt (vgl. z.B. *Weltmeister-schaft(s)-end-runde, Arbeit(s)-un-fähig-keit(s)-bescheinig-ung*). Hierin spiegelt sich die Forderung nach einer durchgängig motivierten Sprache wider, deren Strukturordnung möglichst deckungsgleich mit der der außersprachlichen Wirklichkeit ist und in der die Wörter keine willkürlichen Namen für konventionell legitimierte Begriffe darstellen, sondern ikonisch-interpretierende Zeichen sind für das, was sie inhaltlich repräsentieren (vgl. Köller 2004: 359). So gesehen können Wortbildungsstrukturen als Reflexe der kognitiven Welterfassung und -interpretation betrachtet werden. Ihr interpretativer Charakter gründet sich u.a. darauf, dass sie eine bestimmte Perspektivierung von Sachverhalten reflektieren, die sie bezeichnen. Gerade im Bereich des Wortschatzes besteht ein großes Bedürfnis nach Wörtern, derer morphologische Struktur das abbildet, was sie bezeichnet. Im Unterschied zu Simplizia, deren Bedeutung grundsätzlich konventionalisiert ist, weisen die meisten Wortbildungen ein mehr oder minder transparentes Benennungsmotiv auf. Sie erlauben also zu rekonstruieren, wie ein Konzept kognitiv erfasst bzw. interpretiert wird. So lassen sich beispielsweise aus den Bildungen *Kochtopf* oder *Reitpferd* problemlos Konzepte erschließen, die hinter diesen Bildungen stehen, wobei man ihre Gesamtbedeutung kompositionell aus den Bestandteilen ableiten kann (‚ein Topf, in dem man kocht' bzw. ‚ein Pferd, auf dem man reitet').

Nun stellt sich die Frage, ob das Prinzip der morphosemantischen Transparenz nicht in einem Widerspruch zu der durch die Quantität-Maxime geforderten Ökonomie der Wortbildungseinheiten steht. Zugegebenermaßen resultiert die Tendenz zur Ökonomisierung sprachlicher Zeichen, darunter der Wortbildungseinheiten, in der Kürzung ihrer Komplexität, was andererseits dazu führt, dass sich die Motiviertheit und somit die Transparenz der Zeichen womöglich verwischen. Bei einer solchen Betrachtungsweise bedeutet zunehmende Ökonomisierung immer abnehmende Transparenz. Insofern verhalten sich beide Tendenzen widersprüchlich zueinander. Es hat jedoch den Anschein, dass die Wortbildungsprozesse durch beide Phänomene gleichermaßen gesteuert und im gleichen Ausmaß von der Wortbildungsmorphologie gebraucht werden. Die morphologisch-formale Kürze der Wortbildungsstrukturen wird einerseits durch das Ökonomie-Prinzip zugelassen, andererseits durch die Transparenz-Maxime blockiert, so dass trotz der formalen Knappheit die semantische Transparenz der Wortbildungseinheiten sichergestellt ist.

7. Zusammenfassung

Die vorgeschlagene Betrachtungsweise, derzufolge Wortbildung als pragmatisch gesteuerter Prozess erscheint, lässt erkennen, dass man in der heutigen Wortbildungsforschung an einem Punkt angelangt ist, an dem rein systemlinguistische Erkenntnisse oder Phänomene vor dem Hintergrund außergrammatischer Faktoren präzisiert werden müssen (vgl. Elsen/Michel 2007: 12). Die Verknüpfung von Wortbildungsmorphologie und Pragmatik erscheint insofern wichtig, als die kontextuelle Realisierung von Wortbildungseinheiten manchmal markiert ist und nur auf dem Hintergrund der (markierten) Kommunikationsbedingungen adäquat beschrieben werden kann. Insbesondere dort, wo der Sprecher durch Wortbildungsstrukturen Ambiguität erzeugt, wo er also konversationellen Implikaturen Auftrieb gibt, entsteht ein interessantes, in der Forschung weitgehend vernachlässigtes Zusammenspiel von Wortbildung und Pragmatik. Besonders in solchen Fällen scheint die Einbeziehung pragmatischer Faktoren, wie sie in der vorliegenden Skizze anhand der griceschen Maximen dargelegt wurden, geradezu unumgänglich zu sein.

Auch wenn die Rolle der einzelnen Maximen bei der Schaffung bzw. Blockie-
rung neuer Wörter nicht erschöpfend erfasst wurde, ist festzuhalten, dass unter
der griceschen Sicht auf die Wortbildungsphänomene eine (neue) Grammatik-
Pragmatik-Schnittstelle eruiert werden kann. An dieser Schnittstelle kommt es
zwischen grammatischen Prozessen und pragmatischen Faktoren zu permanenten
Wechselwirkungen, wodurch grammatische Phänomene pragmatisch gesteuert und
pragmatische Funktionen durch Grammatik präzisiert werden. Insofern erscheint
es naheliegend, Wortbildungskonstruktionen integrativ zu behandeln – als Entitäten
des Sprachsystems *und* Phänomene der *Parole*. Methodisch bieten sich hierfür vor
allem korpusbasierte Analysen an, die am konkreten Gebrauch von Wortbildungsstrukturen ermitteln können, inwiefern die pragmatischen Maximen für den Wortbildungsprozess einschlägig sind (Betrachtungsperspektive: Kommunikation→
Wortbildung), und zweitens wie die Wortbildungskonstruktionen zum Gelingen
oder Misslingen der Kommunikation beitragen können (Betrachtungsperspektive:
Wortbildung → Kommunikation). Vor der modernen Wortbildungsforschung steht
also, um die angestellten Überlegungen auf den Punkt zu bringen, eine Reihe von
Aufgaben, die mit der traditionellen, rein morphologisch bzw. systemlinguistisch
orientierten Behandlung von Wortbildung brechen und den Themenkomplex auf
neue, darunter vor allem pragmatische, Fragestellungen hin öffnen.

Nachwort

In der Hoffnung, der verehrten Jubilarin, Frau Professor Kotorova, mit dem
Beitrag eine kleine Freude bereitet zu haben, möchte ich ihr meinen herzlichen
Glückwunsch aussprechen und ihr für ihre weitere wissenschaftliche und didak-
tische Arbeit alles Gute wünschen.

Literatur

Braun, Peter. 1997. *Personenbezeichnungen: Der Mensch in der deutschen Sprache.*
    Tübingen: Niemeyer.

Elsen, Hilke / Michel, Sascha. 2007. Wortbildung im Sprachgebrauch. Desiderate
    und Perspektiven einer etablierten Forschungsrichtung. *Muttersprache. Vier-
    teljahresschrift für deutsche Sprache*, 117/1, 1–16.

Erben, Johannes. 2006. *Einführung in die deutsche Wortbildungslehre.* Berlin: Erich
    Schmidt.

Grice, Paul. 1979. Logik und Konversation. Repr. In: Meggle, Georg (Hg.): *Hand-
    lung, Kommunikation, Bedeutung.* Frankfurt am Main: Suhrkamp, S. 243–265.

Heringer, Hans Jürgen. 2004. *Interkulturelle Kommunikation. Grundlagen und Konzepte*. Tübingen/Basel: A. Francke.

Kiefer, Ferenc. 1998. Morphology and pragmatics. In: Spencer, Andrew / Zwicky, Arnold (ed.): *The Handbook of Morphology*. Oxford: Blackwell, p. 272–279.

Klos, Verena. 2011. *Komposition und Kompositionalität. Möglichkeiten und Grenzen der semantischen Dekodierung von Substantivkomposita*. Berlin/New York: de Gruyter.

Kotorova, Elisaveta. 2011. Äquivalenz und Adäquatheit im Sprachsystem und in der Kommunikation. In: Kotin, Michail / Kotorova, Elizaveta (Hg.). *Die Sprache in Aktion. Pragmatik, Sprechakte, Diskurs. Language in Action. Pragmatic – Speech Acts – Discourse*. Heidelberg: Universitätsverlag Winter, S. 85–93.

Köller, Wilhelm. 2004. *Perspektivität und Sprache. Zur Struktur von Objektivierungsformen in Bildern, im Denken und in der Sprache*. Berlin/New York: de Gruyter.

Meibauer, Jörg. 2018. Wortbildung und Neo-Gricesche Pragmatik. In: *Wortbildung und Pragmatik im Deutschen*. Hrsg. von der Japanischen Gesellschaft für Germanistik. Iudicium, S. 9–23.

Merlini Barbaresi, Lavinia. 2015. The pragmatics of word-formation. In: Müller, Peter O. / Ohnheiser, Ingeborg / Olsen, Susan / Rainer, Franz (Hg.): *Word-formation. An International Handbook of the Languages of Europe*. Vol. II. Berlin/Boston: de Gruyter, S. 1128–1142.

Moser, Hugo. 1971. Typen sprachlicher Ökonomie im heutigen Deutsch. In: Moser, Hugo (Hg.): *Sprache und Gesellschaft. Beiträge zur soziolinguistischen Beschreibung der deutschen Gegenwartssprache*. Düsseldorf: Pädagogischer Verlag Schwann, 89–117.

Motsch, Wolfgang. 2004. *Deutsche Wortbildung in Grundzügen*. Berlin/New York: de Gruyter.

von Polenz, Peter. 2000. *Deutsche Sprachgeschichte vom Spätmittelalter bis zur Gegenwart. Bd. 1: Einführung – Grundbegriffe – 14. bis 16. Jahrhundert*. Berlin / New York: de Gruyter.

Wolf, Norbert Richard. 2002. Wörter bilden. Grundzüge der Wortbildungslehre. In: Dittmann, Jürgen / Schmidt, Claudia (Hg.): *Über Wörter. Grundkurs Linguistik*. Freiburg i. B.: Rombach Druck- und Verlagshaus, S. 59–86.

Wolf, Norbert Richard. 1981. Am Beispiel Elias Canettis. Überlegungen zur Textsyntax und Texttypologie. In: Holzner, Johann / Klein, Michael / Wiesmüller, Wolfgang (Hg.): *Studien zur Literatur des 19. und 20. Jahrhunderts in Österreich. Fs. für Alfred Doppler*. Innsbruck: Institut für Germanistik, S. 205–218.

Jarochna Dąbrowska-Burkhardt (Zielona Góra)

Brexit in der „taz"-Berichterstattung des Sommers 2016

Abstract: "*Brexit* in the "taz"-reporting (summer 2016)". This study in discourse analysis and political linguistics discusses the exit of the United Kingdom of Great Britain from the European Union, which made headlines, especially in summer 2016. Under investigation is the national reporting about so-called *Brexit* within the public political language usage in Germany. The analysis is based on articles from a daily newspaper from Berlin called "die tageszeitung" (taz) published between 23.06 and 02.07.2016.

The term *Brexit* unmistakeably networks statements to discourses and has attained a central function in European politics in 2016. It has created great public interest, and will be handed down again and again. The exceptional position of this word relates to its vague connotative potential, which evokes plenty of major disagreements. For this reason, this term appears especially often, in texts which argue pro or contra of certain matters, attitudes or developments. The context plays a significant role in the investigation of key-words. So, we are not talking about an isolated word, but in this case we can notice an interpretation transfer from the *word*-level to the *text*- and *discourse*-level. **Key-words:** *Brexit*, German print media discourse, "taz"-reporting, linguistic discourse analysis

1. Einleitung

Der folgende Beitrag beschäftigt sich mit der Analyse der deutschen Berichterstattung zum Ausgang des britischen Referendums vom 23. Juni 2016 über den EU-Austritt Großbritanniens. Die britischen Bürger entscheiden sich an diesem Tag, die EU zu verlassen. Donald Trump gratuliert den Briten zu diesem Votum mit den Worten: *„Im Grunde haben sie sich ihr Land zurückgeholt. […] Auf der ganzen Welt sind die Menschen wütend. Sie sind wütend darüber, dass Menschen ins Land kommen und es übernehmen, und niemand weiß, wer sie sind"* (taz 25.06.2016: 4).

Dieses in der Trump'schen Terminologie „Zurückholen des Landes" wird in rund 60 Sprachen mit dem Neologismus *Brexit* gedeutet (https://pl.wikipedia.org/wiki/Brexit_– zuletzt aufgerufen am 15.10.2018). Die „taz" erklärt: *Brexit heißt, die Briten sind draußen* (taz 28.06.16: 16), die „Welt am Sonntag" fragt: *Wird der Brexit zum Eigentor des Jahrhunderts?* (WamS 26.06.2016: 11) und die „Frankfurter Allgemeine Zeitung" erkundigt sich: *Was bedeutet der Brexit für die 27 verlassenen Staaten der EU?* (FAZ 25.06.16: 5). Im transnational geführten Diskurs über die politische wirtschaftliche, gesellschaftliche sowie kulturelle Entwicklung der Europäischen Union ist der *Brexit* seit dem Sommer 2016 omnipräsent und gehört unbestritten zu den herausragenden Schlüsselwörtern.

Der lexikalische Ausdruck *Brexit* stellt ein diskursrelevantes sprachliches Phänomen dar, d.h. er vernetzt Aussagen handfest zu Diskursen (u.a. Musolff 2017). Seine zentrale Funktion erlangt er dadurch, dass er immer wieder gebraucht wird. Die Sonderstellung dieses Lexems hängt ebenfalls mit seinem diffusen konnotativen Potenzial zusammen. Mit Hilfe eines solchen Ausdrucks, der sich als Schlüsselwort entpuppt, wird in Texten pro und contra bestimmte Sachverhalte, Einstellungen und Entwicklungen argumentiert. Darüber hinaus soll in diesem Beitrag der Frage nachgegangen werden, ob das Lexem *Brexit* Aufschluss über das dominierende kollektive Bewusstsein, d.h. über das Denken, Meinen, Fühlen und Wollen einer Zeit geben kann (vgl. Bilut-Homplewicz 2013; Czachur 2011; Hermanns 1995; Kämper/Kilian 2012). Als diskursrelevante Größe wird dieser Ausdruck textübergreifend gebraucht und kann sogar Diskurse konstituieren (Dąbrowska-Burkhardt 2013: 81f.).

2. *Brexit*

Beim Ausdruck *Brexit* handelt es sich um eine Kontamination. Durch die Zusammenziehung der Wörter **Britain** und **Exit** entsteht eine Wortkreuzung, die im Jahre 2016 im öffentlichen Sprachgebrauch mehrerer Sprachgemeinschaften verzeichnet wird. Das Lexem findet Einzug in das Duden-Wörterbuch mit dem Vermerk „besonders [für] Politikjargon" charakteristisch zu sein (vgl. Duden-online http://www.duden.de/rechtschreibung/Brexit – zuletzt aufgerufen am 15.10.2018).

Als zentraler Ausdruck des untersuchten deutschen Diskursausschnitts, in dem es um die Zukunft der Europäischen Union geht, beherrscht dieses Wort in erster Linie die Debatten über die EU-Politik. Obwohl seit 2012 dokumentiert (vgl. https://en.oxforddictionaries.com/definition/brexit – zuletzt aufgerufen am 15.10.2018), macht der Neologismus erst im Sommer 2016 im Kontext des britischen EU-Referendums über den Verbleib Großbritanniens in der EU wahre Schlagzeilen. Die Wahl dieses Wortes durch die Gesellschaft für deutsche Sprache in Wiesbaden auf Platz zwei der Wörter des Jahres 2016 bestätigt seine Tragweite und Allgegenwart im öffentlichen Sprachgebrauch Deutschlands. Der Ausdruck *Brexit* ähnelt anderen Wortbildungen, die nach demselben Muster entstanden sind, allen voran, das Wort *Grexit*, das im Kontext des möglichen Ausscheidens Griechenlands aus der Eurozone hauptsächlich im Jahr 2015 thematisiert wurde (vgl. Dąbrowska-Burkhardt 2017). Die deutschen Medien erwähnen ebenfalls *Dexit* [Deutschland] (taz 25.06.2016), *Frexit* [Frankreich] (taz 25.06.2016), *Nexit* [Niederlande] (taz 25.06.2015) oder *Scexit* [Schottland] (taz 25.06.2016).

Bereits am 19.06.2015 macht sich die Berliner „taz" Sorgen um Italien, Irland und Spanien und fragt, ob wir demnächst *das große Überschwappen in andere Krisenländer: Itexit, Irexit und Spexit [erleben]* werden (taz 19.06.2015). Ein Jahr später spekuliert dieselbe Zeitung mit der Schlagzeile *Brexit, Nexit, Öxit, Danexit* über weitere potentielle EU-Austritts-Kandidaten: die Niederlande, Österreich und Dänemark (taz 4.07.2016). Die Debatte erhitzt offensichtlich viele Gemüter und offenbart, dass auch die Bezeichnungen für das Ausscheiden des jeweiligen Staates aus der EU nicht selbstverständlich sind. Sprachliche Zweifelsfälle werden z.B. im Zusammenhang mit Finnland deutlich: *In sozialen Medien wird [...] vor allem darüber gestritten, ob das Ganze nun „Fixit" oder „Finexit" heißen soll* (taz 4.07.2016).

Erwartungsgemäß bedient sich auch die polnische Presse einer Reihe ähnlicher Wortbildungen, wobei besonders oft, im Zusammenhang mit dem potentiellen (?) Verlassen der EU-Strukturen, der Ausdruck *Polexit* [Polen] fällt. Auf der Titelseite der Wochenzeitung „Polityka" liest man von *Polexit* im Zusammenhang mit der Politik der Regierungspartei „Recht und Gerechtigkeit" (vgl. Polityka 4.05.2016). Die Hauptüberschrift lautet: *PiS wyprowadza Polskę z Europy* <[Die Partei] Recht und Gerechtigkeit führt Polen aus Europa hinaus>. Auch in der „Gazeta Wyborcza" werden Hauptüberschriften wie: *No Polexit!* (GW 20.06.16: 17) und *Sny o Polexicie!* <Träume von Polexit> (GW 24.06.16: 15) dokumentiert, die das mögliche EU-Ausscheiden Polens ansprechen.

3. Gegenstand und Ziel der Untersuchung

Der vorliegende Beitrag beschäftigt sich mit dem deutschen Ausschnitt des europaweit geführten Diskurses über den Ausgang des britischen EU-Referendums. Bei der Dokumentation des lexikalischen Ausdrucks *Brexit* spielen sein politischer Hintergrund, sein semantisch-pragmatischer Gehalt im Diskurs sowie seine Vernetzung mit anderen sprachlichen Mitteln eine herausragende Rolle. Auf der lexikalischen Ebene von Schlüsselwörtern handelt es sich nicht nur um die Analyse isolierter Einzelbegriffe sowie das Herausfinden ihrer Bezeichnung im Text, sondern vorrangig um ihre kontextuelle Einbettung in den jeweiligen Einzeltext sowie ihre intertextuelle Vernetzung mit anderen Begriffen und benachbarten Diskursen (vgl. Dąbrowska-Burkhardt 2013: 21).

4. Zum Untersuchungskorpus

Da Berlin eine wichtige Station im Leben der zu Ehrenden darstellt, wird hier die Berichterstattung der Berliner „taz" („tageszeitung") einer Analyse unterzogen.

Die Untersuchung erfolgt anhand einer zeitlich abgegrenzten, vollständigen und gut dokumentierten sowie allgemein zugänglichen und damit auch durchaus geeigneten Datenbank.

Das analysierte Printmedium (die taz) gehört zu den auflagestarken überregionalen Zeitungen in Deutschland. Die ersten Schritte der „tageszeitung" lassen sich auf das Alternativmilieu der „Spontis" in den 1970er Jahren zurückführen. Damals wurde jedoch das inhaltliche Konzept als relativ vage bezeichnet und die erforderliche Professionalisierung fehlte (vgl. Holtz-Bacha 1999: 344f.). Im April 1979 schließt sich die täglich in Berlin erscheinende „tageszeitung" mehreren bereits existierenden alternativen Blättern an. Die Zeitung vertritt einen überregionalen Anspruch und geht „aus der antiautoritären, grünalternativen, undogmatischen Linken" hervor (vgl. BROCKHAUS 1998, Bd. 21: 504). Der Aufstieg der Grünen in Richtung Establishment macht mehrere von ihnen fokussierte Themen salonfähig. Auf diese Weise avancieren Ökologie, Antirassismus oder die Themen der Dritten Welt sukzessive zu den Fragen, mit denen sich auch die „Mainstream-Presse" beschäftigt (vgl. Holtz-Bacha 1999: 341).

Der typische taz-Leser wird als eine politisch stark interessierte Person jüngeren Alters beschrieben, die überdurchschnittlich viel liest und „formal höher gebildet" ist als die Rezipienten anderer überregionaler Zeitungen (vgl. Flieger 1992: 193).

Im Ganzen wurden 214 „taz"-Pressetexte analysiert, die im Zeitraum vom 23. Juni bis zum 2. Juli 2016 veröffentlicht wurden. Das zeitliche Kriterium spielt bei der folgenden Analyse eine signifikante Rolle. Somit knüpft die Untersuchung des *Brexit*-Diskurses an ein konkretes bedeutendes politisches Schlüsselereignis an, das in der europäischen Presse eine möglichst breite Berichterstattung garantiert und zwar an das britische EU-Referendum am 23. Juni 2016. Die Untersuchungszäsur bezieht sich auf zehn Tage im Sommer 2016, als das Thema *Brexit* in den deutschen Printmedien besonders hohe Wellen schlägt.

Die Artikel repräsentieren unterschiedliche Textsorten, u.a. Kommentare, Leitartikel, Glossen, Leserbriefe, Interviews, Spielberichte, Rezensionen, Feuilletons, Reportagen etc. Das Wort *Brexit* konnte in den meisten thematischen Spalten der „tageszeitung" dokumentiert werden, es ist nämlich nicht nur auf die Rubriken Politik und Wirtschaft begrenzt, sondern betrifft ebenfalls Informationen aus Sachfeldern wie Kultur, Kunst, Musik und Sport. In diesem Sinne besteht auch keine Beschränkung auf bestimmte Textsorten, wie das in den meisten textlinguistisch orientierten Arbeiten üblich ist (vgl. Lüger 1995; Witosz 2005; Wojtak 2010).

Das Untersuchungsthema stellt einen gesellschaftspolitisch relevanten öffentlichen Sachverhalt dar, der nicht nur in den europäischen Sprachgemeinschaften eine außergewöhnlich intensive Diskussion hervorgerufen hat. Das Thema *Brexit* ist zeittypisch und prägt seit dem Jahr 2016 nachhaltig den europäischen Diskurs.

Selbstverständlich erweckt die Problematik des Fortbestands der Europäischen Union das Interesse der Öffentlichkeit nicht erst seit dem britischen EU-Referendum. Das Thema hängt auch mit der Frage nach der europäischen Identität zusammen, die im multikulturellen Europa für viele Bürger zum Alltag geworden ist. Aus diesem Grunde ist die Relevanz dieser Thematik sowohl gesellschaftspolitisch als auch wissenschaftlich axiomatisch.

5. Zum empirischen Vorgehen

Der empirische Teil des vorliegenden Beitrags konzentriert sich auf den Ausdruck *Brexit*, seine Wortfamilie und die mit dem Ausdruck zusammenhängenden Kollokationen. Für die Auswahl dieses Schlüsselwortes im analysierten Diskursausschnitt sprechen mehrere Kriterien. Erstens wird der Ausdruck überwiegend thematisch verwendet. Zweitens kann seine auffällige Häufung in der Untersuchungszäsur als ein zusätzliches Indiz für seine Relevanz betrachtet werden und drittens wird der Ausdruck immer wieder paraphrasiert, weil er über eine breite Synonymie bzw. Ausdruckskonkurrenz verfügt.

6. Der lexikalische Ausdruck *Brexit* und die Dokumentation seiner Varianten und Kollokationspartner

Das Lexem *Brexit* ist das Themawort des analysierten Diskursausschnitts, wovon bereits seine hohe Frequenz im Untersuchungskorpus mit über 350 Nennungen zeugt. *Brexit* belegt unangefochten den ersten Platz innerhalb seiner Wortfamilie. Im Untersuchungskorpus wird das Wort *Brexit* in zwei Varianten schriftlich fixiert: mit und ohne Anführungszeichen. Die Variante mit Anführungszeichen „*Brexit*" (taz 25.06.16: 10) hat dabei Seltenheitswert, weil sie im Korpus die Marke von fünf Belegen nicht überschreitet. Dieser Sachverhalt kann als Indiz dafür gewertet werden, dass der *Brexit* nicht mehr als ein erklärungsbedürftiges Phänomen seitens der Berichterstatter eingestuft wird, sondern als ein Lexem, das sich bereits in der Alltagssprache assimiliert hat.

Im Untersuchungskorpus konnte ein einziges Mal die Kleinschreibung des Wortes *brexit* (2.07.16: 2) verzeichnet werden, was aber auf eine besondere Schreibkonvention der „taz" in der „Zitatspalte" zurückzuführen ist. Mit dieser Art des schriftlichen Festhaltens wird eine gewisse „Unkonventionalität" und „Modernität" signalisiert (vgl. Schübel, 2009: 27).

In der „taz" finden mehrere Attribuierungen von *Brexit* ihren Niederschlag. Wir lesen vom *gefürchteten Brexit* (23.06.16: Politik), *drohenden Brexit* (taz 23.06.16: Politik), *unfreiwilligen Brexit* (25.06.16: Sport), *kaum noch zu vermeidenden Brexit* (24.06.2016: Politik) oder *sexy Brexit* (23.06.16: 20).

Eine umfangreiche Gruppe an Belegen stellen mehrteilige zusammengesetzte Wörter dar, in denen konsequent der Bindestrich zum Einsatz kommt. Diese Art der schriftlichen Fixierung macht die Wörter oft leichter lesbar und hebt ihre Zusammengehörigkeit hervor, wie z.b. der *Ur-Brexit* (taz 25.06.16: 10). Die häufigsten Zusammensetzungen stellen im Untersuchungskorpus die Ausdrücke *Brexit-Votum* (25.06.16: 2) mit fast 40 Nennungen und *Brexit-Referendum* (25.06.16: 37) mit fast 30 dokumentierten Textstellen dar. *Andere* weit verbreitete Bindestrichwörter sind Bezeichnungen für die Personen, die den *Brexit* unterstützen. Unter diesen Lexemen stehen im Untersuchungskorpus mit fast 20 Nennungen die *Brexit-Befürworter* (25.06.16: 2) an der Spitze. Neben ihnen werden auch weitere Ausdrücke dokumentiert, deren Anzahl jedoch jeweils die Menge von fünf Belegen nicht überschreitet. Zu ihnen gehören: *Brexit-Fans* (25.06.2016: 6), *Brexit-Anhänger* (26.06.16: Politik), *Brexit-Vorkämpfer* (02.07.16: Gesellschaft), *Brexit-Verfechter* (30.06.16: Politik) sowie „*Brexiteers*" (29.6.16: Politik) und *Brexisten* (28.06.16).

Die Gruppe der Sympathisanten von *Brexit* repräsentiert die *Brexit-Seite* (27.06.16: IV) mit dem ca. 15-mal erwähnten *Brexit-Lager* (25.06.16: 8), *Brexit-Hochburgen* (27.6.16: 5) sowie *Brexit-Regionen* (24.06.16). Lexeme, die ebenfalls die Marke von fünf Nennungen im Untersuchungskorpus nicht überschreiten sind *Brexit-Party* (23.06.16: 20), *Brexit-Erfolg* (24.06.16) und *Brexit-Sieg* (24.06.16). Es wird von Menschen berichtet, die *pro-Brexit* (24.06.16) sind, ihren *Brexit-Wunsch* (25.06.16: Musik) preisgeben sowie *Brexit-Elan* (24.06.16) zeigen. In diesem Zusammenhang wird die führende Rolle von Boris Johnson, auch *Brexit-Boris* (30.06.16: 20), erwähnt. Im Untersuchungskorpus wird der Ausdruck *Brexit-Kampagne* (25.06.16: 10) mit ca. 15 Nennungen mehrmals verwendet. Einzelne Nennungen verzeichnen hingegen Lexeme wie *Pro-Brexit-Artikel* (27.06.16: III), *Pro-Brexit-Kommentar* (27.06.16: 8), *Brexit-Strategie* (24.06.16), *Brexit-Text* (24.06.16: 6) und *Brexit-Wahlkampf* (28.06.16: Politik).

Auf der anderen Seite wird mehr als 5-mal über den *Brexit-Schock* (02.07.16: 10) berichtet. Neben diesem Lexem tauchen auch die Ausdrücke wie *Brexit-Verwüstung* (01.07.16: Politik), *Brexit-Beben* (25.06.16: 4) sowie *Brexitschock-Europa* (29.06.16: Politik) auf. Die von dem Ausgang des Referendums enttäuschten Personen werden mit dem Ausdruck *Brexit-Gegner* (25.06.16: 37) bezeichnet, wobei das Wort im Untersuchungskorpus dreimal seltener als *Brexit-Befürworter* (30.06.16: Politik) dokumentiert ist.

Eine wichtige Rolle wird auch dem zeitlichen Aspekt von *Brexit* zugeschrieben. Wir lesen mehrmals von der *Brexit-Nacht* (25.06.16: 7), der „*Brexit*"-*Stunde* (2./3.07.16: Ökonomie) sowie dem *Brexit-Tag* (23.06.16: 18). Über die Situationsentwicklung wird man im *Brexit-Liveticker* (24.06.16: Gesellschaft) auf dem Laufenden gehalten oder auch in der Spalte *Brexit-Schwerpunkt* (29.06.16: 1) informiert.

Zur Gruppe der vermehrt dokumentierten Ausdrücke gehört das Lexem *Brexit-Entscheidung* (25.06.16: 4), das mit ca. 15 Nennungen im Korpus nachgewiesen werden konnte. Die Wörter *Brexit-Debatte* (25.06.16: 37) und *Brexit-Entscheid* (28.06.16: 2), ähnlich wie *Brexit-Ergebnis* (27.06.16: 5), *Brexit-Meldung* (23.06.16: 20) und *Brexit-Abstimmung* (24.06.16), treten zwar auch wiederholt auf, überschreiten aber nicht die Anzahl von fünf Belegen.

Zu den *Brexit-Folgen* (28.06.16: Politik) zählen die mehrfach erwähnten *Brexit-Gipfel* (30.06.16: 10), *Brexit-Verfahren* (27.06.16: Politik), *Brexit-Verhandlungen* (27.06.16: Politik) und „*Brexit-Regierung*" (24.06.16). In einzelnen Belegen findet man den *Brexit-Beschluss* (25.06.16: Politik), das *Brexit-Forum* (28.06.16: 2), den *Brexit-Fall* (25.06.16: Politik) und die *Brexit-Verhandlungsergebnisse* (26.06.16: Politik) sowie den *Brexit-Eiertanz* des britischen Premierministers Cameron (01.07.16: Politik).

Die „taz" rätselt, ähnlich wie andere deutsche Printmedien, darüber, wer als *Brexit-Krisengewinner* (25.06.16: 4) fungiert. In diesem Kontext wird immer wieder Frankfurt am Main erwähnt. Die Stadt rechne mit einem Banker-Ansturm aus London. Diese Tatsache bringt die Schlagzeile *Das Geld soll nach Frankfurt* (2./3.06.16: 28) auf den Punkt.

Berichtet wird von der *Nach-Brexit-Sprache* (25.06.16: 8), die nach dem britischen EU-Referendum verwendet wird, und von dem *Post-Brexit-Rassismus* (29.06.16: Politik), der zu fremdenfeindlichem Verhalten ermutigt. Ein „taz"-Journalist erwähnt seine gewonnene *Brexit-Wette* (24.06.16), die ihn jedoch nicht erfreut, weil er sich eher als Verlierer der politischen Entwicklung sieht.

Über *Brexit-Fruststimmen*, die glücklicherweise *verhindert* werden konnten (taz 23.06.16: 1), wird im Kontext eines Sport-Ereignisses, der Fußball-Europameisterschaft, die parallel zu den britischen Ereignissen in Frankreich stattfindet, in der satirischen Rubrik der Seite 1 „verboten" berichtet. Der deutschen Mannschaft wird an dieser Stelle Dank gezollt, durch torloses Spielen Nordirland vor Ausscheiden aus der EM bewahrt zu haben.

In der Sport-Rubrik der taz findet der *Brexit* gerade im Kontext der EM in Frankreich häufig seinen Niederschlag. Berichtet wird vom *EU-Brexit Großbritanniens*, der *auch für Wales [gälte]* (23.06.16: Sport), vom *EM-Brexit*, der im Spiel gegen Island weder vom *englische[n] Nationalteam noch von seine[n] Fans [gewollt]* gewesen ist (02.07.16: Sport). In dem Sportbericht aus Nizza über das von Engländern gegen Island verlorene Achtelfinale fällt die Hauptüberschrift *Keine Brexit-Witze, please* (27.06.16: Sport) ins Auge.

Deutliche Spuren hinterlässt der Ausdruck *Brexit* ebenfalls in den Rubriken Kunst, Kultur und Musik. Die Beziehung von *Brexit* und Pop wird anhand der Beschreibung der britischen Musikszene, die *den Brexit fast einhellig ab[...]lehnt* (25.06.16: Musik), erörtert. Berichtet wird auch über das *Post-Brexit-Konzert* (29.06.16: 24), das die in Berlin ansässigen Musiker mit dem Namen *Post-Brexit Immigrant Integration Ensemble* veranstalten (29.06.16: 24). In der „taz" wird ebenfalls über eine *Brexit-Installation* berichtet, die von einem Sprayer bereits vor Jahren so arrangiert wurde, dass er *ein Prophet gewesen sein [muss]* (27.06.16: 28).

6.1. Semantisch-pragmatischer Gehalt von *Brexit* und seine intertextuelle Vernetzung

Das Konzept *Brexit* bezieht sich in der „taz" auf den *EU-Austritt Großbritanniens* (23.06.16: 16). Dieser Sachverhalt kommt in der analysierten Berichterstattung äußerst differenziert zum Ausdruck. Die „taz" spielt z.B. bereits am 23. Juni provokativ mit der Hauptüberschrift *Muss jemand austreten?* (23.06.16: 16) auf den Ausstieg der Briten aus der EU an, bedient sich dabei aber einer Frage, die durch die Infinitivverwendung den Spielraum für die Deutung „die Toilette aufsuchen" bzw. „seine Notdurft verrichten" offenlässt. Diese Art der Berichterstattung wird in den Leserbriefen an die „taz" direkt angegriffen: *Stöhn! Was ist das denn? In welcher Zeitung bin ich? Ich finde diese Titelseite zum Thema „Brexit" geschmacklos. Muss sich die taz unbedingt an der Brutalisierung des gesellschaftlichen Umgangstones beteiligen?* (taz 27.06.16: 8).

Das Ausscheiden der Briten wird in der „taz" äußerst nuanciert ausgedrückt. Die Sätze und Wortgruppen, denen wir in diesem Kontext begegnen, sind u.a. *jeder kann Koffer packen* (taz 23.06.16: 16), *einen ungeordneten, „wilden" Austritt Großbritanniens [...] vermeiden* (23.06.16: Politik), *„In is in. Out is out"* (23.06.16: Politik), *„Raus ist raus"* (23.06.16: Politik), *die Briten sind raus* (24.06.16: Gesellschaft), *„Einen Deserteur empfängt man nicht mit offenen Armen"* (24.06.16: Politik), *bisher [lief] alles bestens in Europa – bis zu diesem bedauerlichen Betriebsunfall in Britannien* (24.06.16: Politik), *die Briten treten aus [...] die sind draußen [...] in der neuen, großen, weiten Welt mit ihrer splendid isolation* (24.06.16), *Europa zurück in die Dunkelheit [...] führen* (24.06.16), *die Briten haben sich [...] doch getraut [...]* (24.06.16), *„herber Rückschlag"* (24.06.16), *„Sieg der Freiheit"* (24.06.16), *„Freedom wins over serfdom" (Freiheit siegt über Leibeigenschaft)* (24.06.16), *„fantastisch mutige[...] Briten"* (24.06.16), *„das britische Volk [hat] seine Souveränität* *zurückgewonnen"* (24.06.16), *Großbritannien habe sich von einer gescheiterten Union befreit* (24.06.16), *„ökonomische[s] Eigentor"* der Briten (24.06.16) etc.

Alle oben angeführten Syntagmen beziehen sich auf das britische Referendum, die das mögliche Ausscheiden Großbritanniens aus der EU nach sich ziehen kann. Es geht somit um den *Brexit*, der differenzierte Lesarten bei verschiedenen gesellschaftlichen Gruppen evoziert. Verschiedene Wahrnehmungsperspektiven von *Brexit* rufen unterschiedliche Emotionen hervor. Einerseits wird die Entwicklung in Großbritannien mit anerkennenden, lobenden und begeisterten Worten attribuiert, die nicht nur von der rechten Szene Europas, sondern auch Amerikas kommen. Sarah Palin gratuliert den Briten, *sich für Unabhängigkeit von weltweiten Interessengruppen sowie Kontrolle über die eigenen Grenzen und den Schutz der eigenen Bevölkerung entschieden* zu haben (25.06.16: 4). Nigel Farage, Schlüsselfigur der *Brexit*-Befürworter, fordert die *Einrichtung des 23. Juni als öffentlicher Feiertag in Großbritannien, „Independence Day"* (24.06.16). Den gleichen Tenor hat auch der Textausschnitt *„Tag der Unabhängigkeit",* titelte die europakritische Boulevardzeitung *„The Sun"* (23.06.16). Andererseits findet man überaus viele Belege, die der Entscheidung der Briten besonders kritisch begegnen. Die Hauptüberschrift *We're really, really fucked* (25.06.16) bezieht sich explizit auf die scharfe moralische Verurteilung des EU-Ausstiegs durch die britische Musikerszene. Die verärgerten und wütenden Gefühlsausbrüche der Menschen, die von den „taz"-Redakteuren innerhalb und außerhalb der „taz" befragt wurden, finden ebenfalls ihren Niederschlag in der analysierten Berichterstattung. Die Schlagzeile vom 25. Juni *Fuck the Methusalemkomplott!* (25.06.16: 2) spiegelt deutlich die Aufgebrachtheit und Entrüstung der Menschen wider, die sich für den EU-Verbleib Großbritanniens eingesetzt haben. Beklagt wird sowohl *die Kluft zwischen den Generationen* als auch *zwischen den Klassen* (25.06.16: 2). Zitiert werden Stimmen von Menschen, die *wütend über den Brexit* (25.06.16: 3) sind, die sich *eine Menge Sorgen [machen] [...]. Jetzt, wo wir austreten, frage ich mich, ob das so weitergehen wird* (25.06.16: 2) oder die sagen, *Ich rief laut „Scheiße", als ich herausfand, dass Großbritannien dafür gestimmt hatte, die EU zu verlassen* (25.06.16: 3). In vielen zitierten Stimmen kommt die Enttäuschung über den Ausgang des Referendums zum Ausdruck. Es wird berichtet: *Diese blöden alten Säcke! Es ist völlig unverständlich, wie eine Eltern- und Großelterngeneration die Zukunft ihrer Kinder und Enkel so dermaßen an die Wand fahren konnte. [...] Die alten weißen Säcke aus Südengland und Wales, die seit Jahren und Jahrzehnten bei Wahlen konservativ oder nationalistisch abstimmen, die sich einer Moderne verschließen [...] haben gerade die Zukunft ihrer Kinder und Enkel in Großbritannien zerstört – und damit vielleicht auch Großbritannien als Nation* (25.06.16: Gesellschaft).

6.2. Zentrale Kollokationspartner des Konzepts *Brexit*

Unter zentralen „korpusspezifischen Kollokationspartnern" werden Wörter und Wortgruppen verstanden, die regelhaft gemeinsam im Untersuchungskorpus auftreten und aus semantisch-pragmatischen Gründen zusammen sprachlich realisiert werden (vgl. Bußmann 2008: 345). Zu den zentralen Kollokationspart-nern des Lexems *Brexit* gehören im Untersuchungskorpus die Ausdrücke wie *Neoliberalismus, Nationalstaat, Nationalismus, Rassismus* und *Migration.*

Folgende drei Belege illustrieren die Kontextualisierung der genannten Lexe-me, die im Folgenden entsprechend markiert werden. Mit **fett** wird das Schlüs-selwort, mit <u>Unterstreichung</u> der Kollokationspartner gekennzeichnet:

1) *Der **Brexit** sei die Folge <u>neoliberaler Politik</u> in Europa, sagt Grünen-Politiker Jürgen Trittin. [...] Der Sieg der **Brexit-Befürworter** stürzt die EU in eine tiefe Krise. Er wirft die Frage auf, ob es dieses Europa langfristig geben wird, oder ob wir zurückfallen in den <u>Nationalismus der Nationen</u>. [...] Ich glaube, dass wir es im Kern mit den Folgen <u>neoliberaler Politik</u> zu tun haben. Sehen Sie sich die Wahlanalysen aus Großbritannien an: Gegen die EU haben vor allem ältere Menschen gestimmt, gering Qualifizierte und Einkommensschwache. Diese Leute sehen in der EU eine Bedrohung und sie versprechen sich Schutz vom <u>National-staat</u>. [...] taz-Frage: Der <u>Neoliberalismus</u> ist schuld? Viele **Brexit-Fans** haben doch eher Angst vor zu viel Zuwanderung Trittin: Diese vorgebliche <u>Angst vor Fremden</u> ist nur ein Symptom. Dahinter stecken ein tiefes Unbehagen nach der Finanzkrise und die Angst, eigene Vorteile zu verlieren. Das sucht sich Ventile, im Moment sind es eben die <u>Migranten</u>. Dass ausgerechnet Großbritannien sich vor <u>Zuwanderung</u> fürchten müsse, ist doch absurd (24.06.16).*
2) *Sahra Wagenknecht [...] setzt [...] auf scharfe EU-Kritik. „Die EU mit ihren <u>neoliberalen Verträgen</u> und ihrem undemokratischen Machtapparat hat sehr viel Vertrauen verspielt" [...]. Wenn die EU bleibe, wie sie ist, werde sie zerfallen, prognostiziert sie. „Denn dann wird es auch in anderen Ländern irgendwann **Entscheidungen wie in Großbritannien** geben." [...] Der Linkspartei-Parla-mentarier Jan van Aken [...]: „Es herrscht große Einigkeit, dass der **Brexit** die <u>Nationalisten</u> und <u>Rassisten</u> stärken wird" (24.06.16).*
3) *Der **Brexit** ermutigt <u>Rassisten</u>. Sagt Karissa Singh. Die Menschenrechtsaktivistin kreierte <u>#PostRefRacism</u> – Tausende dokumentieren Vorfälle im Netz. [...] Am Freitag nach dem **Brexit** war ich [...] etwas trinken, als ein weißer Mann [...] sagte: „Als wir für ‚leave' stimmten, hätte das auch für euch gelten sollen. [...] Geht einfach zurück in euer Land und arbeitet dort." [...] Seit dem Referendum scheint <u>Rassismus</u> aber verstärkt, schamloser und direkter aufzutauchen. Durch den **Brexit** fühlen sich die Täter in ihren Ansichten bestätigt und denken, dass*

*ihnen keine Konsequenzen drohen. Was sie offensichtlich nicht verstanden haben ist, dass der **Brexit** keine Legitimation für <u>Rassismus</u> und Einschüchterungen darstellt* (29.06.16).

7. Fazit

Zusammenfassend lässt sich feststellen, dass der untersuchte deutsche „taz"-Diskursausschnitt als äußerst emotional geführter gesamteuropäischer oder sogar weltweiter Meinungsaustausch in der Zeitung seinen Niederschlag findet. Das europäische Schlüsselwort *Brexit* ist in der „taz" omnipräsent und beweist, dass der Diskurs über die Zukunft Europas als grenzüberschreitend wahrgenommen wird. Dabei werden sehr wohl verschiedene politische Perspektiven im Hinblick auf das EU-Ausscheiden Großbritanniens berücksichtigt. Interessant ist es aber gleichzeitig auch feststellen zu können, dass zu den Kollokationspartnern des Schlüsselwortes *Brexit* Ausdrücke gehören, die auch in anderen „europäischen Krisen" von medialen Persönlichkeiten sei es von Politikern oder Journalisten verwendet werden. Die Belege hierfür lassen sich beispielsweise aus den Diskursen über die EU-Verfassung, die Flüchtlingskrise oder die Wirtschaftskrise entnehmen. Sie offenbaren, dass sich Europa in schwierigen Situationen mit den gleichen Fragen wie mit dem *„Verwischen von Ländergrenzen"* (25.06.16), *[dem Treten] der Souveränität mit Füßen* (24.06.16), der *illegale[n] Einwanderung* (24.06.16), der *Spaltung* der EU (24.06.16) oder auch mit ihrem *Zerfall* (24.06.16: 16) beschäftigt.

Literatur

Bilut-Homplewicz, Zofia (2013): Prinzip Perspektivierung, Germanistische und polonistische Textlinguistik – Entwicklungen, Probleme, Desiderata. Teil 1: Germanistische Textlinguistik. (=Danziger Beiträge zur Germanistik, Bd. 43) Frankfurt a. M.: Peter Lang Verlag.

Bußmann, Hadumod (2008): Lexikon der Sprachwissenschaft. 4. durchgesehene und bibliographisch ergänzte Auflage. Stuttgart: Kröner Verlag.

BROCKHAUS Enzyklopädie in vierundzwanzig Bänden (1996ff.): 20. überarbeitete und aktualisierte Auflage. Leipzig/Mannheim: F.A. Brockhaus.

Czachur, Waldemar (2011): Diskursive Weltbilder im Kontrast. Linguistische Konzeption und Methode der kontrastiven Diskursanalyse deutscher und polnischer Medien. Wrocław: Atut.

Dąbrowska-Burkhardt, Jarochna (2013): Die gesamteuropäischen Verfassungsprojekte im transnationalen Diskurs. Eine kontrastive linguistische Analyse der deutschen und polnischen Berichterstattung. Zielona Góra: Uniwersytet Zielonogórski.

Dąbrowska-Burkhardt, Jarochna (2017): Das Déja-vu des Europa der zwei Geschwindigkeiten im Sommer 2015. Eine diskursanalytische Untersuchung zur Griechenland-Krise in der deutschen Berichterstattung. In: Żebrowska, Ewa/ Olpińska-Szkiełko, Magdalena/Latkowska, Magdalena (Hrsg.): Beiträge zur Germanistik. Germanistische Forschung in Polen: Gegenstände und Methoden, Formen und Wirkungen. Warszawa: Wissenschaftliche Beiträge des Verbandes Polnischer Germanisten, S. 27–38.

Flieger, Wolfgang (1992): Die TAZ. Vom Alternativblatt zur linken Tageszeitung. (= Forschungsfeld Kommunikation Bd. 2). München: Verlag Ölschläger.

Hermanns, Fritz (1995): Sprachgeschichte als Mentalitätsgeschichte. Überlegungen zu Sinn und Form und Gegenstand historischer Semantik. In: Gardt, Andreas/ Mattheier, Klaus J./Reichmann, Oskar (Hrsg.): Sprachgeschichte des Neuhochdeutschen. Gegenstände, Methoden, Theorien. Tübingen: Max Niemeyer Verlag, S. 69–101.

Holtz-Bacha, Christina (1999): Alternative Presse. In: Wilke, Jürgen (Hrsg.): Mediengeschichte der Bundesrepublik Deutschland. Bonn: Bundeszentrale für politische Bildung. Schriftenreihe Bd. 361, S. 330–349.

Kämper, Heidrun / Kilian, Jörg (Hrsg.) (2012): Wort – Begriff – Diskurs. Deutscher Wortschatz und europäische Semantik. (=Sprache – Politik – Gesellschaft, Bd. 7). Bremen: Hempen Verlag.

Lüger, Heinz-Helmut (1995): Pressesprache. 2. Auflage. (=Germanistische Arbeitshefte, Bd. 28). Tübingen: Niemeyer.

Musolff, Andreas (2017): Truths, lies and figurative scenarios – Metaphors at the heart of Brexit. In "Journal of Language and Politics", Volume 16, S. 641–657.

Schübel, Adelbert (2009): Von der Norm zur Vielfalt – Brauchen wir noch eine Substantivgroßschreibung? In: Siehr, Karl-Heinz/ Berner, Elisabeth (Hrsg.): Sprachwandel und Entwicklungstendenzen als Themen im Deutschunterricht: fachliche Grundlagen – Unterrichtsanregungen – Unterrichtsmaterialien, Potsdam: Universitätsverlag Potsdam, S. 25–46.

Witosz, Bożena (2005): Genologia lingwistyczna. Zarys problematyki. Katowice: Wydawnictwo Uniwersytetu Śląskiego.

Wojtak, Maria (2010): Głosy z teraźniejszości. O języku współczesnej polskiej prasy. Lublin: Wydawnictwo WSPA.

Piotr Krycki (Zielona Góra)

Populärwissenschaftlicher Zeitungsartikel als Textsorte der strukturellen Kopplung

Abstract: The text types can be located in the social systems, which in turn impose the linguistic implementation of the system's native code – the area style – and thus also the linguistic realisation of the text types produced in the system. Since the systems operate in a closed environment, however, their operations cannot go beyond the system borders, as well as the texts produced in them, which belong to "core text types" and thus also constitute the systems. A translation of the system's own operations is only possible in the context of a coupling to another connected social system. This "coupling by language" is well recognizable in so-called "text types of structural coupling", because they often contain elements of the linguistic code of both systems. In the article, the popular scientific articles from the daily newspaper "Die Welt" were analysed as an example. The most commonly used strategies for communicating science were also discussed.

Keywords: *social system, popular scientific article, newspaper, stylistics, text linguistics*

Einleitung

Ziel des Beitrags ist es, an einem Korpus populärwissenschaftlicher Texte aus „Die Welt" zu zeigen, inwieweit sich systemtheoretische Ansätze in der Textlinguistik produktiv anwenden lassen. Die Systemtheorie liefert ein Beobachtungsinstrumentarium für textlinguistische Untersuchungen und macht somit die Reduzierung der Komplexität der Textwelt möglich. Sie ermöglicht auch eine genauere Bestimmung der Textfunktionen. Die Textsorten können in den Systemen verortet werden, was wiederum die sprachliche Umsetzung des systemeigenen Codes und somit auch die sprachliche Realisierung der hervorgebrachten Textsorten aufzwingt.

1. Soziales System und Kommunikationsbereich

Als soziale Systeme werden dabei Interaktionen, Organisationen und Gesellschaften unterschieden. Das soziale System der Gesellschaft schließt die ihm untergeordneten bzw. zugeordneten Systeme (Teilsysteme) und soziale und kommunikative Wirklichkeiten mit ein. Die funktional ausdifferenzierten gesellschaftlichen Teilsysteme unterscheiden sich dadurch von anderen sozialen Systemen, dass sie für die Gesellschaft je spezifische Funktionen übernehmen. (Vgl. Krause

2005: 34 ff.) Darüber hinaus charakterisieren sich die Funktionssysteme durch die autopoietische operative Geschlossenheit, die Verwendung eines binären Codes und vollständige Inklusion aller Handelnden (vgl. Luhmann 1997: 748).

Die Systeme operieren in einer Umwelt, die aus benachbarten Systemen besteht und mit der die Systeme mittels der Sprache strukturell gekoppelt werden. Unter struktureller Kopplung werden hier dauerhafte Beziehungen zwischen sozialen Systemen verstanden (vgl. Luhmann 1996: 117 f.). Sie übersetzt analoge Signale in digitale (vgl. Luhmann 1992: 39), sie macht die in einem System kodierten Leistungen für die gekoppelten Systeme verständlich, indem sie die Irritationen im systemeigenen Code in Informationen umsetzt.

Diese Erkenntnisse der Systemtheorie nutzt die Textlinguistik unter anderem zur Erklärung textinterner Merkmale und darüber hinaus ermöglichen sie die Einordnung der Textsorten in Kommunikationsbereiche. Dieser Terminus impliziert laut Brinker/Antos/Heinemann/Sager (2000: XX)

> bestimmte gesellschaftliche Bereiche, für die jeweils spezifische Handlungs- und Bewertungsnormen konstitutiv sind. Kommunikationsbereiche können somit als situativ und sozial definierte ‚Ensembles' von Textsorten beschrieben werden.

Der Kommunikationsbereich kann jedoch nicht vollständig mit dem Luhmannschen sozialen System gleichgesetzt werden. Kommunikationsbereiche sind jeweils in einem sozialen System verankert. Sie können entweder das ganze System umfassen (Kommunikationsbereich der Wissenschaft umfasst das gesamte System der Wissenschaft) oder aber sie können aus Teilen von Systemen herausgesondert werden (Kommunikationsbereich der Werbung innerhalb des Wirtschaftssystems). Die Grenzen der Kommunikationsbereiche können aber nicht über die Grenzen des eigenen Systems hinausgehen. Ein weiterer Unterschied besteht in den konstitutiven Elementen eines sozialen Systems und eines Kommunikationsbereichs. Soziale Systeme bestehen aus Kommunikationen, die sich selbst, ohne menschliches Handeln, reproduzieren. Die Kommunikationsbereiche werden dagegen durch Textsorten konstituiert, die menschliches Handeln reflektieren (vgl. Gansel 2007: 69 f.).

2. Leistungsgruppen der Textsorten

Die Textsorten erbringen als Träger der Kommunikation für ihre Systeme bestimmte Leistungen. Geht man von der dominanten Leistung einer Textsorte aus können folgende Leistungsgruppen von Textsorten herausgesondert werden:

- **Kerntextsorten** sind die für ein soziales System (Interaktion, Organisation oder funktional ausdifferenziertes Teilsystem) konstiutiven Textsorten.

- **Textsorten der konventionalisierten, institutionell geregelten Anschluss-kommunikation** erfordern eine Reaktion auf das Kommunikationsangebot des eigenen Systems und andererseits sind sie eine Reaktion darauf.
- Und schließlich werden Textsorten differenziert, die zur Kommunikation fester Beziehungen zwischen Systemen, von denen mindestens eines ein Organisationssystem oder ein psychisches System ist (denn nur diese kommunizieren mit anderen Systemen), dienen, die **Textsorten der strukturellen Kopplung** genannt werden. (Vgl. Gansel 2007: 78)

Die Kommunikationsbereiche müssen aber den systemeigenen Code in den Texten sprachlich umsetzen. Sie erfordern also einen besonderen Bereichsstil, sie implizieren bestimmte stilistische Auflagen, die die konstituierenden Textsorten erfüllen müssen, sonst werden sie nicht unbedingt eindeutig als Textsorten aus dem Kommunikationsbereich identifiziert.

3. Sprachliche Universalien im System der Wissenschaft

Die Wissenschaft wird in der Systemtheorie als ein „autonomes, operativ geschlossenes System binär codierter Operationen" beschrieben (Luhmann 1992: 340). Ihre Operationen sind Beobachten und Beschreiben. Die wissenschaftliche Kommunikation erfolgt mittels eines binären Codes mit den Parametern wahr und unwahr (vgl. Luhmann 1992: 194). Kommuniziert wird fachintern oder fachextern. Fachintern bedeutet Kommunikation unter Wissenschaftlern, fachextern dagegen meint die Vermittlung wissenschaftlicher Ergebnisse an Laien. Die fachinterne Kommunikation kann sowohl symmetrisch (alle Beteiligten sind in informationeller Beziehung völlig gleichgestellt) als auch asymmetrisch (ein Partner bildet das kommunikative Zentrum und die anderen Beteiligten sind von ihm abhängig), die fachexterne Kommunikation verläuft dagegen immer asymmetrisch. (Vgl. Bongo 2006: 176 ff.) Im Sinne der Systemtheorie kommunizieren die sozialen Systeme ausschließlich intern und nach einem binären systeminternen Code. Die fachexterne Kommunikation muss über die Grenzen eines sozialen Systems hinausgehen. Dies steht im Widerspruch zur Definition des Kommunikationsbereichs und seiner Charakteristik. Die Vermittlung der wissenschaftlichen Ergebnisse ist die aus der Funktion, die als Gewinnen neuer Erkenntnisse festgemacht werden kann, resultierende Leistung des Systems der Wissenschaft für andere Systeme (vgl. Luhmann 1992: 355). Diese Vermittlung kann nur mithilfe der strukturellen Kopplungen zu anderen Systemen erfolgen. Das System der Wissenschaft erbringt Leistungen für angeschlossene Systeme, indem es ihnen neues Wissen bereitstellt. So versorgt die Wissenschaft die Massenmedien mit

Informationen, für das System der Wirtschaft gibt sie die theoretischen Erkenntnisse für den praktischen Einsatz frei. Die fachinterne Kommunikation resultiert also aus der Funktion des Systems der Wissenschaft (Erzeugung neuen Wissens) und die fachexterne Kommunikation hilft die Leistungen für andere Systeme (Bereitstellung neuen Wissens) erbringen.

Im Kommunikationsbereich der Wissenschaft dienen die produzierten Texte insbesondere der fachinternen Kommunikation, aber auch der Vermittlung wissenschaftlicher Zusammenhänge an Laien, also der strukturellen Kopplung zu anderen Bereichen. Die Texte müssen im Rahmen der Wissenschaft aktuell und international verständlich sein (vgl. Ramm/Villiger 1997: 205 f.). Die Wissenschaftssprache muss darüber hinaus schreibbar bzw. druckbar, möglichst explizit, argumentativ, konsistent, systematisch, widerspruchsfrei und ökonomisch sein (vgl. von Polenz 1981: 85 ff.). Als Hauptmerkmale des wissenschaftlichen Stils können öffentlicher Charakter, Begrifflichkeit, Genauigkeit, Klarheit und Fachlichkeit genannt werden (vgl. Malá 2003: 111). Schwanzer (1981: 215) nennt diese Invarianten der Wissenschafts- und Fachsprachen substanzielle Universalien. Dazu gehören Sachbezogenheit, Eindeutigkeit, Klarheit, Effizienz und Ökonomie.

Diese Universalien der Wissenschaftssprache werden durch konkrete sprachliche Mittel realisiert – die formalen Universalien. Für den Kommunikationsbereich der Wissenschaft stellen Untersuchungen im Bereich der Syntax eine Verkürzung der Satzlänge sowie einen Rückgang der Satzgefüge fest. Die meisten Nebensätze sind Relativsätze und darüber hinaus werden auch dass-Sätze, Konditionalsätze und Kausalsätze festgestellt. Wissenschaftliche Texte bestehen meist aus vollständigen – mit einem finiten Verb – Aussagesätzen. Das vorherrschende Tempus der Sätze ist das Präsens, aber in erzählerischen Texten finden sich auch Vergangenheitstempora, insbesondere das Präteritum. In der Wissenschaftssprache kann eine Affinität zur nominalen Ausdrucksweise festgestellt werden, die sich unter anderem durch den häufigen Gebrauch von Funktionsverbgefügen zeigt. Damit verbunden ist auch der Gebrauch von Symbolzeichen (Zahlen, Formeln, Buchstaben). Unterstützt wird dieser Stil auch durch die häufig gebrauchte unpersönliche Ausdrucksweise sowie das Vorgangspassiv. (Vgl. Beneš 1981: 189 ff.)

Für den Kommunikationsbereich ist die Wiedergabe fremder Rede von Bedeutung, daher spielt auch die Modalität, insbesondere die Geltungsgradmodalität, eine wichtige Rolle (vgl. Baumann 2006: 217 f). Für die Wissenschaftssprache ist der Gebrauch des Indikativs typisch und Konjunktive werden mit Bezug auf Zitate gebraucht. Modale Inhalte werden meistens mithilfe lexikalischer Mittel ausgedrückt. Am häufigsten werden dafür Modalverben, Modalpartikeln, präpositionale Wortgruppen und Adjektive mit modaler Bedeutung verwendet (vgl. Beneš 1981: 197 f.). Die Wissenschaftssprache bedient sich aber auch häufig nonverbaler Mittel, wie Tabellen, Diagramme, Schemata usw. (vgl. Baumann 2006: 217).

4. Sprachliche Universalien im System der Massenmedien

Das System der Wissenschaft erarbeitet Wissen, das es anderen Systemen zur Verfügung stellt. Die Systeme können diese Informationen als Input nutzen und weiter verarbeiten. Im Falle der Massenmedien wird der Input dafür verwendet, das eigene System zu erhalten und Leistungen für andere Systeme zu erbringen. Die Massenmedien, die mit dem Medium „Information" arbeiten, holen sich diese in der Umwelt (Wissenschaft, Wirtschaft). Die Selektion erfolgt nach systemeigenen Kriterien: Neuheit der Information, Konflikte, Quantitäten, lokaler Bezug, Normverstöße/Präferenz für Außergewöhnliches, Unterschied von Gutem und Schlechtem, Interesse an Personen, Aktualität und Möglichkeit der Rekursivität, Äußerung von Meinungen (vgl. Luhmann 1996: 58 ff.).

Zu den Hauptmerkmalen der sprachstilistischen Realisierung gehören hier insbesondere die Verwendung weitgehend allgemeinverständlicher, schnell rezitierbarer und massenwirksamer lexikalischer Mittel und syntaktischer Konstruktionen (einschließlich Fremdwörter, Termini, Realienbezeichnungen, Jargonismen, Neologismen, Attribute, Aufzählungen, originelle Wortverbindungen und Wortbildungskonstruktionen, usw.) (vgl. Malá 2003: 125) und die Aktualisierung durch originelle Wortgruppen und Wortbildungskonstruktionen, durch Modifizierungen, Phraseologismen, Wortspiele, Metaphern und andere Stilfiguren (vgl. Kalverkämper 1981: 187). Im Bereich der Syntax ist ein Verzicht auf unübersichtliche und schwer verständliche Konstruktionen zu beobachten. Dies führt zur Reduzierung der Satzlänge und zur Dominanz der Einfachsätze. Man verzichtet auch auf direkten Gebrauch des Konjunktivs. Man kann aber einen Hang zum Gebrauch von Superlativen und Elativen feststellen. (Vgl. Lüger 1995: 32 f.) Mit der Reduzierung der Satzlänge geht auch die Verkürzung der Texte einher. Dies wird unter anderem durch Nominalkomposita und Nominalisierungen erreicht (vgl. Muckenhaupt 2000: 70).

5. Wissensvermittlung in den populärwissenschaftlichen Texten

Den Ausgangspunkt für die Vermittlung vom Wissen bilden wissenschaftliche Texte, aber sie sind nicht jedem ohne weiteres zugänglich und für jeden verständlich, sie divergieren auch im Hinblick darauf, wieviel Vorwissen und

„Verstehenskompetenz" vorausgesetzt wird. Manche populärwissenschaftlichen Texte sind sehr nahe an einem „hochfachlichen" Text, andere popularisieren sehr stark. Die Massenmedien bedienen sich bei dem Transfer unterschiedlicher Techniken zur Wissenschaftsvermittlung. Im Einzelnen werden sie bei Niederhauser (vgl. 1997: 111 ff.) dargestellt. Im Folgenden soll lediglich auf ausgewählte Beispiele und Belege eingegangen werden. Korpus dieser Untersuchung bilden Texte, die in „Die Welt" jeweils auf den entsprechenden Seiten „Wissen" veröffentlicht wurden. Es wird dabei insbesondere auf die graphische und sprachliche (insbesondere spezifische Lexik und Syntax) Gestaltung geachtet.

Die populärwissenschaftlichen Texte nehmen in den einzelnen Ausgaben in der Regel von einer halben Seite (dann teilen sie Platz mit Werbung oder dem Fernsehprogramm) bis zu einer vollen Seite in Anspruch. Die veröffentlichten Texte werden jeweils mit den Namen der Autoren gekennzeichnet, was die Glaubwürdigkeit erhöht und vor allem für die Texte im Bereich der Wissenschaft eine Regel darstellt. Eine Ausnahme bilden hier kurze Nachrichten, die in einer gesonderten Spalte „Kompakt" dargestellt werden sowie Texte, die von fremden Quellen vollständig übernommen wurden. Im Untersuchungskorpus war es nur die Nachrichtenagentur dpa. Diese Beiträge wurden jeweils am Schluss mit der Bezeichnung der Agentur versehen.

Die Leittexte werden mittig platziert und jeweils mit einem großen Titel versehen. Jeder dieser Texte wird durch mindestens eine Abbildung begleitet. Abbildungen spielen, wie Niederhauser (vgl. 1997: 117) schreibt, eine wichtige Rolle in den populärwissenschaftlichen Texten jedoch mit einer anderen Funktion als in den wissenschaftlichen Texten. Während sie in den zweiteren in erster Linie eine erläuternde, didaktische und veranschaulichende Funktion haben, dienen sie in den ersteren als Blickfang oder ästhetischer Aufhänger. Es wird in der populärwissenschaftlichen Literatur äußerst selten auf die Illustrationen direkt verwiesen, wie beim folgenden Beleg.

[1] Humus nennt man diesen wichtigen Anteil im Erdboden. Er besteht zum größten Teil aus Pflanzenresten, aber auch aus Klein- und Kleinstlebewesen (siehe Grafik).
(Die Welt, 4.08.2018)

Die dazugehörige Grafik ist in der Mitte des Textes platziert unter einem übermäßig großen Foto, in das auch der Titel eingearbeitet ist.

Es ist zugleich auch eines der wenigen Beispiele, in denen Graphen, Skizzen oder schematische Darstellungen den Text begleiten. In den meisten Fällen beschränken sich die Redaktionen auf ein für den Leser attraktives Bild als Blickfang.

FANNY JIMENEZ

Den Ex-Bundesaußenminister und ehemaligen FDP-Vorsitzenden Guido Westerwelle traf die Diagnose bei der Vorbereitung auf seine bevorstehende Knie-Operation völlig unvorbereitet. Bei der routinemäßig durchgeführten Blutuntersuchung hatten die Ärzte Auffälligkeiten im Blut entdeckt – das Aussehen und das Zahlenverhältnis der einzelnen Blutzellen zueinander stimmten nicht.

Rund 11.500 Menschen erkranken dem Krebsinformationsdienst zufolge jedes Jahr in Deutschland an Leukämie, auch Blutkrebs genannt. Dabei entstehen im Knochenmark zu viele, meist unreife und daher nicht funktionsfähige weiße Blutzellen, die Polizei des Immunsystems. Sie sind normalerweise dafür zuständig, Krankheitserreger unschädlich zu machen und so den Körper vor Infektionen zu schützen.

Doch bei einer Leukämie können die weißen Blutkörperchen diese Aufgabe nicht mehr wahrnehmen. Mehr noch: Die rasante Vermehrung dieser Blutkörperchen geht auf Kosten der anderen Bestandteile des Blutes. Der Anteil der noch gesunden weißen Blutkörperchen sowie der der roten Blutkörperchen und der Blutplättchen nehmen ab. Nach dieser Verdrängung ist die Krankheit benannt: Leukämie, von griechisch „leukos", bedeutet übersetzt „weiß", also „weißes Blut".

Da auch diese weißen Blutkörperchen Bestandteile des Blutes sind, verteilen sie sich rasch im gesamten Organismus. Die Folgen sind dramatisch. Es kommt zu einer Blutarmut, die auch Anämie genannt wird, und die Blutgerinnung funktioniert nicht mehr richtig. Die ersten Symptome sind daher auch Müdigkeit, eine erhöhte Anfälligkeit für Infektionen und für Blutungen sowie eine eingeschränkte Leistungsfähigkeit, Blässe, Schwindel oder Herzrasen.

Diese Symptome sind jedoch so unspezifisch, dass eine Diagnose durch Zufall, wie auch bei Guido Westerwelle, eher die Regel als die Ausnahme ist. Männer trifft die Krankheit etwas häufiger als Frauen.

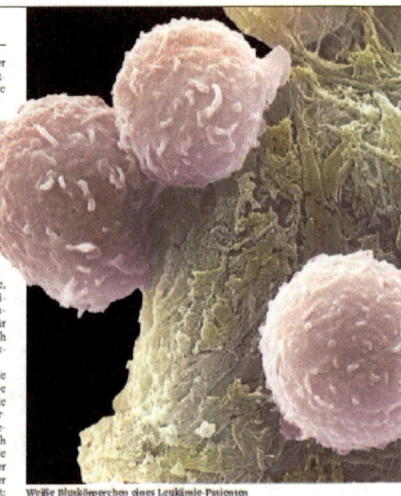

Weiße Blutkörperchen eines Leukämie-Patienten

und meist sind die Betroffenen im mittleren Lebensalter. Zwar können auch Kinder an Blutkrebs erkranken, ihre Rate ist mit sechs Prozent aber eher gering. Ab dem 30. Lebensjahr hingegen nimmt das Risiko für die Erkrankung zu.

Leukämie kann chronisch oder, wie im Fall Guido Westerwelles, akut verlaufen. Bei der chronischen Form schleicht sich die Krankheit über mehrere Jahre und daher oft lange unerkannt in den Körper ein. Akute Leukämien entwickeln sich dagegen sehr schnell. Betroffene spüren häufig innerhalb weniger Wochen eine Vielzahl von Symptomen, und die Krankheit schreitet bei ihnen auch entsprechend schnell fort. Weiterhin unterscheiden Ärzte die lymphatische Leukämie von der myeloischen Form, je nachdem, welche Teile des Körpers von ihr betroffen sind. Erstere betrifft vor allem das Lymphsystem des Körpers, während bei der myeloischen Variante Stammzellen im Knochenmark betroffen sind. An welcher der beiden Formen Guido Westerwelle erkrankt ist, ist nicht bekannt.

Leukämie wird immer mithilfe einer Chemotherapie behandelt. Bei der akuten myeloischen Form wird oft zusätzlich eine Stammzell- und Knochenmarktransplantation durchgeführt. Obwohl sich die Prognose für Patienten in den vergangenen Jahren insgesamt verbessert hat, ist sie weiterhin eher ungünstig, vor allem im Erwachsenenalter, wie das Zentrum für Krebsregisterdaten schreibt.

Von ihnen lebt fünf Jahre nach der Diagnosestellung nur etwa die Hälfte. Und auch wenn zunächst eine Gesundung erzielt werde, ist eine dauerhafte Heilung nur selten zu erreichen, etwa nach einer ebenfalls risikoreichen Stammzelltransplantation, wie sie bei der akuten myeloischen Form erwogen wird. Dennoch reagieren Patienten sehr unterschiedlich auf die Therapie.

Und auch das Alter der Erkrankten spielt eine wichtige Rolle. Etwa zwei Drittel der betroffenen Erwachsenen unter 65 Jahren werden wieder gesund, während es bei Patienten über 65 Jahren etwa die Hälfte ist. Zu den Ursachen der Leukämie weiß man bisher nur sehr wenig. Experten vermuten, dass vor allem verschiedene genetische Faktoren für ein hohes Erkrankungsrisiko verantwortlich sind.

Blutzellen außer Kontrolle

Etwa 11.500 Menschen in Deutschland erkranken jedes Jahr an Leukämie. Wie bei Guido Westerwelle wird die Krankheit meistens nur zufällig bemerkt

(Quelle: Die Welt, 23.06.2014)

Bei der Analyse der Überschriften lässt sich feststellen, dass die Themen der Leittexte jeweils den bereits genannten Selektionskriterien für Informationen entsprechen. So wird zum Beispiel bei einer über Deutschland rollenden Hitzewelle am 25.07.2018 der Artikel „Warum dieser Sommer jetzt superheiß wird. Eine Hitzewelle rollt an – weil ein Hochdruckgebiet einem Tief Platz macht. Ein Meteorologe erklärt die ungewöhnliche Wetterlage in Deutschland" geschrieben oder am 17.06.2014 der Artikel „Wissenschaft am Grill. Krebsfrei rösten? Das geht. Je nach Zubereitung ist Fleisch vom Rost sogar gesünder". Der Bezug des Textes zum Alltag ist darüber hinaus, wie Niederhauser (vgl. 1997: 119 f.) bereits festgestellt hat, die bei der Popularisierung der Wissenschaft hauptsächlich verfolgte Strategie. Diese Strategie zeigt sich aber nicht nur in der thematischen Wahl sondern auch in den Texten, wo auf alltägliche Gegebenheiten angespielt wird, was einprägsame Bilder ermöglicht.

[2] Damit die Individuen in der Reihe bleiben, braucht es Sanktionen. Aungers Argument ist, dass jeder Einheit eines Organismus ein solcher Sanktionsmechanismus inhärent ist. In Zellen, also auf der Mikroebene, wird die Bestrafung von Lysosomen vorgenommen – Zellorganellen, die zellfremdes Material verdauen. In Organismen stellt das Immunsystem Pathogene kalt. Und in Superorganismen wird diese Polizeifunktion, analog zu Zellen und Organen, von Individuen erfüllt, die von moralischen Gefühlen geleitet sind.

(Die Welt, 4.07.2014)

Wie unterschiedlich der Umgang mit Bildern in den populärwissenschaftlichen Texten ist, so unterschiedlich ist auch der Umgang mit den Fachwörtern. Zwar ist der Gebrauch von Fachwörtern kein typisches Merkmal der wissenschaftlichen Texte aber häufig sind sie, insbesondere wenn sie verhältnismäßig oft im Text vorhanden sind, die Ursache für die Unverständlichkeit eines Textes (vgl. Niederhauser 1997: 113 f.). In den populärwissenschaftlichen Texten als Texten, die die Kopplung des Systems der Wissenschaft an andere Systeme ermöglichen sollen, indem sie den sprachlichen Code der Wissenschaft in einen Code des angeschlossenen System übersetzen, werden Fachwörter erklärt wie in den beiden folgenden Belegen.

[3] Die meisten Nutzpflanzen wurzeln weniger als einen halben Meter tief. Das liegt daran, dass sich in diesen oberflächennahen Schichten die meisten Nährstoffe befinden. Sie entstehen aus abgestorbenen Pflanzenresten, die im Boden langsam verfallen. Mikroorganismen machen die Nährstoffe daraus für neue Pflanzen verfügbar. Humus nennt man diesen wichtigen Anteil im Erdboden.

(Die Welt, 4.08.2018)

[4] Die zwei wichtigsten Voraussetzungen für ein Gewitter sind Hitze sowie eine hohe Luftfeuchtigkeit – ein tropisch-schwüles Wetter also. Dann können Aufwinde entstehen, die Feuchtigkeit in sehr große Höhen transportieren können – in etwa zehn bis zwölf Kilometer Höhe. Dort bilden sich dann ambossförmige Wolken, die von den Meteorologen als Cumulonimbus bezeichnet werden.

(Die Welt, 8.07.2014)

Man meidet dabei einen „lehrbuchartigen" und „schulischen" Stil, indem man statt der reinen Wortdefinition eine Erläuterung des gesamten Sachverhalts vorzieht. In vielen Texten, so auch in dem folgenden Belegen, werden einige Fachwörter nicht erklärt, sondern als Wissen bei den Lesern vorausgesetzt.

[5] Als großes Problem sehen Experten auch die ESBL-bildenden Enterobakterien an. ESBL steht für Extended-Spectrum Beta-Lactamasen. Das sind von den Bakterien gebildete Enzyme, die viele ß-Lactam-Antibiotika mit breitem Wirkungsspektrum wie Penizilline und Cephalosporine spalten und damit wirkungslos machen können.

(Die Welt, 20.06.2014)

Eine weitere beliebte Strategie zur Vermittlung der Wissenschaft ist die Personali-
sierung der Informationen, im Gegensatz zum System der Wissenschaft, wo eine
unpersönliche Ausdrucksweise eher die Regel ist. Damit wird eine Präsentation
der Themen in narrativer Form ermöglicht. (Vgl. Niederhauser 1997: 118 f.)

> [6] Es könne bei ihnen durchaus, wie Psychiatrieprofessor Volker Arolt vom Universi-
> tätsklinikum Münster betont, „eine Aktivierung von Immunfunktionen vorliegen".
> Gerade im Körper akut depressiver Patienten kreisen viele weiße Blutkörperchen und
> sogenannte Akutphasenproteine, die eine Schlüsselrolle bei akuten Entzündungen
> spielen.
>
> (Die Welt, 3.07.2014)

> [7] Wodurch diese regionalen Unterschiede zustande kommen, geht aus dem statisti-
> schen Material nicht eindeutig hervor, sagte Thomas Grobe, Chef des Aqua-Institutes
> in Göttingen, das für die TK die Daten ausgewertet hat.
>
> (Die Welt, 18.06.2014)

Auf die wissenschaftsystemische Herkunft der Informationen weisen ebenfalls die
häufig verwendeten Zahlen oder Buchstaben, die die Informationen glaubwürdig
machen und andererseits bestimmte untersuchte Phänomene symbolisieren.

> [8] Unter den 5000 Einwohnern leben Menschen, die Europas größte Cannabis-Plantage
> betreiben und jährlich geschätzte 900 Tonnen Hanf im Wert von 4,5 Milliarden Euro
> erwirtschaften – fast die Hälfte des albanischen Bruttoinlandprodukts.
>
> (Die Welt, 1.06.2014)

> [9] Die Forscher wollten wissen, wo das Virus, das in China bisher rund 450 Menschen
> infiziert hat, günstige Bedingungen vorfinden könnte. H7N9 ist in den meisten Fällen
> auf Geflügel- oder Frischemärkten von Tieren auf Menschen übergesprungen.
>
> (Die Welt, 23.06.2014)

Zu den grammatischen Mitteln, die in den populärwissenschaftlichen Artikeln
gebraucht werden, lassen sich keine verallgemeinernden Aussagen treffen, da die
Texte in vielerlei Hinsicht der allgemeinverständlichen Sprache angepasst wurden.

6. Zusammenfassung

Die Systemtheorie ist laut Luhmann ein Theoriekonzept, das erst im Alltags-
betrieb auf ein forschungsfähiges Format zugeschnitten werden muss. Die
Textlinguistik füllt dieses Konzept mit Leben. Für die Textlinguistik liefert die
Systemtheorie wiederum ein Beobachtungsinstrumentarium für textlinguistische
Untersuchungen. Sie ermöglicht nämlich unter anderem eine genauere Bestim-
mung der Funktionen der Texte (innere und äußere Bereichsfunktion, interne
Textfunktion, Bewirkungsfunktion). Die Textsorten können in den Systemen

verortet werden, was wiederum die sprachliche Umsetzung des systemeigenen Codes – den Bereichsstil – und somit auch die sprachliche Realisierung der im System hervorgebrachten Textsorten aufzwingt. Da die Systeme zwar in einer Umwelt aber geschlossen operieren, können ihre Operationen nicht über die Systemgrenzen hinausgehen, so auch die in ihnen produzierten Texte, die zu Kerntextsorten gehören und die Systeme damit auch konstituieren. Eine Übersetzung der systemeigenen Operationen wird erst im Rahmen einer Kopplung an ein angeschlossenes System ermöglicht. Diese „Kopplung mittels Sprache" ist in sogenannten Textsorten der strukturellen Kopplung gut erkennbar, weil sie häufig Elemente des sprachlichen Codes beider Systeme enthalten. Im vorliegenden Beitrag wurden als Beispiel die populärwissenschaftlichen Artikel aus der Tageszeitung „Die Welt" analysiert. Dabei wurde auch auf die am häufigsten gebrauchten Strategien zur Wissenschaftsvermittlung eingegangen.

Literaturverzeichnis

Baumann, Klaus-Dieter. 2006. Die interdisziplinäre Analyse rhetorisch-stilistischer Mittel der Fachkommunikation als ein Zugang zum Fachdenken. In: Ehlich, Konrad / Heller, Dorothee (Hg.). *Die Wissenschaft und ihre Sprachen*. Frankfurt am Main, Berlin, Bern, New York, Paris, Wien: Peter Lang, S. 191–226.

Beneš, Eduard. 1981. Struktur der wissenschaftlichen Fachsprachen in syntaktischer Hinsicht. In: Bungarten, Theo (Hg.). *Wissenschaftssprache. Beiträge zur Methodologie, theoretischen Fundierung und Deskription*. München: Wilhelm Fink Verlag, S. 185–212.

Bongo, Giancarmine. 2006. Asymmetrien in wissenschaftlicher Kommunikation. In: Ehlich, Konrad / Heller, Dorothee (Hg.). *Die Wissenschaft und ihre Sprachen*. Frankfurt am Main, Berlin, Bern, New York, Paris, Wien: Peter Lang, S. 176–190.

Brinker, Klaus / Antos, Gerd / Heinemann, Wolfgang / Sager, Sven F. (Hg.). 2000. *Handbücher zur Sprach- und Kommunikationswissenschaft, Band 16.1, Text- und Gesprächslinguistik*. Berlin, New York: de Gruyter.

Gansel, Christina. 2007. *Textsorten und Textsortenbeschreibung*. In: Gansel, Christina / Jürgens, Frank. *Textlinguistik und Textgrammatik*. Göttingen: Vandenhoeck & Ruprecht, S. 53–112.

Kalverkämper, Hartwig. 1981. *Orientierung zur Textlinguistik*. Tübingen: Niemeyer.

Krause, Detlef. 2005. *Luhmann-Lexikon*. Bremen: Lucius & Lucius.

Luhmann, Niklas. 1992. *Die Wissenschaft der Gesellschaft*. Frankfurt am Main: Suhrkamp.

Luhmann, Niklas. 1996. *Die Realität der Massenmedien*. Wiesbaden: VS Verlag für Sozialwissenschaften.

Luhmann, Niklas. 1997. *Die Gesellschaft der Gesellschaft*. 2 Bände. Frankfurt am Main: Suhrkamp.

Lüger, Heinz-Helmut. 1995. *Pressesprache*. Tübingen: Niemeyer.

Malá, Jiřina. 2003. *Einführung in die deutsche Stilistik*. Brno.

Muckenhaupt, Manfred. 2000. *Fernsehnachrichten gestern und heute*. Tübingen: Narr.

Niederhauser, Jürg. 1997. Das Schreiben populärwissenschaftlicher Texte als Transfer wissenschaftlicher Texte. In: Jakobs, Eva-Maria / Knorr, Dagmar (Hg.). *Schreiben in den Wissenschaften*. Frankfurt/Main: Peter Lang Verlag, S. 107–122.

von Polenz, Peter. 1981. Über die Jargonisierung von Wissenschaftssprache und wider die Deagentivierung. In: Bungarten, Theo (Hg.). *Wissenschaftssprache. Beiträge zur Methodologie, theoretischen Fundierung und Deskription*. München: Wilhelm Fink Verlag, S. 85–110.

Ramm, Wiebke / Villiger, Claudia. 1997. Wissenschaftliche Textproduktion und Fachdomäne. Sprachliche Realisierung wissenschaftlicher Inhalte in verschiedenen Fachdisziplinen und ihre computerlinguistische Modellierung. In: Knorr, Dagmar / Jakobs, Eva-Maria (Hg.). *Textproduktion in elektronischen Umgebungen*. Reihe ,Textproduktion und Medium', Band 2. Frankfurt am Main, Berlin, Bern, Bruxelles, New York, Oxford, Wien: Peter Lang, S. 205–221.

Schwanzer, Viliam. 1981. Syntaktisch-stilistische Universalia in den wissenschaftlichen Fachsprachen. In: Bungarten, Theo (Hg.). *Wissenschaftssprache. Beiträge zur Methodologie, theoretischen Fundierung und Deskription*. München: Wilhelm Fink Verlag, S. 213–230.

Index of English keywords

Sprach- und Kulturkontakte in Europas Mitte.
Studien zur Slawistik und Germanistik

Herausgegeben von Andrzej Kątny und Stefan Michael Newerkla

Band 1 Andrzej Kątny (Hrsg.): Sprachkontakte in Zentraleuropa. 2012.

Band 2 Andrzej Kątny / Izabela Olszewska / Aleksandra Twardowska (eds.): Ashkenazim and Sephardim: A European Perspective. 2013.

Band 3 Jacek Witkoś / Sylwester Jaworski (eds.): New Insights into Slavic Linguistics. 2014.

Band 4 Witold Wojtowicz: Studien zur „bürgerlichen Literatur" um die Wende vom 16. zum 17. Jahrhundert. Übersetzt von Karin Ritthaler. 2015.

Band 5 Anna Averina: Partikeln im komplexen Satz. Mechanismen der Lizenzierung von Modalpartikeln in Nebensätzen und Faktoren ihrer Verwendung in komplexen Sätzen. Kontrastive Untersuchung am Beispiel der Partikeln *ja, doch* und *denn* im Deutschen und *ведь [ved']*, *же [že]* und *вот [vot]* im Russischen. 2015.

Band 6 Emmerich Kelih / Jürgen Fuchsbauer / Stefan Michael Newerkla (Hrsg.): Lehnwörter im Slawischen. Empirische und crosslinguistische Perspektiven. 2015.

Band 7 Andrzej Kątny / Izabela Olszewska / Aleksandra Twardowska (eds.): Ashkenazim and Sephardim: Language Miscellanea. 2019.

Band 8 Piotr A.Owsiński / Andrzej S.Feret / Grzegorz M.Chromik (Hrsg.): Auf den Spuren der Deutschen in Mittel- und Osteuropa. Sławomira Kaleta-Wojtasik in memoriam. 2017.

Band 9 Wolfgang Gladrow / Elizaveta Kotorova: Sprachhandlungsmuster im Russischen und Deutschen. Eine kontrastive Darstellung. 2018.

Band 10 Michail L. Kotin (Hrsg.): WortWahlVerwandtschaften. Beiträge zu Sprachtypologie, kontrastiver Wort- bzw. Wortschatzforschung und Pragmatik. 2019.

www.peterlang.com